STRAFRECHT AT 1

2021

Dr. Rolf Krüger
Rechtsanwalt und Fachanwalt für Strafrecht
in Münster

ALPMANN UND SCHMIDT Juristische Lehrgänge Verlagsges. mbH & Co. KG
48143 Münster, Alter Fischmarkt 8, 48001 Postfach 1169, Telefon (0251) 98109-0
AS-Online: www.alpmann-schmidt.de

Zitiervorschlag: Krüger, Strafrecht AT 1, Rn.

Dr. Krüger, Rolf
Strafrecht AT 1
21. Auflage 2021
ISBN: 978-3-86752-780-4

Verlag Alpmann und Schmidt Juristische Lehrgänge
Verlagsgesellschaft mbH & Co. KG, Münster

Unterstützen Sie uns bei der Weiterentwicklung unserer Produkte.
Wir freuen uns über Anregungen, Wünsche, Lob oder Kritik an:
feedback@alpmann-schmidt.de.

übersicht

eigene Übersicht

eigene Übersicht

LITERATUR

Verweise in den Fußnoten auf „RÜ" und „RÜ2" beziehen sich auf die Ausbildungszeitschriften von Alpmann Schmidt. Dort werden Urteile so dargestellt, wie sie in den Examensklausuren geprüft werden: in der RechtsprechungsÜbersicht als Gutachten und in der Rechtsprechungs-Übersicht 2 als Urteil/Behördenbescheid/Anwaltsschriftsatz etc.

RÜ-Leser wussten mehr: Immer wieder orientieren sich Examensklausuren an Gerichtsentscheidungen, die zuvor in der RÜ klausurmäßig aufbereitet wurden. Die aktuellsten RÜ-Treffer aus ganz Deutschland finden Sie auf unserer Homepage.

Abonnenten haben Zugriff auf unser digitales RÜ-Archiv.

Baumann/Weber/Mitsch/Eisele	Strafrecht, Allgemeiner Teil, 12. Aufl. 2016
Fischer	Strafgesetzbuch und Nebengesetze, 68. Aufl. 2021
Frister	Strafrecht, Allgemeiner Teil, 9. Aufl. 2020
Gropp	Strafrecht, Allgemeiner Teil, 4. Aufl. 2015
Jakobs	Strafrecht, Allgemeiner Teil, 2. Aufl. 1991 (Neudruck 2011)
Jescheck/Weigend	Lehrbuch des Strafrechts, Allgemeiner Teil, 5. Aufl. 1996
Kindhäuser/Zimmermann	Strafrecht, Allgemeiner Teil, 9. Aufl. 2020
Krey/Esser	Deutsches Strafrecht, Allgemeiner Teil 7. Aufl. 2021
Kühl	Strafrecht Allgemeiner Teil, 8. Aufl. 2017
Lackner/Kühl	Strafgesetzbuch, 29. Aufl. 2018
LK-Bearbeiter	Strafgesetzbuch, Leipziger Kommentar Cirenes/Radke/Rissing-van Saan/Schluckebier/ Rönnau Band 1, 3, 13. Aufl. 2020/2019

Maurach/Gössel AT 2	Maurach/Gössel/Zipf Strafrecht Allgemeiner Teil, Teilband 2: Erscheinungsformen des Verbrechens und Rechtsfolgen der Tat, 8. Aufl. 2014
Meyer-Goßner/Schmitt	Strafprozessordnung 64. Aufl. 2021
MünchKomm/Bearbeiter	Münchener Kommentar zum Strafgesetzbuch, Joecks/Miebach Band 1, 4. Aufl. 2020
NK-Bearbeiter	Nomos Kommentar Strafgesetzbuch, Kindhäuser/Neumann/Paeffgen Band 1, 5. Aufl. 2017
Rengier	Strafrecht, Allgemeiner Teil, 12. Aufl. 2020
Roxin/Greco AT I	Strafrecht Allgemeiner Teil, Band 1 5. Aufl. 2020
Roxin AT II	Strafrecht Allgemeiner Teil, Band 2 1. Aufl. 2003
Sch/Sch/Bearbeiter	Schönke/Schröder Strafgesetzbuch, Kommentar, 30. Aufl. 2019
SK-Bearbeiter	Systematischer Kommentar zum Strafgesetzbuch Deiters/Hoyer/Jäger/Rogall/Schall/Sinn/Stein/ Wolter/Wolters/Zöller Band 1: Allgemeiner Teil, 9. Aufl. 2017
Stratenwerth/Kuhlen	Strafrecht, Allgemeiner Teil I, Die Straftat, 6. Aufl. 2011
Welzel	Das deutsche Strafrecht 11. Aufl. 1969 (Neudruck 2010)
Wessels/Beulke/Satzger	Strafrecht Allgemeiner Teil, 50. Aufl. 2020

1. Teil: Strafrechtliche Grundlagen

1. Abschnitt: Begriff und Quellen des materiellen Strafrechts

Am Ende eines Strafrechtsfalles wird immer nach der „Strafbarkeit des/der Beteiligten" gefragt. **Strafbarkeit im kriminaljuristischen Sinn ist gegeben, wenn alle materiell- und verfahrensrechtlichen Voraussetzungen erfüllt sind, um in einem Gerichtsverfahren gegen eine Person eine staatliche Strafe zu verhängen.** 1

Das materielle Strafrecht umfasst **alle Rechtsnormen, die die Voraussetzungen und Folgen eines mit Strafe bedrohten Verhaltens regeln**. Nur wenn in einem Gesetz ausdrücklich als Rechtsfolge **„Strafe"** vorgesehen ist oder wenn eine geschriebene oder ungeschriebene Rechtsregel die Voraussetzungen dafür konkretisiert, handelt es sich um Strafrecht. 2

Nicht zum Strafrecht gehören folglich die Vorschriften, die andere Sanktionen an ein Fehlverhalten knüpfen als Strafen (vgl. Art. 5 EGStGB), wie das Ordnungswidrigkeitenrecht (z.B. § 24 a Abs. 4 StVG, der ein Bußgeld vorsieht), das Disziplinarrecht, mit dem Fehlverhalten u.a. der Beamten sanktioniert wird, sowie die Ordnungsmittel zur Sicherung einer Gerichtsverhandlung (Ordnungsgeld und Ordnungshaft).

Mit der Verhängung und Vollstreckung von Strafe greift der Staat durch die Strafverfolgungsbehörden und durch die Gerichte in Grundrechte des Einzelnen ein. Daher ist das Strafrecht systematisch ein **Teil des öffentlichen Rechts**.

Den Kern des materiellen Strafrechts bildet das Strafgesetzbuch **(StGB)**, das als Reichsstrafgesetzbuch am 15.05.1871 in Kraft getreten ist und seither ständig novelliert wird.[1] Es beschreibt in seinem **Besonderen Teil** die einzelnen Straftaten (§§ 80–358). Im **Allgemeinen Teil** sind die für alle Straftaten gültigen Regeln der Strafbarkeitsvoraussetzungen (§§ 1–37), der Rechtsfolgen (§§ 38–76 b) und der Strafverfolgungsvoraussetzungen (§§ 77–79 b) zusammengefasst. 3

Das StGB enthält nur einen Teil der Strafgesetze. Eine Vielzahl weiterer findet sich in Spezialgesetzen, die – entgegen ihrer starken Bedeutung im Rechtsleben – als **strafrechtliche Nebengesetze** bezeichnet werden, z.B. Abgabenordnung, BtMG, GmbHG, InsO, WehrstrafG, WaffenG. Der Allgemeine Teil des StGB gilt auch für diese Strafgesetze (Art. 1 EGStGB). 4

Das Völkerstrafgesetzbuch (VStGB) regelt darüber hinaus als Spezialgesetz gegenüber den Vorschriften des Besonderen Teils des StGB die Strafbarkeit Einzelner in nationalen und internationalen bewaffneten Konflikten für Völkermord, Verbrechen gegen die Menschlichkeit und Kriegsverbrechen. Auch hierfür gilt weitgehend der Allgemeine Teil des StGB (§ 2 VStGB).

Hinweis: *Ist nach der Strafbarkeit gefragt, dürfen Sie in Ihrem Gutachten auch nur Vorschriften des StGB oder strafrechtlicher Nebengesetze prüfen, die als Rechtsfolge ausdrücklich Geld- oder Freiheitsstrafe vorsehen. Ordnungswidrigkeiten anzusprechen, wäre falsch!*

---

1 Zur Entwicklung des Strafrechts AS-Skript Rechtsgeschichte (2021), Rn. 190 ff., 408 ff., 634 ff., 717 ff., 755 ff., 801 ff.

*Beschränkt der Bearbeitervermerk die Prüfung sogar auf die **„Strafbarkeit nach dem StGB"**, dürfen auch strafrechtliche Nebengesetze nicht geprüft werden.*

Hängt aber die Subsumtion einzelner Merkmale einer Strafrechtsnorm von Vorschriften aus anderen Rechtsgebieten ab, müssen diese in der Falllösung angemessen berücksichtigt werden.

Beispiele:

Ob eine Sache „fremd" i.S.v. § 242 Abs. 1 ist, kann oft nur unter Heranziehung der §§ 929 ff. BGB subsumiert werden.

Ob eine Diensthandlung gemäß § 113 Abs. 3 S. 1 „nicht rechtmäßig" ist, lässt sich ohne die einschlägigen Vorschriften der StPO, ZPO oder des Polizei- und Ordnungsrechts nicht klären.

*Noch ein kleiner **sprachlicher Tipp** für Ihre Gutachten: Manchmal findet man als Eingangssätze der Deliktsprüfung die Formulierung: „A könnte sich **eines** Diebstahls **schuldig** gemacht haben..." oder „**wegen** Diebstahls **schuldig** gemacht haben...". Diese Formulierung ist abgeleitet aus dem Schuldspruch in Urteilen und ist zulässig, obwohl sie – wörtlich genommen – die Prüfung von Verfahrensfragen gar nicht einschließt. Umfassender ist der Obersatz, wenn auf die Strafbarkeit abgestellt wird. Dann schreiben Sie aber bitte nur: „A könnte **strafbar sein wegen** Diebstahls etc." Die Formulierung: „A könnte **eines Diebstahls strafbar** sein" ist grammatisch falsch – und bringt Strafjuristen (= Sprachpuristen) auf die Palme. – Kein guter Einstieg für eine Klausur, oder?*

2. Abschnitt: Geltungsbereich des deutschen Strafrechts

Die §§ 3–7,[2] ergänzt durch § 9, bestimmen den Geltungsbereich des Strafrechts der Bundesrepublik Deutschland. Sie regeln, unter welchen Voraussetzungen eine **im Ausland begangene Tat oder die Tat eines Ausländers** dem Strafrecht der Bundesrepublik unterliegt. Die Anwendbarkeit deutschen Strafrechts ist **Prozessvoraussetzung**.[3] Sie lässt sich – soweit ein Fall überhaupt dazu Anlass gibt – in folgender Gedankenführung ermitteln:

A. Inlandstaten

5 Ausgangspunkt ist § 3, der den sog. **Territorialitätsgrundsatz** zum Ausdruck bringt: „Das deutsche Strafrecht gilt für Taten, die im Inland begangen werden."

§ 3 wird ergänzt durch das sog. **Flaggenprinzip** des § 4, wonach eine Straftat, die auf einem zum Führen der Bundesflagge oder des Staatszugehörigkeitszeichens der Bundesrepublik berechtigten Schiff oder Luftfahrzeug begangen wurde, so behandelt wird, als sei sie im Inland begangen worden.

„Inland" ist das Gebiet der Bundesrepublik Deutschland. Den Begriff des Tatorts präzisiert § 9: Nach Abs. 1 kann der Tatort für Täter sowohl der **Handlungsort** als auch der **Erfolgsort** einer Straftat sein.

6 **I. Handlungsort** ist die Stelle, an der die tatbestandsmäßige Tätigkeit (bzw. bei Unterlassungen: Untätigkeit) entfaltet wurde, ferner dort, wo der Versuch begonnen hat, und sogar dort, wo eine selbstständig strafbare Vorbereitungshandlung vollzogen wurde.[4]

2 §§ ohne Gesetzesangabe sind solche des StGB.

3 Vgl. BGHSt 34, 1, 3; Rengier § 6 Rn. 3.

4 BGH NJW 1993, 1405.

II. Erfolgsort ist dort, wo der tatbestandsmäßige Erfolg eingetreten ist oder eintreten sollte. Unter „Erfolg" versteht die Rspr. in diesem Zusammenhang auch den Eintritt einer vom Tatbestand vorausgesetzten konkreten Gefährdung (zur Terminologie s.u. Rn. 57).[5] 7

Nach § 9 Abs. 2 bestimmt sich der Tatort für Teilnehmer sowohl nach dem Tatort der Haupttat als auch nach dem Ort der Teilnahmehandlung. **Eine Tat kann somit mehrere „Tatorte" i.S.v. § 9 haben. Liegt auch nur einer davon im Inland, so gilt deutsches Strafrecht, und zwar unabhängig davon, ob die Tat von einem Deutschen oder einem Ausländer begangen worden ist.**

Beispiel: Der Niederländer N hat in Amsterdam den Türken T zu einem dann von T in Düsseldorf begangenen Betrug angestiftet. – Sowohl für den Täter T als auch für den Anstifter N ist Tatort Düsseldorf, also Inland (vgl. § 9 Abs. 2). Damit gilt deutsches Strafrecht.

B. Auslandstaten

Auch wenn nach dem Vorgenannten keine Inlandstat, sondern eine Auslandstat vorliegt, kann deutsches Strafrecht zur Anwendung kommen.

I. Hierfür muss zunächst geklärt werden, ob der konkrete Rechtsgutangriff überhaupt in den **Schutzbereich der deutschen Strafrechtsnorm** fällt.[6] 8

Dies kann sich aus einer **spezialgesetzlichen Regelung** ergeben. So stellt § 299 Abs. 1 Nr. 1 auch die Korruption im ausländischen Wettbewerb unter Strafe. Nach § 335 a gelten die Straftatbestände der Bestechlichkeit (§ 332) und der Bestechung (§ 334) u.a. auch für Bedienstete eines ausländischen Staates, wenn sie öffentliche Aufgaben für diesen wahrnehmen.

Delikte zum Schutz von **Individualgütern** wie Leben, Leib, Freiheit, Eigentum und Ehre haben ihrer Natur nach als Rechtswerte der zivilisierten Welt **keine Beschränkung** auf inländische Rechtsgutträger.

Dagegen weisen **alle Straftaten zum Schutz der staatlichen Ordnung und ihrer Institutionen** eine **tatbestandsimmanente Inlandsbeschränkung** auf, d.h. geschützt sind nur Angriffe gegen die deutsche Staats- und Regierungsgewalt sowie gegen inländische staatliche Einrichtungen oder Rechtspflegeorgane.[7]

Beispiel: Zeigt ein Deutscher im Ausland wider besseres Wissen bei der Polizei einen tatsächlich nicht begangenen Diebstahl an, so könnte über § 7 Abs. 2 Nr. 1 die Anwendung des § 145 d eröffnet sein. Da diese Vorschrift aber nur innerstaatliche Belange schützt und ausländische Staatsorgane nicht den Schutz des deutschen Strafrechts genießen, kann die Tat nicht nach deutschem Strafrecht geahndet werden.[8]

II. Ist die Anwendbarkeit der fraglichen Strafvorschrift nicht schon wegen Inlandsbeschränkung ausgeschlossen, muss bei Auslandstaten ein **Anknüpfungspunkt für deutsches Strafrecht** vorliegen. 9

1. Dies ist – unabhängig vom Tatortrecht – der Fall,

5 BGH RÜ 2001, 123 zu Volksverhetzungen auf einem ausländischen Server im Internet.
6 BGHSt 29, 85, 88; 40, 79, 81; LK-Werle/Jeßberger vor § 3 Rn. 31; a.A. (Prüfung nach den §§ 5–7) Rengier § 6 Rn. 4 f. m.w.N.
7 Sch/Sch/Eser/Weißer Vor §§ 3–9 Rn. 50.
8 Vgl. BGH NStZ 1984, 360.

10 **a)** wenn durch die Tat Rechtsgüter i.S.d. § 5 gefährdet oder verletzt worden sind, sog. **Schutzprinzip**, oder

11 **b)** wenn sich die Tat gegen die in § 6 aufgeführten, international geschützten Rechtsgüter richtet, sog. **Weltrechtsgrundsatz**.

Für das Völkerstrafgesetzbuch enthält § 1 S. 1 VStGB eine inhaltsgleiche Regelung, sodass alle Straftaten gegen das Völkerrecht und Kriegsverbrechen in Deutschland verfolgt werden können, selbst wenn sie keinerlei Bezug zum Inland aufweisen.

12 **2.** Für sonstige Auslandstaten gilt § 7, der voraussetzt, dass die Tat am Tatort mit Strafe bedroht ist oder keiner Strafgewalt unterliegt (wie z.B. die Hohe See) und

a) sich entweder **gegen einen Deutschen** – nur gegen eine natürliche Person, nicht gegen eine juristische Person mit Sitz in Deutschland[9]– richtet, sog. **passives Personalitätsprinzip** (§ 7 Abs. 1),

b) oder dass der **Täter zur Zeit der Tat Deutscher** war bzw. es nach der Tat geworden ist, sog. **eingeschränktes aktives Personalitätsprinzip** (§ 7 Abs. 2 Nr. 1),

c) oder dass der **Täter zur Zeit der Tat Ausländer** war, aber im Inland betroffen und nicht ausgeliefert wird, sog. **Grundsatz der stellvertretenden Strafrechtspflege**, § 7 Abs. 2 Nr. 2.[10]

Beispiel: Der Franzose F soll als sog. Finanzagent Geldwäsche gemäß § 261 Abs. 2 dadurch begangen haben, dass er seinem Konto einen Betrag zubuchen ließ, den andere zuvor durch gewerbsmäßigen Betrug vom Konto eines in Deutschland ansässigen Vereins erschlichen hatten. An diesem Betrug war F nicht beteiligt; er kannte aber die strafbare Herkunft des Geldes – Deutsches Strafrecht ist nicht anwendbar: Erfolgs- und Handlungsort der Geldwäsche liegen in Frankreich. Opfer der Tat war keine natürliche Person und F war Ausländer.[11]

Hinweis: *In Strafrechtsklausuren sind Probleme der Anwendbarkeit deutschen Strafrechts* ***äußerst selten****. Kommen sie vor, sollten Sie die Geltung deutschen Strafrechts unmittelbar im Anschluss an den Obersatz prüfen, bevor Sie mit den Tatbestandsmerkmalen beginnen. Diese Prüfung ist* ***bei jeder Strafvorschrift erneut*** *durchzuführen, da sich die Anwendbarkeit von einem zum anderen Straftatbestand ändern kann!*

9 OLG Stuttgart NStZ 2004, 402; AG Bremen NStZ-RR 2005, 87.

10 Hier verlangt die Rspr. aber, dass die Tat am Tatort auch verfolgbar ist, OLG Zweibrücken OLGSt StGB § 7 Nr. 7.

11 BGH, Beschl, v, 06.06.2018 – 2 ARs 163/18, 2 AR 106/18, 2 ARs 163/1, BeckRS 2018, 13256.

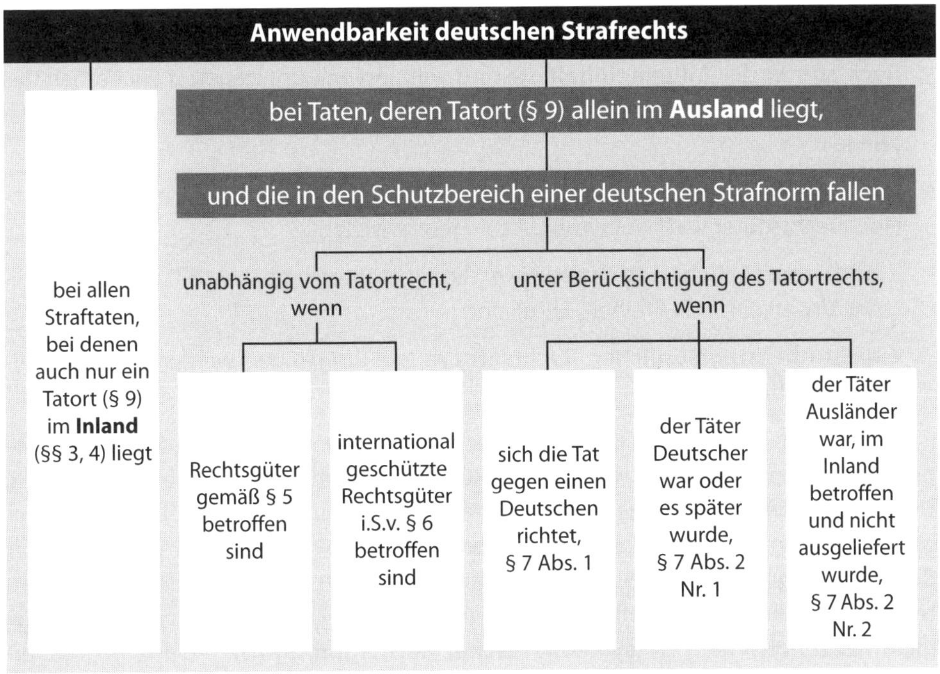

3. Abschnitt: Die Zwecke strafrechtlicher Verbote und ihrer Rechtsfolgen

A. Fragmentarischer Schutz von Rechtsgütern

Strafbarkeit ist die schwerste Missbilligung des Täters durch die Gesellschaft und Strafe die schärfste Sanktion unserer Rechtsordnung. Der Gesetzgeber stellt bestimmte Handlungen nur dann unter Strafe, wenn andere staatliche Regulierungsinstrumente nach der parlamentarischen Willensbildung nicht für ausreichend gehalten werden. Strafe ist damit das **letzte Mittel**, d.h. **ultima ratio**. Grund hierfür ist das aus Art. 28 Abs. 1 S. 1 GG abgeleitete und in Art. 20 Abs. 3 GG aufgegriffene **Rechtsstaatsprinzip**, wonach die Staatsgewalt nur **verhältnismäßig** ausgeübt werden darf. **13**

Daher erfasst das Strafrecht nicht lückenlos alle Bereiche menschlichen Zusammenlebens, sondern ist punktuell und damit zugleich **fragmentarisch**.

Beispiele:

Die fahrlässige Sachbeschädigung verpflichtet zwar als Eigentumsverletzung nach § 823 Abs. 1 BGB zum Schadensersatz, ist aber nicht strafbar.

Die sexuelle Belästigung ist erst aufgrund der Vorfälle in der Silvesternacht 2016 auf der Kölner Domplatte in § 184 i unter Strafe gestellt worden.[12]

Innerhalb dieses Rahmens schützen die strafrechtlichen Verbote die **Bedingungen, die für die Verwirklichung der Grundrechte des Einzelnen sowie für ein funktionieren-** **14**

12 BGBl. 1 2016, 2460, in Kraft seit dem 10.11.2016.

des staatliches Gemeinwesen notwendig sind. Solche Bedingungen nennt man **Rechtsgüter** oder auch Schutzgüter. Man unterscheidet sie nach ihrem Träger:

- **Rechtsgüter der Allgemeinheit**; sie sind vom Individuum losgelöst (Sicherheit des Beweisverkehrs, Sicherheit des Straßenverkehrs, Funktionsfähigkeit der Rechtspflege u.v.a.).
- **Individualrechtsgüter**; diese stehen einzelnen Rechtsträgern zu. Innerhalb der Individualrechtsgüter wird weiter unterschieden zwischen
  - **höchstpersönlichen Rechtsgütern**, die nicht übertragbar sind (Leben, körperliche Unversehrtheit, Freiheit, Ehre), und
  - **nicht höchstpersönlichen Rechtsgütern**, die übertragen werden können (Vermögen und Eigentum).

15 Obwohl das StGB selbst den Begriff des Rechtsguts verwendet (§§ 5, 6, 34), ist eine allgemeine Umschreibung für das, was ein Rechtsgut ausmacht, bisher nicht gelungen. Unter Betonung des Wortteils „Recht" wird angenommen, Rechtsgut könne jede Gegebenheit sein, sofern sie nur von der Rechtsordnung positiv bewertet sei (**methodischer Rechtsgutbegriff**).[13] Die Gegenansicht betont den Wortteil „Gut" und versteht darunter jeden ideellen Wert, der für die Entfaltung des Einzelnen und für ein intaktes Gemeinwesen notwendig ist (**systemkritischer Rechtsgutbegriff**).[14] Beide Begriffe ermöglichen mit dem Blick auf das hinter der Strafnorm stehende Rechtsgut eine Auslegung nach Sinn und Zweck des Gesetzes. Der systemkritische Rechtsgutbegriff setzt darüber hinaus dem Gesetzgeber Grenzen zur „Erfindung" beliebiger Rechtsgüter jenseits der Werte, die für ein freies und selbstbestimmtes Leben des einzelnen sowie für ein funktionierendes Gemeinwesen notwendig sind.

Nach diesem Verständnis sind bloße Moralvorstellungen, negative Emotionen oder kulturhistorische Tabus für sich gesehen keine Rechtsgüter. Strafvorschriften, die nur solche Positionen beträfen, hätten keine Legitimation; sie seien willkürlich und damit rechtsstaatswidrig.[15]

16 Auf die Bestimmung des Rechtsguts kommt es schon bei der **Anwendbarkeit deutschen Strafrechts** an (s.o. Rn. 5 ff.), darüber hinaus bei der **teleologischen Auslegung** (s.u. Rn. 45), bei der **objektiven Zurechnung** (s.u. Rn. 118 ff.), bei Notwehr (s.u. Rn. 193 ff.), Notstand (s.u. Rn. 266 ff.) und bei der **rechtfertigenden Einwilligung** (s.u. Rn. 287 ff.).

Beispiel: Willigt der Eigentümer eines Wohnhauses in die Inbrandsetzung des Gebäudes ein, ist die Tat nicht nach § 306 Abs. 1 Nr. 1 strafbar. Diese Vorschrift schützt das Eigentum, worüber der Eigentümer nach seinem Willen verfügen kann. Eine Bestrafung aus § 306 a Abs. 1 Nr. 1 wird durch die Zustimmung des Eigentümers dagegen nicht berührt, weil § 306 a Leib und Leben der Bewohner des in Brand gesetzten Objekts schützt, also ein Rechtsgut der Allgemeinheit, das nicht zur Disposition eines Einzelnen steht.

***Hinweis:** Daher müssen Sie **zu jedem klausurrelevanten Tatbestand** auch das geschützte Rechtsgut kennen. Ich komme darauf jeweils in den AS-Skripten Strafrecht BT 1 und 2 zurück.*

---

13 Vgl. SK-Rudolphi/Jäger Vor § 1 Rn. 4; Kindhäuser/Zimmermann § 2 Rn. 7.

14 Roxin/Greco AT I § 2 Rn. 7 ff.; ähnlich NK-Hassemer/Neumann Vor § 1 Rn. 62.

15 Ausführlich dazu Roxin/Greco AT I § 2 Rn. 13 ff.

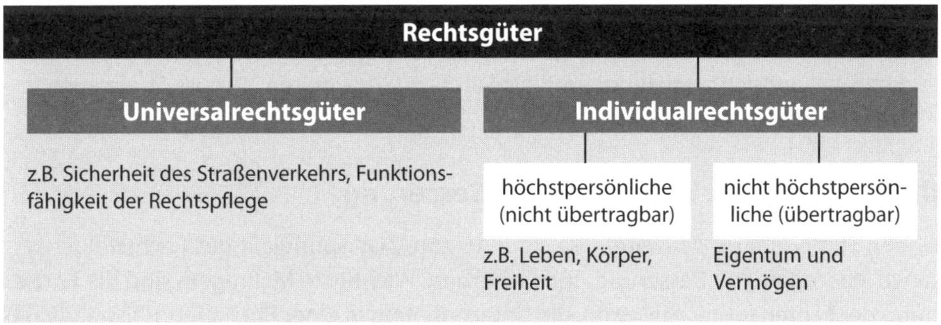

B. Zwecke von Strafen und Maßregeln

I. Strafen

Als Strafen kennt die deutsche Rechtsordnung **Freiheitsstrafe** (§ 38), **Geldstrafe** (§§ 40 ff.) und als Nebenstrafe das **strafrechtliche Fahrverbot** (§ 44).

Die früher vertretenen **absoluten Straftheorien** sahen den Sinn der Strafe losgelöst **17**
(deshalb: „absolut") von gesellschaftlichen Zwecksetzungen ausschließlich repressiv. Strafe sei allein Sühne oder Vergeltung für begangenes Unrecht. Nachteil dieser Theorien ist, dass sie in der Verneinung der gesellschaftlichen Bezüge staatlichen Strafens die Funktion des Strafrechts als Sicherungsmittel für den sozialen Frieden außer Acht lassen.

Die sog. **relativen Theorien** sehen den Sinn staatlicher Strafen ausschließlich in Bezie- **18**
hung (daher: „relativ") zu dem sozialen Nutzen, weitere Straftaten zu verhindern. Nachteil einer allein auf Prävention ausgerichteten Strafe ist jedoch, dass aus Gründen der Sozialnützlichkeit oder Erziehung von der Täterschuld völlig unabhängige Strafen möglich wären.

Die Defizite beider Theorien vermeidet die heute herrschende **Vereinigungstheorie**. **19**
Strafzwecke sind danach **Prävention** und **Schuldausgleich**.

- Die **Spezialprävention** zielt auf den Täter ab: Als **negative Spezialprävention** soll der Täter von weiteren Straftaten abgeschreckt werden; nicht besserungsfähige Täter werden durch Einsperren an weiteren Straftaten gehindert. Als **positive Spezialprävention** hilft Strafe, den sozial desintegrierten Täter wieder in die Gesellschaft einzugliedern, d.h. zu resozialisieren.

- Die **Generalprävention** richtet sich an die Bevölkerung: Die **negative Generalprävention** soll bewirken, dass andere, die in Versuchung sind, ähnliche Straftaten zu begehen, abgeschreckt werden; die **positive Generalprävention** stärkt das Vertrauen der Bevölkerung in die Bestands- und Durchsetzungskraft der Rechtsordnung.[16]

16 Vgl. Ambos/Steiner JuS 2001, 9, 12.

- Begrenzt wird die Bestrafung einer Tat durch den Vergeltungs- und Sühnegedanken. Wenn erst der in der Sühne liegende **Schuldausgleich** dem Täter ermöglicht, das Strafübel auf sich zu nehmen und als Sühne zu verarbeiten,[17] muss Strafe auch immer schuldangemessen sein.

II. Maßregeln der Sicherung und Besserung

20 Neben Strafe gibt es als weitere Reaktion (= sog. Zweispurigkeit des Rechtsfolgensystems) Maßregeln der Besserung und Sicherung. Wichtigste Maßregeln sind die Entziehung der Fahrerlaubnis (§§ 69 ff.), die Unterbringung in einer Entziehungsanstalt (§ 64) und die Unterbringung in Sicherungsverwahrung (§§ 66 ff.). Große praktische Bedeutung bei Vermögensdelikten hat darüber hinaus die Einziehung (§§ 73 ff.), durch die dem Täter die aus einer Straftat stammenden Vorteile wieder entzogen werden können. Maßregeln unterscheiden sich von Strafen in Folgendem:

Maßregeln der Besserung und Sicherung sollen allein weiterem sozialschädlichen Verhalten des Täters vorbeugen. Sie setzen deshalb nur tatbestandsmäßige und rechtswidrige Taten voraus, sind aber **von der Schuld des Täters unabhängig**. Sie können ggf. neben der Strafe verhängt werden.

Eine Sonderstellung beansprucht die Einziehung von Taterträgen (§§ 73 ff.) sowie von Tatprodukten, -mitteln und -objekten (§§ 74 ff.). Die Einziehung dient sowohl repressiven als auch präventiven Zwecken.

Klausurhinweis: *In einer* ***Falllösung zum 1. Examen*** *sind Strafzwecke kaum anzusprechen, da nur die Strafbarkeit als solche zu begutachten ist, nicht jedoch der konkrete Strafausspruch. Im* ***Mündlichen*** *werden aber hin und wieder Wissensfragen zu den Strafzwecktheorien gestellt.*

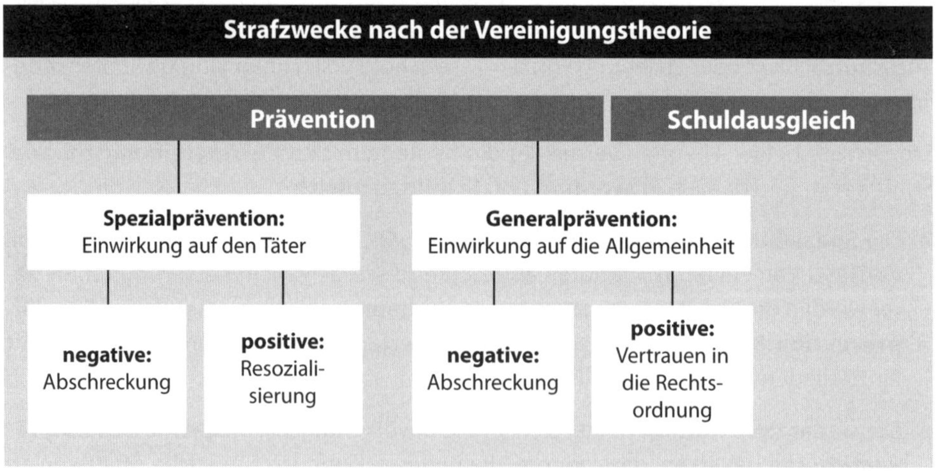

17 Vgl. Rengier § 3 Rn. 21 ff.

4. Abschnitt: Die Gerechtigkeitsprinzipien des Strafrechts

Bei der Verhängung einer Strafe als intensivstem Eingriff in die Grundrechte des betroffenen Bürgers ist jeder Rechtsstaat in höchstem Maß der Gerechtigkeit verpflichtet. Daraus folgen die beiden Fundamentalprinzipien des Strafrechts: 21

Die Strafvorschriften und ihre Anwendung unterliegen einem strengen Gesetzlichkeitsprinzip: **nullum crimen sine lege, nulla poena sine lege**, d.h. **keine Straftat ohne Gesetz, keine Strafe ohne Gesetz**.[18]

Bestraft werden darf nur, wer persönlich für das von ihm begangene Unrecht verantwortlich ist, wer also auch die Schuld für sein Unrecht trägt: **Nulla poena sine culpa**, d.h. **keine Strafe ohne Schuld**.

A. Das Gesetzlichkeitsprinzip

I. Inhalt und verfassungsrechtliche Verankerung

Das Gesetzlichkeitsprinzip sichert die Rechtsstaatlichkeit des Strafrechts und schützt den Einzelnen vor willkürlicher Strafverfolgung und Bestrafung. 22

Art. 103 Abs. 2 GG, § 1 lauten: „Eine Tat kann nur bestraft werden, wenn die Strafbarkeit gesetzlich bestimmt war, bevor die Tat begangen wurde."

§ 2 Abs. 1: „Die Strafe und ihre Nebenfolgen bestimmen sich nach dem Gesetz, das zur Zeit der Tat gilt."

Durch Art 103 Abs. 2 GG hat das Gesetzlichkeitsprinzip Verfassungsrang; Art. 93 Abs. 1 Nr. 4 a GG erhebt es sogar in den Rang eines grundrechtsgleichen Rechts, sog. **Prozessgrundrecht**.[19]

II. Adressaten

1. In Bezug auf den **Gesetzgeber** stellt die Notwendigkeit einer gesetzlichen Bestimmung der Strafbarkeit sicher, dass die Entscheidung darüber, welches Verhalten Strafe auslösen kann, nur von der Legislative **in demokratisch legitimierter Verantwortung** getroffen wird. Der vollziehenden und rechtsprechenden Gewalt ist es verwehrt, die normativen Voraussetzungen einer Bestrafung festzulegen.[20] 23

2. Dem **Bürger** sollen die Grenzen des straffreien Handlungsraums klar vor Augen geführt werden, damit er sein Verhalten danach ausrichten kann.[21] Er muss wissen, welche Handlungen verboten sind und mit welchen Sanktionen er bei einer Rechtsverletzung zu rechnen hat **(Willkürverbot)**. Der Bürger soll ferner darauf vertrauen dürfen, dass er 24

18 v. Feuerbach, Lehrbuch des gemeinen in Deutschland gültigen peinlichen Rechts, 10. Aufl. 1828, S. 23; s. auch AS-Skript Rechtsgeschichte (2021), Rn. 458.

19 Maunz/Dürig/Remmert, GG, 92. EL August 2020, Art. 103 Rn. 77.

20 BVerfGE 75, 329, 341; Frister S. 48 f.

21 BVerfGE 109, 133.

bei rechtskonformem Verhalten nicht mit Strafsanktionen rechnen muss **(Vertrauensschutz)**.[22]

III. Reichweite

25 Art. 103 Abs. 2 GG bezieht sich auf die „Strafbarkeit" einer Tat. Im verfassungsrechtlichen Verständnis reicht dieser Begriff weiter als Strafbarkeit im kriminaljuristischen Sinn (s.o. Rn. 1).

Art. 103 Abs. 2 GG verbindet mit „Strafbarkeit" alle Regeln, die eine missbilligende hoheitliche Reaktion auf ein rechtswidriges und schuldhaftes Verhalten beinhalten und wegen dieses Verhaltens ein Übel verhängen, das dem Schuldausgleich dient. Andere staatliche Eingriffe wie z.B. die Untersuchungshaft, die nur der Sicherung des staatlichen Strafanspruchs dient, gehören nicht dazu.[23]

26 **1.** Damit **gilt** Art. 103 Abs. 2 GG

- für alle Regelungen des **Kernstrafrechts**.

  Dazu zählen die **Vorschriften des Allgemeinen Teils des StGB**, soweit sie die Voraussetzungen der Verhängung von Strafe beschreiben,[24] einschließlich der Anwendbarkeit deutschen Strafrechts,[25] und soweit sie Strafen (§§ 38 ff.) und Nebenfolgen (§§ 45 ff.) betreffen.[26] Für Rechtfertigungsgründe gilt wegen ihrer strafbarkeitsbegrenzenden Funktion das Gesetzlichkeitsprinzip nur eingeschränkt (s.u. Rn. 176 ff.).

  Alle **Deliktstatbestände des Besonderen Teils des StGB** (§§ 80–358) einschließlich der darin enthaltenen **Rechtsfolgenvorschriften** unterfallen Art. 103 Abs. 2 GG.[27]

- Art. 103 Abs. 2 GG gilt für alle **Strafvorschriften des Nebenstrafrechts** (z.B. die Steuerhinterziehung gemäß § 370 Abgabenordnung, die Betäubungsmitteldelikte u.v.m.).
- Art. 103 Abs. 2 GG erfasst darüber hinaus die Regeln zu **ehrengerichtlichen Strafen, Disziplinarmaßnahmen** sowie zur Verhängung von **Ordnungsgeld und Ordnungshaft**.[28]
- Auch der gesamte Bereich des **Ordnungswidrigkeitenrechts** unterfällt – zumindest über § 3 OWiG – dem Gesetzlichkeitsprinzip des Art. 103 Abs. 2 GG.

27 **2. Nicht** unter Art. 103 Abs. 2 GG fällt:

- das gesamte **Strafverfahrensrecht**.
  - Zum Prozessrecht gehören nach h.M. das **Strafantragsrecht** (§§ 77 ff.) und die **Verjährungsregeln** (§§ 78 ff.). Das Gesetzlichkeitsprinzip garantiere nicht, dass Straf-

---

22 Vgl. BVerfG StV 2002, 247.

23 BVerfGE 109, 133.

24 Vgl. BVerfG NJW 2003, 1030 zur Verfassungsmäßigkeit von § 13.

25 Fischer § 1 Rn. 3.

26 BVerfG NJW 2002, 1779 zur Verfassungswidrigkeit der aufgrund dieser Entscheidung aufgehobenen Vermögensstrafe, § 43 a.

27 BGH RÜ 2004, 37 zum Regelbeispiel des § 263 Abs. 3 S. 2 Nr. 2.

28 Vgl. BVerfGE 26, 203 f.

taten unter bestimmten Verfahrensvoraussetzungen – insbesondere innerhalb einer bestimmten Frist – verfolgbar seien. Deshalb ist nach h.M. eine rückwirkende Änderung von Antragsvorschriften oder die rückwirkende Verlängerung einer noch nicht abgelaufenen Verjährungsfrist möglich.[29]

- Zum Verfahrensrecht wird auch der Grundsatz **„in dubio pro reo" mit seinen Einschränkungen** gerechnet. Unter anderem aus diesem Grund hat das BVerfG[30] im Anschluss an den Großen Senat für Strafsachen[31] die gesetzlich nicht verankerte Rechtsfigur der unechten Wahlfeststellung für verfassungskonform erklärt.[32]

- Auch **Maßregeln der Sicherung und Besserung** werden nach h.M. von Art. 103 Abs. 2 GG nicht erfasst.[33]
- Beugemittel des Verfahrensrechts (z.B. § 77 StPO, § 178 GVG) sollen ebenfalls nicht unter Art. 103 Abs. 2 GG fallen.[34]

IV. Die vier Kardinalprinzipien des Strafrechts, abgeleitet aus dem Gesetzlichkeitsprinzip

Aus dem Gesetzlichkeitsprinzip folgen vier **Kardinalprinzipien** des Strafrechts:

- nullum crimen, nulla poena sine lege **scripta**, d.h. keine Strafbarkeit ohne **geschriebenes** Gesetz
- nullum crimen, nulla poena sine lege **certa**, d.h. keine Strafbarkeit ohne **sicheres** (= inhaltlich bestimmtes) Gesetz
- nullum crimen, nulla poena sine lege **stricta**, d.h. keine Strafbarkeit ohne strenges (= streng beachtetes) Gesetz
- nullum crimen, nulla poena sine lege **praevia**, d.h. keine Strafbarkeit ohne **vorheriges** (= zur Tatzeit gültiges) Gesetz

1. Keine Strafbarkeit ohne geschriebenes Gesetz – strenger Gesetzesvorbehalt

Was strafbar ist und welche Strafe zu verhängen ist, hat der Gesetzgeber durch förmliches, also im Parlament zustande gekommenes Gesetz festzulegen. Dieses **Kodifizierungsgebot mit Parlamentsvorbehalt**[35] stellt im Sinne der Gewaltenteilung sicher, dass nur der Gesetzgeber die Voraussetzungen der Strafbarkeit bestimmt und nicht die Judikative oder Exekutive. 28

29 BVerfGE 25, 269, 286 f.; BGHSt 46, 310, 315 ff.; ablehnend z.B. Frister S. 60 f.; Roxin/Greco AT I § 5 Rn. 59 f.; siehe dazu unten Rn. 51.

30 BVerfG RÜ 2019, 638, 639.

31 BGH RÜ 2017, 709.

32 Ausführlich dazu AS-Skript StrafR AT 2 (2021), Rn. 500.

33 BVerfG NJW 2004, 739; Frister S. 62 f.; a.A. (Analogieverbot zumindest für in Freiheit oder Vermögen eingreifende Maßregeln) Fischer § 1 Rn. 22 m.w.N.

34 MünchKomm/Schmitz § 1 Rn. 24.

35 Vgl. BeckOK GG/Radtke 45. Ed. 15.11.2020, Art. 103 Rn. 23.

2. Keine Strafbarkeit ohne sicheres Gesetz – Bestimmtheitsgrundsatz

29 Der Bestimmtheitsgrundsatz nimmt den **Gesetzgeber** verfassungsrechtlich in die Pflicht: Die Voraussetzungen der Strafbarkeit und die daran anknüpfenden Folgen müssen so konkret umschrieben sein, dass der Normadressat anhand der gesetzlichen Vorschrift voraussehen kann, ob ein Verhalten strafbar ist oder ob zumindest das Risiko einer Bestrafung besteht.[36] Je schwerer die angedrohte Strafe, umso höher sind die Anforderungen an die gesetzliche Präzisierung.[37] Andererseits kann der Gesetzgeber nicht gezwungen sein, sämtliche denkbaren Fallgestaltungen in einer Strafnorm zu beschreiben. Das ist bei notwendigerweise abstrakten Rechtsnormen gar nicht möglich.

30 **a)** Der Gesetzgeber kann deshalb von sog. **Blanketttatbeständen** Gebrauch machen. Hierin ersetzt er die Beschreibung des verbotenen Verhaltens durch Bezugnahme auf eine Ergänzung in demselben Gesetz, in anderen Gesetzen, Rechtsverordnungen oder EU-Normen. Wird auf eine Norm in der bei Erlass des Strafgesetzes gültigen Fassung Bezug genommen, spricht man von statischer Verweisung. Verweist das Strafgesetz auf eine andere Rechtsvorschrift „in der jeweils gültigen Fassung", liegt eine dynamische Verweisung vor. Dem Bestimmtheitsgebot genügen Blankettstrafgesetze nur dann, wenn die Voraussetzungen und die Art der Strafe bereits entweder **im Blankettstrafgesetz selbst** oder in dem **in Bezug genommenen Gesetz** hinreichend deutlich umschrieben sind. Verweist die Blankettvorschrift auf eine **Rechtsverordnung**, müssen die Voraussetzungen der Strafbarkeit und die Art der Strafe für den Bürger schon aufgrund des Gesetzes und nicht erst aufgrund der hierauf gestützten Rechtsverordnung vorhersehbar sein. Zudem muss das Gesetz, das zum Erlass einer strafbewehrten Rechtsverordnung ermächtigt, gemäß Art. 80 Abs. 1 S. 2 GG Inhalt, Zweck und Ausmaß der erteilten Ermächtigung bestimmen. Um das Verfassungsprinzip der Gewaltenteilung zu wahren, darf dem Verordnungsgeber lediglich die Konkretisierung des Straftatbestandes eingeräumt werden, nicht aber die Entscheidung darüber, welches Verhalten als Straftat geahndet werden soll.[38]

31 **b)** Dem Gesetzgeber ist es wegen der Vielgestaltigkeit des Lebens auch nicht verwehrt, **Generalklauseln** und **wertungsausfüllungsbedürftige Begriffe** zu verwenden. Verfassungsrechtlich ist dies aber nur dann unbedenklich, wenn die Strafnorm immer noch eine zuverlässige Grundlage für die Inhaltsbestimmung durch **Auslegung** bietet (s. dazu unten Rn. 38 ff.) oder wenn bereits eine **gefestigte Rspr.** besteht, durch welche die Norm hinreichende Bestimmtheit gewinnt.[39]

Beispiele:

Die Entstellung durch eine Narbe als Folge einer vorsätzlichen Körperverletzung gemäß § 226 Abs. 1 Nr. 3 ist „erheblich", wenn ihre Auswirkungen den übrigen schweren Folgen des § 226 vergleichbar ist.[40]

Ein Kraftfahrzeugführer ist mit einer Blutalkoholkonzentration von 1,1 ‰ nach ständiger Rspr. unwiderlegbar (= absolut) fahruntüchtig i.S.d. §§ 315 c Abs. 1 Nr. 1 a, 316.[41]

---

36 BVerfG wistra 2004, 99.

37 BVerfGE 75, 329, 343.

38 BVerfG StV 2017, 71; vgl. auch Schuster NZWiSt 2016, 278.

39 BVerfG NJW 2003, 1030 zur hinreichenden Bestimmtheit von § 13.

40 BGH StV 2007, 636.

41 BGHSt 37, 89.

3. Keine Strafbarkeit ohne strenges (streng beachtetes) Gesetz – Verbot täterbelastenden Gewohnheitsrechts und täterbelastender Analogie; Auslegung und Grenzen

Aus dem Bestimmtheitsgrundsatz folgt, dass nur der Gesetzgeber die Entscheidung über die Einordnung eines bestimmten Verhaltens als strafbar zu treffen hat. Die Rspr. darf in diese Wertung nicht eingreifen, selbst dann nicht, wenn infolge des Bestimmtheitsgrundsatzes Einzelfälle aus dem Anwendungsbereich einer Strafnorm herausfallen, obwohl sie ähnlich strafwürdig sind wie das vom Gesetzgeber als strafbar bewertete Verhalten. Das **Gebot strenger Gesetzesbeachtung** bewirkt also zugleich ein **Verbot täterbelastenden Gewohnheitsrechts** und ein **Analogieverbot**.

a) Verbot täterbelastenden Gewohnheitsrechts

aa) Straftatbestände oder Strafschärfungen des Besonderen Teils des StGB können nicht durch gleichmäßige, lang andauernde und anerkannte Rechtsausübung geschaffen werden. 32

bb) Probleme bereitet der **Allgemeine Teil des StGB**, denn der Gesetzgeber hat die Klärung vieler zentraler Rechtsbegriffe der Lit. und Rspr. überlassen. Einigkeit besteht darüber, dass zumindest eine Präzisierung der Inhaltsgrenzen nach den Methoden der **Auslegung** (s.u. Rn. 38 ff.) zulässig ist und sich auch als Gewohnheitsrecht verfestigen kann.[42] 33

Beispiele: Begriffe wie Vorsatz oder Fahrlässigkeit, Kausalität, Täterschaft, Irrtum über Rechtfertigungsgründe etc.

cc) Zulässig ist auch **jede tätergünstige Einschränkung der Strafbarkeit** durch Gewohnheitsrecht. 34

Beispiele: Rechtfertigung durch mutmaßliche Einwilligung oder Pflichtenkollision, Entschuldigungsgrund des übergesetzlichen Notstands.

b) Verbot täterbelastender Analogie

Analogie ist **die Ausdehnung eines Merkmals oder Rechtssatzes über den durch die Auslegung begrenzten Wortsinn hinaus auf vergleichbare, aber vom möglichen Wortsinn nicht mehr erfasste Sachverhalte**. Analogie setzt immer eine planwidrige Regelungslücke voraus. Mittel zur Schließung der Lücke können Gesetzes- und Rechtsanalogie sein. **Gesetzesanalogie** liegt vor, wenn der Rechtsanwender den Grundgedanken eines einzelnen Rechtssatzes auf einen von diesem Rechtssatz noch nicht unmittelbar erfassten Fall überträgt. Von **Rechtsanalogie** spricht man, wenn aus einer Mehrzahl von Rechtsvorschriften ein allgemeines Prinzip entwickelt und auf den unter keine der Rechtsvorschriften direkt subsumierbaren Sachverhalt angewendet wird.[43] 35

Im Strafrecht leitet sich aus dem Bestimmtheitsgrundsatz für jede Rechtsanwendung ein strenges Verbot täterbelastender Analogie ab. Dieses Verbot soll verhindern, dass

42 Krey/Esser Rn. 78.

43 Vgl. Sch/Sch/Hecker § 1 Rn. 25.

der Bürger durch lückenfüllende Rechtsfortbildung für etwas bestraft wird, was er zur Tatzeit nicht als strafbar vorhersehen konnte.

36 **aa)** Verboten ist deshalb **jede Täterbelastung entgegen dem Wortlaut einer Strafrechtsvorschrift (Verbot täterbelastender Analogie)**.

Der Hauptfall ist die **direkte Analogie** zulasten des Täters im Rahmen von **Tatbeständen** und **Rechtsfolgenvorschriften.**[44]

Beispiel: Der BGH hat jahrzehntelang die Auffassung vertreten, dass derjenige, der eine Vollstreckungshandlung dadurch vereiteln will, dass er mit seinem Pkw auf den Vollstreckungsbeamten zufährt, wegen besonders schweren Widerstandes nach § 113 Abs. 2 Nr. 1 strafbar sei, weil das Auto durch den konkreten Einsatz zur „Waffe im untechnischen Sinn" pervertiert werde.[45] Das BVerfG hat darin einen Verstoß gegen das Analogieverbot gesehen. Der allgemeine Sprachgebrauch bezeichnet danach Gegenstände als Waffen, wenn ihre primäre Zweckbestimmung darin liegt, bei einem Angriff oder einer Verteidigung gegen andere Menschen eingesetzt zu werden, oder wenn eine solche Verwendung zumindest typisch ist – wie etwa bei Messern. Die bloße Möglichkeit, einen Gegenstand auch in zweckentfremdender Benutzung zur Bekämpfung von Zielen zu verwenden, genügt zur Begründung der Waffeneigenschaft danach jedenfalls nicht.[46]

Verboten ist aber auch die **indirekte Analogie**, indem eine strafbarkeitsmildernde oder -ausschließende Regelung entgegen dem Wortlaut eingeschränkt, d.h. reduziert wird. Der Effekt der Strafbarkeitsbegründung ist derselbe wie bei der Analogie. Damit entfaltet das Verbot täterbelastender Analogie auch ein **Reduktionsverbot für täterentlastende Vorschriften.**[47]

Beispiel: Der BGH hat deshalb die Nichtanwendung der Rücktrittsmöglichkeit nach § 24 beim Raubversuch trotz bereits eingetretener Todesfolge (§§ 249, 22, 251) als indirekten Analogieverstoß aufgedeckt. Denn auch die Reduktion einer an sich einschlägigen Strafaufhebungsnorm ist letztlich nichts anderes als die Überdehnung der Verbotsnorm selbst.[48]

37 **bb) Erlaubt** ist die täterbelastende Analogie hingegen im reinen **Verfahrensrecht**, denn das Strafverfahren wird von Art. 103 Abs. 2 GG nicht erfasst (s.o. Rn. 27).

Erlaubt ist ferner jede Analogie **zugunsten des Täters**.

Beispiele: Analoge Anwendung von Strafausschließungsgründen wie § 157 für § 164 oder § 258 Abs. 6 für § 257.

c) Auslegungsmethoden

38 Von der Analogie ist die **Auslegung** zu unterscheiden. Auslegung ist unverzichtbar, weil Rechtsnormen wegen ihrer Abstraktheit und Allgemeinheit inhaltlich ausgefüllt werden müssen, bevor überhaupt festgestellt werden kann, ob ein bestimmtes Verhalten davon erfasst wird. **Die Auslegung bezweckt, den in einer Strafvorschrift und ihren Merkmalen enthaltenen Sinn für die Gegenwart zu ermitteln.**[49]

---

44 BVerfG NJW 1995, 1141.

45 BGHSt 26, 176, 179.

46 BVerfG RÜ 2008, 709.

47 Vgl. BGH NJW 1996, 2663, 2664.

48 BGH NJW 1996, 2663, 2664; ausführlich dazu AS-Skript StrafR AT 2 (2021), Rn. 273.

49 Fischer § 1 Rn. 24.

aa) Legaldefinition

Dafür ist zunächst zu fragen, ob der Gesetzgeber eine bestimmte Auslegung durch eine **Legaldefinition** vorschreibt (vgl. z.B. die Kataloge in §§ 11, 330 d). Ist eine solche Definition nicht vorgegeben oder ist die Definition nicht eindeutig, muss man nach den „klassischen" Auslegungsmethoden weiterprüfen. **39**

bb) Grammatische Auslegung

Gegenstand der Auslegung gesetzlicher Bestimmungen ist immer nur der Gesetzestext selbst. Daher muss stets mit einer **Wortauslegung**, also der **grammatischen Auslegung** begonnen werden. Der mögliche Wortsinn des Gesetzes markiert die äußerste Grenze zulässiger Interpretationen.[50] Lässt sich durch grammatische Auslegung kein eindeutiges Ergebnis gewinnen, sind die übrigen Auslegungsmethoden ergänzend heranzuziehen. **40**

Beispiel: Bei der Hehlerei gemäß § 259 in der Variante des „Absetzens" hat sich auch in der Rspr. die Erkenntnis durchgesetzt, dass die Vollendung der Tat nicht schon bei Absatzbemühungen, sondern erst bei einem Absatzerfolg eingetreten ist. Nur diese Auslegung entspreche dem Wortsinn, denn im Verkehr unter Kaufleuten, aus dem der Begriff stammt, würde niemand davon sprechen, dass ein Händler Waren „abgesetzt" habe, nur weil er sich vergeblich um den Verkauf bemüht hat.[51]

cc) Systematische Auslegung

Die systematische Auslegung ermöglicht aus dem Zusammenhang einer Vorschrift Rückschlüsse auf den Gesetzesinhalt.[52] Der Vergleich kann zu anderen Strafgesetzen oder auch zu Rechtsfiguren des Allgemeinen Teils gezogen werden. **41**

Beispiel: So ergibt sich aus der Existenz des § 218 im Vergleich zu den §§ 211 ff., 222, dass der Gesetzgeber den Fötus noch nicht als „Mensch" im strafrechtlichen Sinn behandelt wissen will. Wichtigste Konsequenz: Da § 218 nur vorsätzlich begehbar ist (§ 15), ist die fahrlässige Tötung eines Kindes vor der Geburt straflos!

Aus dem Vergleich lässt sich oft auch ein **Erst-recht-Schluss** gewinnen.

Dieser kann vom „Kleineren" auf das „Größere" gerichtet sein (argumentum a minore ad maius).

Beispiel: In vielen Strafschärfungen mit Todesfolge steht unter Strafe, dass der Täter den Tod „wenigstens leichtfertig" herbeigeführt hat (siehe nur §§ 251, 306 c). Da die Leichtfertigkeit im Verhältnis zum Vorsatz die minder schwere Vorwerfbarkeitsform ist, erfüllt derjenige „erst recht" die Strafschärfung, der bezüglich der Todesfolge Vorsatz besitzt.

Der Erst-recht-Schluss kann aber auch umgekehrt vom „Größeren" auf das „Kleinere" gezogen werden (argumentum a maiore ad minus).

Beispiel: Ist es bei einer Trunkenheitsfahrt zu einem Schaden gekommen, ist „erst recht" die von § 315 c Abs. 1 vorausgesetzte Gefährdung anzunehmen.

---

50 BVerfG wistra 2004, 99.

51 BGH RÜ 2013, 643 in einem Anfragebeschluss, dessen Auffassung sich die übrigen Strafsenate angeschlossen haben, vgl. BGH RÜ 2013, 789.

52 Vgl. BGHSt 15, 28 ff.

dd) Subjektiv-historische Auslegung

42 Die subjektiv-historische Auslegung zieht die Entstehungsgeschichte einer Vorschrift heran und versucht, den bei Schaffung der Vorschrift vorhandenen Willen des Gesetzgebers zu ermitteln.[53]

Beispiel: Mit der Schaffung des Straftatbestandes des Computerbetruges (§ 263 a) bezweckte der Gesetzgeber, nur solche vermögensschädigenden Datenmanipulationen zu erfassen, die mangels Täuschung eines Menschen kein Betrug gemäß § 263 sein können. Daher fragt man bei den Tathandlungen des § 263 a einschränkend, ob sie – wenn sie gegenüber einem Menschen begangen worden wären – Täuschungscharakter hätten (sog. täuschungsäquivalente Auslegung).[54]

ee) Verfassungskonforme Auslegung

43 Die verfassungskonforme Auslegung stellt sicher, dass eine Norminterpretation nicht im Widerspruch zu Wertsetzungen des Grundgesetzes steht.

Beispiel: Der Rechtfertigungsgrund der „Wahrnehmung berechtigter Interessen", § 193, ist „im Licht der Meinungsfreiheit gemäß Art. 5 GG" zu interpretieren und erlaubt auch herabsetzende Werturteile in der verbalen Auseinandersetzung, sofern es nicht nur um bloße Schmähungen des Ehrträgers geht.[55]

ff) Gemeinschaftskonforme Auslegung

44 In der Praxis immer stärkere Bedeutung hat die sog. gemeinschaftskonforme Auslegung. So sind Strafvorschriften, die in Umsetzung einer EU-Richtlinie oder eines Rahmenbeschlusses geschaffen worden sind, gemäß diesen europarechtlichen Vorgaben zu interpretieren. Auch die Europäische Menschenrechtskonvention (EMRK), die nach Art. 59 Abs. 2 GG im Rang von Bundesrecht steht, sowie ihre Anwendung durch den Europäischen Gerichtshof für Menschenrechte (EGMR) ist als Auslegungshilfe für deutsche Straf- und Strafprozessrechtsnormen zu beachten.[56]

Beispiel dafür ist die Änderung der Rspr. zur Tatprovokation: Veranlasst ein verdeckter Ermittler der Polizei eine nicht zur Tat geneigte Person durch hartnäckiges Auffordern und durch psychischen Druck zu einer Straftat, so wird in Extremfällen aus dem Gebot der Verfahrensfairness gemäß Art. 6 Abs. 1 EMRK ein Strafverfolgungshindernis für den provozierten Täter abgeleitet.[57]

gg) Objektiv-teleologische Auslegung

45 Das stärkste Gewicht für die Entscheidung zugunsten einer bestimmten Gesetzesinterpretation hat die objektiv-teleologische Auslegung. „Teleologisch" ist eine Verbindung der griechischen Begriffe „telos" (= Ziel) und „logos" (= Wort). Demgemäß fragt diese Auslegung nach dem von einer Norm in der Gegenwart verfolgten **(Schutz-) Zweck**. Die Berücksichtigung des dahinter stehenden Rechtsguts (s. dazu oben Rn. 14 f.) lässt damit eine angepasste Fortentwicklung bestehender Vorschriften zu.[58] Häufig ergibt sich hieraus eine **teleologische Reduktion**, d.h. die Nichtanwendung einer Vorschrift oder ei-

53 Vgl. SK-Rudolphi/Jäger § 1 Rn. 68.
54 Vgl. dazu AS-Skript StrafR BT 1 (2020), Rn. 435.
55 BVerfG RÜ 2009, 99.
56 BGHSt 45, 321, 329; BGH NStZ-RR 2011, 139.
57 BGH RÜ 2016, 24.
58 Vgl. LK-Dannecker § 1 Rn. 316.

nes Merkmals auf einen bestimmten Sachverhalt, obwohl sie bzw. es dem Wortlaut nach passen würde.

Beispiel: Täuscht der Räuber seinem Opfer vor, der in den Rücken gehaltene Lippenstift sei eine geladene Schusswaffe, ist dem Wortlaut nach die Strafschärfung des § 250 Abs. 1 Nr. 1 b erfüllt. Dennoch bejaht die Rspr. eine teleologische Reduktion dieser Vorschrift bei „evident ungefährlichen Tatmitteln", weil hier die Täuschung tatprägend ist und kein Bedürfnis für eine Erhöhung des Raubstrafrahmens gesehen wird.[59]

d) Grenzen der Auslegung

Der Auslegung sind auch innerhalb von Wortlaut und Wortsinn durch den Bestimmtheitsgrundsatz zusätzliche **Grenzen** gesetzt:[60]

aa) Die wichtigste ist das sog. **Verschleifungs**- und **Entgrenzungsverbot**. Danach dürfen einzelne Tatbestandsmerkmale auch innerhalb des möglichen Wortlauts und Wortsinns nicht so weit ausgelegt werden, dass sie vollständig in anderen Tatbestandsmerkmalen aufgehen. 46

Beispiel: Die Rspr. sah das Tatbestandsmerkmal „Vermögensnachteil" bei der Untreue nach § 266 Abs. 1 als erfüllt an, wenn ein Gefährdungsschaden gegeben war, den man nicht näher beziffern müsse. Das BVerfG befand, dass diese Auslegung dem Tatbestandsmerkmal des Vermögensnachteils seine eigenständige Bedeutung nimmt und es mit dem Merkmal der Pflichtverletzung des Vermögensbetreuungspflichtigen „verschleift".[61]

bb) Ist bei methodengerechter Auslegung ein Verhalten nicht mit Strafe bedroht, aber noch vom Gesetzeswortlaut erfasst, muss dem Willen des Gesetzgebers durch eine **restriktive Auslegung** der Norm Geltung verschafft werden. 47

cc) Bei weit gefassten Tatbeständen und Tatbestandselementen dürfen die Gerichte bestehende Unsicherheiten über den Anwendungsbereich einer Norm nicht noch durch fern liegende Interpretationen und konturenlose Normverständnisse erhöhen **(Gebot der Minimierung von Rechtsunsicherheit)**,[62] sondern sind gehalten, diese Unsicherheiten durch Präzisierung und Konkretisierung auszuräumen **(Präzisierungsgebot)**. 48

4. Keine Strafbarkeit ohne vorheriges Gesetz

Aus Art. 103 Abs. 2 GG ergibt sich im Zusammenspiel mit den §§ 1, 2 ein **umfassendes Rückwirkungsverbot** für das „Ob und „Wie" der Strafbarkeit. Grund hierfür ist der Vertrauensschutz: Der Bürger richtet sein Verhalten an den jeweils geltenden und für ihn ersichtlichen Rechtsnormen aus. Die Strafbarkeit ist deshalb anhand der **zur Zeit der Tat** geltenden Vorschriften zu beurteilen. „Zeit der Tat" ist nach **§ 8** der Zeitpunkt, in dem der Täter oder Teilnehmer gehandelt hat oder im Fall des Unterlassens hätte handeln müssen; auf den Zeitpunkt des Erfolgseintritts kommt es nicht an.

59 BGH RÜ 2011, 506, 508; näher dazu AS-Skript StrafR BT 1 (2020), Rn. 167, 503.

60 BVerfG NJW 2010, 3209 ff.

61 BVerfG NJW 2010, 3209, 3221.

62 Vgl. Saliger NJW 2010, 3195, 3196.

a) Rückwirkungsverbot für Strafgesetze

49 **aa)** Das Rückwirkungsverbot verhindert sowohl die **rückwirkende Strafbegründung** als auch die **rückwirkende Strafverschärfung** durch den Gesetzgeber,[63] sodass ein Verhalten, das zum Tatzeitpunkt straffrei war, nachträglich weder für strafbar erklärt noch schärfer als zuvor bestraft werden darf.

Beispiel: Es ist daher nicht möglich, den bisher straflosen Versuch oder bei einer bisher nur mit Vorsatz strafbaren Tat auch die fahrlässige Begehung rückwirkend unter Strafe zu stellen.

Das Rückwirkungsverbot gilt darüber hinaus für den **Wegfall von Rechtfertigungsgründen, Schuldausschließungsgründen, Bedingungen der Strafbarkeit und persönlichen Strafausschließungs- oder Strafaufhebungsgründen.**[64]

Durch § 2 Abs. 5 wird der Anwendungsbereich des Rückwirkungsverbotes zudem auf Einziehung und Unbrauchbarmachung erweitert, weil diese Maßregeln strafähnlichen Charakter haben.

bb) Nach § 2 Abs. 6 besteht dagegen **kein Rückwirkungsverbot für sonstige Maßregeln der Besserung und Sicherung** gemäß §§ 61 ff., da diese nach dem Verständnis des Gesetzgebers der Verhinderung weiterer Straftaten dienen, nicht aber Strafzwecke verfolgen.

50 **cc)** Umstritten ist, ob das Rückwirkungsverbot (entsprechend) gilt, wenn sich eine vordem **gefestigte Rspr.** zur Auslegung eines Strafgesetzes **ändert.**

Beispiel: Änderung der Rspr., die Schreckschusspistolen mit Austrittsöffnung des Explosionsdrucks nach vorn aufgrund neuer Erkenntnisse der Kriminaltechnik und der Rechtsmedizin als Waffen i.S.d. §§ 244 und 250 einstuft.[65]

Teilweise wird ein Rückwirkungsverbot zumindest für die Fälle angenommen, in denen die gefestigte Rspr. eine gesetzesergänzende oder -konkretisierende Funktion hat, wie beispielsweise bei der Festlegung von Promillegrenzen im Rahmen der Strafbarkeit nach § 316. In diesen Fällen wirke sich die Änderung der Rspr. gleichsam wie eine Gesetzesänderung aus und enttäusche das Vertrauen der Bevölkerung.[66]

Die h.M. in Rspr. und Lit. lässt es dagegen zu, dass eine Tat aufgrund einer inzwischen geänderten Rechtsauffassung anders beurteilt wird, als dies zur Tatzeit geschehen wäre. Der Vertrauensschutz könne nicht dazu führen, dass die Gerichte an eine Rechtsansicht gebunden werden, die sich aufgrund neuer Erkenntnisse als unhaltbar erwiesen habe.[67]

51 **dd)** Nach Rspr. und h.M. gilt das Rückwirkungsverbot auch nicht für **Verfahrensvorschriften.**[68]

Die Frage ist bei der **nachträglichen Verlängerung der Verjährungsfrist** bei Mordtaten aus der Nazizeit kontrovers behandelt worden. Unabhängig von der Einordnung der Verjährungsregeln als materiell- oder verfahrensrechtliche Normen stellt das BVerfG[69] darauf ab, dass Art. 103 Abs. 2 GG nur die rück-

63 BVerfGE 25, 269.
64 Fischer § 1 Rn. 28.
65 BGH Großer Senat RÜ 2003, 270.
66 MünchKomm/Schmitz § 1 Rn. 40 f.; NK-Hassemer/Kargl § 1 Rn. 51.
67 BVerfGE 18, 224, 240 f.; BGH NJW 1990, 3140; BGH wistra 2010, 263.
68 BVerfGE 25, 269, 286; SK-Jäger § 1 Rn. 21; a.A. Arndt JZ 1965, 148; Schreiber ZStW 80, 365.
69 BVerfGE 25, 269, 286.

wirkende Strafbegründung und -verschärfung verbietet, jedoch nichts über die Dauer des Zeitraums besagt, in dem die Tat verfolgt und geahndet werden darf.

Auch der **Wegfall eines Strafantragserfordernisses nach Tatbegehung** ist nach Auffassung des BGH zulässig, weil damit nicht die Strafdrohung als solche, sondern nur das „Ob" der Verfolgung berührt wird.[70]

b) Verbot rückwirkender und täterbelastender Rechtsanwendung

Auch die Rechtsfolgen der Tat dürfen nicht nachträglich zum Nachteil des Täters verändert werden. Die Strafe und ihre Nebenfolgen sind daher ebenfalls dem zur Tatzeit geltenden Gesetz zu entnehmen, § 2 Abs. 1. 52

Wird die Strafdrohung **während der Begehung der Tat geändert**, ist nach § 2 Abs. 2 das Gesetz anzuwenden, das bei der Beendigung der Tat gilt. Diese Vorschrift ist bedeutsam für Dauerdelikte (s.u. Rn. 58).

Ändert sich das Gesetz **zwischen Beendigung der Tat und der Entscheidung**, ist nach § 2 Abs. 3 **das mildeste Gesetz** anzuwenden. Einzubeziehen sind auch sog. Zwischengesetze, die nach der Tat erlassen und zur Zeit der Entscheidung schon wieder außer Kraft getreten sind, es sei denn, dass es sich um ein von vornherein nur für eine bestimmte Zeit erlassenes Gesetz – sog. Zeitgesetz – handelt, § 2 Abs. 4.[71] Welches von diesen Gesetzen das mildeste ist, ergibt ein **Gesamtvergleich der im konkreten Einzelfall nach diesen Vorschriften hypothetisch verwirkten Rechtsfolgen**. Für Verfahrensregeln gilt § 2 Abs. 3 nicht.

Eine Ausnahme besteht für die Verjährung, wenn eine Verlängerung der Verjährungsfrist Folge der Änderung der materiellen Strafvorschrift ist. In diesem Fall ist das Gesetz das mildeste, das den Wegfall der Strafverfolgung wegen Verjährung bewirkt hätte.[72]

Auch eine zwischenzeitlich eingetretene Ahndungslücke ist ein milderes Gesetz i.S.v. § 2 Abs. 3, sodass es gegen das Rückwirkungsverbot verstößt, wegen einer Tat zu verurteilen, die zwischen ihrer Begehung und der Entscheidung vorübergehend – wenn auch vom Gesetzgeber ungewollt – nicht mit Strafe bedroht war.[73]

Klausurhinweis: *In der strafrechtlichen* ***Falllösung*** *zeigen Sie, dass Sie das Gesetzlichkeitsprinzip verinnerlicht haben. Beachten Sie dabei folgende Regeln:*

- ***Keine Prüfung der Verfassungswidrigkeit einer ganzen Strafnorm***

  Sie können die Verfassungsmäßigkeit aller klausurgängigen Strafvorschriften in einer Strafrechtsklausur ohne ein Wort dazu unterstellen. Ausnahmen: Die Rechtsfiguren der actio libera in causa (s. unten Rn. 340 ff.), wo die Verfassungsmäßigkeit noch kontrovers diskutiert wird, und der unechten Wahlfeststellung,[74] wo die Diskussion mit einer Entscheidung des BVerfG erst vor kurzem ihr Ende gefunden hat.[75]

---

70 BGHSt 46, 310, 317.

71 Vgl. dazu BGH NStZ 2002, 265, 266.

72 BGH NStZ 2006, 32 m. Anm. Mitsch.

73 BGH NStZ 1992, 535; anders aus verfassungsrechtlichen Erwägungen BVerfG NStZ 1990, 238; BVerfG DVBl. 2008, 1440.

74 S. dazu AS-Skript StrafR AT 2 (2021), Rn. 492.

75 BVerfG RÜ 2019, 638.

- ***Immer vom Gesetz und den gesetzlichen Merkmalen ausgehen!***

  Durch das Gesetzlichkeitsprinzip ist die Rechtsanwendung in keinem anderen Rechtsgebiet so streng an den Gesetzeswortlaut gebunden wie im Strafrecht. Benennen Sie deshalb stets in einem Obersatz die zu prüfende Vorschrift und verorten Sie jede Auslegung und Subsumtion an einem bestimmten Merkmal. Auch umstrittene Rechtsfragen sind so weit wie möglich an einem Deliktsmerkmal festzumachen.

  Vermeiden Sie vor allem „in der Luft hängende" Darstellungen wie z.B.: „Infrage kommt Diebstahl. Problematisch ist hier, ob A Zueignungsabsicht hatte ...". Führen Sie den Leser stattdessen von einer zur anderen nach der Logik der Norm vorgegebenen Voraussetzung und diskutieren Sie die Rechtsfragen da, wo sie hingehören. Das Überspringen von Einzelmerkmalen ist ausnahmsweise nur dann erlaubt, wenn ein an sich später zu prüfendes Merkmal offensichtlich (!) nicht erfüllt ist.

- ***Die Auslegungsmethoden in Abgrenzung zur Analogie sind das Werkzeug zum Argumentieren!***

  *Für die Ermittlung des Inhalts einer Norm oder eines Merkmals gibt es nur die vorgenannten juristischen Auslegungsmethoden. Diese Methoden sind kein Anfängerkram, sondern die „Profi-Tools", die bei allen Juristen bis zu den höchsten Gerichten Anwendung finden.[76] Lernen Sie zur Zeitersparnis in der Klausur die gängigsten Definitionen von Rechtsbegriffen auswendig! Die oft gefürchteten „Streitstände" im Strafrecht sind auch nichts anderes als Argumentations- und Wertungsmuster basierend auf den Auslegungsmethoden. Sie sollten die wichtigsten Streitstände mit Argumenten kennen, weil man das von Examenskandidaten erwartet. Aber scheuen Sie sich nicht, selbst mit den Auslegungsmethoden an ein Problem heranzugehen. Oft genug sind Klausuren gerade so „gestrickt", dass man von Ihnen eine methodisch fundierte Antwort erwartet. Hierbei zählen in Klausuren die **grammatische**, die **systematische** und vor allem die **teleologische** Auslegung. Eine historische Auslegung wird von Ihnen nicht erwartet, weil Sie in der Klausur gar keinen Zugriff auf entsprechendes Quellenmaterial haben.*

B. Das Schuldprinzip

Das zweite Fundamentalprinzip des Strafrechts ist das Schuldprinzip **„nulla poena sine culpa", d.h. keine Strafe ohne Schuld**.

I. Inhalt und verfassungsrechtliche Verankerung

53 **Schuld im strafrechtlichen Sinn ist die an rechtlichen Maßstäben ausgerichtete persönliche Verantwortlichkeit einer natürlichen, zur Selbstbestimmung fähigen Person für ihre Tat.** Es geht nicht um eine moralische oder sittliche Bewertung der Person des Täters. Die Schuld betrifft sein Einstehenmüssen für die konkrete Unrechtstat. Unser Strafrecht ist Tat- und nicht Täterstrafrecht. Dem Täter wird vorgeworfen, dass er entgegen seinen Fähigkeiten das Recht negiert hat.

---

76 Lesen Sie nur einmal BGH RÜ 2018, 641 zur Auslegung des § 142 Abs. 1 Nr. 1.

Das StGB setzt das Schuldprinzip voraus, wie sich aus den §§ 46 Abs. 1 S. 1, 18 und § 20 ergibt. Als Programmsatz wird es im StGB jedoch nicht erwähnt. Auch das GG sagt ausdrücklich nichts zum Schuldprinzip.

Dennoch genießt das Schuldprinzip höchsten Verfassungsrang, weil es in **Art. 1 Abs. 1 GG** wurzelt: Schuld als persönliche Verantwortlichkeit ist die Konsequenz der Freiheit des Individuums. Diese Freiheit ermöglicht es dem einzelnen, sich selbstbestimmt zu entfalten und dabei auch zwischen Recht und Unrecht zu entscheiden. Sie ist Teil der Menschenwürde, die vom Staat gemäß Art. 1 Abs. 1 GG zu achten ist. Die Achtung der Menschenwürde gebietet es, nur insoweit eine Strafe zu verhängen, als der einzelne für seine Tat und damit für seine in Willensfreiheit getroffene Entscheidung gegen das Recht die Verantwortung trägt. Durch die Verankerung in Art. 1 GG gehört das Schuldprinzip gemäß Art. 79 Abs. 3 GG zum unabänderlichen Kern der Verfassung, der auch vor Eingriffen durch supranationale öffentliche Gewalt geschützt ist.[77]

II. Reichweite

1. Das Schuldprinzip **gilt** 54

- für jegliche **strafrechtlich repressive Sanktion**, also vor allem für Kriminalstrafen. Diese dürfen nicht ohne Schuld des Täters verhängt werden oder das Maß der Täterschuld übersteigen.

- Das Schuldprinzip gilt auch für alle Sanktionen **außerhalb des Strafrechts**, die an rechtswidriges Verhalten anknüpfen und den Charakter einer Sühne oder Vergeltung haben.[78]

  Beispiele: Ordnungswidrigkeiten gem. § 12 OWiG, Ordnungsgeld oder Ordnungshaft nach § 890 ZPO.[79]

- Das Schuldprinzip gebietet auch die Einhaltung von Mindeststandards bei der Feststellung der persönlichen Vorwerfbarkeit im **Strafprozess** durch Unterrichtung des Beschuldigten über das ihm Vorgeworfene und durch Gewährung rechtlichen Gehörs.[80]

2. Das Schuldprinzip **gilt nicht** 55

- für **Maßregeln der Sicherung und Besserung** (§§ 61 ff.). Diese dienen allein präventiven Zwecken.

  Deshalb können die Unterbringung in einem psychiatrischen Krankenhaus (§ 63) oder einer Entziehungsanstalt (§ 64), die Entziehung der Fahrerlaubnis (§ 69) oder die Anordnung des Berufsverbots (§ 70) bereits aufgrund einer nur rechtswidrigen Tat angeordnet werden.

- Das Schuldprinzip gilt auch nicht im **Zivilrecht**, sofern die haftungsbegründenden Normen lediglich einen Interessenausgleich und keine Sanktion bezwecken.

  Daher können Vertragsstrafen gemäß § 339 BGB vereinbart werden, die ohne Verschulden verwirkt sind.[81] Auch aus Gefährdungstatbeständen (z.B. § 833 BGB) oder für Erfüllungsgehilfen (§ 278 BGB)

---

77 BVerfG NJW 2009, 2267, 2289 zum Vertrag von Lissabon; BVerfG RÜ 2016, 242; Landau NStZ 2015, 665.

78 BVerfG NJW 1967, 195.

79 BVerfGE 58, 159.

80 BVerfG RÜ 2016, 242.

81 Palandt/Grüneberg, 79. Aufl. 2020, § 339 Rn. 15.

wird ohne eigenes Verschulden gehaftet. Selbst in den Hauptfällen der zivilrechtlichen Verschuldenshaftung, der Fahrlässigkeit, kommt es nur auf die Verletzung eines objektiven Sorgfaltsstandards an, ohne dass sich der Schuldner auf mangelnde individuelle Leistungsfähigkeit berufen kann.[82]

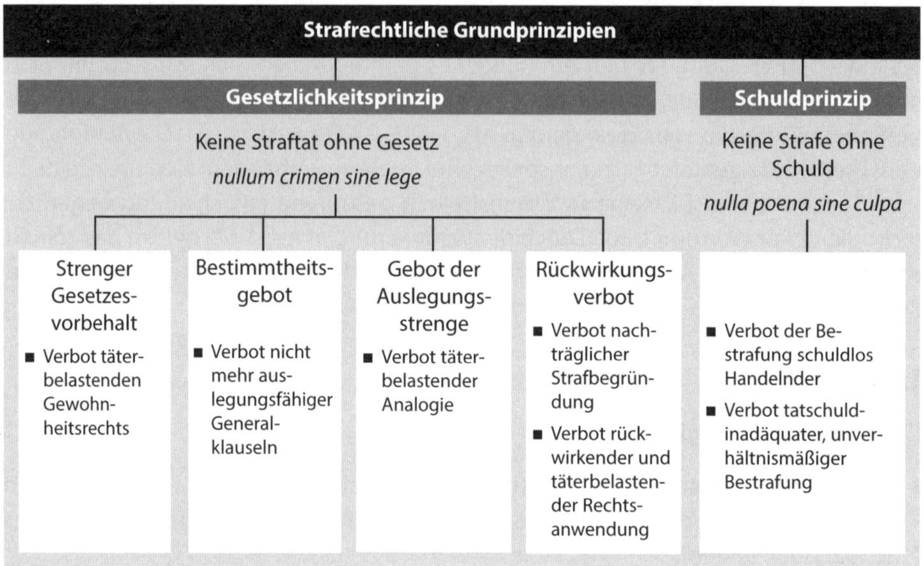

5. Abschnitt: Deliktsarten

Durch Unterschiede in den Tatbestandsvoraussetzungen und in der Straffolge lassen sich Untergruppen von Straftaten systematisieren. Die nachfolgenden Begriffe sind für die Strafrechtsanwendung unverzichtbar und kommen in jeder Falllösung vor.

A. Vorsatz- und Fahrlässigkeitsdelikte

56 Gemäß § 15 ist **nur vorsätzliches Handeln strafbar**, wenn nicht das Gesetz fahrlässiges Handeln ausdrücklich mit Strafe bedroht. Der Gesetzgeber geht also von **zwei Grundtypen vorwerfbaren Verhaltens** aus:

- **Regelform ist die Vorsatztat.** Hierbei wird dem Täter zur Last gelegt, dass er ein bestimmtes Rechtsgut wissentlich oder willentlich angegriffen hat.
- Ausnahmsweise kann auch die **Fahrlässigkeitstat** strafbar sein. Dabei wirft man dem Täter vor, dass er unvorsätzlich, aber sorgfaltswidrig eine bestimmte, für ihn vermeidbare Rechtsverletzung herbeigeführt hat.

Beide Deliktstypen werden im Strafrecht auch verbunden: Dies zeigt sich in strafbegründenden **Vorsatz-Fahrlässigkeits-Kombinationen**, wenn hinsichtlich eines Teils des Delikts Vorsatz und hinsichtlich einer dadurch ausgelösten konkreten Gefährdung Fahrlässigkeit ausreicht (z.B. § 315 c Abs. 1 Nr. 1 a i.V.m. Abs. 3 Nr. 1). Dies zeigt sich ferner in sog. **Erfolgsqualifikationen**, bei denen der Gesetzgeber ein vorsätzliches Grunddelikt mit einer typischerweise dadurch ausgelösten schweren Folge zu einer selbstständigen Strafschärfung ausgestaltet hat (z.B. § 227).

82 Adam/Schmidt/Schumacher NStZ 2017, 7.

Rechtstechnisch folgt aus dem in § 15 niedergelegten Regel-Ausnahme-Prinzip, dass der Gesetzgeber bei Normen, in denen **er nicht besonders auf die Vorwerfbarkeitsform der Handlung hinweist, eine Vorsatztat voraussetzt**. Das sind die meisten Straftaten.

Ist beim jeweiligen Tatbestand die fahrlässige Begehung also nicht ausdrücklich unter Strafe gestellt, so ist diese auch zwingend (!) straflos.

Beispiele: Daher sind die Sachbeschädigung (§ 303), das unerlaubte Entfernen vom Unfallort (§ 142), der Schwangerschaftsabbruch (§ 218), die Untreue (§ 266) u.v.a. als Fahrlässigkeitstaten nicht strafbar.

B. Erfolgsdelikte, schlichte Tätigkeitsdelikte

Ein weiteres, überaus wichtiges Unterscheidungskriterium ist, ob nach der tatbestandlichen Umschreibung eine reale Rechtsgutbeeinträchtigung eingetreten sein muss. In der strafrechtlichen Terminologie nennt man dies einen **„Erfolg"**.

I. Tatbestände, die den Eintritt eines solchen Erfolgs voraussetzen, sind **Erfolgsdelikte**. 57
Oft werden Handlung und Erfolg sprachlich sogar in dem Verb der Strafnorm zusammengefasst (z.B. „töten" in § 212 Abs. 1 oder „an der Gesundheit schädigen" in § 223 Abs. 1 Alt. 2).

1. Die wichtigste Gruppe der Erfolgsdelikte sind die **Verletzungsdelikte**, bei denen der 58
Erfolg in einem substanziellen Schaden bestehen muss. Liegt die Verletzung allein in der Herbeiführung eines Zustandes (z.B. bei § 212: Tod eines Menschen), spricht man von **Zustandsdelikten**. Besteht der Unrechtserfolg in der Aufrechterhaltung einer kontinuierlich rechtsgutbeeinträchtigenden Situation (z.B. bei § 239: Einsperrung), spricht man von **Dauerdelikten**.

2. Zu den Erfolgsdelikten gehören auch die sog. **konkreten Gefährdungsdelikte**.[83] Für 59
diese ist kennzeichnend, dass der Täter durch die Tathandlung zwar nicht notwendig einen Schaden, aber zumindest eine Situation herbeigeführt haben muss, bei der es nur noch vom Zufall abhing, ob ein weitergehender Schaden eintrat oder nicht. Gesetzestechnisch erkennt man die konkreten Gefährdungsdelikte daran, dass im Tatbestand die Wendung *„und dadurch Leib oder Leben eines anderen Menschen (usw.) ... gefährdet"* (z.B. § 315 c Abs. 1) oder *„und dadurch einen anderen Menschen in die Gefahr ... bringt"* (§ 306 a Abs. 2) verwendet wird.

3. Innerhalb der Erfolgsdelikte kann man weiter danach unterscheiden, ob jede beliebi- 60
ge Herbeiführung der Rechtsgutverletzung erfasst werden soll **(verhaltensneutrale Delikte)** oder nur, wenn dies auf eine bestimmte gesetzlich beschriebene Art und Weise geschehen muss **(verhaltensgebundene Delikte)**. Diese Unterscheidung zeigt sich zuallererst beim Aufbau.

Beispiele:

Totschlag, § 212 Abs. 1, kann durch jede Handlung verwirklicht werden – es handelt sich um ein verhaltensneutrales Erfolgsdelikt. Hier beginnt man die Prüfung des objektiven Tatbestandes mit der Feststellung des Erfolges, d.h. des Todes eines Menschen.

83 Sch/Sch/Eisele Vor §§ 13 ff. Rn. 129.

Der Betrug, § 263, setzt als Tathandlung immer eine Täuschung über Tatsachen voraus. Es ist ein verhaltensgebundenes Delikt. Hier beginnt man die Prüfung nicht mit dem Erfolg, dem Vermögensschaden, sondern immer mit der Feststellung einer Täuschung. Entsprechendes gilt für alle anderen verhaltensgebundenen Delikte.

Weitere Besonderheiten ergeben sich bei der Zurechnung (s.u. Rn. 117 ff.) und beim Unterlassen (s.u. Rn. 497 ff.).

61 **II. Schlichte Tätigkeitsdelikte** setzen im Gegensatz zu den Erfolgsdelikten außer der genau umschriebenen Handlung keine weitere nachteilige Wirkung voraus.

Weil der Gesetzgeber schon in der Vornahme der Tathandlung eine strafwürdige Gefahr für das geschützte Rechtsgut sieht, sind sie zugleich **abstrakte Gefährdungsdelikte** (z.B. in § 153 die Falschaussage als abstrakte Gefahr für die Rechtspflege, in § 316 das Führen eines Fahrzeugs in fahruntüchtigem Zustand als abstrakte Gefahr für die Sicherheit des Straßenverkehrs).

Zur Gruppe der abstrakten Gefährdungsdelikte gehören auch die sog. **„Eignungsdelikte"**, bei denen der Gesetzgeber zusätzliche ausfüllungsbedürftige Merkmale verwendet, aus denen sich erst das eigentliche Gefahrenpotenzial für das jeweilige Rechtsgut ergibt (z.B. in § 130 die Eignung von Hetzäußerungen, den öffentlichen Frieden zu stören).

Aufbau: *Bei den Erfolgsdelikten muss immer Kausalität und Zurechnung geprüft werden. Bei den reinen Tätigkeitsdelikten ist dies überflüssig – eben weil es dort keinen Erfolg gibt.*

C. Begehungs- und Unterlassungsdelikte

62 **I.** Die weitaus meisten Straftatbestände sind auf aktives Tun zugeschnitten. Man nennt sie **Begehungsdelikte**.

Nur ausnahmsweise stellen manche Tatbestände als Tathandlung auf Untätigkeit ab, z.B. §§ 138, 142 Abs. 2 und § 323 c Abs. 1. Man bezeichnet solche Delikte als **echte Unterlassungsdelikte**.

63 **II. § 13 erlaubt aber prinzipiell, jedes vorsätzliche oder fahrlässige Erfolgsdelikt in ein Unterlassungsdelikt umzuformen** (z.B. Totschlag durch Unterlassen, Freiheitsberaubung durch Unterlassen). Anstelle der aktiven Tathandlung steht dann die Untätigkeit als Tathandlung. Aus dem Begehungsdelikt wird ein sog. **unechtes Unterlassungsdelikt**, das strafbar ist, wenn die übrigen Voraussetzungen des § 13 erfüllt sind.

Hinweis: *Oft wird in* ***Klausuren*** *– und auch in der Praxis – übersehen, dass ein Täter, der sich wegen eines Begehungsdelikts nicht strafbar gemacht hat, dennoch aus einem Unterlassungsdelikt strafbar sein kann.*

Beispiel: *A hat O mit Tötungsvorsatz niedergeschlagen und diesen in dem Bewusstsein liegen gelassen, dass er an den beigebrachten Verletzungen nicht sterben werde. Eine Stunde später kommt er zurück und sieht, dass die Verletzungen doch lebensgefährlich sind. A verlässt wieder den Ort des Geschehens, ohne sich um O zu kümmern. Dieser wird später durch Dritte gerettet. – A ist vom versuchten Totschlag durch aktives Tun zurückgetreten, § 24 Abs. 1 S. 1 Alt. 1. Er bleibt jedoch strafbar für den versuchten Totschlag durch Unterlassen durch das Imstichlassen seines Opfers, §§ 212 Abs. 1, 13, 22, 23 Abs. 1, 12 Abs. 1.*[84]

84 Vgl. BGH RÜ 2010, 22.

D. Vollendung und Versuch

Bei vorsätzlichen Erfolgsdelikten gibt es weitere Unterformen:

I. Sind alle objektiven Tatbestandsmerkmale erfüllt, ist das Delikt **vollendet**. 64

Die Vollendung ist begrifflich zu trennen von der **Beendigung**. Diese kennzeichnet den tatsächlichen Abschluss der Straftat. Vollendung und Beendigung sind deckungsgleich, wenn die durch den Tatbestand umschriebene Rechtsgutschädigung nicht mehr vertieft werden kann (z.B. Tod eines Menschen bei den §§ 211 ff.). Vollendung und Beendigung fallen aber zeitlich auseinander, wenn in dem jeweiligen Straftatbestand der benannte „Erfolg" noch nicht das deliktische Endstadium des Rechtsgutangriffs bezeichnet.

Beispiel: Der Diebstahl nach § 242 ist „vollendet", wenn der Täter zum Zweck der Zueignung neuen Gewahrsam an der Sache begründet hat – etwa wenn er die Beute im Supermarkt in der Tasche verschwinden lässt. „Beendet" ist der Diebstahl aber erst, wenn der Täter gesicherten Gewahrsam erlangt hat – also etwa mit der Beute unbeobachtet den Supermarkt verlassen hat.

Hinweis: *Die Beendigung spielt bei der Deliktsprüfung nur ausnahmsweise eine Rolle, nämlich dann, wenn es um den nachträglichen Einstieg in ein bereits laufendes Tatgeschehen geht (eine Beteiligung ist nach Beendigung nicht mehr möglich) oder wenn der Ablauf der Verjährungsfrist genau berechnet werden muss (die Verjährung beginnt erst mit Beendigung der Tat, § 78 a).*

II. Sind nicht alle Tatbestandsmerkmale erfüllt, war aber der Vorsatz des Täters auf die Vollendung der Tat gerichtet (sog. Tatentschluss) und hat er begonnen, diesen Vorsatz auszuführen, sprechen wir von einem **Versuch**. Den Versuch kann es nur bei der Vorsatztat, nicht aber bei der Fahrlässigkeitstat geben, weil bei Letzterer denknotwendig kein Vorsatz zur Unrechtsverwirklichung vorliegt. 65

Hinweis: *Ein Versuch ist auch bei reinen Tätigkeitsdelikten in der Regel nicht mit Strafe bedroht (vgl. z.B. § 316 Abs. 1). Bei diesem Deliktstyp ist die Strafbarkeit schon so weit vorverlagert, dass eine noch frühere Strafbarkeitsschwelle unverhältnismäßig wäre.*

E. Vergehen und Verbrechen

Von der Rechtsfolge her betrachtet gibt es nur Vergehen und Verbrechen, sog. *Dichotomie* (Zweiteilung).

I. Ob eine Tat Vergehen oder Verbrechen ist, beurteilt sich nach **§ 12**. 66

- Gemäß § 12 Abs. 1 sind **Verbrechen** rechtswidrige Taten, die im **Mindestmaß mit Freiheitsstrafe von einem Jahr** oder darüber bedroht sind.
- Gemäß § 12 Abs. 2 sind **Vergehen** rechtswidrige Taten, die im **Mindestmaß mit einer geringeren Freiheitsstrafe oder die mit Geldstrafe** bedroht sind.

Maßgeblich für die Einteilung ist zunächst die **abstrakt in der BT-Norm angeordnete Mindeststrafe** („bedroht"). Die im Einzelfall zu erwartende Strafe ändert an der Einordnung nichts.

Beispiel: Muss jemand wegen Betruges (angesichts seiner Vorstrafen) mit einer Verurteilung von ca. zwei Jahren Freiheitsstrafe rechnen, bleibt die Tat wegen der in § 263 Abs. 1 angedrohten Mindest-Freiheitsstrafe von nur einem Monat (§ 38 Abs. 2 Alt. 2) oder von Geldstrafe trotzdem ein Vergehen.

67 **II.** Bloße **Strafzumessungsvorschriften** lassen den Deliktscharakter gemäß § 12 Abs. 3 unberührt (z.B. § 28 Abs. 1, § 158, § 243).

Beispiel: Raub gemäß § 249 Abs. 1 bleibt Verbrechen, selbst wenn ein minder schwerer Fall gemäß Abs. 2 vorliegen sollte.

68 **III.** Der Deliktscharakter ändert sich dagegen, wenn durch das Hinzutreten weiterer Merkmale **Privilegierungen, Qualifikationen oder Tatbestände eigener Art (delicta sui generis)** entstehen und im Verhältnis zum Grundtatbestand die Mindeststrafe des § 12 Abs. 1 unterschritten oder überschritten wird.

Beispiel: Der Wohnungseinbruchdiebstahl gemäß § 244 Abs. 1 Nr. 3 bleibt trotz des qualifizierenden Merkmals „Wohnung" Vergehen. Handelt es sich aber um eine dauerhaft genutzte Privatwohnung gemäß § 244 Abs. 1 Nr. 4, wird die Tat wegen der Mindest-Freiheitsstrafe von einem Jahr zum Verbrechen.

Hinweis: *Ein Versuch ist bei Verbrechen immer strafbar, bei Vergehen dagegen nur, wenn dies im Sachzusammenhang der jeweiligen Verbotsnorm ausdrücklich angeordnet ist, § 23 Abs. 1. Auch gibt es den Versuch der Beteiligung grundsätzlich nur bei Verbrechen, § 30.*

Im Verfahrensrecht unbedingt die §§ 140 Abs. 1 Nr. 2, 153, 153 a, 407 StPO sowie die §§ 25, 74 Abs. 1 GVG nachlesen!

F. Grundtatbestand, Qualifikation, Privilegierung

69 **I.** Als **Grundtatbestand** bezeichnet man ein Strafgesetz, das innerhalb einer Gruppe verwandter Delikte als strafrechtliche Ausgangsnorm die Mindestvoraussetzungen beschreibt, die dem Delikt sein typisches Gepräge geben.[85]

Beispiele: Die Körperverletzung gemäß § 223 ist Grundtatbestand im Verhältnis zu den §§ 224 ff.; der einfache Diebstahl gemäß § 242 ist Grundtatbestand im Verhältnis zu §§ 244, 244 a.

70 **II. Privilegierungen** sind tatbestandliche Abwandlungen von Grundtatbeständen, die ein im Verhältnis dazu geringeres Unrecht durch Einfügen weiterer Merkmale in den Unrechtstatbestand kennzeichnen und eine mildere Strafdrohung vorschreiben.

Beispiel: § 218 Abs. 3 enthält eine Privilegierung des Schwangerschaftsabbruchs für den Fall, dass die Schwangere selbst die Tat begeht.

71 **III. Qualifikationen** sind tatbestandliche Abwandlungen von Grundtatbeständen, die ein im Verhältnis dazu schwereres Unrecht durch Einfügen weiterer Merkmale in den Unrechtstatbestand kennzeichnen und eine höhere Strafdrohung vorschreiben.

Beispiel: Der schwere Raub gemäß § 250 ist Qualifikation des einfachen Raubes nach § 249.

72 **IV. Tatbestände eigener Art** sind solche, die zwar einen kriminologischen Zusammenhang mit einem anderen Delikt aufweisen, davon jedoch durch ihre spezifische Struktur verselbstständigt sind.

Beispiel: Raub, § 249, ist nicht etwa eine Qualifikation des Diebstahls oder der Nötigung, sondern aus diesen Deliktskomponenten zusammengesetzter Tatbestand eigener Art.

---

85 Wessels/Beulke/Satzger Rn. 168.

V. Ob eine Strafänderung bloße Strafzumessungsregel oder tatbestandliche Qualifikation/Privilegierung ist, erkennt man an Folgendem: **Deliktsändernde Merkmale** müssen abschließend und bestimmt formuliert sein, ferner muss die Rechtsfolge **zwingend** angeordnet sein. Das folgt schon aus dem in Art. 103 Abs. 2 GG, § 1 niedergelegten Gesetzlichkeitsprinzip (s.o. Rn. 29). 73

Beispiel: Deshalb ist der Meineid durch einen Zeugen (§ 154) gegenüber der falschen uneidlichen Aussage (§ 153) Qualifikation[86] und macht diese unter den dort genannten Voraussetzungen zum Verbrechen. Umgekehrt privilegiert § 216 die Tötung auf Verlangen zum bloßen Vergehen.

Hinweis: *Qualifikation und Privilegierung teilen rechtstechnisch immer das „Schicksal" des Grunddelikts! Ist das Grunddelikt nicht vollendet, bleibt die Tat insgesamt ein Versuch, selbst wenn der Täter die Qualifikationsmerkmale – für sich gesehen – alle erfüllt hat. Ist das Grunddelikt gerechtfertigt, entfällt auch die Rechtswidrigkeit der Qualifikation oder Privilegierung. Klingt selbstverständlich, wird aber in Klausuren immer wieder übersehen!*

G. Allgemeindelikte, Sonderdelikte, eigenhändige Delikte

I. Die meisten Straftaten können von jedermann verwirklicht werden, sog. **Allgemeindelikte** (z.B. §§ 212 Abs. 1, 242 Abs. 1). 74

II. Bei einigen Delikten können aber nur solche Personen Täter sein, die bestimmte, im Tatbestand ausdrücklich oder der Sache nach geforderte besondere Eigenschaften besitzen, sog. **Sonderdelikte**. 75

Sofern die Sondereigenschaft die Strafbarkeit begründet, spricht man von **echten Sonderdelikten** (z.B. §§ 331, 332, 348: Amtsträger).

Unechte Sonderdelikte liegen dagegen vor, wenn die persönliche Täterqualität zu einer Strafschärfung (z.B. §§ 133 Abs. 3, 258 a, 340: Amtsträger) oder Strafmilderung (z.B. § 247 als Privilegierung strafprozessualer Art) führt.

III. Andere Tatbestände sind so gefasst, dass ihr Täter nur sein kann, wer die verbotene Handlung selbst unmittelbar körperlich zu vollziehen in der Lage ist, sog. **eigenhändige Delikte** (z.B. § 154: der Schwörende). 76

Hinweis: *Wichtigste Konsequenz bei Sonderdelikten und eigenhändigen Delikten: Da für diejenigen, die nicht die erforderliche Sondereigenschaft besitzen oder ein eigenhändiges Delikt nicht selbst verwirklicht haben, Täterschaft nicht möglich ist, können sie auch keine Mittäter oder mittelbaren Täter sein! Möglich ist dann nur Teilnahme, also Anstiftung, § 26, oder Beihilfe, § 27.*

---

86 BGHSt 8, 301, 309.

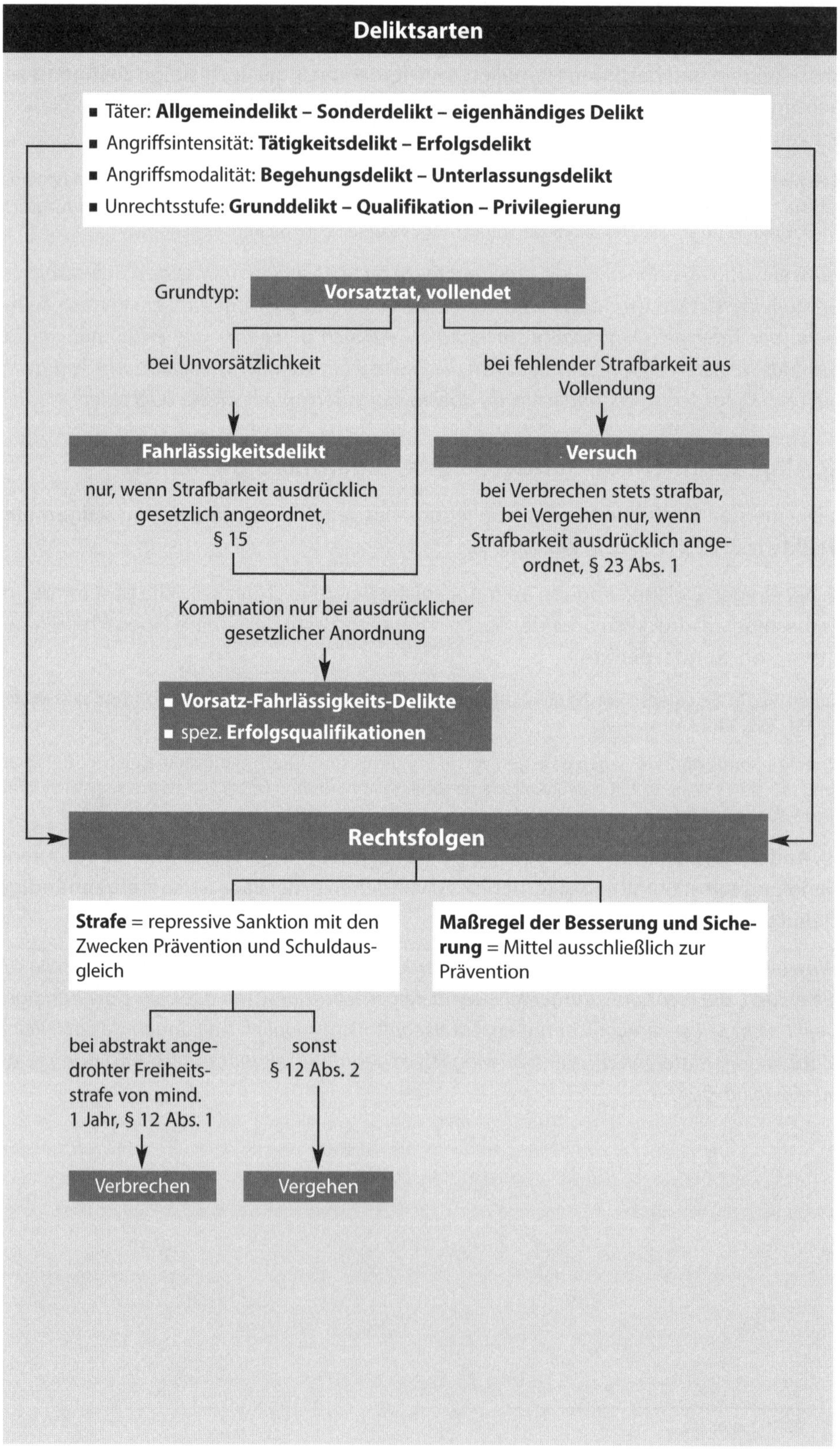
Deliktsarten
■ Täter: **Allgemeindelikt – Sonderdelikt – eigenhändiges Delikt**
■ Angriffsintensität: **Tätigkeitsdelikt – Erfolgsdelikt**
■ Angriffsmodalität: **Begehungsdelikt – Unterlassungsdelikt**
■ Unrechtsstufe: **Grunddelikt – Qualifikation – Privilegierung**
Grundtyp:
Vorsatztat, vollendet
bei Unvorsätzlichkeit
bei fehlender Strafbarkeit aus Vollendung
Fahrlässigkeitsdelikt
nur, wenn Strafbarkeit ausdrücklich gesetzlich angeordnet, § 15
Versuch
bei Verbrechen stets strafbar, bei Vergehen nur, wenn Strafbarkeit ausdrücklich angeordnet, § 23 Abs. 1
Kombination nur bei ausdrücklicher gesetzlicher Anordnung
■ Vorsatz-Fahrlässigkeits-Delikte
■ spez. Erfolgsqualifikationen
Rechtsfolgen
Strafe = repressive Sanktion mit den Zwecken Prävention und Schuldausgleich
Maßregel der Besserung und Sicherung = Mittel ausschließlich zur Prävention
bei abstrakt angedrohter Freiheitsstrafe von mind. 1 Jahr, § 12 Abs. 1
sonst § 12 Abs. 2
Verbrechen
Vergehen

6. Abschnitt: Die für alle Delikte gültigen Strafbarkeitsvoraussetzungen

Die Tatbeschreibung in der jeweiligen Verbotsnorm enthält nicht alle Strafbarkeitsvoraussetzungen. Das vollständige System der Strafbarkeitselemente für alle Deliktsarten erschließt sich erst, wenn man zusätzlich die verfassungsrechtlichen Vorgaben und die in jahrhundertelanger Rechtsentwicklung gewonnenen Erkenntnisse der allgemeinen Strafrechtslehre einbezieht.

A. Handlung

I. Funktion

Unverzichtbare Voraussetzung jeder Deliktsverwirklichung ist eine **Handlung**, denn nur wenn jemand gehandelt hat, kann er sich auch falsch verhalten und dadurch eine strafrechtliche Sanktion auf sich gezogen haben. **Die Handlung ist der zeitliche Fixpunkt der Straftat (§ 8) und zugleich das zeitlich-sachliche Verbindungselement aller Strafbarkeitsvoraussetzungen** (s.u. Rn. 84). 77

II. Die strafrechtlichen Handlungslehren

Was die Wesensmerkmale einer strafrechtlichen Handlung sind, war vor allem in der ersten Hälfte des 20. Jahrhunderts heftig umstritten.

1. Prägend war lange Zeit die **kausale Handlungslehre (auch: natürlicher Handlungsbegriff): Handlung ist danach jede durch willensgetragenes menschliches Verhalten bewirkte Veränderung der Außenwelt**. Diese Veränderung soll durch aktives Tun, aber auch durch Unterlassen bewirkt werden können. Welchen Inhalt der Handlungswille hat, welche Ziele der Täter mit seinem Verhalten verfolgt, spielt für die Handlungsqualität selbst keine Rolle.[87] 78

Kritik: Die kausale Handlungslehre ist nicht in der Lage, die **fahrlässige Unterlassungstat** zu erklären, die strafbar ist, obwohl der Täter im „Handlungs-Zeitpunkt" gar nicht an den späteren Erfolg gedacht hat und folglich auch keinen willentlichen Impuls zur Untätigkeit setzen konnte. Dass die Zielgerichtetheit des Willens bereits zum Unrecht und nicht erst zur Schuld einer Tat gehört, wird auch beim Versuch deutlich: Das „objektive Bruchstück" des unmittelbaren Ansetzens wird nur deshalb zum tatbestandlichen Unrecht, weil man vorher festgestellt hat, dass der Täterwille inhaltlich auf die Verwirklichung eines bestimmten Unrechtstatbestands gerichtet war.[88]

2. Großen Einfluss gewann später die von Welzel begründete **finale Handlungslehre: Handlung ist danach ein vom steuernden Willen beherrschtes, zielgerichtetes menschliches Verhalten**. Da sich menschliches Handeln von allen anderen Kategorien des Seins durch seine Zweckhaftigkeit und seine Zielorientiertheit unterscheidet, wird die Finalität zum Wesenselement der Handlung selbst. Die Finalität tritt am Schärfsten bei der Vorsatztat in Erscheinung. Hier sind Handlungswille und Vorsatz schlechthin identisch. Aber auch bei der Fahrlässigkeitstat ist die Handlung i.S.d. Strafrechts ein vom 79

87 Beling, Die Lehre vom Verbrechen, 1906, S. 9, 17; v. Liszt, Strafrecht, 21. Aufl. 1919, S. 116; heute noch vertreten von LK-Walter Vor § 13 Rn. 30.

88 Vgl. Jakobs 6/6.

steuernden Willen beherrschtes, zielgerichtetes Verhalten. Die Finalität ist aber hierbei nicht auf den tatsächlich verwirklichten Unrechtserfolg gerichtet (sonst läge eine Vorsatztat vor); Ziel ist vielmehr ein außertatbestandlicher Erfolg, dessen Verwirklichung in unsorgfältiger und rechtsgutverletzender Weise geschieht.[89]

Kritik: Die finale Handlungslehre kann die **unbewusste Fahrlässigkeitstat** nicht einordnen. Zwar verfolgt der Täter auch hier irgendein Ziel; das Strafbare seines Verhaltens macht aber nicht diese Finalität aus, sondern der (unbewusste) Sorgfaltsmangel.[90]

80 **3.** Die vorgenannte Schwäche zu vermeiden, ist Anliegen der von Eberhard Schmidt begründeten **sozialen Handlungslehre: Handlung ist das vom menschlichen Willen beherrschte oder beherrschbare sozialerhebliche Verhalten**. „Verhalten" ist jede denkbare Reaktion des Menschen auf eine erkannte oder erkennbare Situationsanforderung. „Sozialerheblich" ist ein Verhalten immer dann, wenn es Auswirkungen auf die Umwelt des Täters durch Beeinträchtigung mitmenschlicher Interessen hat.[91] Die soziale Handlungslehre versteht sich selbst als Synthese von kausaler und finaler Handlungslehre. Sie geht einerseits von der Finalstruktur menschlichen Handelns aus, berücksichtigt aber zudem die Auswirkungen des Täterverhaltens auf seine Umwelt. Eine Handlung im strafrechtlichen Sinne liegt daher bei den vorsätzlichen Begehungsdelikten in der vom menschlichen Willen beherrschten Ausübung der Zwecktätigkeit. Insoweit stimmt der soziale mit dem finalen Handlungsbegriff überein. Bei den fahrlässigen Begehungsdelikten besteht die Handlung in der unfinalen Verursachung von Folgen, sofern das Geschehen durch Einsatz der Finalität steuerbar ist. Bei den Unterlassungsdelikten liegt die Handlung im Untätigbleiben, wobei auch hier vorausgesetzt wird, dass der Kausalverlauf durch Einsatz von Finalität beherrschbar ist.[92]

Kritik: Die soziale Handlungslehre bietet **gar keine Definition der Handlung selbst, sondern nur ihrer Auswirkungen**. Aber auch eine Handlung ohne soziale Bedeutung kann Handlung sein. Was „sozialerheblich" ist, lässt sich außerdem losgelöst von einem bestimmten Unrechtstatbestand kaum ermitteln. Das zeigt sich besonders bei der Unterlassung, deren Sozialerheblichkeit nicht schon durch die Untätigkeit als solche, sondern erst durch gleichzeitige Verletzung einer rechtlichen Handlungspflicht begründet wird.[93]

81 **4.** In der **Rspr.** finden sich keine Ausführungen, die unmittelbar auf die positive Umschreibung des Handlungsbegriffs eingehen.

Heute hat der Streit an Bedeutung verloren, weil zumindest Einigkeit darüber besteht, wann eine **Handlung nicht vorliegt** (dazu unten Fall 1 Rn. 103).

Fruchtbar geworden ist die Suche nach dem Handlungsbegriff aber für die deliktssystematische Einordnung des Handlungswillens (s. dazu nachfolgend Rn. 82).

Klausurhinweis: *In der Falllösung ist es deshalb überflüssig und falsch, Handlungslehren auszubreiten.*

---

89 Welzel § 8.

90 Vgl. Lackner/Kühl Vor § 13 Rn. 7.

91 Vgl. LK-Jescheck, 11. Aufl., Vor § 13 Rn. 32.

92 Schmidt JZ 1956, 190; aktuelle Vertreter sind Jescheck/Weigend § 23 VI 1; Wessels/Beulke/Satzger Rn. 144.

93 Vgl. Sch/Sch/Eisele Vor §§ 13 ff. Rn. 35.

III. Einordnung der Handlung in den Verbrechensaufbau

Eine bedeutende Gruppe von Strafrechtslehrern sieht – trotz unterschiedlicher Ansicht zum Handlungsbegriff selbst – die Feststellung der Handlung als vortatbestandlichen Prüfungspunkt.[94] Diese Gruppe kommt praktisch zu einem „viergliedrigen" Deliktssystem. Nach der Gegenauffassung ist die **Handlung** keine selbstständige (Vor-)Stufe im Deliktsaufbau, sondern **Teil des tatbestandsmäßigen Geschehens selbst**.[95] Dieses Konzept vermeidet vom Gesetz losgelöste Vorüberlegungen. Wir folgen ihm deshalb. 82

Klausurhinweis: *In einem juristischen Gutachten dürfen Aufbaufragen nicht als Streit thematisiert werden, sofern davon nicht die rechtliche Lösung beeinflusst wird. Das ist bei der Einordnung der Handlung in den Deliktsaufbau nie der Fall. Also können Sie den letztgenannten Aufbau ohne Erklärungen dazu einfach anwenden. Achten Sie aber auf Folgendes:*

- *Auch wenn die Handlung nicht „vorgeprüft" wird,* ***gehört in jeden Eingangssatz einer Deliktsprüfung neben der genauen Gesetzesbezeichnung die Benennung der Willensbetätigung, an die die Deliktsprüfung angeknüpft wird****. Dies zu vergessen, ist ein (leider häufiger!) grober Fehler, weil dadurch die Verbindungsfunktion der Handlung für alle Deliktsmerkmale missachtet wird.*
- *Bei der Tatbestandsmäßigkeit wird das Anknüpfungsverhalten dann noch einmal angesprochen, aber nur problematisiert, wenn Bedenken an den Mindestvoraussetzungen strafrechtlichen Handelns bestehen.*

B. Tatbestandsmäßigkeit

I. Funktion

Aus dem Gesetzlichkeitsprinzip folgt, dass es keine Strafbarkeit ohne ein genau umschriebenes und zur Tatzeit gültiges Verbot gibt. Dies ist die Funktion des Tatbestands. **Der (Straf- oder Unrechts-)Tatbestand umfasst abschließend die Merkmale, die ein strafrechtliches Verbot begründen.[96] Er beschreibt ein bestimmtes menschliches Verhalten und typisiert es durch die Einbindung in ein Strafgesetz als strafwürdigen Angriff auf den Rechtsfrieden.** Mit der Tatbestandsmäßigkeit einer konkreten Handlung wird festgestellt, dass der Täter alle Voraussetzungen des Verbots erfüllt hat. 83

II. Simultaneitätsprinzip

Die Strafbarkeit ergibt sich indes nicht allein aus der Addition der einzelnen Merkmale des Tatbestands. Die Verbotsnormen des Besonderen Teils sind vielmehr beherrscht von dem zeitlichen **Simultaneitätsprinzip** oder **Koinzidenzprinzip**. Dies beruht auf der **Verbindungsfunktion der Handlung für alle Unrechtsmerkmale** (s.o. Rn. 77). Das Simultaneitätsprinzip verlangt, dass alle materiellen Strafbarkeitsvoraussetzungen 84

94 LK-Walter Vor § 13 Rn. 28; Baumann/Weber/Mitsch/Eisele § 8 Rn. 4 ff.; Wessels/Beulke/Satzger Rn. 134.

95 Kindhäuser/Zimmermann § 5 Rn. 19; Sch/Sch/Eisele Vor §§ 13 ff. Rn. 37.

96 Lackner/Kühl vor § 13 Rn. 15.

– mit Ausnahme des Deliktserfolgs – auf denselben Zeitpunkt bezogen und in diesem Moment erfüllt sein müssen, sofern der Gesetzgeber keine zeitliche Abfolge von Deliktsmerkmalen vorschreibt (wie z.B. beim Betrug gemäß § 263 oder bei der Hehlerei gemäß § 259). Dieser strafrechtlich entscheidende Moment ist gemäß § 8 S. 1 die Vornahme der Tathandlung.[97]

Beispiele:

X entwendet ein Bild aus der ehelichen Wohnung seines Onkels, ohne zu wissen, dass dieser kurz zuvor gestorben ist und den X zum Alleinerben eingesetzt hat. – Kein vollendeter Diebstahl nach § 242. Mit dem Tod ging das Eigentum am Bild gemäß § 1922 BGB auf X über, sodass das Bild im Zeitpunkt der Tathandlung – also der Wegnahme – für ihn nicht mehr fremd war. Verwirklicht ist aber ein versuchter Diebstahl!

X entwendet ein Motorrad. Dabei hat er zunächst den Willen, es alsbald wieder zurückzubringen. Beim Fahren fasst er den Entschluss, es dauerhaft zu behalten und versteckt es in seiner Garage. – Diebstahl gemäß § 242 ist zu verneinen: Zwar hat X das Motorrad als für ihn fremde bewegliche Sache weggenommen. Auch hat er später Zueignungswillen entwickelt. Das subjektive Merkmal der Zueignungsabsicht muss aber (wie jedes andere auch) bei der Tat, also bei der Wegnahme vorgelegen haben. Das war gerade nicht der Fall. A ist strafbar wegen unbefugten Fahrzeuggebrauchs (§ 248 b Abs. 1) in Tatmehrheit mit Unterschlagung (§ 246 Abs. 1).

III. Stellung von Vorsatz und Fahrlässigkeit

85 **1.** Der **klassische Verbrechensbegriff** sah den Tatbestand nur als äußerliche, d.h. objektive Beschreibung eines typisierten Geschehens. Mit der Rechtswidrigkeit wurde ebenfalls nur anhand objektiver Kriterien der Widerspruch der Tat zum Recht festgestellt. Die Schuld war dagegen das Sammelbecken aller geistigen und seelischen Vorgänge in der Person des Täters. Insbesondere waren **Vorsatz und Fahrlässigkeit nur Schuldformen**.[98]

86 **2.** Diese strenge Trennung zwischen äußeren (auf der Unrechtsseite) und inneren (auf der Schuldseite) angesiedelten Merkmalen ist mit der Erkenntnis, dass es subjektive Tatbestandsmerkmale gibt (z.B. Zueignungsabsicht bei § 242 und personenbezogene Mordmerkmale bei § 211), aufgegeben worden. Damit hat sich der klassische zum **neoklassischen Verbrechensbegriff** fortentwickelt, für den die Anerkennung subjektiver Tatbestandsmerkmale einerseits und die Prüfung des **Vorsatzes bei der Schuld andererseits kennzeichnend ist**. Dieser Deliktsaufbau wird heute nicht mehr vertreten.[99]

87 **3.** Eine weitere Subjektivierung erfuhr der Deliktsaufbau nach dem 2. Weltkrieg durch die finale Handlungslehre. Diese versteht menschliches Handeln stets als willensgesteuert und zielorientiert. Handlung und Finalität bilden danach eine untrennbare Einheit. Da die Finalität bei der Vorsatztat der Wille zur Verwirklichung der objektiven Tatumstände, also der Vorsatz ist, ist dieser Bestandteil des Unrechtstatbestands.[100] Dieser **finalistische Verbrechensaufbau** ist heute herrschend. Er wird auch von den anderen Handlungslehren und von den Schriftstellern anerkannt, die eine positive Umschreibung des Handlungsbegriffs ablehnen. Einige weisen dem Vorsatz jedoch eine Doppel-

97 Jereouschek/Kölbel JuS 2001, 417 zu Grundsatz und Ausnahmen.

98 Beling, Die Lehre vom Verbrechen, S. 178 ff.

99 Baumann/Weber/Mitsch bis zur 11. Aufl.§ 13Rn. 5; inzwischen aufgegeben, vgl. Baumann/Weber/Mitsch/Eisele § 8 Rn.4.

100 Welzel §§ 8, 13.

funktion als Verhaltens- und Schuldform zu; dies vor allem, um den Irrtum über die Voraussetzungen eines Rechtfertigungsgrundes, den sog. Erlaubnistatbestandsirrtum, sachgerecht behandeln zu können.[101]

IV. Lehre von der objektiven Zurechnung

Einen weiteren Bedeutungszuwachs erlangte die Deliktsstufe der Tatbestandsmäßigkeit etwa ab 1970 in der Strafrechtswissenschaft durch die **Lehre von der objektiven Zurechnung**. Im Kern besteht ihr Anliegen darin, den Zwecken des Strafrechts bei allen Erfolgsdelikten stärker Geltung zu verschaffen, sog. **funktionales Strafrechtssystem**. Dies soll dadurch erreicht werden, dass zusätzlich zu den geschriebenen Merkmalen des Tatbestands geprüft wird, ob der Täter durch sein Verhalten auch eine unerlaubte Gefahr geschaffen hat und ob der eingetretene Erfolg auch von der fraglichen Norm erfasst werden soll.[102] Die jahrzehntelangen Bemühungen des Schrifttums, damit eine für alle Erfolgsdelikte gültige Tatbestandsbegrenzung zu schaffen, haben in der Rechtspraxis noch keinen Durchbruch erzielt. Die Rspr. erkennt aber einzelne Zurechnungsausschlüsse an und verlangt spezifischen Risikozusammenhang bei den verhaltensgebundenen Erfolgsdelikten (dazu ausführlich unten Rn. 117 ff.). 88

C. Rechtswidrigkeit

I. Funktion

Mit der Tatbestandsmäßigkeit einer bestimmten Handlung steht noch nicht endgültig fest, ob die Tat auch Unrecht ist. **Auf der Ebene der Rechtswidrigkeit wird diese Frage beantwortet, nämlich ob die Tat im Widerspruch zur Gesamtrechtsordnung steht**. Die Rechtswidrigkeit ist grundsätzlich schon durch die Tatbestandsmäßigkeit indiziert (vgl. § 11 Abs. 1 Nr. 5).[103] Die Indizwirkung wird jedoch widerlegt, wenn das fragliche Verhalten durch einen Rechtfertigungsgrund erlaubt wird (dazu unten Rn. 173 ff.). 89

II. Eigenständigkeit von Tatbestandsmäßigkeit und Rechtswidrigkeit

1. Die Lehre von den **negativen Tatbestandsmerkmalen** erkennt nur Unrecht und Schuld als zwei selbstständige Wertungsstufen der Straftat an, folgt also einem **zweistufigen Deliktsaufbau**. Das Unrecht einer Straftat setzt sich danach zum einen aus den im Gesetzestatbestand positiv umschriebenen Voraussetzungen (= sog. positive Tatbestandsmerkmale) und zum anderen aus der Nichtverwirklichung von Rechtfertigungsgründen (= sog. negative Tatbestandsmerkmale) zusammen. Tatbestandsmäßigkeit und Rechtswidrigkeit verschmelzen also zu einem Gesamtunrechtstatbestand, nach dessen Feststellung nur noch die Schuld zu prüfen ist.[104] 90

101 Vgl. Jescheck/Weigend § 39 IV 4; Wessels/Beulke/Satzger Rn. 208; ausführlich AS-Skript StrafR AT 2 (2021), Rn. 374 ff.

102 Roxin/Greco AT I § 7 Rn. 28.

103 Bei der Nötigung und bei der Erpressung muss die Rechtswidrigkeit immer positiv festgestellt werden, §§ 240 Abs. 2, 253 Abs. 2.

104 NK-Puppe Vor § 13 Rn. 16.

91 2. Die **h.M.** hält demgegenüber an der **Trennung zwischen Tatbestandsmäßigkeit und Rechtswidrigkeit** als selbstständige strafrechtliche Unrechtsebenen fest. Für einen zweistufigen Deliktsaufbau mache es keinen wertungsmäßigen Unterschied, ob jemand unverboten handele, indem er eine Mücke töte oder indem er einen Menschen in Notwehr umbringe.[105] Auch das Gesetz selbst gebe zu verstehen, dass es in den Rechtfertigungsgründen mehr als nur negative Tatbestandsmerkmale sehe: Dass etwa die §§ 32, 34 eine in Notwehr oder Notstand begangene „Tat" als „nicht rechtswidrig" bezeichnen, sei nur verständlich, wenn in diesen Fällen nicht schon der Tatbestand fehle, sondern die Rechtswidrigkeit als eigenständige Wertungsstufe entfalle.[106]

Wir folgen mit der ganz h.M. dem aus Tatbestandsmäßigkeit, Rechtswidrigkeit und Schuld bestehenden **dreistufigen Verbrechensaufbau**.

Klausurhinweis: *Auch hier gilt: Erklären Sie den Aufbau Ihrer Prüfung nicht! Auf den Streit über den Charakter der Rechtswidrigkeit müssen Sie deshalb in der Regel nicht eingehen. Er wird ausschließlich bei Unkenntnis eines objektiv erfüllten Rechtfertigungsgrundes oder bei irriger Annahme tatsächlich nicht gegebener Rechtfertigungsumstände – und auch dort nur für Teilnehmer – bedeutsam und ist deshalb auch nur in diesem Kontext anzusprechen.*[107]

D. Schuld

92 Soll eine Strafe verhängt werden, so gebietet das Schuldprinzip die Feststellung der **Schuld**. Hierbei wird gefragt, ob der Täter das Unrecht seiner Tat hätte einsehen und nach dieser Einsicht zumutbarerweise hätte handeln können. Aus der Negativformulierung des § 20 folgt, dass die Schuld bei einem erwachsenen Täter vermutet wird. Sie kann aber wegen **Schuldunfähigkeit** und bei **Entschuldigungsgründen** ausnahmsweise zu verneinen sein.

Aufbau: *Im strafrechtlichen Gutachten sind die* ***Tatbestandsmäßigkeit, Rechtswidrigkeit und Schuld für jedes Delikt obligatorische Prüfungspunkte****. Dort, wo nach dem konkreten Fall zu dem jeweiligen Prüfungspunkt keine Probleme auftauchen, genügt die kurze Feststellung: „Rechtswidrigkeit und Schuld sind gegeben."*

E. Sonstige Strafbarkeitsvoraussetzungen

I. Objektive Strafbarkeitsbedingungen

93 Dies sind Umstände, die an ein für sich gesehen gefährliches Verhalten anknüpfen, durch deren tatsächliche Verwirklichung aber erst die Schwelle der Strafwürdigkeit überschritten wird. Die wichtigsten objektiven Strafbarkeitsbedingungen sind:

- die Nichterweislichkeit der behaupteten ehrenrührigen Tatsache in **§ 186**;
- der Tod oder eine schwere Körperverletzung bei der Beteiligung an einer Schlägerei, **§ 231**;
- in **§ 323 a** die im Rausch begangene rechtswidrige Tat, sog. Rauschtat.

---

105 Vgl. Welzel § 14 I.

106 Sch/Sch/Eisele Vor §§ 13 ff. Rn. 17.

107 S. dazu AS-Skript StrafR AT 2 (2021), Rn. 382 f.

Objektive Strafbarkeitsbedingungen stehen außerhalb des Tatbestands und der Schuld. Der Täter kann den Eintritt oder das Ausbleiben der Strafbarkeitsbedingung in aller Regel gar nicht steuern. Deshalb braucht ihn hinsichtlich einer objektiven Strafbarkeitsbedingung auch kein Vorsatz- oder Fahrlässigkeitsvorwurf zu treffen. Er kann sich diesbezüglich aber auch nicht mit fehlendem Vorsatz oder fehlender Fahrlässigkeit entlasten.

Beispiel: Wer eine ehrmindernde Tatsache über einen anderen verbreitet, kann sich nicht darauf berufen, er habe an die Wahrheit geglaubt. Es genügt für die Strafbarkeit aus § 186, dass die Wahrheit nicht beweisbar ist.

Die objektiven Strafbarkeitsbedingungen sind kriminalpolitisch begründete seltene **Ausnahmefälle**, denn der Gesetzgeber kann nicht ohne Verstoß gegen das Schuldprinzip beliebig viele Merkmale von der persönlichen Vorwerfbarkeit abkoppeln.

Aufbau: *Die Vorsatzunabhängigkeit solcher Strafbarkeitsbedingungen sollte man im* ***Gutachten*** *immer dadurch hervorheben, dass man sie erst* ***nach Bejahung des Tatbestands (vor Prüfung der Rechtswidrigkeit)*** *in einem gesonderten Gliederungspunkt anspricht.*

II. Strafausschließungsgründe; Strafaufhebungsgründe

1. Strafausschließungsgründe sind gewissermaßen das Spiegelbild zu den objektiven Strafbarkeitsbedingungen. Hierbei handelt es sich entweder um persönliche Besonderheiten (z.B. § 258 Abs. 5 und Abs. 6) oder sachliche Umstände (z.B. § 37), die schon bei Tatbegehung vorliegen und das Strafbedürfnis entfallen lassen. **94**

2. Demgegenüber beseitigen die sog. **Strafaufhebungsgründe** rückwirkend die Strafbarkeit, weil der Täter durch sein Verhalten weiteren Schaden verhindert hat. Hauptfälle sind beim Versuch der Rücktritt (§ 24) und beim vollendeten Delikt die tätige Reue in den Fällen, in denen sie gesetzlich angeordnet ist (z.B. § 158, § 306 e). **95**

Aufbau: *Strafausschließungs- und Strafaufhebungsgründe sind im Gutachten im Anschluss an die Schuld anzusprechen, sofern dazu Veranlassung besteht.*

III. Prozessuale Strafbarkeitsvoraussetzungen und -hindernisse

Auch aus verfahrensrechtlichen Gründen kann eine Bestrafung ausgeschlossen sein, insbesondere wenn bei absoluten Antragsdelikten ein wirksamer Strafantrag nicht gestellt wurde und nicht mehr nachgeholt werden kann (§§ 77 ff.) oder wenn **Strafverfolgungsverjährung** eingetreten ist (§§ 78 ff.). In diesen Fällen tritt ein sog. **Strafverfolgungshindernis** ein (s. dazu unten Rn. 405 ff.). **96**

Klausurhinweis: *Auf diese Gesichtspunkte ist in einer Falllösung nur einzugehen, wenn der Sachverhalt konkrete Anhaltspunkte liefert. Die Prüfung erfolgt dann im Anschluss an die Schuld sowie etwaige Strafausschließungs- und Strafaufhebungsgründe.*

IV. Strafzumessungsvorschriften

1. Der in der Verbotsnorm angeordnete abstrakte Strafrahmen wird in vielen Fällen durch **benannte Strafzumessungsnormen** modifiziert. **97**

Dazu gehören vor allem die Strafschärfungen für **besonders schwere Fälle**, die ihrerseits durch **Regelbeispiele** konkretisiert werden. Man erkennt diese immer daran, dass der Gesetzgeber dem jeweiligen BT-Tatbestand einen Absatz oder einen eigenen Paragraphen anhängt, dessen Satz 1 („*In besonders schweren Fällen wird ... bestraft*") die Formel folgt: „*Ein besonders schwerer Fall liegt in der Regel vor, wenn ...*" (vgl. §§ 243 Abs. 1, 263 Abs. 3).

Möglich sind auch Strafzumessungsregeln, die an bestimmte Merkmale geknüpft sind, wie etwa § 28 Abs. 1.

98 **2. Unbenannte Strafzumessungsvorschriften** sind dagegen solche, deren Anwendung – wie die konkrete Strafzumessung – allein der tatrichterlichen Würdigung überlassen ist. Möglich sind dabei z.B. unbenannte besonders schwere Fälle (vgl. § 212 Abs. 2) oder minder schwere Fälle (vgl. § 250 Abs. 3).

Klausurhinweis: *In einer Falllösung zum 1. Staatsexamen sind benannte Strafzumessungsregeln immer anzusprechen, wenn Anlass dazu besteht. Dies gilt vor allem für die* ***Regelbeispiele****. Ausführungen zu unbenannten Strafzumessungsregeln oder zur Strafzumessung allgemein sind überflüssig und falsch.*

F. Konkurrenzen

99 Hat der Täter mehrere Strafvorschriften verletzt, muss ermittelt werden, welche von ihnen im Schuldspruch auftauchen und wie viele Handlungen ihnen zugrunde liegen, weil davon abhängt, wie die Strafe zu bilden ist. Diese Fragen regeln die Konkurrenzen (§§ 52 ff.).[108]

Klausurhinweis: *Die Prüfung der Konkurrenzen bei mehreren Gesetzesverletzungen ist in jeder Falllösung obligatorisch.*

108 Ausführlich dazu AS-Skript StrafR AT 2 (2021), Rn. 428 ff.

2. Teil: Das vollendete vorsätzliche Erfolgsdelikt als Begehungstat

Fasst man die Ausführungen des letzten Abschnitts für die Vorsatztat zusammen, ergibt sich folgendes

Aufbauschema: Vorsätzliche Begehungstat

I. Tatbestandsmäßigkeit

1. Objektiver Tatbestand

a) Täter, Tathandlung, Taterfolg (ergänzt und modifiziert durch weitere deliktsspezifische äußere Merkmale)

b) Kausalität

c) Nach Lit.: Objektiver Zurechnungszusammenhang zwischen Handlung und Erfolg

2. Subjektiver Tatbestand

a) Tatbestandsvorsatz

b) Deliktsspezifische subjektive Tatbestandsmerkmale

[Vorsatzunabhängige Bedingungen der Strafbarkeit]

II. Rechtswidrigkeit

III. Schuld

1. Schuldfähigkeit

2. Fehlen von Entschuldigungsgründen

3. Möglichkeit des Unrechtsbewusstseins

IV. Strafausschließungs- oder Strafaufhebungsgründe

V. Strafantrag; andere Strafverfolgungsvoraussetzungen oder -hindernisse

Klausurhinweis: *Verwenden Sie bitte* ***Überschriften*** *möglichst* ***sparsam****! Das haben Sie wahrscheinlich für die Zwischenprüfungsklausuren anders gelernt. Aber zu viele Überschriften sind zeitraubend, unterbrechen den Lesefluss und führen zu unnötigen Textdoppelungen. Verwenden Sie stattdessen Gliederungspunkte und Absätze, um Ihren Aufbau zu verdeutlichen.* ***Wichtiger ist die Subsumtion****! Subsumieren Sie bei jeder Prüfung eines Straftatbestandes unter die deliktsspezifischen äußeren Unrechtsmerkmale, den Kausalzusammenhang sowie den Tatbestandsvorsatz und die deliktsspezifischen subjektiven Merkmale.*

Trennen Sie dabei immer objektive und subjektive Merkmale und dementsprechend tatsächliches Geschehen und Tätervorstellung! Sonst werden Sie keinen Irrtumsfall erkennen, geschweige denn richtig lösen.

Im Übrigen gilt: ***Ausführungen nur dort, wo sie nach dem konkreten Fall erforderlich sind.*** *Bietet also Ihr Fall keine Probleme zur Zurechnung, zum Unrechtsbewusstsein oder zur Verfolgbarkeit, sollten Sie dazu auch kein Wort verlieren.*

1. Abschnitt: Tatbestandsmäßigkeit

A. Objektive Tatbestandselemente

100 Diese haben die Aufgabe, das strafwürdige äußere Geschehen so zu bezeichnen, dass das verbotene Verhalten möglichst eindeutig festgelegt ist. Hierfür verwendet das Gesetz sowohl beschreibende, sinnlich wahrnehmbare, sog. **deskriptive** Merkmale, die Gegenstände oder Vorgänge der realen Welt umschreiben (z.B. „Sache", § 242; „töten", §§ 211, 212; „beschädigen", § 303), als auch wertausfüllungsbedürftige, sog. **normative** Merkmale (z.B. „fremd", § 242; „Urkunde", § 267).

Hinweis: *Diese Unterscheidung sollte man nicht überbewerten, denn kein Gesetzesbegriff kommt – zumindest in den Grenzfällen – ohne Wertung aus, z.B. bei der Bestimmung von Beginn und Ende menschlichen Lebens als Voraussetzung für das Merkmal „Mensch" oder bei der Bestimmung der Grenze der Bagatellbeeinträchtigung beim Merkmal „beschädigen". Allerdings kann die Prüfung des Tätervorsatzes in Bezug auf die normativen Tatbestandsmerkmale Probleme bereiten (s.u. Rn. 153).*

I. Deliktsspezifische äußere Unrechtsmerkmale

101 Das vorsätzliche Begehungsdelikt als Erfolgsdelikt knüpft immer an einen bestimmten **Täter** an, setzt dessen **Handlung** voraus und verlangt den Eintritt einer nachteiligen Veränderung des geschützten Rechtsguts, z.B. § 223 die Körperverletzung eines anderen. Dass diese Oberbegriffe nicht ausreichen, um die unterschiedlichsten kriminellen Verhaltensweisen zu charakterisieren, liegt auf der Hand. Keine Strafnorm kann daher auf weitere **deliktsspezifische Merkmale** verzichten, die erst präzisieren, wer welches Rechtsgut auf welche Weise angreifen muss, um sich strafbar zu machen. Auslegungsfragen dazu gehören in den Besonderen Teil.

Hinweis: *Alle Spezialschemata auswendig zu lernen, ist nicht ratsam.* ***Sie müssen als Juristen auch unbekannte Strafnormen strukturieren können!*** *Um dies einzuüben, sollten Sie anhand des oben dargestellten Allgemeinschemas selbst Prüfungsschemata erarbeiten (z.B. zu den §§ 123, 239 a, 242, 267, 340) und diese dann anhand der AS-Skripten Strafrecht BT oder der AS-Aufbauschemata Strafrecht/StPO kontrollieren!*

II. Tathandlung

Bei den verhaltensgebundenen Delikten (s.o. Rn. 60) verlangt der Gesetzgeber eine bestimmte Tätigkeit für die Tatbestandserfüllung.

Beispiel: Nötigungshandlung i.S.v. § 240 ist entweder Gewalt oder Drohung mit einem Übel.

Bei den verhaltensneutralen Delikten kann der tatbestandliche Erfolg im Prinzip durch jede Handlung herbeigeführt werden.

Beispiele: Das Lösen eines Bremsschlauchs, das zum tödlichen Unfall geführt hat, ist deshalb ebenso „Tötungshandlung" wie der Schuss ins Herz.

102 Voraussetzung ist aber immer, dass tatsächlich eine Handlung im strafrechtlichen Sinn zugrunde liegt. Eine **Handlung** kann entweder in einem **aktiven Tun** oder einem **Unterlassen** bestehen. Der Straftäter kann also entweder einen Kausalverlauf anstoßen

oder einem Geschehen seinen Lauf lassen. In manchen Fällen kann problematisch werden, ob der Täter überhaupt gehandelt hat. Dazu der nachfolgende Fall.

Fall! 1: „Handlung" und „Nichthandlung"; Unterlassen als Handlung

Der Reit- und Fahrverein der Gemeinde Niedorf veranstaltet ein Turnier. Unter dem Applaus zahlreicher Zuschauer führt der Landesmeister G seinen Vierspänner im Galopp durch die Bahn, als ihn plötzlich eine Wespe ins Augenlid sticht. Durch den Schmerzreiz reißt G beide Hände hoch und hält sie schützend vor das Gesicht. Dabei entgleiten ihm die Führungsleinen der Pferde, und diese laufen ungelenkt weiter geradeaus. G versucht vergeblich, die Leinen wieder in die Hand zu bekommen oder die Pferde durch Zuruf zu stoppen. Auch die Bremsen der Kutsche verzögern nur langsam. G erkennt, dass Zuschauer in Gefahr sind, die – was er vorher nicht wahrnehmen konnte – über die Absperrung gesprungen waren, um eine bessere Sicht zu haben. G ruft ihnen zu, sich in Sicherheit zu bringen, muss aber mit ansehen, wie L, ein Lokalreporter, von den Pferden niedergetrampelt wird und schwere Kopfverletzungen und Rippenbrüche erleidet.
Strafbarkeit des G? Etwa erforderliche Strafanträge sind gestellt.

I. G könnte sich wegen **Körperverletzung an L** gemäß **§ 223 Abs. 1 Alt. 2** strafbar gemacht haben, indem er mit dem Gespann auf die Zuschauer zufuhr.

1. Eine Gesundheitsschädigung ist durch die Kopfverletzungen und Rippenbrüche des L eingetreten.

2. Zweifelhaft ist jedoch, ob dies auf einer **„Handlung"** im strafrechtlichen Sinn beruht. Ungeachtet des Streits um die richtige Beschreibung der Handlung (s.o. Rn. 77) besteht Einigkeit über die Mindestvoraussetzungen: 103

   a) Erforderlich ist zunächst ein **menschliches Verhalten. Daher können nur natürliche Personen strafbar sein; juristische Personen als solche sind (anders als im öffentlichen Recht oder im Zivilrecht) strafrechtlich nach geltendem Recht nicht handlungsfähig.**[109] Abzustellen ist in solchen Fällen vielmehr auf die Menschen, die die deliktische Handlung selbst begangen haben oder denen sie wie eine eigene zurechenbar ist.

   b) Es muss ein **äußerliches (körperliches) Verhalten** sein. Keine „Handlungen" sind deshalb Vorgänge, die sich nur im Inneren des Menschen abspielen, wie z.B. Gedanken, Absichten, Wünsche.

   c) Ferner muss es sich um ein **vom Willen beherrschtes Verhalten** handeln. Erforderlich ist dafür (auch nach der kausalen Handlungslehre) allein, dass der Wille bei der Verhaltenssteuerung überhaupt mitwirkt. Da der natürliche Wille entscheidend ist, ohne dass es dabei auf vorsätzliches Handeln oder gar schuldhaftes Verhalten ankäme, können auch Kleinkinder, Geisteskranke oder Betrunkene in diesem Sinne „handeln". Im vorliegenden Fall wurde L durch die Pferde niedergetrampelt. Dieses Tierverhalten kann nur in Verbindung mit der

109 Rengier § 7 Rn. 9 m.w.N.

steuernden Einwirkung eines Menschen zu dessen strafrechtlich relevanter Handlung werden. G hatte aber in dem Moment, als er mit der Kutsche auf L zufuhr, keinen willensgesteuerten Einfluss mehr auf die Pferde.

Körperverletzung durch das Zufahren auf L ist zu verneinen.

II. Allerdings könnte sich G wegen **Körperverletzung an L durch Unterlassen** des rechtzeitigen Anhaltens gemäß **§§ 223 Abs. 1 Alt. 2, 13** strafbar gemacht haben.

104 Ausgehend von einem einheitlichen Handlungsbegriff **kann auch Unterlassen Handlungsqualität** besitzen. Abzustellen ist indes nicht auf die Untätigkeit als solche, sondern auf die Nichtvornahme genau der hypothetischen willensgesteuerten Handlung, die zur Erfolgsabwendung tatsächlich erforderlich war. Das aber setzt die Fähigkeit und Möglichkeit voraus, diese gedachte, erfolgsabwendende Handlung vorzunehmen. Wer schon objektiv den Erfolg nicht abwenden konnte, hat auch keine strafrechtlich relevante Unterlassung begangen.[110] Hier war es selbst dem als Landesmeister ausgezeichneten G nicht möglich, die Führungsleinen wieder in die Hand zu bekommen oder das Gespann auf andere Weise rechtzeitig zum Stehen zu bringen. Damit bestand objektiv keine Möglichkeit, den Erfolg abzuwenden. Eine Unterlassung kann G ebenfalls nicht vorgeworfen werden.

III. Infrage kommt **fahrlässige Körperverletzung an L** gemäß **§ 229** durch Loslassen der Führungsleinen.

105 Dann müsste dies eine strafrechtliche Handlung sein. Zwar liegt im Loslassen ein menschliches und äußerliches Verhalten, doch bestehen Zweifel an der Willenssteuerung. Aus diesem Grund scheiden als sog. **„Nichthandlungen"** aus:

- Verhaltensweisen im Zustand **völliger Bewusstlosigkeit** (z.B. Körperreaktionen im tiefen Schlaf, in hochgradigen Fieberdelirien, bei Ohnmacht oder unter vollständig lähmender Alkohol- und Rauschgiftwirkung);[111]

  Ob in **Hypnose** vorgenommenen Verrichtungen strafrechtliche Handlungsqualität fehlt[112] oder ob lediglich die Schuldfähigkeit ausgeschlossen ist,[113] wird unterschiedlich gesehen.

- Körperliches Verhalten, das durch **unwiderstehliche Gewalt** physisch erzwungen wird („vis absoluta"), z.B. der Sturz infolge eines Schlages;

  Dagegen bleibt eine Handlung bestehen, wenn der Zwang durch Einwirkung auf den Willen des Gezwungenen („vis compulsiva") ausgeübt wird (z.B. die durch Folter erzwungene Unterschrift).

- Sog. **Reflexbewegungen**, bei denen durch einen physiologischen Reiz ohne Mitwirkung des Bewusstseins eine willensunabhängige Bewegung ausgelöst wird.[114]

  Hiervon abzugrenzen sind Verhaltensweisen, bei denen noch ein willentlicher Steuerungsprozess des Handlungsablaufs stattfindet und die deshalb noch Handlungen im strafrechtlichen Sinne sind. Dies ist z.B. der Fall bei sog. **Affekt- und Kurzschlusshandlungen**, bei denen ein Willenselement eingeschaltet wird, allerdings in einer derartigen Geschwindigkeit, dass für den

110 Statt aller MünchKomm/Freund Vor §§ 13 ff. Rn. 135.

111 Vgl. Maurach/Zipf, Strafrecht AT 1, 8. Aufl. 1992, § 16 Rn. 19.

112 So Wessels/Beulke/Satzger Rn. 154.

113 So Maurach/Zipf AT 1 § 16 Rn. 19.

114 OLG Hamm JZ 1974, 716.

Handelnden die Möglichkeit entfällt, Gegenvorstellungen zu mobilisieren.[115] Auch sog. **Automatismen** haben nach h.M. noch Handlungsqualität. Hierbei hat sich zwar ein bestimmtes Verhalten durch ständige Wiederholung völlig ins Unterbewusstsein verlagert; es ist aber anders als der Reflex durch bewusste Gegensteuerung zu beeinflussen und „umzutrainieren". Beispielsweise versucht wohl jeder, der das erste Mal von seinem Fahrrad mit Rücktritt auf ein Rennrad umsteigt, bei Auftreten eines Hindernisses zuerst die Rücktrittbremse zu betätigen, er kann aber diesen Automatismus nach ausreichender Übung ablegen.[116]

Hier wurde die Körperbewegung des G dadurch ausgelöst, dass ein rein physiologischer Reiz – der Schmerz des Wespenstichs – unmittelbar in eine motorische Reaktion umgesetzt worden ist, ohne dass eine willentliche Steuerung zwischengeschaltet war. Anders als bei Handbewegungen zum Verscheuchen eines störenden Insekts liegt in der reinen Schmerzreaktion kein vom Willen beherrschtes Verhalten.[117] Aus dem Hochreißen der Hände mit der Folge des Verlusts der Führungsleinen kann dem G kein Strafbarkeitsvorwurf gemacht werden.

IV. Fraglich ist, ob sich die Strafbarkeit wegen **fahrlässiger Körperverletzung** gemäß **§ 229** damit begründen lässt, dass er in den Platz eingefahren ist, obwohl objektiv die Gefahr bestand, durch irgendein Ereignis die Herrschaft über das Gespann zu verlieren und Zuschauer zu verletzen. Selbst wenn man das Lenken der Tiere als Handlung im vorgenannten Sinne ansähe, fehlte es an dem für die Fahrlässigkeit des Verhaltens erforderlichen Verstoß gegen anerkannte Sorgfaltsregeln. Auch war für G beim Einfahren nicht erkennbar, dass sich Zuschauer im Innern des Parcours-Platzes aufhielten.

Ergebnis: G ist straflos.

Mindestvoraussetzungen der Handlung im strafrechtlichen Sinn (nach allen Handlungslehren):

Zu verneinen bei:

- Akten juristischer Personen als solchen, Tierverhalten, sonstigen Naturereignissen
- Rein inneren Vorgängen (Gedanken, Gesinnungen, Wünsche)
- Nervenreflexen, durch willensausschließende Gewalt (vis absoluta) erzwungenem Verhalten, Körperbewegungen im Zustand der Bewusstlosigkeit oder Hypnose (str.)

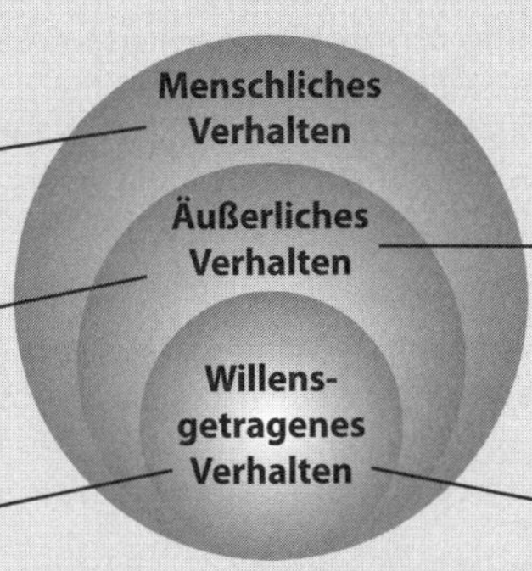

Zu bejahen bei:

- Aktivem Tun, Unterlassen des rechtlich Gebotenen bei tatsächlicher Handlungsmöglichkeit
- Abwehrreaktionen, durch willensbeugende Gewalt (vis compulsiva) erzwungenem Verhalten, Affekthandlungen, Automatismen

115 Rengier § 7 Rn. 16 f.

116 Vgl. Jescheck/Weigend § 23 III 2 a.

117 Vgl. auch Roxin/Greco AT I § 8 Rn. 67.

III. Kausalzusammenhang zwischen Handlung und Erfolg

Bei allen Erfolgsdelikten muss die tatbestandliche Rechtsgutbeeinträchtigung gerade auf der Tathandlung beruhen. Das setzt zuallererst einen naturgesetzlichen Zusammenhang zwischen Tathandlung und Taterfolg voraus, den sog. Kausalzusammenhang. **Die Kausalität ist Tatbestandselement aller Erfolgsdelikte.** Umstritten ist, auf welchem denklogischen Weg die Kausalität festzustellen ist.

1. Bedingungs- oder Äquivalenztheorie (conditio sine qua non-Formel)

106 Nach der in der Rechtspraxis standardmäßig angewendeten **Bedingungs**- oder **Äquivalenztheorie** ist **jede Handlung kausal, die nicht hinweggedacht werden kann, ohne dass der tatbestandliche Erfolg in seiner konkreten Gestalt entfiele.**

Vereinfacht gesagt: **„Wenn nicht** (Handlung X), **dann nicht** (Erfolg Y).**"**

Jede Handlung, die **„conditio sine qua non"** für den konkreten Erfolg ist, ist gleichwertig (äquivalent).[118]

Die Äquivalenztheorie ermittelt die Kausalität nicht durch Rekonstruktion des tatsächlichen Ursache-Wirkungs-Zusammenhangs, sondern aus einer logischen Schlussfolgerung. Dafür unterstellt sie zuerst gedanklich, dass die fragliche Handlung des Täters nicht stattgefunden hätte. Danach konstruiert die Äquivalenztheorie einen neuen, fiktiven Ablauf ohne das „hinweggedachte" Verhalten. Sie fragt dann, ob der konkrete Erfolg auch bei diesem fiktiven Ablauf nach anerkanntem Erfahrungswissen eingetreten wäre. Ist das zu verneinen, lautet die logische Schlussfolgerung: Das fragliche Verhalten muss kausal gewesen sein.

Bei dieser Gedankenoperation gelten folgende Grundsätze:

107 **a)** Die Kausalität kann **physisch oder psychisch** begründet sein.

Beispiel: Ob A sein Opfer O ersticht oder ob A den B gegen Versprechen einer Belohnung motiviert, den O zu erstechen, macht für den Kausalzusammenhang keinen Unterschied. Dass in der zweiten Variante zwischen der Einflussnahme des A auf den Willen des B und dem Taterfolg eine autonome Willensbetätigung B liegt, ändert nichts daran, dass (auch) A den Erfolg verursacht hat (s. nachfolgende Rn. und unten Rn. 113)

Beachte aber: Bei Veranlassung eines anderen zu dessen Vorsatztat ist der Erstverursacher nicht automatisch Täter, sondern nur dann, wenn ihm die Handlung des anderen strafrechtlich wie eine eigene als Mittäter oder mittelbarer Täter angelastet werden kann, § 25 Abs. 2, Abs. 1 Alt. 2. Ist das nicht der Fall, kann der Erstverursacher nur Teilnehmer an der Vorsatztat des anderen sein, und zwar im vorgenannten Beispiel als Anstifter gemäß § 26 durch „Bestimmen" des B zu dessen Tat.

108 **b)** Auf die Zahl der Zwischenursachen kommt es nicht an, denn die Ursachen sind alle **gleichwertig**.

Beispiel: Deshalb ist die Ausstrahlung eines raffinierten Krimis im Fernsehen kausal für die Nachahmung dieser Tat in der Realität.

---

118 Die Äquivalenztheorie wurde von Glaser begründet und durch v. Buri weiterentwickelt; vgl. BGHSt 1, 332; BGH RÜ 2004, 34.

c) Wie die einzelnen Kausalfaktoren naturwissenschaftlich zusammenhängen, spielt keine Rolle. Ausreichend ist die **Feststellung, dass ohne die fragliche Handlung der Taterfolg nicht eingetreten wäre.**[119] 109

Beispiel: Wie ein bestimmtes Gift den Tod konkret herbeigeführt hat, ist für die Tatbestandsmäßigkeit gemäß § 212 oder § 222 bedeutungslos, wenn sicher ist, dass das Opfer ohne die Giftbeibringung überlebt hätte.

d) Reserveursachen und hypothetische Kausalverläufe dürfen anstelle der weggedachten Handlung nicht hinzugedacht werden. Entscheidend ist allein, ob der konkrete Erfolg ohne die Handlung **auch in dieser Weise, unter diesen Umständen und in diesem Augenblick** eingetreten wäre.[120] 110

Beispiel: Wegen überhöhter Geschwindigkeit fährt Autofahrer A den Fußgänger F auf dem Weg zum Flughafen an. F stirbt zwei Wochen später im Krankenhaus an den Verletzungen. Hätte A ihn nicht angefahren, wäre er noch am Tag des Autounfalls zu Tode gekommen, weil das Flugzeug, das er erreichen wollte, abstürzte und alle Passagiere umkamen. – A ist nach ganz h.M. strafbar wegen fahrlässiger Tötung, § 222. Dass sein Anfahren im Vergleich zu dem sonst eingetretenen Tod durch den Flugzeugabsturz das Leben des F sogar verlängert hat(!), ist unerheblich.[121]

Anders ist die Beurteilung bei **unechten Unterlassungsdelikten**. Der Unterlassende greift nicht in ein Geschehen ein; man könnte also sein Nichtstun „wegdenken“, ohne dass sich der Ablauf verändern würde. Eine Unterlassung kann folglich nie im realen Sinn kausal sein. Da der Vorwurf der unechten Unterlassungsdelikte darin besteht, einen Erfolg nicht verhindert zu haben, lässt sich ein Zusammenhang zwischen dem Nichtstun und dem Erfolg nur dadurch herstellen, dass man das gebotene Handeln **hinzudenkt** und fragt, ob der konkrete Erfolg dann ausgeblieben wäre. Beim unechten Unterlassungsdelikt wird also eine **„Quasi-Kausalität“** ermittelt, und zwar mit einer **abgewandelten conditio sine qua non-Formel** (s. dazu auch unten auch Rn. 498). 111

e) Wenn **mehrere Ursachen** erst durch ihr Zusammenwirken den Erfolg herbeiführen, ist wegen der Gleichwertigkeit aller Bedingungen jede ursächlich, weil keine hinweggedacht werden kann, ohne dass der Erfolg entfiele, sog. **kumulative Kausalität.**[122] 112

Schulfall: Ohne voneinander zu wissen, schicken A und B dem F je eine Flasche mit vergiftetem Rotwein, um ihn umzubringen. F schüttet alles zusammen, kocht daraus Glühwein, trinkt das Gebräu und stirbt. Später stellt sich heraus, dass keines der Gifte allein, sondern erst deren Zusammenwirken den Tod herbeizuführen vermochte. – Hier sind A und B kausal für den Tod des F. Allerdings ist fraglich, ob für A und B jeweils die kriminelle Handlung des anderen vorhersehbar war und daher eine vorsatzausschließende Kausalabweichung vorliegt. Dann sind A und B nur aus versuchtem Tötungsdelikt strafbar.[123]

f) Auch wenn an eine Handlung eine weitere Handlung des Täters oder das eigenverantwortliche Verhalten eines Dritten oder des Opfers selbst anknüpft, das den tatbestandlichen Erfolg unmittelbar herbeiführt, bleibt die Ersthandlung kausal, 113

---

119 BGHSt 37, 106, 112 = Lederspray-Fall; BGH NJW 1995, 2930 = Holzschutzmittel-Fall; **beide Entscheidungen unbedingt nachlesen!**

120 Vgl. Wessels/Beulke/Satzger Rn. 237.

121 Vgl. Rengier § 13 Rn. 17; anders Frister S. 120, 122, der die Kausalität bei hypothetischen Reserveursachen und bereits betätigten Reservehandlungen ablehnt.

122 Vgl. BGH MDR 1989, 752.

123 Ausführlich dazu AS-Skript StrafR AT 2 (2021), Rn. 361.

wenn sie bis zum Erfolgseintritt fortwirkt.[124] Das von Frank[125] entwickelte Regressverbot, das dies anders sah, wird heute im Rahmen der Kausalitätsprüfung abgelehnt. Die Unterscheidung zwischen menschlichen Handlungen und nicht willensgesteuerten Ereignissen als Zwischenursachen widerspräche der Äquivalenz, d.h. der Gleichwertigkeit aller Bedingungen.[126]

Hinweis: *Hier liegt eine* ***häufige Fehlerquelle****: Die Bearbeiter verneinen die Kausalität und damit die Strafbarkeit, weil zwischen der Täterhandlung und dem Erfolg eine weitere Handlung wirksam geworden ist. Ohne es zu bemerken, wenden sie das Regressverbot an. Das ist falsch!*

Beispiel: A fährt wegen zu geringen Sicherheitsabstandes auf der Autobahn auf das plötzlich abbremsende Auto des F auf. F steigt aus, um die Unfallstelle zu sichern und wird von dem nachfolgenden Autofahrer B wegen dessen überhöhter Geschwindigkeit zu spät wahrgenommen und überfahren. – Unmittelbar ist B ursächlich für den Tod des F geworden. Aber auch A ist kausal für den Tod des F, weil dieser ohne den Auffahrunfall nicht ausgestiegen und von B überfahren worden wäre. Weiterzuprüfen ist an anderer Stelle, ob die Regeln zum Sicherheitsabstand (§ 4 StVO) auch den Schutzzweck haben, Folgeschäden wie den Tod des aus dem Fahrzeug ausgestiegenen F zu verhindern.

114 **g)** Eine **Unterbrechung des Kausalverlaufs** liegt nur vor, wenn ein späteres Ereignis die Fortwirkung einer früheren Ursachenkette beseitigt und nunmehr allein unter Eröffnung einer neuen Ursachenreihe den Erfolg herbeiführt.[127] Die neue, bis zum Erfolgseintritt führende Ursachenkette bezeichnet man als **überholenden Kausalverlauf**.

Beispiel: Überholende Kausalität liegt vor, wenn ein Attentäter eine mit einem Zeitzünder versehene Bombe in einem Wagen versteckt hat und das Fahrzeug durch einen Selbsttötungsakt des Fahrers völlig zerstört wird, bevor die Bombe explodiert.

115 **h)** Schwierigkeiten hat die conditio sine qua non-Formel in den Fällen **alternativer Kausalität**

Fall 2: Jede Handlung kann für sich hinweggedacht werden

A und B schütten dem F unabhängig und ohne Wissen voneinander Gift in seinen Rotwein. Dabei ist jede Giftmenge ausreichend, einen Menschen zu töten. F stirbt.

Strafbarkeit von A und B? (Abwandlung des Beispiels oben Rn. 112)

A und B könnten jeder für sich Täter eines vollendeten **Mordes** sein, **§ 211**.

I. Der Tod des F ist hier nicht durch das Zusammenwirken der Vergiftungshandlungen, sondern durch die zeitgleiche, aber voneinander unabhängige Wirkung der Gifte des A und des B herbeigeführt worden. In einem solchen Fall von Doppelkausalität oder **alternativer Kausalität** müsste die conditio-Formel in ihrer herkömmlichen Fassung zur Verneinung der Tatvollendung für beide gelangen: Man kann hier nämlich jeweils die Handlung des A oder B hinwegdenken, ohne dass der konkrete Erfolg in derselben Gestalt entfiele.[128] Auch für solche Ausnahmefälle wird die conditio-For-

124 BGH RÜ 2016, 163; Sch/Sch/Eisele Vor §§ 13 ff. Rn. 77.

125 Das Strafgesetzbuch für das Deutsche Reich, 18. Aufl. 1931, § 1 III 2 a.

126 Vgl. Lackner/Kühl vor § 13 Rn. 11.

127 BGH MDR 1989, 752.

128 Mit dieser Konsequenz tatsächlich Frister S. 113.

mel von der h.M. abgewandelt: **Von mehreren zeitgleich wirkenden Bedingungen, die zwar alternativ, nicht aber kumulativ hinweggedacht werden können, ohne dass der Erfolg entfiele, ist jede für den Erfolg ursächlich.**[129]

II. A und B handelten jeweils in bewusster Ausnutzung der Arg- und Wehrlosigkeit des Opfers, also heimtückisch.

III. Eine vorsatzausschließende wesentliche Kausalabweichung kann nicht angenommen werden, weil sich A und B den Tod infolge Gifteinwirkung vorgestellt haben und die Tat durch das Hinzutreten des anderen keine andere Bewertung verdient.

IV. A und B handelten jeweils rechtswidrig und schuldhaft.

Ergebnis: Sie sind als **Nebentäter** eines Mordes schuldig.

---

2. Lehre von der gesetzmäßigen Bedingung

Viele im Schrifttum bestimmen den Kausalzusammenhang mit der **Lehre von der gesetzmäßigen Bedingung. Danach ist ein Verhalten Ursache eines Erfolgs, wenn dieser Erfolg mit dem Verhalten durch eine Reihe zeitlich aufeinander folgender Veränderungen (natur-)gesetzmäßig verbunden ist.**[130] 116

Vereinfacht gesagt: „**Weil** (Handlung X), **dann** (Erfolg Y)."

Die Lehre von der gesetzmäßigen Bedingung will den realen Ursache-Wirkung-Zusammenhang nachweisen. Dafür wird zunächst gefragt, ob ein wissenschaftlich gesichertes Naturgesetz existiert, und sodann, ob die zu prüfenden Faktoren der möglichen Kausalkette hierdurch miteinander verknüpft sind.[131] Einzelheiten:

a) Kausalverknüpfungen sind nicht nur über Naturereignisse herstellbar. Möglich ist auch, dass ein äußerer Umstand die Entscheidung eines anderen zu dessen Erfolg vermittelnder Handlung auslöst. In diesem Bereich psychischer Kausalität hat die Lehre von der gesetzmäßigen Bedingung Schwierigkeiten, denn es existieren keine allgemein anerkannten Grundsätze, inwieweit menschliche Entscheidungen durch äußere Umstände beeinflusst werden.[132] Die h.Lit. lässt es hier aber genügen, wenn ex post, d.h. im Nachhinein, ein Motivationszusammenhang festgestellt werden kann.[133]

b) Ein weiteres Problem besteht für die Lehre von der gesetzmäßigen Bedingung darin, dass vielfach nicht wissenschaftlich bekannt ist, wie einzelne Naturereignisse physikalisch oder chemisch wirken. Vertreter der Lehre übernehmen insoweit die Gedanken-

---

129 BGH NJW 1993, 1723 m.w.N.

130 Diese Formel wurde von Engisch, Die Kausalität als Merkmal der strafrechtlichen Tatbestände, 1931, S. 21, entwickelt. Namhafte Vertreter sind Sch/Sch/Eisele Vor §§ 13 ff. Rn. 75; Jescheck/Weigend § 28 II 4; Kühl JR 1983, 33; weiterentwickelt zur Formel der Mindestbedingung mit der Begrenzung auf solche Faktoren, die eine hinreichende Bedingung für den Erfolgseintritt bilden von Puppe ZStW 99 (1987), 599; zustimmend Roxin/Greco AT I § 11 Rn. 15 a ff.

131 Vgl. Hilgendorf Jura 1995, 514 ff.

132 Otto § 6 Rn. 33.

133 Sch/Sch/Eisele Vor §§ 13 Rn. 75 b.

führung der Bedingungstheorie und lassen es ausreichen, dass sonstige Ursachen für den fraglichen Erfolg ausscheiden.[134] Andere halten einen solchen „Austausch der Beweisfrage" für unzulässig, lassen dann aber die „hohe Wahrscheinlichkeit" ausreichen, dass sich ein bestimmter Faktor im konkreten Fall ausgewirkt hat.[135]

c) Auch für die Lehre von der gesetzmäßigen Bedingung spielt es keine Rolle, wie viele Zwischenursachen den Erfolg vermittelt haben.

d) Hypothetische Faktoren bleiben nach der Theorie der gesetzmäßigen Bedingung, die ohnehin nur nach der tatsächlichen Verkettung einzelner Faktoren fragt, von vornherein außer Betracht.

e) Schließlich ist dann, wenn ein Realzusammenhang besteht, für diese Theorie gleichgültig, wie atypisch oder selten die Verknüpfung ist.

f) In Fällen alternativer Kausalität (s. oben Fall 2) ist die Lehre von der gesetzmäßigen Bedingung plausibler als die conditio sine qua non-Formel, weil es danach ausreicht, dass jede der alternativen Tathandlungen zumindest mitursächlich für den realen Erfolg geworden ist.[136] Zirkelschlüssige Modifikationen wie die Bedingungstheorie braucht die Lehre von der gesetzmäßigen Bedingung nicht.

Klausurhinweis: *Bei empirisch gesicherten Abläufen unterscheiden sich die Kausalitätstheorien in ihren Ergebnissen nicht. Deshalb genügt die Begründung der Kausalität mithilfe der conditio-Formel. Allenfalls ergänzend kann auf die Lehre von der gesetzmäßigen Bedingung hingewiesen werden.*

IV. Gefahrzusammenhang zwischen einer kausalen Handlung und dem Erfolg

117 Im Kern besteht Einigkeit darüber, dass die Kausalität im naturwissenschaftlichen Sinne zwar notwendig, aber nicht hinreichend ist, um den für die objektive Tatbestandserfüllung erforderlichen Zusammenhang zwischen Täterhandlung und Erfolg herzustellen. D.h. umgekehrt, dass nicht schon jedes kausale Verhalten tatbestandsmäßig sein kann.

Sonst würde **beispielsweise** jeder Waffenhersteller durch seine Produktion den objektiven Tatbestand des später mit der Waffe verübten Tötungsdelikts erfüllen!

Auch der Arzt, der den Krebstod seines Patienten durch eine wirksame Chemotherapie um einige Monate herausgezögert hat, hätte diesen dadurch „getötet".

1. Das Erfordernis einer objektiven Zurechnung der kausalen Handlung zum tatbestandlichen Erfolg

118 **a)** Die Rechtswissenschaft hält bereits im objektiven Tatbestand ein zusätzliches Korrektiv für erforderlich. Dieses einschränkende Kriterium ist ein juristisch-normatives, weil mit dessen Hilfe durch Wertung bestimmte Handlungen als strafrechtlich irrelevant gefiltert werden sollen, auch wenn sie ursächlich für einen bestimmten Unrechtserfolg ge-

134 Roxin/Greco AT I § 11 Rn. 17.

135 Volk NStZ 1996, 105, 110.

136 Baumenn/Weber/Mitsch/Eisele § 10 Rn. 25.

worden sind. Die Entwicklung dieses normativen Korrektivs vollzog sich über die **Adäquanzlehre** und **Relevanztheorie** bis zur heutigen **Lehre von der objektiven Zurechnung.**[137]

Die **Adäquanztheorie** setzt zwar ebenso wie die Äquivalenzlehre eine Handlung voraus, die conditio sine qua non für den Erfolg ist. Als ursächlich gelten danach aber nur solche Bedingungen, die generell geeignet sind, den konkreten Erfolg herbeizuführen. Die Ursächlichkeit entfällt bei einem völlig regelwidrigen, gänzlich „inadäquaten" Kausalverlauf. Maßstab ist eine objektiv-nachträgliche Prognose.[138]

Die **Relevanztheorie** unterscheidet zwischen der Kausalität und der Haftung. In der Kausalitätsfrage hält sie an dem allgemeinen Kausalbegriff der Bedingungstheorie fest. Die Haftungs- und Verantwortungsfrage aber beantwortet sie ausschließlich wertend nach strafrechtlichen Gesichtspunkten, indem sie auf die strafrechtliche Relevanz des Kausalgeschehens abstellt. Dabei erkennt sie nur die tatbestandsadäquaten Bedingungen innerhalb des Kausalverlaufs als strafbarkeitsbegründend an und stellt im Übrigen auch auf den Schutzzweck der Norm und die Besonderheiten des einzelnen Straftatbestands ab.[139]

Klausurhinweis: *Keine der beiden vorgenannten Theorien hat heute im Strafrecht noch Bedeutung; Sie brauchen sie in einer Falllösung nicht mehr zu erwähnen.*

Im Schrifttum dominiert heute die **Lehre von der objektiven Zurechnung**. Diese setzt physische oder psychisch vermittelte Kausalität des Täterverhaltens für den Erfolg voraus. Nach Feststellung des naturgesetzlich-realen Zusammenhangs wird aber weitergefragt, ob der Erfolg dem Täter auch juristisch-wertend objektiv als „sein Werk" zugerechnet werden kann, mithin ob außer dem tatsächlichen auch ein **normativer Zusammenhang** besteht. Hierfür nimmt diese Lehre die Argumente der Adäquanz- und Relevanztheorie auf, geht aber darüber hinaus: **119**

Objektiv zurechenbar ist ein durch menschliche Handlung verursachter Erfolg nur dann, wenn die Handlung eine rechtlich missbilligte Gefahr geschaffen hat und sich diese innerhalb des Schutzzwecks des fraglichen Straftatbestandes in dem Erfolg niedergeschlagen hat.[140]

Objektive Zurechnung ist also **„rechtlich relevantes Risiko plus schutzzweckkonformer Risikozusammenhang"**.

Bei der vorsätzlichen Begehungstat ist der objektive Zurechnungszusammenhang zwischen Handlung und Erfolg der Normalfall. Wenn ein Täter ein Geschehen in Gang setzt, das tatsächlich den Erfolg herbeiführt, den er auch wollte, schafft er in aller Regel ein missbilligtes Risiko, das sich auch in der von der Strafnorm erfassten Weise verwirklicht. Das Verdienst der Zurechnungslehre besteht darin, den Blick auf Fallgruppen gelenkt zu haben, bei denen ausnahmsweise die Gefahrschaffung oder der Gefahrzusammenhang zweifelhaft ist. Innerhalb dieser Fallgruppen streiten die Vertreter der objektiven Zurechnung über die inhaltlichen Anforderungen.

---

137 Zum Vergleich der Kausalitätsbegrenzungen im Strafrecht, Zivilrecht und Öffentlichen Recht Rönnau/Faust/Fehling JuS 2004, 113 ff.

138 Wolter GA 1977, 257 ff.

139 Vgl. Blei § 28 IV.

140 Vgl. Jescheck/Weigend § 28 IV; Kindhäuser/Zimmermann § 11 Rn. 5; Roxin/Greco AT I § 11 Rn. 44 ff.; Stratenwerth/Kuhlen § 8 Rn. 25 ff.; Wessels/Beulke/Satzger Rn. 258 ff.

120 **b)** In der Lehre werden zunehmend **Zweifel** an der Zurechnungslehre laut. Kritisiert wird, dass der Begriff des rechtlichen missbilligten Risikos die Rechtswidrigkeit mit dem Tatbestand vermische.[141] Das was rechtlich missbilligte Gefahr und Risikozusammenhang beinhalte, sei wegen seiner Wertungsabhängigkeit so beliebig, dass die verfassungsrechtlich gebotene Bestimmtheit der Straftatbestände verloren gehe.[142] Die zur Ausfüllung herangezogenen Fallgruppen könnten zudem allesamt mit herkömmlichen Methoden der Gesetzesauslegung und den vorhandenen Rechtfertigungsgründen gelöst werden.[143]

121 **c)** Auch die **Rspr.** hat die Lehre von der objektiven Zurechnung **nicht als Universalprinzip** für alle verhaltensneutralen Erfolgsdelikte **übernommen**, wie z.B. §§ 212, 223.

Eine Ausnahme hierzu bildet eine Entscheidung des 5. Strafsenats des BGH zum sog. **Göttinger Transplantationsskandal**. Der angeklagte Arzt hatte durch Falschangaben über eine in Wahrheit nicht vorliegende Alkoholabstinenz bewirkt, dass Patientinnen entgegen der auf dem Transplantationsgesetz basierenden Regeln der Bundesärztekammer in Wartelisten für Lebertransplantationen aufgenommen wurden (Wartelistenfälle). In anderen Fällen machte der Angeklagte bewusst falsche Angaben über den Gesundheitszustand seiner Patienten, um ihnen bei der für die Verteilung von Spenderorganen zuständigen Eurotransplant-Stiftung einen vorrangigen Listenplatz für eine alsbaldige Organübertragung zu verschaffen (Manipulationsfälle). Dass dadurch andere an sich vorrangige Patienten kein Spenderorgan erhielten und sterben könnten, war dem Angeklagten bewusst. Ob ein „überholter" Patient tatsächlich deswegen gestorben war, konnte nicht nachgewiesen werden. Vom Vorwurf des versuchten Totschlags wurde der Angeklagte vom LG freigesprochen; der 5. Strafsenat des BGH hat die dagegen eingelegte Revision der StA zurückgewiesen. Hinsichtlich der Wartelistenfälle liege kein strafbares (Versuchs-)Unrecht vor, weil die Verletzung der einschlägigen Richtlinien wegen Verstoßes gegen Art. 103 Abs. 1 GG keine Straffolge auslösen könnten. Hinsichtlich der Manipulationsfälle fehle es am Eventualvorsatz.[144]

In den hier interessierenden Wartelistenfällen postuliert der Senat, dass nur die Schaffung eines rechtlich relevanten Risikos als strafbegründende Handlung für ein vorsätzliches Erfolgsdelikt infrage komme, und zwar bei Regelverletzungen nur dann, wenn diese Regeln ihrerseits dem verfassungsrechtlichen Bestimmtheitsgebot aus Art. 103 Abs. 1 GG entsprächen. Ist letzteres zu verneinen, liegt nach dieser Entscheidung kein rechtliches relevantes Risiko und damit kein tatbestandsmäßiges Verhalten vor.

Kritik: Das Urteil markiert keinen Wendepunkt der Rspr. zur Zurechnungslehre – eher verstärkt es die oben (Rn. 120) dargestellten Bedenken an der Tauglichkeit der Rechtsfigur zur objektiven Tatbestandsbeschränkung: Schon die Ausführungen des Senats zum strafrechtlichen Bestimmtheitsgebot gehen fehl, denn dieses bezieht sich nur auf die Strafnorm selbst, im vorliegenden Fall § 212, und nicht auf die Strafbewehrung der kausalen Handlung selbst. Das Verständnis des 5. Strafsenats verengt dadurch generell den Anwendungsbereich verhaltensneutraler Erfolgsdelikte und steht speziell im Widerspruch zum Normzweck des § 212: Dieser Tatbestand schützt Menschenleben vor jedem Angriff, sogar vor äußerlich unverfänglichen Handlungen, wenn sie mit dem Vorsatz der Tötung eines Menschen verbunden sind, z.B. durch gezielte nervliche Erregung eines schwer Herzkranken mit gewollter Folge seines Todes. Selbst wenn also der Angeklagte lediglich krankenhausinterne Verhaltensregeln verletzt hätte, die mit seinem Wissen dazu geführt hätten, dass ein benachteiligter Patient gestorben wäre, müsste – entgegen der Entscheidung des BGH – § 212 bejaht werden.[145]

---

141 SK-Jäger Vor § 1 Rn 99.

142 Fischer Vor § 13 Rn. 24 a m.w.N.

143 Vgl. Baumann/Weber/Mitsch, 11. Aufl., § 14 Rn. 100.

144 BGH RÜ 2017, 713; a.A. BGH RÜ 2021, 95, 97 f.

145 Zur Kritik ausführlich Rissing-van Saan/Verrel NStZ 2018, 57; ferner Hoven NStZ 2017, 707; Jäger JA 2017, 873; Kudlich NJW 2017, 3255 (zusammengefasst bei Schneider RÜ 2018, 515).

Dessen ungeachtet kommt die Rspr. vielfach zu denselben Ergebnissen wie das Schrifttum. Bei den übrigen Deliktsarten (verhaltensgebundene Begehungsdelikte, z.B. §§ 240, 263, Fahrlässigkeitsdelikte, Unterlassungsdelikte, Erfolgsqualifikationen) verlangt auch die Rspr. einen Risikozusammenhang zwischen Tathandlung und -erfolg.[146] Hierauf wird bei Darstellung dieser Deliktsarten zurückzukommen sein.

Klausurhinweis: *In einer Falllösung ist eine „Grundsatzdebatte" zur objektiven Zurechnung überflüssig und falsch. Ein konkreter Fall gibt ohnehin nur dazu Anlass, Einzelaspekte der Zurechnungslehre anzusprechen. Stellen Sie dann – aber nur wenn eine der nachfolgenden Fallgruppen einschlägig ist! – die verschiedenen Lösungswege dar und vergleichen anschließend die Ergebnisse. Wenn diese divergieren, müssen Sie sich entscheiden. Dabei sollten Sie einen Strafbarkeitsausschluss mit der objektiven Zurechnungslehre nur bei wirklich schwerwiegenden Gründen zulassen.*

2. Problematische Fallgruppen

a) Fehlen eines rechtlich missbilligten Risikos

aa) Schadenseintritt außerhalb menschlicher Steuerbarkeit

Hier will der Verursacher zwar einen bestimmten Taterfolg, er schafft aber mit seinem Kausalbeitrag nur ein rechtlich neutrales oder menschlich überhaupt nicht beherrschbares Risiko. 122

Schulbeispiel: A überredet seinen Erbonkel E zu einer Flugreise. Er hofft, dass das Flugzeug abstürzt und E den Tod findet. So geschieht es tatsächlich. A ist kausal für den Tod des E geworden, indem er ihn zu dem Flug überredet hat. Aber war dies auch eine „Tötungshandlung" i.S.d. §§ 212, 211?

(1) Die Lehre von der objektiven Zurechnung argumentiert: Keine Zurechnung des Taterfolges zur fraglichen Handlung, weil A allein durch die Veranlassung zur Reise – ohne den Grund des Absturzes vorher gekannt oder darauf Einfluss genommen zu haben – **kein rechtlich relevantes Risiko** geschaffen hat.

(2) Wer die Zurechnungslehre ablehnt, kann den objektiven Tatbestand verneinen, weil der **Schutzzweck der Tötungsdelikte** nur berührt ist, wenn die Verursachungshandlung zugleich den steuernden Einfluss des Täters auf eine Lebensverkürzung des Opfers darstellt.

Übrigens liegt auch kein strafbarer Versuch vor, weil A keinen Tatentschluss im Sinne von § 22 hatte. Dieser setzt nämlich den Vorsatz des Täters voraus, einen strafrechtlichen Erfolg in objektiv zurechenbarer Weise bzw. durch eine Handlung im Schutzbereich der Norm zu verwirklichen. Gerade das wollte A aber nicht. Das bloße „Herbeiwünschen" ist kein Tatentschluss, sondern allenfalls ein strafloses Wahndelikt.

Klausurhinweis: *Sachverhalte zu dieser Fallgruppe sind in Examensklausuren äußerst selten. Manchmal werden sie mit rechtlich irrelevanten Handlungen des Totbetens oder Verhexens verbunden.*[147]

---

146 Vgl. für „raubspezifische Einheit" zwischen Zwangsmittel und Wegnahme bei § 249: BGH RÜ 2020, 26, 27; AS-Skript StrafR BT 1 (2020), Rn. 486 f.; für „tatbestandsspezifische Todesgefahr" bei § 251: BGH RÜ 2019, 645, 647; AS-Skript StrafR BT 1 (2020), Rn. 520, 522.

147 Vgl. AS-Skript StrafR AT 2 (2021), Rn 226.

bb) Sozialadäquanz

123 Nach allgemeiner Ansicht ist auch **sozialadäquates Verhalten** nicht tatbestandsmäßig, auch wenn es einen Deliktserfolg verursacht hat. Ein solcher Erfolg wird von der Rechtsordnung toleriert, um ein menschliches Zusammenleben im Alltag überhaupt erst möglich zu machen. So begründet der Straßenverkehr, der Betrieb einer gefährlichen Anlage oder zwischenmenschlicher Kontakt noch kein rechtlich relevantes Risiko, solange das fragliche Verhalten erlaubt ist. Dies ist der Fall, wenn es vom Staat ausdrücklich **gestattet** wird – wie der Betrieb eines zugelassenen Fahrzeugs –, wenn der möglicherweise eintretende **Schaden unerheblich** ist oder wenn die Wahrscheinlichkeit des Schadens so **gering** ist, dass das Risikopotential nicht ins Gewicht fällt.[148]

Beispiele:

Waffen sind in unserer Gesellschaft für die Ausrüstung von Beamten, Soldaten, Jägern, Sportschützen und zur Selbstverteidigung gewollt. Deshalb liegt in der Waffenproduktion als solcher auch kein strafbares Verhalten, selbst wenn vorhersehbar ist, dass mit Waffen später Menschen getötet werden (siehe Eingangsbeispiel Rn. 117).

Wer andere mit einer Erkältungskrankheit ansteckt, wird nicht wegen Körperverletzung bestraft, nur weil er besondere Schutzmaßnahmen (Atemschutz, Fernhalten aus öffentlichen Räumen) unterlassen hat.

Gegenbeispiel: Wer selbst an Covid-19 erkrankt ist, macht sich strafbar, wenn er sich über die ärztlichen oder gesundheitspolizeilichen Anweisungen zur Quarantäne hinwegsetzt und dadurch andere an der Gesundheit schädigt oder gar tötet, §§ 229, 222. Das bewusste Infizieren anderer etwa durch Anhusten kann dann sogar der Versuch einer gefährlichen Körperverletzung gemäß §§ 224 Abs. 1 Nr. 1 Alt. 2, Nr. 5, Abs. 2, 22 sein.[149]

Die Sozialadäquanz ist aber nur ein ausfüllungsbedürftiger Blankettbegriff und **stets im Zusammenhang mit dem fraglichen Tatbestand** zu sehen. Welches Verhalten rechtlich toleriert wird und welches nicht, unterliegt zudem dem gesellschaftlichen Wandel.

Beispiele: Im Hinblick auf Körperverletzungsdelikte war der Umgang mit Asbest als Baustoff in den 1950er Jahren üblich und ist heute völlig verboten. Ein ähnlich gewandeltes Verständnis kann man heute beim Einsatz von Pflanzenschutzmitteln sehen.

(1) Die Befürworter der Zurechnungslehre verneinen bei Sozialadäquanz den Tatbestand mangels **Schaffung eines rechtlich relevanten Risikos.**[150]

(2) Wer die Zurechnungslehre nicht anerkennt, kommt bei Vorsatztaten mit einer **teleologischen Auslegung** zu denselben Ergebnissen.

Hinweis: *Fallkonstellationen mit dem Stichwort „Sozialadäquanz" werden bei den verschiedensten BT-Tatbeständen und Lebensbereichen bedeutsam, z.B. Körperverletzungen beim Sport, Nötigung im Straßenverkehr, Vorteilsgewährungen gegenüber Amtsträgern.*

cc) Risikoverringerung

124 Kennzeichnend für die **Risikoverringerung** ist, dass ein drohender schwerer Erfolg abgeschwächt oder zeitlich hinausgeschoben wird, **ohne dass der Täter zur Erreichung dieses Ziels eine neue, andersartige Gefahr** begründet hat.[151]

---

148 Vgl. Prittwitz StV 1989, 123, 127.

149 Ausführlich dazu Holz NStZ 2020, 320, 323.

150 Wessels/Beulke/Satzger Rn. 265.

151 Wessels/Beulke/Satzger Rn. 291 ff.

Beispiel: Der Retter lenkt den lebensgefährlichen, gegen den Kopf geführten Schlag ab und verursacht dadurch eine Schulterverletzung beim Opfer. Dazu zählt auch das Eingangsbeispiel der lebensverlängernden, aber todesursächlichen Krebstherapie, s.o. Rn. 117.

(1) Für die Befürworter der Zurechnungslehre ist die konkret erfolgsursächliche, aber ausschließlich schadensmindernde Risikoverringerung schon **objektiv nicht tatbestandsmäßig.**[152]

(2) Die Gegner der Zurechnungslehre sowie diejenigen, die zumindest die Risikoverringerung als Zurechnungsausschluss ablehnen, bejahen die Tatbestandverwirklichung, verweisen aber auf die Möglichkeit einer Rechtfertigung durch Einwilligung, mutmaßliche Einwilligung oder durch Notstand gemäß § 34.[153]

Klausurhinweis: *Hier kann es zu unterschiedlichen Ergebnissen kommen, wenn eine Risikoverringerung dem geäußerten oder mutmaßlichen Willen des Opfers widerspricht. Argument gegen die Zurechnungslehre ist dann, dass durch den Tatbestandsausschluss der Wille des Rechtsgutträgers und die engen Voraussetzungen des § 34 unterlaufen würden.*

b) Zurechnungsausschluss mangels Risikozusammenhangs

aa) Inadäquanz

Inadäquat sind ganz ungewöhnliche, **atypische Schäden** oder **Geschehensabläufe**, **125**
die so sehr **außerhalb aller Lebenserfahrung** liegen, dass mit ihnen vernünftigerweise vorher nicht gerechnet zu werden brauchte. Darunter fallen aber nur wirklich abenteuerliche Abläufe und extrem unwahrscheinliche Schadensfolgen.

Beispiel: Der Verletzte wird am Tatort, von dem er sich infolge der Verletzung nicht fortbewegen kann, von einem herabstürzenden Raketenteil erschlagen.[154]

Folgen, mit denen entweder aufgrund von Sonderwissen des Täters oder einer außergewöhnlichen Konstitution des Opfers gerechnet werden muss, sind nicht inadäquat.

Beispiel: A muss aus medizinischen Gründen ein hochdosiertes Mittel gegen Blutgerinnung einnehmen. B sticht A mit Tötungsvorsatz nieder und bringt ihm dabei nur eine blutende Fleischwunde bei. Bei einem gesunden Menschen wäre die Verletzung nicht lebensgefährlich gewesen. A verblutet. – Da die Therapie mit Gerinnungshemmern nichts Ungewöhnliches ist, ist auch die hierauf beruhende Todesfolge nicht inadäquat.[155] B ist strafbar wegen vollendeten Totschlags gemäß § 212 (ggf. sogar wegen Mordes gemäß § 211).

(1) Für die Befürworter der Zurechnungslehre entfällt damit bei der Vorsatztat mangels Risikozusammenhangs der **objektive Tatbestand.**[156]

(2) Diejenigen, die die objektive Zurechnung nicht anerkennen, können bei einer Vorsatztat mit inadäquatem Ablauf eine wesentliche Kausalabweichung annehmen und erst im **subjektiven Tatbestand den Vorsatz verneinen.**[157]

---

152 Baumann/Weber/Mitsch/Eisele § 10 Rn. 71 ff.

153 Rengier § 13 Rn. 58.

154 Vgl. BGHSt 1, 332, 334.

155 Fraglich ist, ob dies wegen der Seltenheit der Krankheit auch bei sog. Blutern gilt; für Inadäquanz Rengier § 13 Rn. 72.

156 Baumann/Weber/Mitsch/Eisele § 10 Rn. 79.

157 Vgl. BGH RÜ 2016, 163.

Klausurhinweis: *Bei Inadäquanz kommen also alle Ansichten zum selben Ergebnis. Begründen Sie deshalb nach Bejahung der Kausalität zuerst die Inadäquanz und stellen dann fest, dass deshalb entweder der objektive oder der subjektive Tatbestand zu verneinen ist. Eine Stellungnahme für oder gegen die objektive Zurechnung erübrigt sich.*

bb) Fehlender Schutzzweckzusammenhang

126 Denkbar ist auch, dass der Täter zwar eine rechtlich missbilligte Gefahr geschaffen hat, dass sich in dem eingetretenen Erfolg aber nicht das durch den Tatbestand verbotene, sondern ein anderes Risiko verwirklicht hat, sodass der Erfolg **außerhalb des Schutzbereichs der verletzten Strafnorm** liegt.

Außerhalb des Schutzbereichs der §§ 211 ff., 223 ff. liegen nach dem Schrifttum auch die **Spätfolgenfälle**. Derjenige, der eine Person verletzt, haftet nicht für Spätfolgen, die sich nach ausgeheilter Verletzung infolge verminderter Widerstandskraft ergeben.[158]

Auch **Schockschäden** (der Täter verletzt eine Person lebensgefährlich, und eine Angehörige des Opfers bricht wegen der Unglücksnachricht tot zusammen) liegen nach dem Schrifttum außerhalb der Reichweite der Delikte zum Schutz des Lebens und der körperlichen Integrität, weil diese Folgen nicht vom Täter steuerbar sind.[159]

(1) Die Vertreter der Zurechnungslehre sehen in dem fehlenden Schutzzweckzusammenhang einen Grund für die Verneinung des **objektiven Tatbestandes.**[160]

(2) Zu demselben Ergebnis kommen diejenigen, die zwar die Zurechnungslehre ablehnen, aber den objektiven Tatbestand aufgrund einer **teleologischen Auslegung der Tathandlung** begrenzen.

Klausurhinweis: *Auch hier liegt in einem entsprechenden Fall der Schwerpunkt bei der Argumentation, warum der Schutzzweck der Norm ausnahmsweise nicht tangiert ist. Ob man dafür die Zurechnungslehre oder die Auslegung heranzieht, kann offenbleiben.*

cc) Hypothetische Abläufe mit demselben Erfolg

127 Fraglich ist, wie **hypothetische Abläufe** zu behandeln sind, die zwar wegen des erfolgsursächlichen Täterverhaltens nicht im Erfolg wirksam geworden sind, aber ohne das Täterhandeln denselben Erfolg bewirkt hätten. Dass solche Reserveursachen – jedenfalls beim Begehungsdelikt – die Kausalität der Täterhandlung nicht berühren, ist klar (s.o. Rn. 110).

(1) Unter den Vertretern der Zurechnungslehre herrscht weitgehend Konsens, dass hypothetische Reserveursachen **beim vorsätzlichen Begehungsdelikt nicht** den real gewordenen Risikozusammenhang beseitigen können. Das gilt sogar, wenn der Erfolg bei Nichtvornahme der ursächlichen Handlung noch früher eingetreten wäre.[161]

Beispiel: A, B und C durchqueren die Wüste. Nachdem B den letzten Wasservorrat des A vergiftet hat, schüttet C, ohne von der Vergiftung zu wissen, den Wasservorrat aus. A verdurstet. – B ist nur strafbar

---

158 Sch/Sch/Sternberg-Lieben/Schuster § 15 Rn. 162.

159 Schünemann JA 1975, 720.

160 Fischer Vor § 13 Rn. 30; Roxin/Greco AT I § 11 Rn. 84 für die Einordnung bei der Schaffung eines rechtlich relevanten Risikos Wessels/Beulke/Satzger Rn. 261 ff.

161 Kindhäuser/Zimmermann § 11 Rn. 12.

wegen Versuchs (abgebrochene Kausalität). C hat den Tod durch Verdursten verursacht. Dieser wird ihm auch zugerechnet, selbst wenn der (hypothetische) Tod durch die Vergiftung früher eingetreten wäre.[162]

(2) Wer die Zurechnungslehre nicht anerkennt, hat im objektiven Tatbestand schon keine Gelegenheit, hypothetische Kausalverläufe anzusprechen. Solche werden aber auch bei der Vorsatzprüfung nicht relevant, weil ein hypothetischer Ablauf schon keine Abweichung des tatsächlichen vom vorgestellten Kausalverlauf begründen kann.

Klausurhinweis: *Auch insoweit also keine Meinungsunterschiede im praktischen Fall.*

dd) Risikoabbruch

Selbst wenn der Täter eine rechtlich relevante Gefahr geschaffen hat, kann der Erfolg unmittelbar durch **ein anderes, aber rechtlich neutrales Risiko** verwirklicht worden sein. Gemeint sind damit Fälle, in denen der Erfolg auf **allgemeinem Lebensrisiko** oder **rechtlich nicht missbilligtem Verhalten Dritter** beruht. **128**

Beispiel: Der durch einen Mordversuch nur leicht Verletzte stirbt an den Folgen eines gewöhnlichen Auffahrunfalls beim Transport ins Krankenhaus. – In dem konkreten Tod hat sich nicht das durch den Angriff des Täters verbotswidrig geschaffene Risiko, sondern das allgemeine, mit jeder Autofahrt verbundene Lebensrisiko eines Unfalls verwirklicht.[163]

Abwandlung: Es kommt zum tödlichen Autounfall, weil der Rettungssanitäter den durch den Mordversuch Verletzten unter Inanspruchnahme von Sonderrechten i.S.d. § 35 StVO fahren musste und dabei von einem anderen Verkehrsteilnehmer nicht rechtzeitig wahrgenommen wurde. Hier ist der Risikozusammenhang zum Mordanschlag zu bejahen. Denn die Zufügung einer lebensgefährlichen Verletzung birgt auch die Gefahr eiliger und deshalb besonders unfallträchtiger Rettungsfahrten.[164]

(1) Nach der **Zurechnungslehre** entfällt bei einer Verwirklichung des Taterfolges aufgrund allgemeinen Lebensrisikos oder rechtlich nicht missbilligten Verhaltens Dritter ein vollendetes Vorsatzdelikt. Übrig bleibt dann für den Verursacher ein **Versuch.**[165]

(2) Lehnt man die Zurechnungslehre ab, bleibt bei der Vorsatztat wieder nur die Möglichkeit, eine wesentliche Kausalabweichung anzunehmen, weil die Tat wegen der Verwirklichung des allgemeinen Lebensrisikos eine **andere Bewertung** verdient. Auch dann ist der Täter nur wegen Versuchs strafbar.

Klausurhinweis: *Hier kann es im konkreten Fall zu unterschiedlichen Ergebnissen kommen, weil die Rspr. mit einer tätergünstigen Umwertung bei tatsächlicher Kausalität sehr zurückhaltend ist. Gegen die Zurechnungslehre könnte man in einem solchen Fall einwenden, dass sie zu einer Relativierung der Äquivalenz von Ursachen führt, die im verhaltensneutralen Erfolgsdelikt nicht angelegt ist.*

ee) Anknüpfende Zweithandlungen

Einen Problemschwerpunkt bilden die Fälle, in denen ein **Dritter**, der **Täter** oder das **Opfer** an das gefährliche Erstverhalten anknüpft und **durch diese Zweithandlung eine neue Gefahr schafft**, die unmittelbar den Deliktserfolg herbeiführt. **129**

---

162 Vgl. Brunner Jura 1989, 401 ff.

163 Vgl. Sch/Sch/Eisele Vor §§ 13 ff. Rn. 95 f.

164 Zutreffend Frister S. 134.

165 Krey/Esser Rn. 343.

Die Fallgruppe hat Ähnlichkeit mit der Lehre vom Regressverbot, die bei der Kausalität nicht gilt (s.o. Rn. 113). Es geht darum, ob die Verantwortlichkeit des Täters der Zweithandlung für den Erfolg die strafrechtliche Haftung des Erstverursachers dafür beseitigt. Zu unterscheiden ist dabei, welche Person an die Ersthandlung anknüpft.

(1) Dazwischentreten deliktisch handelnder Dritter

130 **(a)** Zunächst sind bei Vorsatztaten die Fälle auszugrenzen, bei denen der Ersthandelnde mit seinem Verhalten vorsätzlich einen anderen zu dessen unmittelbarer Tatbestandsverwirklichung veranlasst oder dabei unterstützt hat. Dann ist zu prüfen, ob dem Ersthandelnden die unmittelbare **Tathandlung** des Ausführenden **wie eine eigene nach den §§ 25–27 angelastet** werden kann. Erst wenn dies bejaht werden kann, kommt es auf die objektive Zurechenbarkeit des Erfolgs an.

Beispiel: A veranlasst B, auf C zu schießen, indem er ihm vorspiegelt, die Waffe sei nur mit Platzpatronen geladen. B glaubt A und erschießt C. – B ist strafbar aus fahrlässiger Tötung, § 222. A ist strafbar wegen Totschlags in mittelbarer Täterschaft gemäß §§ 212, 25 Abs. 1 Alt. 2, weil ihm die Handlung des B als unvorsätzliches Werkzeug wie eine eigene zurechenbar ist. Dass der eingetretene Erfolg im Risikozusammenhang zur Handlung der Schussabgabe steht, ist evident und braucht nicht ausgeführt zu werden.

131 **(b)** Auf die objektive Zurechnung des von einem Zweithandelnden geschaffenen Risikos kommt es folglich immer **außerhalb von Täterschaft und Teilnahme** an, nämlich bei einer **Vorsatztat des Erstverursachers**, wenn dieser **ungewollt** die unmittelbar den Erfolg verursachende Zweithandlung einer anderen Person veranlasst hat.

132 **(aa)** Hier verneint die Zurechnungslehre für den Ersthandelnden den objektiven Tatbestand, wenn der Dritte einen **völlig neuen Steuerungsprozess** in Gang gesetzt hat und dieser innerlich nicht mehr mit der Ausgangsgefahr verknüpft ist.[166] Es bleibt dann beim **Versuch**.

Beispiel: A will B töten und verletzt ihn. Im Krankenhaus stirbt B nach einer Auseinandersetzung mit einem Zimmernachbarn an einem Herzinfarkt. – A ist strafbar wegen versuchten Totschlags, §§ 212, 22, 23 Abs. 1.

(bb) Die Gegenansicht kann bei einer reinen Vorsatztat in allen Fällen anknüpfenden Zweitverhaltens einer anderen Person nur den **subjektiven Tatbestand** verneinen, wenn eine wesentliche Kausalabweichung vorliegt. Das wird aber – sofern keine Inadäquanz vorliegt – in der Regel nicht anzunehmen sein. Dazu der nachfolgende Fall.

Fall 3: Zwei Mörder desselben Opfers

Die R, der W und das spätere Tatopfer J lebten in einer Wohngruppe. R wollte sich an J rächen, weil diese sie bei anderen schlecht gemacht hatte. Die Gelegenheit dazu bot sich, als sie mit J allein im Haus war. R begann mit J einen Streit, in dessen Verlauf sie J zu Boden schlug. Nun fasste sie Tötungsentschluss und brachte der J zahlreiche Stichverletzungen mit einem Taschenmesser bei. J lebte noch, war aber so zugerich-

166 Wessels/Beulke/Satzger Rn. 283.

tet, dass R sie für tot hielt. R lief zu W und berichtete ihm, sie habe J erstochen. Beide kehrten zum Tatort zurück, um die Spuren zu beseitigen. Während R draußen blieb, betrat W das Haus und fand dort J blutüberströmt am Boden liegen. Als er sie röcheln hörte, beschloss er, J zu töten, um R vor Strafverfolgung zu schützen. Mit einer Wasserflasche aus Glas schlug er mehrmals auf den Kopf der J ein, sodass ihr Stirnbein zersplitterte. Danach verließ er das Haus. J starb an einer Hirnverletzung infolge der Schläge mit der Wasserflasche, wäre aber auch ohne diese infolge der Messerstiche verblutet. Strafbarkeit von R und W? (Fall nach BGH NStZ 2001, 29)

Aufbau: *Bei zeitlich nacheinander liegenden Handlungen* ***verschiedener Personen*** *in Bezug auf denselben Deliktserfolg kann es sinnvoll sein, die strafrechtliche Prüfung mit der zeitlich zwar späteren, aber erfolgsnächsten Handlung zu beginnen. Diese Umkehrung der zeitlichen Reihenfolge vermeidet eine unnötige Inzidenterprüfung der Zweithandlung bei der Zurechnungsfrage in der Strafbarkeitsprüfung des Ersttäters.*

A. **Strafbarkeit des W**

I. Infrage kommt **Mord** gemäß **§ 211** durch die Schläge mit der Wasserflasche.

1. W hat durch das Zuschlagen mit der Glasflasche eine nicht hinwegdenkbare Ursache für den Tod der J gesetzt. Dass sie auch ohne diese Handlung später gestorben wäre, beseitigt den tatsächlichen Kausalverlauf nicht. Da die konkrete Todesursache eine Hirnverletzung durch die mit der Flasche zugefügten Kopfverletzungen war, besteht auch der nach der Lit. geforderte Risikozusammenhang, sodass der Erfolg der Handlung des W objektiv zuzurechnen ist.

2. W hatte die Absicht, die J umzubringen, also Tötungsvorsatz in seiner stärksten Form. Da er handelte, um R wegen ihrer – zumindest als vollendete gefährliche Körperverletzung gemäß §§ 223, 224 Abs. 1 Nr. 2 Alt. 2 und Nr. 5 strafbaren – Tat vor Entdeckung zu bewahren, beabsichtigte er auch die Verdeckung einer anderen Straftat.

3. Rechtswidrigkeit und Schuld liegen vor.

II. Der mitverwirklichte **Totschlag** gemäß **§ 212 Abs. 1** tritt hinter dem spezielleren Tötungsdelikt des Mordes zurück.

III. Die durch die Schläge mit der Glasflasche vollendete **gefährliche Körperverletzung** an J gemäß **§ 224 Abs. 1 Nr. 2 Alt. 2, Nr. 5**, begangen mittels eines gefährlichen Werkzeugs und mittels einer lebensgefährdenden Behandlung,[167] tritt als Durchgangsdelikt ebenfalls hinter dem Mord zurück.

Ergebnis: W ist strafbar wegen Mordes.

B. **Strafbarkeit der R**

I. Auch R könnte wegen der Messerstiche eines **vollendeten Mordes** schuldig sein, **§ 211**.

167 Vgl. BGHSt 44, 196.

1. Dann müsste R die J vorsätzlich getötet haben.

a) J ist verstorben, der Deliktserfolg also eingetreten.

133 b) Der Tod der J müsste durch die Stiche **verursacht** worden sein. Da J an den **Schlagverletzungen** mit der Flasche gestorben ist, waren die Messerstiche nach der **conditio-Formel** nur dann für den Tod kausal, wenn sie nicht hinweggedacht werden können, ohne dass damit auch der Tod der W entfiele. Da alle Bedingungen gleichwertig sind, kann zeitlich nach der fraglichen Handlung auch eine weitere Handlung an der Herbeiführung des Erfolgs mitgewirkt haben, ohne die Kausalität der ersten zu beseitigen. Ob es sich bei dem mitwirkenden Verhalten um ein solches des Opfers oder um deliktisches oder strafloses Verhalten eines Dritten oder sogar des Täters selbst handelt, steht der Kausalität der Ersthandlung nicht entgegen.[168] Die erste Handlung ist nur dann nicht mehr kausal, wenn die Zweithandlung nicht an die Ersthandlung anknüpft, sondern eine neue, von der Ersthandlung völlig unabhängige Kausalkette in Gang gesetzt hat. Hier ist W nur in das Geschehen eingetreten, um ein Überleben der J als einziger Tatzeugin zu verhindern. Dazu wäre es ohne die vorherigen Messerstiche nicht gekommen. Die Stiche der R können also nicht hinweggedacht werden, ohne dass der konkrete Tod der J entfiele. Das Verhalten der R war für den Tod der J als Folge der Schlagverletzungen ursächlich.[169]

134 c) Fraglich ist, ob der vom herrschenden Schrifttum auch bei verhaltensneutralen Vorsatztaten verlangte **objektive Zurechnungszusammenhang** zwischen den Handlungen der R und dem Tod der J besteht.

aa) R hat durch die Messerstiche die **rechtlich missbilligte Gefahr** für J begründet, an den inneren Verletzungen zu sterben.

bb) Zweifel am **Risikozusammenhang** könnten aber bestehen, weil der eingetretene Tod auf den Schlagverletzungen des W beruht.

(1) Dass eine neue Handlung den Tod unmittelbar herbeigeführt hat, dass diese Handlung weder vorher noch im Zeitpunkt ihrer Vornahme von R gewollt war und zudem noch die Todesursache änderte, schließt für sich gesehen die Zurechnung des Erfolges zur Ersthandlung nach der Mehrheit ihrer Vertreter nicht aus.[170]

(2) Entscheidend ist danach vielmehr, ob das anknüpfende Verhalten des Dritten mit der vom Täter geschaffenen **Ausgangsgefahr noch in tatbestandstypischer Weise verknüpft** ist. Ob dies der Fall ist, entscheidet sich nach Gesichtspunkten der **Adäquanz** und des **Schutzzwecks der Norm.**[171]

168 BGH RÜ 2016, 163.
169 Vgl. BGH NStZ 2001, 29, 30.
170 Vgl. Wessels/Beulke/Satzger Rn. 283.
171 SK-Jäger Vor § 1 Rn. 110.

Es stellt aber keine „abenteuerliche“ Verkettung von Umständen dar, dass eine dem Vortäter nahestehende Person diesen vor Bestrafung schützen will und deshalb dessen Tötungswerk zu Ende bringt. Das belegt schon das Mordmerkmal der Verdeckungsabsicht, das auch erfüllt ist, wenn es um die Straftat eines anderen geht. Das Hinzutreten des W war daher nicht inadäquat.

Der Zweck des § 212 liegt in einem umfassenden Schutz des menschlichen Lebens vor allen vom Täter veranlassten und generell seiner Handlung anhaftenden Gefahren der Lebensverkürzung. Hier ist J zwar an der durch die Schläge herbeigeführten Hirnverletzung gestorben. J war aber durch die Messerstiche bereits schwer und lebensgefährlich verletzt. Sie war gerade infolge der zugefügten Verletzungen wehrlos den Angriffen des W ausgesetzt. W hat also das von R geschaffene Todesrisiko nur intensiviert und sich dafür die von ihr geschaffene Lage zunutze gemacht.

Der objektive Tatbestand ist auch nach den meisten Vertretern der Zurechnungslehre erfüllt. Eine Stellungnahme zur Notwendigkeit dieses Tatbestandskorrektivs erübrigt sich damit.

d) R müsste **vorsätzlich** gehandelt haben. Die Messerstiche selbst waren von dem Willen getragen, J umzubringen. Da die Kausalität zwischen Handlung und Erfolg objektive Tatbestandsvoraussetzung ist, muss der Täter auch diesbezüglich Vorsatz haben. Für niemanden ist es aber möglich, eine Ursachenkette in all ihren Einzelheiten im Voraus zu berechnen. **Deshalb sind nach h.M. solche Abweichungen von dem vorgestellten Kausalverlauf unbeachtlich (= subjektiv zurechenbar), die sich im Rahmen des nach allgemeiner Lebenserfahrung Vorhersehbaren halten und keine andere Bewertung der Tat rechtfertigen.**[172] 135

Dies gilt für die Rspr., aber auch für die Vertreter der Lehre von der objektiven Zurechnung. Da nach Letzteren aber die inadäquaten Kausalverläufe schon auf der Ebene des objektiven Tatbestands ausscheiden, bleiben die Fälle übrig, in denen der Täter den Erfolg objektiv zurechenbar bewirken wollte, ihm dies letztlich auch gelungen ist, jedoch der Erfolg auf andere, vom Täter zwar nicht erkannte, aber ebenfalls objektiv zurechenbare Weise eingetreten ist.

Dies sind vor allem die Fälle der **aberratio ictus**, bei denen der Angriff aufgrund äußerer Umstände seine Richtung ändert und ein anderes als das vorgesehene Tatopfer verletzt bzw. getötet wird. Der objektiv bewirkte und dem Täter objektiv zurechenbare (!) Erfolg wird ihm dann wegen wesentlicher Kausalabweichung nicht als vorsätzlich, wohl aber als fahrlässig zugerechnet, und hinsichtlich des Gewollten liegt tateinheitlich Versuch vor.[173]

Da hier der Tod durch die Schlagverletzungen des W eingetreten ist, divergieren zwar vorgestellter und realisierter Kausalverlauf, doch liegt diese Abweichung nicht außerhalb aller Lebenserfahrung und nötigt nur wegen des Wech-

---

172 BGHSt 7, 325, 329; 23, 133, 135; BGH NStZ 2002, 475.

173 Ausführlich dazu AS-Skript StrafR AT 2 (2021), Rn. 362 ff.

sels der Todesart nicht zu einer anderen Bewertung. Vielmehr hat das vom Schutzmotiv für R getragene Eingreifen des W den schon herannahenden Tod des schwer verletzten Opfers nur noch beschleunigt. R ist damit auch der von ihr veranlasste konkrete Kausalverlauf als vorsätzlich zurechenbar.

2. Da die Tat von dem Motiv der Rache an J getragen war und die Opferung eines Menschenlebens aus diesem Grunde auf sittlich tiefster Stufe steht, ist das Mordmerkmal der niedrigen Beweggründe erfüllt.

3. R handelte rechtswidrig und schuldhaft.

R ist wegen Mordes gemäß § 211 strafbar.

II. Die mitverwirklichten Delikte des **Totschlages** gemäß **§ 212** und der **gefährlichen Körperverletzung** gemäß **§ 224 Abs. 1, Nr. 2 Alt. 2, 5** treten hinter § 211 als gesetzeskonkurrierend zurück.

Ergebnis: R und W sind als Nebentäter wegen Mordes strafbar.

---

(2) Erfolgsvermittelnde Handlungen von Rettern

136 Der Erstverursacher hat nach überwiegender Ansicht auch für solche Erfolge strafrechtlich einzustehen, die dadurch entstanden sind, dass der dazwischentretende Dritte ein **Retter** war (Feuerwehrleute, Sanitäter, Notärzte) und bei seiner Rettung einen Fehler gemacht hat. Grund dafür ist, dass Rettungspersonen gerade zur **Abwendung der vom Ersthandelnden geschaffenen Gefahren** tätig werden. Dabei spielt es keine Rolle, ob es sich um professionelle oder um freiwillige Rettungspersonen handelt.[174]

Beispiel: Der Totschläger ist aus Vollendung strafbar, wenn der Notarzt einen Behandlungsfehler begangen hat, ohne den der Verletzte überlebt hätte.

137 Der Zurechnungszusammenhang ist aber auch in diesen Konstellationen zu verneinen (Rückausnahme), wenn es sich um **grob fahrlässiges Fehlverhalten eines Retters** handelt, denn eine solche Handlung ist keine den Erstverursacher belastende „Rettung" mehr, sondern eine eigene Gefahrschaffung.[175]

Klausurhinweis: *Retterfälle werden selten im Zusammenhang mit reinen Vorsatzdelikten relevant, dafür umso häufiger bei Fahrlässigkeitsdelikten und Erfolgsqualifikationen, §§ 227, 251, 306 c.*

(3) Erfolgsvermittelnde Zweithandlungen desselben Täters

138 Auch der Täter selbst kann nach der Lit. das von ihm selbst bewirkte Erstrisiko durch ein neues und selbstständiges, erfolgskausales Risiko verdrängen. Die eingetretene Folge wird dann nach der Zurechnungslehre regelmäßig als tatbestandsmäßige Folge der

174 Baumann/Weber/Mitsch § 10 Rn. Rn. 135 f.; Sch/Sch/Eisele Vor §§ 13 ff. Rn. 102 a.

175 Rengier § 13 Rn. 95; vgl. BGH RÜ 2021, 24 f. wonach in solchen Fällen sogar der tatbestandsspezifische Zusammenhang zwischen Raubgewalt und Todesfolge gemäß § 251 bejaht wird.

Zweithandlung, aber nicht mehr als Vollendung der Ersthandlung angesehen.[176] Die Ersthandlung ist folglich bei entsprechendem Tatentschluss nur als Versuch strafbar.

Ohne die Zurechnungslehre kann man nur bei Bejahung einer wesentlichen Kausalabweichung zum Ausschluss einer Vorsatztat gelangen. Dazu der nachfolgende Fall.

Fall 4: Mord und Totschlag durch denselben Täter am selben Opfer

A schlug den B von hinten mit einer Eisenstange nieder, weil er sich von ihm gedemütigt fühlte. In der Annahme, B sei tot oder werde alsbald sterben, verließ A den Tatort. Nach einiger Zeit kehrte er zurück und stellte fest, dass B noch lebte. Nun schnitt er dem bewusstlosen B die Kehle durch, um diesen endgültig zu töten. B verblutete, wäre aber kurze Zeit später an den Schlagverletzungen gestorben.
Strafbarkeit des A? (Fall nach BGH RÜ 2016, 163)

Aufbau: *Hat* ***dieselbe Person*** *durch zwei aufeinanderfolgende selbstständige Handlungen den Taterfolg herbeigeführt, ist es vorteilhafter, mit der zeitlich früheren Handlung zu beginnen, insbesondere wenn die nachfolgende Handlung ein Unterlassen ist und/oder das Mordmerkmal der Verdeckungsabsicht im Raum steht. So vermeidet man, beim Unterlassen und der Frage einer Garantenstellung aus Ingerenz und/oder bei der Verdeckungsabsicht doch wieder das Vorverhalten untersuchen zu müssen.*

A. **Die Schläge**

I. Infrage kommt **Mord** gemäß **§ 211** durch die Schläge mit der Metallstange.

1. Dann müsste A den B dadurch vorsätzlich getötet haben.

a) Ohne die Schläge wäre es nicht dazu gekommen, dass A später dem bewusstlos am Boden liegenden B die Kehle durchschnitt und ihn unmittelbar dadurch tötete. Die zweite Handlung knüpfte an die durch die Ersthandlung geschaffene Wehrlosigkeit des B an. Die Schläge waren eine nicht hinwegdenkbare Bedingung und damit kausal für den Tod des B.

b) Das Schrifttum verlangt zusätzlich, dass zwischen dem Tod des B und den Schlagverletzungen der für eine objektive Zurechnung erforderliche Risikozusammenhang bestand. Anschlusshandlungen des Täters, die erst ihrerseits den Tod herbeiführen, sind nicht selten und begründen deshalb aber keinen inadäquaten Kausalverlauf. Dass sich die konkrete Todesart geändert hat (durch Verbluten statt durch Ausfall der Hirnfunktionen), schaffte kein völlig neues Risiko.

Dennoch verneint eine Ansicht den Zurechnungszusammenhang, weil die zum Tod führende Zweithandlung des Messereinsatzes auf einem neuen Tatentschluss beruht habe. Ein neuer Tatentschluss bewirke stets eine Zäsur des Geschehens und unterbreche deshalb den Risikozusammenhang zwischen der Ersthandlung und dem Erfolg.[177]

---

176 Otto § 6 Rn. 63.

177 Baumann/Weber/Mitsch/Eisele § 10 Rn. 166; Eisele JuS 2016, 368.

Kritik: Dem ist zu widersprechen. Zweifelhaft ist schon, ob man von einem neuen Tatentschluss sprechen kann, wenn A zuvor zumindest als Alternativvorstellung für möglich hielt, dass B noch lebte. Auch ist die Prämisse, dass ein später gefasster Vorsatz den Zurechnungszusammenhang abbricht, nicht zwingend. Gegen eine Trennung spricht schon, dass A die zweite Handlung selbst in der Vorstellung vornahm, B „endgültig" zu töten, also seine zuvor begonnene Tat nur zu vollenden. Selbst ein völlig neu gebildeter Vorsatz ist nur ein innerer, psychischer Vorgang, der nicht zwangsläufig eine Veränderung der objektiven Gefahrzusammenhänge bewirken muss, wie man am Beispiel des Totschlages durch Unterlassen nach fahrlässiger lebensgefährlicher Verletzung des Opfers erkennt. A hat vielmehr das von ihm durch die Schläge begonnene Werk nur mit dem Messer fortgesetzt und den Todeseintritt lediglich beschleunigt.[178]

Auch wenn man die Zurechnung als objektive Tatbestandsbegrenzung ansieht, ist sie vorliegend zu bejahen.

c) A hatte bei den Schlägen Tötungsvorsatz. Dass der Todeserfolg durch eine weitere Handlung eingetreten ist, ist zwar eine Intensivierung der Verletzungen und Beschleunigung des durch die Schläge angelegten Tötungsgeschehens, aber keine wesentliche Abweichung des Kausalverlaufs. Der Tod des B ist dem A damit auch als vorsätzlich bewirkt anzulasten.

2. Da B im Zeitpunkt der Schläge nicht mit einem Angriff rechnete, war er arg- und wehrlos, sodass A, der dies für die Tat ausnutzte, heimtückisch getötet hat.

3. Rechtswidrigkeit und Schuld liegen vor. A ist wegen Mordes strafbar.

II. Mitverwirklicht ist **Totschlag** gemäß **§ 212.**

III. Vollendet ist ebenfalls eine gefährliche Körperverletzung gemäß **§§ 223, 224 Abs. 1 Nr. 2 Alt. 2 mittels eines gefährlichen Werkzeugs** und **Nr. 5** mittels lebensgefährdender Behandlung.

B. **Der Einsatz des Messers**

I. Infrage kommt **Totschlag** gemäß **§ 212 Abs. 1**.

Indem A dem B die Kehle durchschnitt, hat er eine Ursache für dessen Tod gesetzt. Das Verbluten ist auch eine typische Verwirklichung der Gefahren des Messereinsatzes, begründet also den für das herrschende Schrifttum erforderlichen objektiven Zurechnungszusammenhang. A handelte vorsätzlich, rechtswidrig und schuldhaft.

II. Ein heimtückischer **Mord** gemäß **§ 211** scheidet dagegen aus, weil B wegen seiner Bewusstlosigkeit nicht mehr zum Argwohn fähig war. Auch ein Verdeckungsmotiv hatte A nicht. Trotz der kurzzeitigen Unterbrechung des Geschehens ging es A darum, das mit dem 1. Teilakt begonnene Geschehen zum Abschluss zu bringen und nicht darum, die Aufdeckung einer anderen Tat zu verhindern.

178 Vgl. auch Jäger JA 2016, 548; Rengier § 13 Rn. 97.

III. Verwirklicht ist eine weitere **gefährliche Körperverletzung** gemäß **§ 224 Abs. 1 Nr. 2 Alt. 2 und Nr. 5**.

C. **Konkurrenzen**[179]

Die beiden gefährlichen Körperverletzungen sind als Durchgangsdelikte gegenüber den Tötungsdelikten materiell subsidiär. Der vollendete Mord verdrängt als spezielleres Delikt den gleichzeitig verwirklichten Totschlag. Der auf einer weiteren Handlung beruhende Totschlag durch den Einsatz des Messers ist, da der Tod desselben Opfers nicht zweimal zulasten des Täters in Ansatz gebracht werden darf, gegenüber dem Mord eine mitbestrafte Nachtat und tritt daher ebenfalls im Wege der Gesetzeskonkurrenz zurück.

Ergebnis: A ist strafbar wegen vollendeten Mordes.

Ähnlich gelagert ist der Fall, dass der Täter nach der Ersthandlung **irrtümlich** annimmt, **139**
sein Oper sei bereits tot und es **erst dadurch tötet, dass er die vermeintliche Leiche nach einem vorherigen Plan beseitigt**. Hier liegt – anders als im vorhergehenden Sachverhalt – im Zeitpunkt der zweiten Handlung **kein Tötungsvorsatz** mehr vor. Zusätzlich zur Beschleunigung des Todes durch die Zweithandlung kann man hier damit argumentieren, dass bei einem konkreten Plan zur Beseitigung der Leiche schon der Ersthandlung das Tötungsrisiko der Beseitigungshandlung anhafte.[180]

(4) Zweithandlungen des Opfers; freiverantwortliche Selbstgefährdungen

Knüpft das Opfer an die vorherige Handlung eines anderen an und bewirkt dadurch **140**
selbst den Erfolgseintritt, gilt für den Erstverursacher folgender allgemein anerkannter Grundsatz:

Wer einen anderen vorsätzlich oder fahrlässig zu dessen freiverantwortlich (präziser wäre: „eigenverantwortlich") **gewollter und verwirklichter Selbstverletzung oder Selbstgefährdung veranlasst, diese ermöglicht oder fördert, macht sich nicht ohne Weiteres strafbar, wenn sich das mit der Selbstgefährdung bewusst eingegangene Risiko realisiert. Seine Strafbarkeit beginnt erst dort, wo er kraft überlegenen Wissens das Risiko besser erfasst als der sich Gefährdende.**

(a) Nach Ansicht des Schrifttums folgt der Tatbestandsausschluss aus der **Unterbrechung des Risikozusammenhangs** durch die autonome Entscheidung des Opfers, sich selbst zu töten oder zu verletzen.

(b) Für diejenigen, die die Zurechnungslehre nicht vertreten, ergibt sich die Straflosigkeit aus der **Tatbestandslosigkeit und Nichtteilnahmefähigkeit der freiverantwortlichen Selbsttötung**[181] sowie als Minus dazu der Selbstverletzung und -gefährdung.

RÜ-Video 11/19

---

179 Vgl. ausführlich dazu AS-Skript StrafR AT 2 (2021), Rn. 428 ff.

180 Vgl. dazu AS-Skript StrafR AT 2 (2021), Rn. 359 ff.

181 Ausführlich dazu BGH RÜ 2019, 706 mit RÜ-Video 11/19 unter t1p.de/57vm.

141 **(c)** Der Strafbarkeitsausschluss hat **zwei** Voraussetzungen: Zunächst muss eine **Selbstgefährdung** vorliegen; des Weiteren muss die Selbstgefährdung **freiverantwortlich** gewesen sein.

142 **(aa)** Zur Abgrenzung der Selbstgefährdung von der Fremdgefährdung wird dasselbe Kriterium herangezogen wie bei der Abgrenzung der Selbsttötung von der Fremdtötung: die Herrschaft über den Tod bringenden Akt. Übertragen auf die Gefährdung bedeutet das: **Eine Selbstgefährdung liegt immer dann vor, wenn das Opfer selbst den letzten Schritt getan hat, durch den die Gefahr ausgelöst wurde.**

Beispiel: Beim „russischen Roulette" hält sich der später Getötete selbst die nur mit einer Patrone geladene Trommel des Revolvers an den Kopf und drückt ab.

Zur Abgrenzung zwischen tatbestandsausschließender Selbstgefährdung und Einwilligung in die Fremdgefährdung bei Zusammenwirken des Opfers mit dem Täter unten Fall 23 Rn. 460 ff.

143 **(bb)** Des Weiteren muss der Entschluss **freiverantwortlich** gewesen sein. Dafür muss der sich selbst Gefährdende die wesentlichen Risiken seines Verhaltens zutreffend eingeschätzt haben. Exakte Wirkungszusammenhänge zwischen Handlung und Folge muss er nicht gekannt haben.

An der Freiverantwortlichkeit fehlt es aber, wenn das Opfer **mangels Altersreife** oder infolge einer **Geisteskrankheit** oder einer **Bewusstseinsstörung** oder infolge eines wesentlichen **Irrtums** gar nicht in voller Autonomie handeln konnte. Dann erlangt der Veranlasser die Handlungsherrschaft und ist Täter eines Fremdtötungs- oder Fremdverletzungsdelikts; bei Vorsatz ist er mittelbarer Täter gemäß § 25 Abs. 1 Alt. 2.

144 **(d)** Fraglich ist, ob die **autonome Entscheidung** des **Opfers**, das vom Täter geschaffene Risiko **nicht abzuwenden, einer eigenverantwortlichen Selbstgefährdung gleichkommt** und deshalb die Erfolgszurechnung für den Täter ausschließt.

145 Die autonome Entscheidung des Opfers kann darin liegen, dass es eine medizinisch **notwendige Heilbehandlung ablehnt**. Hier wird vielfach darauf abgestellt, ob die Ablehnung auf einem einsichtigen, „vernünftigen" Entschluss beruht oder nicht.

Beispiel: R wird von dem mit Tötungsvorsatz handelnden V bei einer Messerstecherei verletzt. Er verweigert die durch die Verletzung notwendig gewordene Operation, weil diese mit einem nicht ganz unbeträchtlichen (5–15 %) Todesrisiko verbunden ist. Einige Zeit darauf stirbt er, gerade weil er nicht rechtzeitig operiert wurde. – Nach h.M. ist V strafbar wegen Totschlags, § 212. Die Selbstgefährdung des R beruhte bereits aufgrund des Todesrisikos auf einem einsichtigen Motiv.[182]

Kritik: Diese Differenzierung überzeugt nicht. Die Entscheidung gegen eine ärztliche Heilbehandlung schafft kein neues Risiko wie eine aktive Selbstgefährdung, sondern wendet das vom Täter geschaffene Risiko nur nicht ab. Dies auf dieselbe Stufe zu stellen wie die aktive Verursachung einer Selbstgefährdung läuft auf eine Rechtspflicht zum Schutz der eigenen Person (Obliegenheit) hinaus, deren Nichteinhaltung das Opfer durch Überprüfung seiner Willensentscheidung am Maßstab der Vernünftigkeit rechtlich bevormundet und den Verursacher einer Fremdgefährdung unzulässig von den Folgen seiner Handlung freistellt. Daher ändert die Ablehnung einer Heilbehandlung durch das Opfer nichts an der Erfolgszurechnung für den Täter, gleich aus welchen Motiven das Opfer die Heilbehandlung nicht will.

---

182 OLG Celle RÜ 2002, 411; Wessels/Beulke/Satzger Rn 282; offengelassen von BGH RÜ 2021, 24, 26.

In diese Richtung weisen auch neuere Entscheidungen des BGH, der im Zusammenhang mit einer schweren Körperverletzung wegen **Nichtinanspruchnahme ärztlicher Nachsorge**[183] und bei dem Tod des Raubopfers nach einem **Behandlungsabbruch aufgrund einer Patientenverfügung**[184] sogar den gefahrspezifischen Zusammenhang zum Grunddelikt und damit die Erfolgsqualifikation bejaht. 146

(5) Selbstgefährdungen und -verletzungen von Rettern

Problematisch ist der Zurechnungsausschluss bei **Rettungsaktionen amtlicher oder freiwilliger Rettungspersonen**, die sich selbst gefährden, um gegen die vom Erstverursacher geschaffene Gefahr einzuschreiten.

Beispiel: Feuerwehrmänner dringen mit Atemschutz in ein brennendes Wohnhaus ein, um Menschenleben zu retten oder wichtigen Hausrat vor den Flammen zu bewahren.

Ein genereller Zurechnungsausschluss allein wegen der bewussten Selbstgefährdung wird heute nicht mehr vertreten.[185] 147

Vielfach differenziert das Schrifttum danach, ob der Rettungshandlung eine Rechtspflicht zugrunde liegt oder der Retter freiwillig handelt. Zurechnungszusammenhang zwischen dem Verhalten des Erstverursachers und dem infolge der Selbstgefährdung des Retters eingetretenen Schaden sei zu bejahen, wenn der Retter sich wegen einer Rettungspflicht – aus § 323 c Abs. 1, einer Garantenstellung oder beruflichen Pflichten – unfrei selbst gefährdet habe. Dem stehe es gleich, wenn ein freiwilliger Retter zum Schutz von nahestehenden Personen und deshalb in einer dem § 35 entsprechenden Drucksituation gehandelt hat.[186]

Die Rechtspraxis bejaht den Zurechnungszusammenhang trotz der Selbstgefährdung professioneller und freiwilliger Retter, solange ein **einsichtiges Motiv** für die Rettungsmaßnahme besteht und die Retter sich **nicht unvernünftig riskant** verhalten.[187] Ist die Rettungsmaßnahme hingegen von vornherein sinnlos oder mit offenkundig unverhältnismäßigen Risiken verbunden, macht sich der Erstverursacher wegen der Verletzungen oder des Todes der Retter mangels Zurechenbarkeit nicht strafbar.[188] **Offensichtlich unverhältnismäßig riskant** in diesem Sinne ist ein Einsatz dann, wenn die Risikofaktoren in einer objektiven ex-ante-Betrachtung so gewichtig sind, dass auch unter angemessener Berücksichtigung der psychischen Drucksituation der Rettungskräfte deutlich ist, dass die (weitere) Durchführung der Rettungsaktion zu einem **gänzlich unvertretbaren Risiko** für Leib und Leben der Retter führt. 148

Aus diesem Grund hat das OLG Stuttgart die Strafbarkeit eines Brandstifters in Bezug auf den Tod zweier Feuerwehrleute verneint, die unter gröblichster Verletzung der Sicherheitsvorschriften für Einheiten im Löscheinsatz ohne Atemschutzüberwachung in ein brennendes Gebäude eindrangen und dort erstickten, obwohl sich darin bekanntermaßen keine Menschen mehr aufhielten.[189]

---

183 BGH RÜ 2017, 370.

184 BGH RÜ 2021, 24.

185 Roxin AT I bis zur 4. Aufl. § 11 Rn. 139.

186 Rengier § 52 Rn. 48 ff.; Roxin/Greco AT I § 11 Rn. 139 a.

187 BGH NJW 1994, 205; OLG Stuttgart RÜ 2008, 434; Sch/Sch/Sternberg-Lieben/Schuster § 15 Rn. 168.

188 OLG Stuttgart RÜ 2008, 434.

189 OLG Stuttgart a.a.O.

Kausalität, objektive und subjektive Erfolgszurechnung

Objektiver Tatbestand

Tathandlung — Taterfolg

Kausalzusammenhang: naturgesetzlicher Zusammenhang zwischen Handlung und Erfolg

Conditio-Formel: Kausal ist jede Handlung, die nicht hinweggedacht werden kann, ohne dass der konkrete Erfolg entfiele.

Lehre von der gesetzmäßigen Bedingung: Ein Verhalten ist dann kausal für einen Erfolg, wenn dieser Erfolg mit dem Verhalten durch eine Reihe zeitlich nachfolgender Veränderungen (natur-) gesetzlich verbunden ist. Im Einzelnen:

- Alle Bedingungen sind gleichwertig; die Zahl der Zwischenursachen ist unbeachtlich.
- Abzustellen ist nur auf den eingetretenen Erfolg in dieser Weise, unter diesen Umständen, in diesem Augenblick. Reserveursachen und hypothetische Kausalverläufe dürfen nicht hinzugedacht werden.
- Willentliche Handlungen Dritter oder des Opfers unterbrechen den Kausalzusammenhang nicht, wenn die Ursache bis zum Erfolg fortwirkt.
- Die Kausalität entfällt nicht bei atypischen Geschehensabläufen, ferner nicht bei kumulativ oder alternativ wirkenden Ursachen.

Objektive Zurechnung: (schutzzweckkonformer) Risikozusammenhang zw. Handlung und Erfolg

Nach der Lit. ist ein Erfolg nur dann objektiv zurechenbar, wenn durch die kausale Handlung eine rechtlich missbilligte Gefahr geschaffen wurde und sich diese innerhalb des Schutzwecks des fraglichen Straftatbestandes in dem Erfolg niedergeschlagen hat. Im Einzelnen:

- Kein rechtlich missbilligtes Risiko bei:
  - Schadensfolgen außerhalb des menschlichen Steuerungsvermögens,
  - sozialadäquatem Verhalten, also solchem, das im Rahmen des erlaubten Risikos liegt,
  - reiner Risikoverringerung.
- Kein Risikozusammenhang bei:
  - Erfolgsverwirklichung durch ein anderes, rechtlich neutrales oder erlaubtes Risiko,
  - völlig inadäquaten Schadensfolgen oder unvorhersehbaren Geschehensabläufen,
  - Erfolgen, die außerhalb des Schutzbereichs der verletzten Verhaltensnorm liegen,
  - Erfolgen, die auf einer an die Tathandlung zwar anknüpfenden, aber mit einem völlig anderen Risiko verbundenen Handlung des Täters oder eines Dritten beruhen (Ausn.: Verletzungen an den Gütern anderer durch leicht fahrlässige Fehler von Rettern werden dem Täter zugerechnet),
  - an die Handlung anknüpfender eigenverantwortlicher Selbstgefährdung des Opfers (Ausn.: Rechtsverletzungen von sich selbst gefährdenden und nicht völlig sinnlos oder offensichtlich unverhältnismäßig riskant handelnden Rettern werden dem Veranlasser zugerechnet).

Die Rspr. wendet die Zurechnungslehre als Tatbestandsbegrenzung der verhaltensneutralen vorsätzlichen Begehungs-Erfolgsdelikte nicht an. Sie erkennt lediglich die eigenverantwortliche Selbstgefährdung als objektiven Tatbestandsausschluss an.

Subjektiver Tatbestand

Vorsatz bzgl. des Kausalzusammenhangs **und subjektive Zurechnung**

Nach Rspr. und Lit. zu verneinen, wenn der verwirklichte und der gewollte Kausalverlauf so **wesentlich** voneinander **abweichen**, dass das Geschehen eine **andere rechtliche Bewertung** verdient und deshalb der eingetretene Erfolg nicht mehr als vorsätzlich bewirkt angesehen werden kann.

B. Subjektive Tatbestandselemente

I. Tatbestandsvorsatz

Eine gesetzliche Definition des Vorsatzes existiert nicht. Die griffige Formel: „Vorsatz ist Wissen und Wollen der Tatbestandsverwirklichung" sollte man nicht verwenden. Sie ist unzutreffend, ungenau und lückenhaft. Unzutreffend deshalb, weil auch derjenige, der bei der Tat keinerlei Bewusstsein hat, irgendeinen Straftatbestand zu erfüllen, vorsätzlich handeln kann. Ungenau ist die Formel, weil auch derjenige, der einen bestimmten Deliktserfolg nicht will, vorsätzlich handeln kann. Lückenhaft ist die genannte Definition, weil sie nicht angibt, wann der Vorsatz vorliegen muss. Aus der Zusammenschau der §§ 8, 16, 17 und § 22 lässt sich Vorsatz folgendermaßen definieren:

Vorsätzlich handelt, wer im Zeitpunkt des Versuchsbeginns zumindest billigend in Kauf nimmt, dass durch sein Verhalten alle Umstände, die zu einem gesetzlichen Tatbestand gehören, verwirklicht werden. 149

Hinweis: *Die Prüfung des Vorsatzes ist also rechtstechnisch nichts anderes als die Subsumtion und – soweit Anlass dazu besteht – Problematisierung in Bezug auf die Begriffselemente des Vorsatzes. Der Unterschied zur Subsumtion unter objektive Tatbestandsmerkmale liegt nur darin, dass das Subsumtionsmaterial nicht der Außenwelt, sondern dem Vorstellungsbild des Täters entnommen werden muss. Anders als in allen anderen Rechtsgebieten muss der Strafrechtler also fähig sein, sich in das Vorstellungsbild des Täters hineinzuversetzen.*

1. Bezugspunkte und Konkretisierung des Vorsatzes

Gemäß § 16 Abs. 1 S. 1 handelt ohne Vorsatz, wer bei Begehung der Tat einen Umstand nicht kennt, der zum gesetzlichen Tatbestand gehört. § 16 ist die Kernvorschrift der strafrechtlichen **Irrtumslehre.**[190] In seiner Umkehrung besagt § 16 Abs. 1 S. 1, dass der Täter die Umstände in seine Vorstellung aufgenommen haben muss, die den objektiven Tatbestand ausmachen. Das bedeutet:

a) Nur so weit wie im jeweiligen Tatbestand das Unrecht durch geschriebene und ungeschriebene Merkmale bezeichnet ist, muss auch das Vorstellungsbild des Täters entwickelt sein. 150

aa) Über diesen Bezugsrahmen hinausgehende Vorstellungen oder Fehlvorstellungen sind für den Tatbestandsvorsatz unbeachtlich, da sie nur den **Motivbereich** betreffen. Sie können sich allenfalls bei der Strafzumessung auswirken, worauf in einer Klausur zum 1. Examen jedoch nicht einzugehen ist. 151

Beispiel: Der Tatbestand des § 223 Abs. 1 verlangt nur die Verletzung (irgend-)eines anderen Menschen. Auf die Person des Opfers kommt es nicht an. Daher gehört auch zum Tatbestandsvorsatz das Bewusstsein, irgendeinen Menschen zu verletzen. Die Identität des Opfers gehört in den Motivbereich. Verprügelt der Täter daher infolge einer Verwechselung eine andere als die vorgesehene Person, liegt dennoch eine vorsätzliche Körperverletzung vor. Der Identitätsirrtum (error in persona) ist ein unbeachtlicher Motivirrtum.

190 Dazu ausführlich AS-Skript StrafR AT 2 (2021), Rn. 318 ff.

Auch **sonstige Handlungsantriebe und Ziele**, die der Täter verfolgt, sind für den Schuldspruch irrelevant, es sei denn, sie sind zu Tatbestandsmerkmalen erhoben, wie etwa niedrige Beweggründe und Verdeckungsabsicht bei Mord, § 211.

152 **bb)** Darüber hinaus hat es keinen Einfluss auf den Vorsatz, ob der Täter in dem Bewusstsein handelt, gegen irgendein Verbot zu verstoßen. Dieses sog. **Unrechtsbewusstsein** ist **kein Bestandteil des Vorsatzes** (so die heute überholte „Vorsatztheorie"), **sondern Element der Schuld** (so die geltende „Schuldtheorie"). Dies wird durch die Regelung in § 17 S. 2 belegt: Danach kann der Täter auch bei fehlendem Unrechtsbewusstsein wegen einer Vorsatztat bestraft werden, sofern der Irrtum über das Verbotensein der Tat vermeidbar war.[191]

Beispiel: X schafft in Kenntnis der bevorstehenden und materiellrechtlich berechtigten Sachpfändung Mobiliar seiner Wohnung beiseite, um es dem Gläubiger vorzuenthalten. Dabei ist ihm gar nicht bewusst, dass dieses Verhalten verboten ist. – Vollendete Vorsatztat einer Vollstreckungsvereitelung gemäß § 288 Abs. 1 trotz fehlenden Unrechtsbewusstseins. Der Verbotsirrtum des X wäre bei gehöriger Anspannung seiner Erkenntniskräfte vermeidbar gewesen und führt deshalb auch nicht zum Schuldausschluss, sondern kann nach § 17 S. 2 allenfalls eine Strafmilderung auslösen.

Hinweis: *Bedeutung erlangt die in modifizierter Form immer noch vertretene Vorsatztheorie heute nur noch im Rahmen des Streits über die rechtliche Behandlung eines Irrtums über das Vorliegen eines Rechtfertigungsgrundes.*

153 **b)** Bezugspunkt des Vorsatzes ist nicht der gesetzliche Tatbestand, sondern sind zuallererst Tatsachen: Der Gesetzgeber verlangt in § 16 Abs. 1 S. 1 nämlich nicht, dass der Täter alle gesetzlichen Tatbestandsmerkmale selbst in sein Vorstellungsbild aufgenommen hat, sondern nur die „**Umstände**", die das jeweilige Merkmal ausmachen. Das zeigt sich besonders bei Tatbestandsmerkmalen, die zu ihrer Subsumtion einer Bewertung bedürfen, also bei normativ geprägten Tatbestandsmerkmalen wie z.B. „fremde Sache" in § 242 (s.o. Rn. 100). Bei solchen Tatbestandsmerkmalen braucht der Täter nur die zugrunde liegenden Tatsachen zu kennen und allenfalls ungefähre Bedeutungskenntnis zu haben **(= „Parallelwertung in der Laiensphäre")**. Bezüglich des ungeschriebenen Tatbestandsmerkmals der Kausalität genügt sogar ein ganz grobes Vorstellungsbild, denn unwesentliche Abweichungen im Kausalverlauf lassen den Vorsatz unberührt (s.o. Rn. 135).

154 **c)** Auch soweit von „Kennen" der Tatumstände gesprochen wird, verlangt dies nicht, dass der Täter im fraglichen Zeitpunkt darüber nachgedacht haben muss. Es genügt, dass der Täter das Vorhandensein der Tatumstände „im Hinterkopf" hatte, also ein sog. **sachgedankliches Mitbewusstsein.**[192]

Beispiel: Wer ständig eine geladene Gaspistole mit sich herumträgt und dann einen Diebstahl begeht, hat selbst dann Vorsatz bzgl. des nach § 244 Abs. 1 Nr. 1 a Alt. 1 strafschärfenden Beisichführens einer Waffe, wenn er beim Einstecken der Beute gar nicht an die Waffe gedacht hat.

191 Auch dazu ausführlich im AS-Skript StrafR AT 2 (2021), Rn. 380.

192 Sch/Sch/Sternberg-Lieben/Schuster § 15 Rn. 51.

2. Zeitliche Beziehung zwischen Tatverwirklichung und Vorsatz

Das Simultaneitäts- oder Koinzidenzprinzip (s.o. Rn. 84) gilt auch und gerade für die Be- 155
ziehung zwischen objektiver Tatbestandsverwirklichung und subjektivem Tatbestand, insbesondere dem Vorsatz. Das ergibt sich auch aus § 16 Abs. 1 S. 1, der verlangt, dass der Täter **„bei Begehung der Tat"** vorsätzlich gehandelt hat. Nach § 8 ist eine Tat zu der Zeit begangen, zu welcher der Täter gehandelt hat oder im Falle des Unterlassens hätte handeln müssen. Wann der Erfolg eintritt, ist nicht maßgebend. „Handlung" kann beim Vorsatzdelikt nur diejenige sein, durch die der Täter zum Versuch unmittelbar ansetzt, § 22, weil bloße Vorbereitungshandlungen straflos sind. Damit muss der **Tatvorsatz immer bei der unmittelbar auf die Tatverwirklichung gerichteten Handlung vorliegen. Im Vollendungszeitpunkt muss der Täter keinen Vorsatz mehr haben**. Sonst wäre Strafbefreiung allein durch Aufgeben des Tatvorsatzes ohne die Rücktrittsvoraussetzungen des § 24 möglich.[193] Ein der Tathandlung vorhergehender und im Tatzeitpunkt nicht mehr aktueller Vorsatz, sog. **dolus antecedens**, oder die nachträgliche Billigung des unvorsätzlich Verwirklichten, sog. **dolus subsequens**, reicht für den Vorwurf einer Vorsatztat nicht aus.[194]

Fall 5: dolus subsequens; Grenzen der subjektiven Zurechenbarkeit von Kausalabweichungen

Bei einem Streit hatte A seine Ehefrau E geschlagen. Um weiteren Misshandlungen zu entgehen, flüchtete E in den Flur. Dort stolperte sie in ihrer Aufregung und schlug mit dem Gesicht so hart auf den Steinfußboden auf, dass sich vor dem Gesicht eine Blutlache bildete. A war im Verlauf der Auseinandersetzung immer wütender geworden. Er trat nunmehr mit voller Wucht mehrmals in das ihm zugewandte Gesicht der am Boden liegenden E, wobei er auch deren Tod in Kauf nahm. Dann ließ er sie liegen. Nach mehreren Stunden verstarb E an einer Sickerblutung im Gehirn, die sie sich bereits beim Sturz zugezogen hatte.
Strafbarkeit des A, wenn die Hirnblutung auch bei rechtzeitiger Hilfe unentdeckt geblieben wäre? (Fall nach BGH JZ 1983, 864)

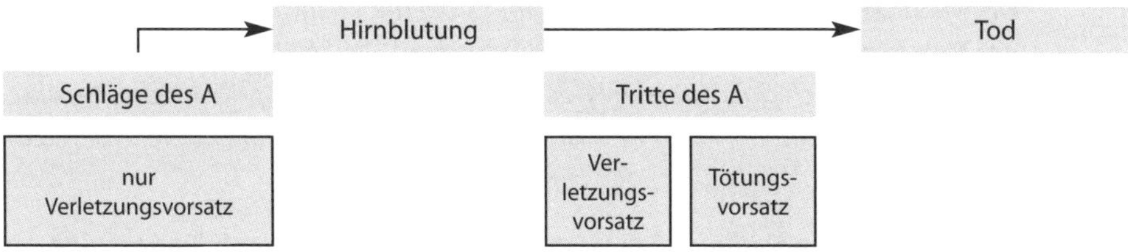

I. A könnte sich schon durch die Schläge wegen **Totschlags** gemäß **§ 212 Abs. 1** strafbar gemacht haben.

1. Durch die Misshandlungen hat A seine Frau zur Flucht in den Flur veranlasst und damit eine nicht hinwegdenkbare Bedingung für den zum Tode führenden Sturz

193 Vgl. BGH JZ 1983, 86.
194 Vgl. BGH, Beschl. v. 25.09.2019 – 4 StR 358/19, BeckRS 2019, 33820.

gesetzt. Es liegt auch im Risikozusammenhang von Misshandlungen, dass sich das gequälte Opfer bei der überstürzten Flucht eine Verletzung mit tödlichem Ausgang zufügt.

156 2. Fraglich ist, ob die Tötung **vorsätzlich** erfolgte. In dem Zeitpunkt, als A durch seine Schläge die zum Tod führende Ursache setzte, wollte er seine Frau noch nicht umbringen. Tötungsvorsatz fasste er erst, nachdem sich die E durch den Sturz bereits die zum späteren Tod führende Verletzung zugefügt hatte.[195] Gemäß §§ 16 Abs. 1 S. 1, 8 muss der Vorsatz aber im Zeitpunkt der Begehung der Tat vorliegen, d.h. bei Vornahme der für den Taterfolg ursächlichen Tathandlung.

a) Wird sich der Täter erst nach Vornahme der erfolgsverursachenden Handlung des bereits eingetretenen oder drohenden Taterfolges bewusst, liegt **dolus subsequens** vor, aber kein Tatvorsatz.[196]

157 b) Man könnte eine nur **unwesentliche Abweichung vom Kausalverlauf** annehmen, weil A geglaubt hat, den Tod durch die Fußtritte herbeizuführen, während er – was nicht außerhalb der Lebenserfahrung lag – die Todesursache bereits durch die Veranlassung des Sturzes gesetzt hatte. Voraussetzung für diese Rechtsfigur ist jedoch, dass sich der Täter mit der Erfolg verursachenden Handlung **bereits im Versuchsstadium** befunden hat und diese im Vergleich zum Tatplan lediglich auf andere als die geplante Weise wirksam wurde. Der Täter muss also Tatentschluss zu dem jeweiligen Delikt besessen und zumindest durch die infrage stehende Handlung zur Tatplanverwirklichung unmittelbar angesetzt haben. Hatte er im Zeitpunkt der Erfolgsverursachung noch keinen Vorsatz in Bezug auf das jeweilige Delikt, kann dieser Vorsatz auch nicht durch die Rechtsfigur der unwesentlichen Kausalabweichung und einen dolus subsequens fingiert werden. Anderenfalls wäre das Vorsatzerfordernis „bei Begehung der Tat" verletzt, § 16 Abs. 1 S. 1. Bei den Schlägen dachte A noch nicht daran, seine Frau umzubringen. Deren Tod kann ihm auch über die Rechtsfigur der unwesentlichen Abweichung vom Kausalverlauf nicht als vorsätzlich zugerechnet werden. Vollendeter Totschlag ist zu verneinen.

***Hinweis:** Denselben Gedankengang gibt es bei der Fallgruppe der **„Vollendung vor Versuchsbeginn"**, bei welcher der Täter zwar Deliktsvorsatz hat (zumeist Tötungsvorsatz), sich aber subjektiv noch in der Vorbereitungsphase befindet, als er den Erfolg herbeiführt. Auch hier ist eine Bestrafung aus vollendeter Vorsatztat ausgeschlossen.*[197]

II. A könnte sich durch die Schläge aber wegen **Körperverletzung mit Todesfolge** gemäß **§ 227** strafbar gemacht haben.

Durch die den Tatbestand der vorsätzlichen Körperverletzung erfüllenden Schläge hat A objektiv vorhersehbar die Flucht der E und damit ihren Tod verursacht. Der für Erfolgsqualifikationen erforderliche tatbestandsspezifische Gefahrzusammenhang

---

195 Vgl. die umgekehrte Konstellation, AS-Skript StrafR AT 2 (2021), Rn. 359 ff.

196 BGH RÜ 2018, 301, 302 („Ku'damm Raserfall" im ersten Verfahrensdurchgang).

197 Vgl. BGH NStZ 2002, 309; BGH NStZ 2002, 475.

ist bei § 227 nicht nur gegeben, wenn der Tod Folge der Verletzungswirkungen ist, sondern auch dann, wenn das Opfer bei einer Selbstrettung vor weiteren Misshandlungen zu Tode kommt.[198] A handelte rechtswidrig und fahrlässigkeits-schuldhaft. Er hat sich wegen Körperverletzung mit Todesfolge strafbar gemacht.

III. Die **fahrlässige Tötung, § 222**, tritt hinter der spezielleren Erfolgsqualifikation im Wege der Gesetzeskonkurrenz zurück.

IV. Durch die nachfolgenden Fußtritte hat A einen **versuchten Totschlag** gemäß **§§ 212 Abs. 1, 22, 23 Abs. 1, 12 Abs. 1** begangen: Da er in Kauf nahm, dass er durch seine Tritte den Todeserfolg herbeiführte, hatte er Tatentschluss zur Verwirklichung des Totschlags. Das unmittelbare Ansetzen besteht in den Tritten, auch Rechtswidrigkeit und Schuld liegen vor.

V. Die Tritte mit dem beschuhten Fuß in das ungeschützte Gesicht der E stellen zudem eine körperliche Misshandlung mittels eines gefährlichen Werkzeugs und mittels einer lebensgefährdenden Behandlung dar, **§ 224 Abs. 1 Nr. 2 Alt. 2, Nr. 5**. Die gefährliche Körperverletzung steht aus Klarstellungsgründen zu dem Tötungsversuch in Tateinheit.[199]

Ergebnis: A ist strafbar wegen Körperverletzung mit Todesfolge, tatmehrheitlich mit versuchtem Totschlag, der mit gefährlicher Körperverletzung tateinheitlich zusammentrifft.

---

3. Vorsatzformen

Auch wenn der Vorsatztäter nicht positiv wissen muss, dass er Unrecht tut, lässt sich seine psychische Verfassung allgemein beschreiben als **Entscheidung zur Vornahme einer das tatbestandliche Unrecht eines bestimmten Delikts realisierenden Handlung**. Der Vorsatz besteht demzufolge nicht nur aus einem **Wissenselement** (= kognitives Element), sondern nach h.M. auch aus einem **Willenselement** (= voluntatives Element). Je nachdem, wie stark das jeweilige Element ausgeprägt ist, lassen sich verschiedene **Vorsatzformen** unterscheiden: die **Absicht** (= dolus directus I), der **direkte Vorsatz** (= dolus directus II) und der **Eventualvorsatz** (= dolus eventualis).[200]

a) Absicht

Absicht ist gegeben, wenn es dem Täter gerade darauf ankommt, den Eintritt des tatbestandlichen Erfolgs herbeizuführen oder den Umstand zu verwirklichen, für den das Gesetz absichtliches Handeln voraussetzt. 158

Es kann sich hierbei um ein Endziel, aber auch nur um ein Zwischenziel zur Erreichung eines weiteren Ziels handeln. Die Tatbestandsverwirklichung braucht auch nicht für si-

198 BGHSt 48, 34; ausführlich dazu AS-Skript StrafR BT 2 (2020), Rn. 191.

199 BGHSt 44, 196.

200 Statt aller Jescheck/Weigend § 29 III.

cher gehalten zu werden; sie muss jedoch mindestens als möglich vorgestellt sein.[201] Notwendig sind also ein **dominierendes voluntatives Element** und ein **kognitives Element**.

Beispiel: X vernichtet eine Blutprobe seines Freundes F, die zum Nachweis einer Trunkenheitsfahrt gemäß § 316 dienen soll. X hält für möglich, dass F zur Tatzeit mehr als 1,1 ‰ Alkohol im Blut hatte. Tatsächlich war F in absolut fahruntüchtigem Zustand Auto gefahren. – X ist strafbar wegen Strafvereitelung gemäß § 258 Abs. 1, denn er hat durch die Beseitigung des Beweismittels die Bestrafung des F gemäß § 316 verhindert. Weil es ihm auf die Vereitelung ankam, handelte er mit der erforderlichen Absicht, auch wenn er die Strafbarkeit des F gemäß § 316, folglich den Eintritt des Handlungserfolgs, nur für möglich hielt.

Hinweis: *Machen Sie nicht den (häufigen) Fehler, Absicht mit dolus eventualis zu verwechseln, nur weil beide Vorsatzformen auf der kognitiven Seite das Bewusstsein der Möglichkeit des Erfolgseintritts ausreichen lassen!*

b) Direkter Vorsatz

Direkter Vorsatz liegt vor, wenn der Täter weiß oder als sicher voraussieht, dass er den gesetzlichen Tatbestand verwirklicht.

159 Gewollt ist, „was der Täter aus seiner Perspektive als notwendige Folge oder als unvermeidliche Nebenwirkung seiner beabsichtigten Handlung in seinen Willen aufgenommen hat, mag er auch diesem weiteren Erfolg innerlich gleichgültig oder sogar ablehnend gegenüberstehen".[202] Der direkte Vorsatz erfordert nach h.M. ein **Wissenselement**. Dieses bildet hier – im Gegensatz zur Absicht – den Schwerpunkt. Ein Willenselement ist bei dieser Vorsatzform genau genommen gar nicht erforderlich, aber auch nicht schädlich.

Beispiel: A will seinen Vater töten und baut in dessen Privatflugzeug eine Bombe ein, die bei 2.000 m Flughöhe von selbst zündet. A weiß, dass der Pilot des Flugzeugs sein bester Freund ist, und ihm ist klar, dass niemand das Explosionsunglück überleben kann. – Hinsichtlich der Tötung des Vaters dolus directus 1. Grades und hinsichtlich des Freundes dolus directus 2. Grades.

c) Eventualvorsatz

160 Sofern der Gesetzgeber keine bestimmte Vorsatzform vorschreibt, reicht für jeden Tatbestand **Eventualvorsatz** (gleichbedeutend: bedingter Vorsatz) aus. Kennzeichnend hierfür ist, dass der Täter zwar unbedingten Handlungswillen, jedoch nur bedingten Erfolgswillen besitzt.[203] Zu den „Uralt-Fragen" im Strafrecht gehört der Theorienstreit, was unter bedingtem Erfolgswillen zu verstehen ist.

---

201 BGHSt 18, 246, 248; 21, 283, 284.

202 BGHSt 18, 246, 248.

203 Rengier § 14 Rn. 10.

Fall 6: dolus eventualis für einen Deliktserfolg und seine Abgrenzung zur bewussten Fahrlässigkeit sowie zum Gefährdungsvorsatz

A und O waren arbeitslos und ins Trinkermilieu abgerutscht. Da O keine Bleibe mehr hatte, nahm ihn A in seine Wohnung auf. Dort kam es häufig zum Streit, weil O den A immer wieder provozierte. Als A nach gemeinsamem Alkoholkonsum mit O eines Abends bemerkte, dass dieser ihn bestohlen hatte, stellte er O deswegen zur Rede. Als O ihn aufs Neue beleidigte, geriet A, begünstigt durch die Wirkung des Alkohols, außer sich vor Wut. Er ergriff eine etwa 75 cm lange und 1 kg schwere Eisenstange und schlug damit – obwohl ihm die Gefährlichkeit seines Tuns bewusst war – wahllos und mit voller Wucht 7 Mal auf den ungeschützten Rumpf des O ein. Dieser erlitt Rippen- und Schlüsselbeinbrüche, blieb aber bei Bewusstsein. A ließ ihn in ein Krankenhaus schaffen. Dort zog sich O infolge seines durch die Verletzungen geschwächten Allgemeinzustands eine Lungenentzündung zu, an der er drei Wochen nach dem Vorfall starb.
Strafbarkeit des A? Seine Schuldfähigkeit im Tatzeitpunkt war nicht eingeschränkt. (Fall nach BGH StV 2009, 473)

I. Durch die Schläge mit der Eisenstange könnte sich A wegen **Totschlags** an O gemäß **§ 212 Abs. 1** strafbar gemacht haben.

1. Ohne die Schläge wäre es nicht zur tödlich verlaufenen Lungenentzündung gekommen. Diese waren daher eine nicht hinwegdenkbare Bedingung für den Erfolgseintritt. Sie bewirkten auch die Schwächung der Abwehrkräfte des O, sodass die Lungenentzündung ihren tödlichen Verlauf nehmen konnte. Die Schläge waren damit sowohl nach der conditio-Formel als auch nach der Lehre von der gesetzmäßigen Bedingung kausal für den Tod des O.

   Durch die Hiebe mit der Eisenstange hat A ein rechtlich relevantes Risiko gesetzt. O ist zwar nicht unmittelbar an den Verletzungen gestorben. Die tödliche Lungenentzündung war aber Folge der verletzungsbedingten Beeinträchtigung der Abwehrkräfte des O. In ihr realisierte sich deshalb nicht nur allgemeines Lebensrisiko oder ein unvorhersehbarer Ablauf, sondern sie stand sogar im typischen Gefahrzusammenhang mit den beigebrachten Verletzungen. Zwischen den Schlägen mit der Eisenstange und dem Tod besteht deshalb auch der vom Schrifttum geforderte objektive Zurechnungszusammenhang. Die Rspr. bejaht den objektiven Tatbestand des Totschlags ohnedies.

2. A müsste im Zeitpunkt des Schlagens Tötungsvorsatz besessen haben, §§ 15, 16 Abs. 1 S. 1. Dass der Wutausbruch von dem zielgerichteten Willen getragen war, O zu töten, ist nicht festgestellt. Der Tod des O war angesichts der Art und Weise der Verletzungen keine zwangsläufige Folge, sodass auch direkter Vorsatz nicht anzunehmen ist. Für § 212 Abs. 1 genügt aber auch **dolus eventualis**. Fraglich ist, welche Voraussetzungen hierfür vorliegen müssen und ob sie in der Person des A erfüllt waren.

   a) Anerkannt ist zunächst, dass der Eventualvorsatz ein **kognitives Element** beinhaltet: Der Täter muss den **Eintritt des tatbestandlichen Erfolgs für mög-** 161

lich halten. Deswegen entfällt dolus eventualis nach allgemeiner Ansicht, wenn der Täter schon über die **Möglichkeit des Erfolgseintritts nicht reflektiert** hat und sich im Augenblick der Tathandlung der **möglichen Tatbestandsverwirklichung nicht bewusst** ist.[204]

Hier hat A trotz seiner Alkoholisierung die Gefährlichkeit seines Tuns erkannt; ihm war deshalb auch die möglicherweise tödliche Wirkung der Schläge bewusst.

b) Allerdings hält der Täter nicht nur bei der vorsätzlichen Herbeiführung den Eintritt des tatbestandlichen Erfolgs für möglich. Eine entsprechende Vorstellung ist auch bei der bewussten Fahrlässigkeit oder bei bloßem Gefährdungsvorsatz, insbesondere beim Vorsatz zur lebensgefährdenden Behandlung gemäß § 224 Abs. 1 Nr. 5 gegeben. Es sind deshalb **zusätzliche Kriterien** erforderlich, um den Eventualvorsatz in Bezug auf einen Deliktserfolg vom Gefährdungsvorsatz und der bewussten Fahrlässigkeit abzugrenzen. Es gibt zu diesem Problemfeld zwei Hauptströmungen:

162 aa) Teile des Schrifttums halten das voluntative Element, also das **Willenselement, nicht für ein notwendiges Merkmal des Eventualvorsatzes.** Diese sog. **Wissenstheorien**[205] bestimmen den Eventualvorsatz entweder nach der Qualität des vom Täter geschaffenen Erfolgsrisikos oder nach dem Grad des Bewusstseins der Erfolgswahrscheinlichkeit.

(1) Nach der von Herzberg formulierten **Theorie vom unabgeschirmten Risiko** (oder auch: **Risikotheorie**) ist das Wollen Wesenselement des Handlungsbegriffs, aber für die Tatbestandserfüllung selbst nicht wesentlich. Die Abgrenzung von Eventualvorsatz und bewusster Fahrlässigkeit sei bereits im objektiven Tatbestand vorzunehmen. Schon dort sei für das Vorsatzdelikt zu verlangen, dass der Täter eine „unabgeschirmte Gefahr" geschaffen habe. Für den Vorsatz genüge dann das Bewusstsein, das Opfer durch diese Gefahr einem qualifizierten Verletzungsrisiko auszusetzen. Eine unerlaubte, durch menschliche Aufmerksamkeit abgeschirmte Gefahr dagegen reiche für die vorsätzlichen Erfolgsdelikte nicht aus.[206]

(2) Damit verwandt ist die von Armin Kaufmann[207] und auch von Schlehofer[208] vertretene **Vermeidungstheorie**, die auf die **Manifestation des Vermeidewillens** abstellt, also darauf, ob der Täter Maßnahmen ergriffen hat, um das von ihm erkannte Risiko zu verringern. Dort, wo ernsthaftes Vermeidebemühen fehlt, soll dolus eventualis vorliegen.

(3) Nach der **Möglichkeitstheorie** handelt der Täter mit Eventualvorsatz, wenn er die konkrete Möglichkeit der Rechtsgutverletzung erkennt und dennoch handelt.[209]

(4) Die **Wahrscheinlichkeitstheorie** bejaht Eventualvorsatz, wenn der Täter die Rechtsgutverletzung nicht nur für möglich, sondern für wahrscheinlich hält.[210]

---

204 BGH StV 1995, 511; NStZ 1999, 508; Sch/Sch/Sternberg-Lieben/Schuster § 15 Rn. 73.

205 Vgl. Satzger Jura 2008, 112, 117.

206 Herzberg JuS 1986, 249 ff.; JZ 1988, 573 ff., 635 ff.

207 ZStW 70, 73 ff.

208 NJW 1989, 2017, 2020.

209 Schmidhäuser JuS 1980, 241 ff.; ähnlich Morkel NStZ 1981, 176; aus dem aktuellen Schrifttum Frister S. 151; Kindhäuser/Zimmermann § 14 Rn. 16, 27.

210 Vgl. H. Mayer, Strafrecht Allgemeiner Teil, 1953, S. 250; vgl. auch Jakobs 8/24.

Von diesen Theorien könnten die meisten den Tötungsvorsatz hier bejahen: A hat durch die Schläge, die er wahllos und mit voller Wucht auf den Rumpf des O ausführte, eine unabgeschirmte Gefahr für das Leben des O geschaffen. Dass er die Hiebe nicht in Richtung Kopf platzierte, ist kein ernsthaft manifestierter Vermeidewillen, weil auch Schläge auf innere Organe tödlich wirken können. Dabei hat A auch die Möglichkeit des Todeseintritts erkannt. Dass er den Tod auch als naheliegende Folge oder als wahrscheinlich eingestuft hat, lässt sich dagegen im Zweifel nicht annehmen.

Keine der Wissenstheorien zum dolus eventualis ist überzeugend. Sie haben sich in der Praxis auch nicht durchgesetzt.

Zu (1): Die Risikotheorie privilegiert den Absichtstäter, der ein bewusst unsicheres Tötungsmittel aussucht: Derjenige nämlich, der z.B. den Sicherheitsabstand auf der Autobahn bewusst unterschreitet, soll sogar dann nicht tötungsvorsätzlich handeln, wenn er den Todeserfolg herbeiwünscht und dieser tatsächlich eintritt.[211]

Zu (2): Die Vermeidungstheorie überhöht ein Indiz beweismäßiger Vorsatzfeststellung im Prozess zum Vorsatzinhalt selbst. Auch wer keine Maßnahmen zur Vermeidung des Erfolgs trifft, kann auf den guten Ausgang vertrauen.

Zu (3): Die Möglichkeitstheorie macht eine Abgrenzung zwischen Vorsatz und bewusster Fahrlässigkeit sowie zwischen Verletzungs- und Gefährdungsvorsatz von vornherein unmöglich, denn dass der Erfolg aus Tätersicht eintreten könnte, ist all diesen Vorwerfbarkeitsformen gemeinsam. Zudem es ist unbillig, den Täter, der nur leichtsinnig handelt (z.B. der zu schnelle Nebelfahrer), oder denjenigen, der sogar bei erkanntem Risiko den Erfolg vermeiden will (z.B. der Arzt bei einer lebensgefährlichen Operation), mit Vorsatzstrafe zu belegen.

Zu (4): Ebenso ist das Kriterium der Wahrscheinlichkeit im Täterbewusstsein untauglich, weil auch der subjektiv wenig wahrscheinliche Erfolg vom Vorsatz umfasst sein kann, wenn der Täter ihn beabsichtigt. Entscheidend ist nicht der Grad der Wahrscheinlichkeit, sondern die Willensbeziehung zur Realisierung des Wahrscheinlichen. Zudem ist diese Theorie unpraktikabel, wenn – wie vorliegend – unbekannt ist, für wie naheliegend der Täter den Erfolg gehalten hat.

bb) H.Lit. und Rspr. verlangen für Vorsatz in allen Erscheinungsformen neben einer Wissens- auch eine **Willenskomponente**.[212] Das Willenselement sei auch beim Eventualvorsatz unverzichtbar, denn es dokumentiere die unrechtserhöhende Missachtung der bewussten Rechtsgutbeeinträchtigung.[213] Zu der Frage, wie stark die Willenskomponente beim Eventualvorsatz ausgeprägt sein muss, werden verschiedene **Willenstheorien** vertreten:

(1) Die geringsten Anforderungen stellt die **Gleichgültigkeitstheorie**, derzufolge dolus eventualis u.a. auch dann vorliegen soll, wenn der Täter innerlich keine Stellung zum Erfolg bezieht, weil ihm dieser völlig gleichgültig ist.[214] Nach dieser Theorie müsste der Vorsatz hier abgelehnt werden, weil nicht festgestellt ist, dass die Wut des A ihn auch gegenüber dem Leben des O gleichgültig werden ließ.

Kritik: Diese Auffassung ist abzulehnen. Wer auf die Gleichgültigkeit abstellt, macht letztlich nicht den Willen, sondern die negative Bewertung ei-

211 So Herzberg JuS 1986, 262.

212 BGHSt 36, 1, 10; Wessels/Beulke/Satzger Rn. 314.

213 Brammsen JZ 1989, 71, 79.

214 Sch/Sch/Sternberg-Lieben/Schuster § 15 Rn. 84.

ner gefühlsmäßigen Einstellung zum Erfolg zum Abgrenzungskriterium. Das läuft auf eine Bestrafung bloßen Gesinnungsunwerts hinaus.

(2) Herrschend im Schrifttum ist die sog. **Ernstnahmetheorie**. Mit Eventualvorsatz handelt danach, wer die konkrete drohende Rechtsverletzung **erkannt, ernst genommen und sich mit ihr abgefunden hat.**[215]

(3) Inhaltlich deckungsgleich ist die in der Rspr. einhellig vertretene **Billigungstheorie**. Erforderlich und ausreichend ist danach, dass der Täter den Erfolgseintritt als möglich und nicht ganz fernliegend erkannt und ihn **gebilligt bzw. billigend in Kauf genommen hat.**

„Billigen" beinhaltet dabei aber keine positive emotionale Stellungnahme im Sinne eines Gutheißens. Vielmehr kann auch ein unerwünschter Erfolg im Rechtssinn gebilligt werden, wenn sich der Täter damit abgefunden hat. Dabei kann schon **Gleichgültigkeit** gegenüber dem hingenommenen Tod des Opfers Eventualvorsatz begründen.[216]

Tätervorstellung schlagwortartig: „Na wenn schon."

(Bewusste) Fahrlässigkeit liegt danach vor, wenn der Täter mit der als möglich erkannten Tatbestandsverwirklichung nicht einverstanden ist und ernsthaft – nicht nur vage – darauf vertraut, dass der tatbestandliche Erfolg nicht eintreten werde.[217]

Tätervorstellung schlagwortartig: „Es wird schon gutgehen."

163 c) Ausgehend von der Ernstnahme- bzw. Billigungstheorie fragt sich, wann ein Sichabfinden mit dem Erfolg bejaht werden kann, wenn hierzu **keine Feststellungen im Sachverhalt** getroffen sind – wie im vorliegenden Fall, wo nur mitgeteilt ist, dass A die Gefährlichkeit der Schläge mit der Eisenstange erkannt hat. Hierauf kann nur durch eine **Beweiswürdigung** geschlossen werden, die alle objektiven und subjektiven Tatumstände des Einzelfalls berücksichtigt. In Tötungsfällen hatte hierbei früher die psychologische Hemmschwelle, einen Menschen zu töten, als Gegenindiz besonderes Gewicht.[218] Inzwischen sieht die Rspr. in der Hemmschwelle für sich genommen kein Argument mehr, um den Tötungsvorsatz zu verneinen.[219] **Maßgeblich sind vielmehr die objektive Gefährlichkeit der Tathandlung, die konkrete Angriffsweise des Täters, seine psychische Verfassung bei der Tatbegehung und seine Motivation.**[220]

Die Hiebe mit der Eisenstange sind zwar Gewalthandlungen, die den Schluss auf eine Billigung des Todes von O infrage kommen lassen. Sie waren aber nicht so schwer, dass sie – etwa wie Schläge auf den Kopf – ein so hohes Todes-

215 Rengier § 14 Rn. 26; Wessels/Beulke/Satzger Rn. 341.
216 BGH RÜ 2019, 576, 577.
217 BGHSt 7, 363, 367; BGH NJW 2006, 386.
218 BGHSt 36, 1, 10; BGH RÜ 2001, 509; BGH NJW 2006, 386.
219 BGH RÜ 2014,165; vgl. auch BGH RÜ 2012, 369.
220 BGH, Urt. v. 04.04.2013 – 3 StR 37/13, BeckRS 2013, 07323.

risiko bargen, dass es nur vom Zufall abhing, ob O überlebte. Dafür spricht auch, dass O medizinisch gesehen nicht an den Folgen der Schläge, sondern an einer Lungenentzündung drei Wochen nach dem Vorfall gestorben ist. Zudem war A von O provoziert worden und stand unter Alkoholeinfluss. Nimmt man diese Umstände zusammen, kann man nicht darauf schließen, dass A den Tod des O billigend in Kauf nahm.[221]

Mangels Vorsatzes ist A nicht wegen Totschlags strafbar.

II. In Betracht kommt **Körperverletzung mit Todesfolge, § 227**.

Durch die Schläge hat A den O vorsätzlich körperlich misshandelt und an der Gesundheit geschädigt. Er hat dadurch den Tod des O verursacht. Dass dieser nur mittelbare Folge der Verletzung war, ist unerheblich, da auch Lungenentzündungen als Komplikation eines Ausheilungsprozesses nichts Ungewöhnliches und daher objektiv vorhersehbar sind. Der für Erfolgsqualifikationen erforderliche tatbestandsspezifische Gefahrzusammenhang ist bei § 227 nach h.M. auch dann gegeben, wenn die Verletzung erst über eine hierdurch ausgelöste Folgeerkrankung den Tod herbeiführt. A handelte rechtswidrig und fahrlässigkeits-schuldhaft, sodass er sich wegen Körperverletzung mit Todesfolge strafbar gemacht hat.

III. Die **fahrlässige Tötung, § 222**, tritt hinter der spezielleren Erfolgsqualifikation im Wege der Gesetzeskonkurrenz zurück.

IV. Die Schläge mit der Eisenstange stellen zudem eine **Körperverletzung mittels eines gefährlichen Werkzeugs und mittels einer lebensgefährdenden Behandlung** dar, **§ 224 Abs. 1 Nr. 2 Alt. 2, Nr. 5**. Auch diese tritt jedoch hinter der spezielleren Tat nach § 227 zurück.

Ergebnis: A ist strafbar wegen Körperverletzung mit Todesfolge.

Sehr klausurrelevant sind im Zusammenhang mit der Abgrenzung des Eventualvorsatzes von Gefährdungsvorsatz und bewusster Fahrlässigkeit die **Raserfälle**, bei denen es durch Teilnehmer illegaler Kraftfahrzeugrennen (§ 315 d) zu tödlichen Verkehrsunfällen kommt oder kommen kann (dann Versuch). Der BGH verneint hier häufig Tötungsvorsatz trotz extremer Gefährlichkeit mit folgendem, auf Roxin[222] zurückgehendem Argument: Zwar gibt es keine Regel, wonach es Tötungsvorsatz entgegensteht, dass mit der Vornahme einer fremdgefährdenden Handlung auch eine Eigengefährdung einhergeht. **Bei riskanten Verhaltensweisen im Straßenverkehr, die nicht von vornherein auf die Verletzung einer anderen Person oder die Herbeiführung eines Unfalls angelegt sind, kann aber eine vom Täter als solche erkannte Eigengefährdung dafür sprechen, dass er auf seine Fahrgeschicklichkeit und einen guten Ausgang vertraut hat**; anderenfalls hätte er, weil er selbst zum Opfer seines Verhaltens geworden wäre, davon Abstand genommen. 164

221 U.a. mit diesen Argumenten hat der BGH, StV 2009, 473, im vorliegenden Fall die Verurteilung des A wegen Totschlages aufgehoben und die Sache zurückverwiesen.

222 Roxin AT I, 4. Aufl., § 12 Rn. 23.

Je höher dabei der Grad der Eigengefährdung wegen des vom Täter geführten Fahrzeuges (z.B. Motorrad) und der Art der drohenden Unfälle (z.B. mit anderen Kfz), umso eher spreche dies für die Hoffnung des Täters, dass alles gutgehen werde und umso stärker wird dann das Vorsatzindiz der Gefährlichkeit der Tathandlung relativiert.[223]

Die Bedeutung der Eigengefährdung muss dabei immer im Zusammenhang mit dem konkreten Unfallgeschehen bewertet werden, das der Täter als möglich erkannt hat. Bestand bei diesem Verlauf für den Täter ein geringeres Risiko (z.B. Kollision mit einem Fußgänger), kann er dies gebilligt haben und handelte dann mit Eventual-Tötungsvorsatz für das Unfallopfer. Dass er gleichzeitig noch andere Unfallszenarien mit viel größerer Eigengefährdung für möglich hielt, auf deren Ausbleiben er vertraute (Kollision mit einem LKW), spielt keine Rolle.[224]

Verneint man danach vollendeten oder versuchten Totschlag, besteht Anlass, § 315 d Abs. 1, 2, ggf. mit der Erfolgsqualifikation des Abs. 5, zu prüfen.[225]

Klausurhinweis: *Der Streit um den Eventualvorsatz gehört in Anfängerarbeiten zum Standard-Repertoire. In Examensklausuren braucht er nur sehr selten ausgebreitet zu werden. Achten Sie immer darauf, ob im Sachverhalt etwas zum voluntativen Element des Täters mitgeteilt ist:*

Finden Sie Formulierungen wie: ***„Er hoffte, dass nichts Weiteres passieren werde“****, ist das ein Signal für die Verneinung von Eventualvorsatz. Lesen Sie, dass der Täter den Erfolg* ***„gebilligt“*** *oder* ***„in Kauf genommen“*** *habe, heißt das für Sie: Der Eventualvorsatz liegt vor. In beiden Varianten steuern Sie in Ihrer Lösung zügig auf die herrschende Ernstnahme- bzw. Billigungstheorie zu und lösen dementsprechend. Eine Streitdarstellung ist dann vom Aufgabensteller nicht gewollt. Richten Sie sich unbedingt danach!*

Ist ***nichts über die Willensseite mitgeteilt****, müssen Sie – wie im vorgenannten Fall gezeigt – vom äußeren Ablauf auf das Vorhandensein von Vorsatz schließen. Stellen Sie vorab die Wissenstheorien allenfalls in zwei bis drei Sätzen zusammenfassend dar und lehnen Sie sie mit dem Hinweis ab, dass keine der Theorien den Eventualvorsatz für einen Deliktserfolg vom Gefährdungsvorsatz oder bewusster Fahrlässigkeit klar abgrenzen kann. Ob tatsächlich eine billigende Inkaufnahme vorlag, begründen Sie dann bitte ausführlich anhand der im vorhergehenden Fall dargestellten Kriterien! Der Aufgabensteller will Argumente hören und keine platte Behauptung!*

4. Vorsatzkombinationen

a) Dolus cumulativus

165 Als kumulativen Vorsatz beschreibt man den Vorsatz, durch **dieselbe Handlung mehrere Tatbestände** zu erfüllen. Außer dieser Beschreibung hat der Begriff keine Funktion. Die Rechtsfolge richtet sich danach, inwieweit die vom Vorsatz umfassten Delikte

223 Vgl. BGH RÜ 2018, 301 („Ku'damm-Raserfall“ im ersten Verfahrensdurchgang); StV 2018, 426 („Bremer Raserfall“).

224 BGH RÜ 2020, 641, 643 („Ku'damm-Raserfall“ im zweiten Verfahrensdurchgang nach Aufhebung und Zurückverweisung im ersten Verfahrensdurchgang, BGH RÜ 2018, 301).

225 Zur Struktur AS-Aufbauschemata (2021) S. 155; AS-Skript StrafR BT 2 (2020), Rn. 442 ff.

vollendet oder nur versucht wurden und welche Delikte im Wege der Gesetzeskonkurrenz zurücktreten.[226] Die verbleibenden stehen dann zueinander in Tateinheit.

Beispiel: Wer einen anderen durch Schläge zur Preisgabe einer Information zwingen will, hat (Kumulativ-)Vorsatz für eine Körperverletzung gemäß § 223 Abs. Alt. 1 und Nötigung gemäß § 240. Erreicht der Täter trotz der Schläge sein Ziel nicht, ist er strafbar wegen Körperverletzung in Tateinheit mit versuchter Nötigung.

Klausurhinweis: *Den Kumulativ-Vorsatz brauchen Sie in einer Klausur nicht hervorzuheben. Er ergibt sich aus ihrer Prüfung der einschlägigen Tatbestände und der Konkurrenzen.*

b) Dolus alternativus

Beim alternativen Vorsatz beabsichtigt oder rechnet der Täter damit, durch eine Handlung **entweder** den einen **oder** anderen **Erfolg** bzw. entweder den einen oder anderen **Straftatbestand** zu erfüllen. Im Unterschied zum Kumulativ-Vorsatz **schließen sich die Alternativen tatsächlich oder rechtlich gegenseitig aus**. **166**

Fall 7: dolus alternativus in Bezug auf verschiedene Rechtgutträger

Der T schlug mit einem Hammer ohne Tötungsvorsatz in Richtung der N und ihres unmittelbar hinter ihr stehenden Bruders B. Dabei hielt T es für möglich und nahm billigend in Kauf, mit dem Hammer entweder N oder B zu treffen und zu verletzen. N und B konnten den Schlag so ablenken, dass T den B mit dem Hammer am Kopf traf und verletzte. Strafbarkeit des T? (Fall nach BGH RÜ 2021, 165)

I. T könnte sich wegen **gefährlicher Körperverletzung** gemäß **§§ 223 Abs. 1, 224 Abs. 1 Nr. 2 Alt. 2, Nr. 5** an **B** strafbar gemacht haben, indem er diesen mit dem Hammer schlug.

1. Der Schlag gegen den Kopf des B war eine körperliche Misshandlung § 223 Abs. 1 Alt. 1)und führte auch zu einer Verletzung, also einer Gesundheitsschädigung (§ 223 Abs. 1 Alt. 2). Da ein Schlag mit einem schweren und harten Gegenstand wie einem Hammer gegen den Kopf geeignet ist, erhebliche Verletzungen herbeizuführen und das Opfer generell in Lebensgefahr bringen kann, sind auch die Strafschärfungen des § 224 Abs. 1 Nr. 2 Alt. 2 und Nr. 5 erfüllt.

2. Fraglich ist, ob T **vorsätzlich** handelte.

   a) Er ging davon aus, mit seinem Schlag entweder die N oder den tatsächlich getroffenen B zu verletzen. Damit hatte T jedenfalls auch Eventualvorsatz zur Verletzung des B.

   b) Zwar wurde der Schlag abgelenkt, doch da mit B trotzdem ein Opfer getroffen wurde, welches T auch verletzen wollte, bewirkte die Umlenkung keine den Vorsatz ausschließende Zielverfehlung im Sinne einer aberratio ictus.[227] Auch liegt in der nach der Lebenserfahrung voraussehbaren Abwehrhandlung der

226 AS-Skript StrafR AT 2 (2021), Rn. 449 ff.

227 Vgl, dazu AS-Skript StrafR AT 2 (2021), Rn. 364.

Opfer keine wesentliche Kausalabweichung. Die Verletzung des B ist damit dem T als vorsätzlich anzulasten.

c) T kannte auch die qualifizierenden Tatumstände.

3. Rechtswidrigkeit und Schuld liegen vor. T ist wegen gefährlicher Körperverletzung des B strafbar.

II. Fraglich ist, ob T durch den Schlag auch wegen **versuchter gefährlicher Körperverletzung** gemäß **§§ 223, 224 Abs. 1 Nr. 2 Alt. 2, Nr. 5, Abs. 2, 22, 23 Abs. 1** zum Nachteil der **N** strafbar geworden ist.

1. Die Tat ist nicht vollendet, da N nicht getroffen wurde. Der Versuch ist nach § 224 Abs. 2 StGB strafbar.

167 2. T müsste Tatentschluss zur Verletzung der N besessen haben. Zwar hat T die Möglichkeit vorausgesehen und gebilligt, dass N von dem Schlag mit dem Hammer getroffen würde. Doch wäre dann nach seiner Vorstellung der B nicht getroffen worden. Beide Körperverletzungen schlossen sich gegenseitig aus und T wollte nur eine Rechtsverletzung herbeiführen. Er hatte somit Alternativ-Vorsatz. Fraglich ist, ob diese „entweder-oder-Vorstellung" die Annahme eines zweiten Vorsatzes sperrt.

Für einen Teil des Schrifttums hat derjenige, der nur eine Rechtsverletzung will, auch nur **Vorsatz bzgl. eines Delikts**. Um die Gefährlichkeit des Täters voll zu ahnden, schlägt eine Untermeinung dieser Gruppe vor, **allein den Vorsatz des schwereren Delikts** zu berücksichtigen, womit gleichzeitig der Vorsatz des leichteren Delikts entfalle.[228] Andere stellen auf das **vollendete Delikt** ab und halten den Vorsatz hinsichtlich der nur versuchten Alternative für „verbraucht".[229]

Das Schrifttum und die aktuelle Rspr. bejahen – wie beim Kumulativ-Vorsatz – auch dann mehrere Tatentschlüsse bzw. Tatvorsätze, wenn sich die verschiedenen Taterfolge gegenseitig ausschließen. Der Alternativvorsatz ist nach dieser Ansicht keine Frage des Tatbestandes, sondern der Konkurrenzen.[230]

Kritik: Den Tatbestandslösungen kann nicht gefolgt werden. Der Tatbestandsvorsatz zu einem Delikt „verschwindet" nicht einfach, weil die Verwirklichung des gewollten Erfolges alternativ zu einem anderen gewollt war. Die Bestrafung aus nur einem Delikt ist zudem allenfalls dann schuldadäquat, wenn es um verschiedene Rechtsgüter desselben Rechtsgutträgers geht, aber nicht mehr, wenn – wie hier – höchstpersönliche Rechtsgüter verschiedener Personen betroffen sind. Vorzugswürdig ist es daher, die Fälle des Alternativ-Vorsatzes auf Konkurrenzebene zu lösen.

T hatte damit auch Tatentschluss zur gefährlichen Körperverletzung der N.

---

228 LK-Vogel/Bülte § 15 Rn. 136; Lackner/Kühl § 15 Rn. 29.

229 NK-Zaczyk § 22 Rn. 30.

230 Rengier § 14 Rn. 52; Wessels/Beulke/Satzger Rn. 350 ff.; BGH RÜ 2021, 165, 166.

3. Durch Ausholen zum Schlag hat T nach seinem alternativen Tatplan auch unmittelbar zur gefährlichen Körperverletzung an N angesetzt, § 22.

4. Die Tat geschah rechtswidrig und schuldhaft.

5. Fraglich ist das Verhältnis zur vollendeten Körperverletzung an N. Hier differenziert die herrschende **Konkurrenzlösung** in den dolus alternativus-Fällen. 168

   Geht es um **Rechtsgüter desselben Rechtsgutträgers** (Leib, Leben, Freiheit, Ehre) oder um **nicht höchstpersönliche Rechtsgüter verschiedener Personen** (Eigentum, Vermögen), gilt: Soweit die nur versuchte Tat wegen etwa gleicher Schutzrichtung und Tatschwere gegenüber der vollendeten nicht ins Gewicht fällt (Konsumtion, Subsidiarität)[231], wird nur aus dem vollendeten Tatbestand bestraft. Tateinheit zwischen dem vollendeten und dem versuchten Delikt besteht aber, wenn Letzteres im Unrechts- und Schuldgehalt wesentlich schwerer wiegt als die vollendete Tat und deshalb im Schuldspruch klargestellt werden muss.[232]

   Sind **höchstpersönliche Rechtsgüter verschiedener Personen** betroffen, ist **stets Tateinheit** zwischen Vollendung und Versuch anzunehmen.[233]

   Diese Konstellation liegt auch im vorliegenden Fall vor, wo mit dem Hammerschlag alternativ die körperliche Integrität von B und von N angegriffen wurde.

Ergebnis: T ist strafbar wegen gefährlicher Körperverletzung in gleichartiger Tateinheit (§ 52 Abs. 1 Alt. 2) mit versuchter gefährlicher Körperverletzung.

II. Deliktsspezifische subjektive Tatbestandsmerkmale

1. „Wider besseres Wissen"

169 Verwendet der Gesetzgeber die Wendung **„wider besseres Wissen"** (vgl. §§ 145 d, 187, 258), gibt er damit immer zu erkennen, dass hinsichtlich des Umstands, auf den sich die Wendung bezieht, **direkter Vorsatz** vorliegen muss und dolus eventualis nicht ausreicht. Auch das Adverb **„wissentlich"** wird vom Gesetzgeber gebraucht, um das Erfordernis mindestens direkten Vorsatzes deutlich zu machen.

2. „Absicht"

Dieser Begriff kann verschiedene Bedeutungen haben.

170 **a)** Häufig wird die Absicht oder die sinngleiche Wendung „um zu" gebraucht, weil als **subjektives Tatbestandsmerkmal** eine Tendenz des Täters verlangt wird, also eine auf die Zukunft gerichtete innere Vorstellung, die über den objektiven Tatbestand hinausreicht.

---

231 Vgl. zu diesen Formen der Gesetzeskonkurrenz AS-Skript StrafR AT 2 (2021), Rn. 454 ff., 461.

232 Sch/Sch/Sternberg-Lieben/Schuster § 15 Rn. 91 f.; Wessels/Beulke/Satzger Rn. 351 ff.

233 Wessels/Beulke/Satzger Rn. 352; BGH RÜ 2021, 165, 167.

Beispiel: Der Betrug ist schon mit der durch Täuschung und Irrtum motivierten Selbstschädigung vollendet; die Bereicherung muss nicht eingetreten sein, der Täter muss sie nur angestrebt haben.

171 **b) Bezieht sich die „Absicht" nach dem Gesetzeswortlaut auf ein Element des objektiven Tatbestands**, liegt kein selbstständiges subjektives Tatbestandsmerkmal vor; der Gesetzgeber **verengt vielmehr den Vorsatz auf dolus directus** und gibt zu erkennen, dass Eventualvorsatz nicht ausreicht.

Beispiele: Beabsichtigte schwere Körperverletzung gemäß § 226 Abs. 2; absichtliche Strafvereitelung gemäß § 258 Abs. 1; absichtlicher Missbrauch von Notrufen gemäß § 145.

172 **c)** Unabhängig davon, ob der Begriff „Absicht" auf ein objektives Tatbestandsmerkmal oder auf eine Tätertendenz bezogen ist, muss durch Auslegung ermittelt werden, ob der Gesetzgeber im Einzelfall Absicht i.S.v. dolus directus I verlangt oder nur Eventualvorsatz ausschließen will. Der gesetzliche Sprachgebrauch ist ungenau.

Als Faustregel kann gelten: **Umschreibt die Absicht eine für den Täter oder Dritte günstige Position, so ist regelmäßig dolus directus I erforderlich; umschreibt die Absicht dagegen eine besondere Schädigung, genügt diesbezüglich dolus directus II.**[234]

Beispiele: Die Bereicherung bei § 263 Abs. 1 muss i.S.v. dolus directus I beabsichtigt werden. Demgegenüber reicht für Nachteilszufügungsabsicht bei der Urkundenunterdrückung gemäß § 274 dolus directus II; dasselbe gilt für die beabsichtigte schwere Körperverletzung gemäß § 226 Abs. 2 und für die Absicht, ein behördliches Verfahren herbeizuführen, in § 164.[235]

---

234 Sch/Sch/Cramer/Sternberg-Lieben/Schuster § 15 Rn. 70.

235 BGHSt 13, 219.

Subjektiver Tatbestand des vorsätzlichen Begehungsdelikts

Tatbestandsvorsatz ist Bewusstsein und zumindest billigende Inkaufnahme der Verwirklichung aller Umstände des gesetzlichen Tatbestands

Gegenstand
- Umstände aller geschriebenen und ungeschriebenen deliktsspezifischen objektiven Merkmale eines Tatbestands; bei Vorsatz bzgl. mehrerer Delikte: dolus cumulativus; bzgl. mehrerer, sich gegenseitig ausschließender Delikte: dolus alternativus
- Kausalität/Umstände der objektiven Zurechnung

Konkretisierung
- Bzgl. aller äußeren Tatbestandsmerkmale Kenntnis (zumindest sachgedankliches Mitbewusstsein) der zugrunde liegenden Tatsachen; bei normativen Merkmalen zusätzlich laienhafte Bedeutungskenntnis
- Bzgl. Kausalität nur Kenntnis des Geschehensablaufs in seinen wesentlichen Zügen

Zeitpunkt
- Vorsatz muss nur bei der Tatbegehung, d.h. bei Vornahme der Tathandlung, und nicht mehr im Zeitpunkt der Vollendung vorliegen

Formen

Absicht (= dolus directus I)	Kognitiv: Täter hält TB-Verwirklichung für sicher oder möglich Voluntativ: zielgerichteter Erfolgswille
direkter Vorsatz (= dolus directus II)	Kognitiv: Täter hält TB-Verwirklichung für sicher Voluntativ: Erfolg kann dem Täter sogar unerwünscht sein
Eventualvorsatz (= dolus eventualis)	Kognitiv: Täter hält TB-Verwirklichung für möglich Voluntativ: Täter nimmt Erfolg billigend in Kauf, d.h. er findet sich damit ab (h.M.: Ernstnahme-, Billigungstheorie)

Deliktsspezifische subjektive Tatbestandsmerkmale

Tendenzen → „Absicht", „um zu" als über den objektiven Tb hinausreichendes, ins Subjektive vorverlagerte Ziel → Durch Auslegung zu ermitteln, ob Absicht i.S.v. dolus directus I gemeint ist oder nur dolus eventualis ausgeschlossen werden soll

2. Abschnitt: Rechtswidrigkeit

173 Nach dem dreigliedrigen Verbrechensaufbau (s.o. Rn. 91) erfasst ein Straftatbestand nur einen Teilausschnitt des Gesamtgeschehens, nämlich die Beeinträchtigung eines Rechtsguts in der vom Gesetzgeber vertypten Weise. Unrecht ist die Tatbestandsverwirklichung aber erst, wenn abschließend geklärt ist, ob das Geschehen **im Widerspruch zur gesamten Rechtsordnung** steht. Diese Prüfung wird auf der Deliktsstufe der **Rechtswidrigkeit** vorgenommen. Grundsätzlich ergibt sich aus der Tatbestandsverwirklichung auch das Unrecht der Tat, sodass gilt: „Die Tatbestandsmäßigkeit indiziert die Rechtswidrigkeit." Gewährt die Rechtsordnung für bestimmte Konflikte ausnahmsweise eine Rechtfertigung, durch die das im Straftatbestand formulierte Verbot aufgehoben wird, und sind im konkreten Fall die Voraussetzungen eines Rechtfertigungsgrundes erfüllt, wird auch die Vermutung der Rechtswidrigkeit beseitigt. Die Tatbestandsverwirklichung ist dann erlaubt. Man bezeichnet die Rechtfertigungsgründe deshalb auch als **Erlaubnissätze**.

A. Systematik der Erlaubnissätze

I. „Rechtswidrigkeit" im Strafgesetz als Tatbestandsmerkmal oder als bloßer Hinweis auf etwaige Rechtfertigungsgründe

174 Häufig finden sich schon in den Tatbestandsformulierungen des Besonderen Teils Begriffe wie „unbefugt" (z.B. in § 132 a, in § 324 oder §§ 201 ff.) oder „widerrechtlich" (in § 123). Hierbei kann es sich um echte Tatbestandsmerkmale oder auch nur um klarstellende (eigentlich überflüssige) Hinweise auf die Rechtswidrigkeitsstufe handeln. Ob das eine oder andere vorliegt, lässt sich nur in Bezug auf den jeweiligen Tatbestand beantworten. Dazu folgende Gedankenschritte:

Zunächst ist der fragliche Begriff **gedanklich aus dem Gesetz zu streichen**. Die „übrig gebliebene" Formulierung ist Gegenstand der weiteren Interpretation:

- Beschreibt diese **immer noch ein als strafwürdig erkennbares Verhalten**, kann der weggedachte Begriff nicht für das Verbot selbst von Bedeutung gewesen sein; es handelt sich dann nur um einen Hinweis auf etwaige Rechtfertigungsgründe.

  Beispiel: Auch ohne das Wort „widerrechtlich" ist der Hausfriedensbruch gemäß § 123 Abs. 1 Alt. 1 als strafbares Verhalten durch die Tathandlung des „Eindringens" erkennbar; auch ohne das Wort „unbefugt" ist das Verbot des § 324 durch die übrigen Merkmale „Verunreinigen eines Gewässers" präzisiert. Hier haben die fraglichen Begriffe also keine Tatbestandsqualität.[236]

- Ist ohne den fraglichen Begriff **kein sozialschädliches Verhalten mehr erkennbar**, wird die Verbotsmaterie erst durch diesen zum Ausdruck gebracht; das Merkmal gehört dann zum Tatbestand.

  Beispiele: Ohne das Merkmal „unbefugt" in § 132 a bliebe nur das Führen eines Titels als Verhalten übrig. Das kann aber für sich nichts Verbotenes sein. Denn dann würde auch derjenige, der den Titel redlich erworben hat, den Tatbestand eines Strafgesetzes erfüllen. Hier ist das Merkmal „unbefugt" deshalb Tatbestandsmerkmal.[237]

---

236 Fischer § 123 Rn. 34; § 324 Rn. 7.

237 Sch/Sch/Sternberg-Lieben § 132 a Rn. 19.

Hinweis: *Die Frage nach der Einordnung von „unbefugt", „rechtswidrig" usw. wird gern in der mündlichen Prüfung gestellt. Sie hat aber auch erhebliche Bedeutung für die Falllösung. Liegt nur ein redundanter Hinweis auf Rechtfertigungsgründe vor, wird das Merkmal im Tatbestand gar nicht erwähnt. Handelt es sich um ein unrechtskonstituierendes Tatbestandsmerkmal, müssen Sie Erlaubnissätze – insbesondere die tatbestandsausschließende Einwilligung (das Einverständnis, s.u. Rn. 313 ff.) – schon im Tatbestand prüfen. Auch der Vorsatz muss sich auf das Nichtvorliegen von Erlaubnissätzen beziehen, so dass die irrige Annahme von Umständen, die eine tatbestandsausschließende Erlaubnis begründen würden, in direkter Anwendung des § 16 den Vorsatz entfallen lässt!*

II. Rechtsquellen für Erlaubnissätze

Da es um den Widerspruch der Tat zur Gesamtrechtsordnung als einheitliche Rechtsordnung geht, **sind bei der Rechtswidrigkeitsprüfung nicht nur strafrechtliche Rechtfertigungsgründe zu erörtern, sondern häufig auch Rechtssätze außerhalb des StGB**. 175

So kann **beispielsweise** eine Festnahme, die nach § 127 Abs. 1 S. 1 StPO erlaubt ist, unter strafrechtlichem Blickwinkel der Freiheitsberaubung, § 239 Abs. 1, nicht verboten sein.

III. Nur beschränkte Geltung des Gesetzlichkeitsprinzips aus Art. 103 Abs. 2 GG

Im Gegensatz zu den Verbotsnormen des Besonderen Teils haben Rechtfertigungsgründe durch den Unrechtsausschluss primär eine täterbegünstigende Wirkung. Deshalb gilt das Gesetzlichkeitsprinzip des Art. 103 Abs. 2 GG nach h.M. nur **eingeschränkt**.[238] Konsequenzen: 176

1. Kein numerus clausus

Zwar hat der Gesetzgeber die meisten Rechtfertigungsgründe gesetzlich normiert, etwa im Zusammenhang mit den jeweiligen BT-Tatbeständen (z.B. bei den Ehrverletzungsdelikten § 193, beim Schwangerschaftsabbruch § 218 a) oder allgemein (z.B. Notwehr gemäß § 32, Notstand gemäß § 34) oder außerhalb des StGB (zahlreiche öffentlich-rechtliche Ermächtigungsgrundlagen im Polizei- und Ordnungsrecht und in der StPO). Das schließt aber nicht aus, dass Rechtfertigungsgründe auch durch Gewohnheitsrecht entstehen wie z.B. die rechtfertigende Pflichtenkollision (s.u. Rn. 523). 177

2. Keine teleologische Reduktion, wohl aber Auslegung und ausdehnende Analogie

Liegen die Voraussetzungen eines Rechtfertigungsgrundes dem Wortlaut nach vor, wäre es unzulässig, die Rechtfertigung durch eine telelogische Reduktion wieder zu verneinen. Dies wäre im Ergebnis wieder eine Täterbelastung und als indirekte Analogie 178

238 Vgl. die Nachw. bei Burchard StV 2019, 637, der selbst eine Ausweitung des Bestimmtheitsgrundsatzes auf Rechtfertigungsgründe fordert und verlangt, dass zumindest die wesentlichen Elemente eines Rechtfertigungsgrundes vom Gesetzgeber zu regeln seien.

ein Verstoß gegen Art. 103 Abs. 2 GG.[239] Verfassungsrechtlich unbedenklich ist dagegen eine vom Wortlaut eines Rechtfertigungsgrundes ausgehende Auslegung, die lediglich eine Konkretisierung der Inhaltsschranken ist (z.B. die Notwehrbeschränkungen der Gebotenheit, s.u. Rn. 218 ff.). Art. 103 Abs. 2 GG verbietet auch keine ausdehnende Analogien von Rechtfertigungsgründen, weil sich das zugunsten des Täters auswirkt (z.B. analoge Anwendung des § 228 BGB in § 34, s.u. Rn. 276). Die sich daraus ergebende Erweiterung der Handlungsbefugnis des Täters führt zwar spiegelbildlich zu einer Einschränkung der Verteidigungsmöglichkeiten des davon Betroffenen und erhöht sein Strafbarkeitsrisiko (s. nachfolgend Rn. 179), doch liegen solche mittelbaren Folgen außerhalb des Schutzbereichs von Art. 103 Abs. 2 GG.[240]

IV. Rechtswirkungen von Rechtfertigungsgründen

1. Eingriffsrecht und Duldungspflicht

179 Ein Rechtfertigungsgrund schließt primär aus, dass der Handelnde Unrecht tut. Darüber hinaus verliehen sei ihm sogar ein **Recht zum Eingriff** mit einer entsprechenden **Duldungspflicht des Betroffenen**. Dies beweist § 32: Wer gerechtfertigt ist, begeht keinen „rechtswidrigen" Angriff. **Keine Notwehr gegen eine gerechtfertigte Tat!**

Beispiel: Frau A wurde frühmorgens von K überholt, der sie grundlos anpöbelte. Die Aufforderung der A, sie in Ruhe zu lassen, reizte den K noch mehr und er wurde handgreiflich. Dabei wurde der Kopfhörer des MP3-Players der A zerstört und das ausgeschaltete Handy des K fiel auf den Boden. Noch bevor K es aufheben und sich damit entfernen konnte, steckte A das Mobiltelefon in ihre Handtasche. Sie erklärte, sie werde es erst wieder herausgeben, wenn K ihr Schadensersatz für den Kopfhörer zahle oder – da Polizei nicht in der Nähe war – zumindest seine Personalien angebe. K schlug daraufhin mit der Faust auf A ein, um das Handy zurückzuerlangen. A wehrte die Schläge ab, indem sie K ohne Tötungsvorsatz mit einem Taschenmesser in die Brust stach. Strafbarkeit der A? – Die Ankündigung, das Handy nicht zurückzugeben ist keine (versuchte) Nötigung gemäß § 240, weil A zur Durchsetzung ihres zivilrechtlichen Schadensersatzes Selbsthilfe nach § 229 BGB üben durfte. K musste die Besitzentziehung dulden. Damit hat A auch keinen gegenwärtigen rechtswidrigen Angriff begangen, gegen den sich K gemäß § 32 hätte wehren dürfen. Wegen seiner Duldungspflicht wurde er selbst zum gegenwärtigen rechtswidrigen Angreifer, als er auf A einschlug. Dagegen durfte sich A mit dem Messer gemäß § 32 verteidigen. Auch die gefährliche Körperverletzung gemäß §§ 223, 224 Abs. 1 Nr. 2 Alt. 2 ist damit gerechtfertigt.[241]

180 Ist eine Tat zwar rechtswidrig, aber **entschuldigt**, besteht für den davon Betroffenen keine Duldungspflicht. Er darf sich mit Notwehr gegen den rechtswidrigen Angreifer wehren, allerdings ist der Umfang der Notwehr angesichts der Schuldlosigkeit des Angreifers beschränkt.

Beispiel: Um an ein lebenserhaltendes Medikament zu gelangen, greift A den B an, der das Präparat für sich braucht. B wehrt sich unter möglichster Schonung des A, kann aber nicht verhindern, dass A schwer verletzt wird. – Der Raubversuch (§§ 249, 22, 23 Abs. 1, 12 Abs. 1) des A war rechtswidrig, denn die Beseitigung der eigenen Lebensgefahr durch Schaffung einer gleichwertigen Lebensgefahr für B war weder aus § 32 noch aus § 34 gerechtfertigt. A ist gemäß § 35 Abs. 1 entschuldigt. Die Körperverletzung des A gemäß § 223Abs. 1, die B zu seiner Verteidigung verwirklicht hat, war dagegen aus § 32 gerechtfertigt.

239 Sch/Sch/Sternberg-Lieben Vor §§ 32 ff. Rn. 25.

240 LK-Rönnau Vor §§ 32 ff. Rn 68.

241 BGH RÜ 2011, 432.

2. Mangels Unrecht auch keine Teilnahmefähigkeit

Da die §§ 26, 27 eine „rechtswidrige" – nicht notwendig schuldhafte – Tat voraussetzen, sind Anstiftung und Beihilfe zu einer gerechtfertigten Tat nicht möglich. **Die gerechtfertigte Tat ist nicht teilnahmefähig!** 181

Beispiel: A will den B umbringen. Zu diesem Zweck provoziert er einen lebensgefährlichen Angriff des B auf den körperlich unterlegenen C. Während der Auseinandersetzung animiert A den C, seine Schusswaffe als einziges effektives Verteidigungsmittel einzusetzen. C erschießt B. War der Schusswaffengebrauch von § 32 gedeckt, kann A nicht wegen Anstiftung zum Totschlag bestraft werden. Gegeben ist aber Totschlag in mittelbarer Täterschaft gemäß §§ 212, 25 Abs. 1 Alt. 2, weil A den C als gerechtfertigt handelndes Werkzeug einsetzte.[242]

3. Teilbarkeit der Rechtfertigung

Dass für ein Delikt ein Rechtfertigungsgrund eingreift, schließt nicht aus, dass für dieselbe Handlung unter dem Blickwinkel eines anderen Delikts ein anderer oder gar kein Erlaubnissatz eingreift. **Die Rechtfertigung ist teilbar.** Die Einzelprüfung der Rechtfertigung muss daher immer **auf den jeweiligen Tatbestand bezogen** und für **jeden Tatbestand wiederholt** werden. 182

Beispiel: Benutzt jemand einen in der U-Bahn angebrachten Feuerlöscher, um damit den Angriff von Hooligans abzuwehren, ist die Körperverletzung (§§ 223, 224 Abs. 1 Nr. 2 Alt. 2) nach § 32, die gemeinschädliche Sachbeschädigung an dem Löschgerät (§ 304) nach § 34 und die Sachbeschädigung an dem Löscher (§ 303 Abs. 1) als Eigentumsverletzung nach § 904 BGB gerechtfertigt.

V. Gemeinsame Strukturen der „Erlaubnistatbestände"

1. Ob sich alle Erlaubnissätze auf einheitliche Prinzipien zurückführen lassen, ist umstritten. Beim Handeln durch Private ist eine „dualistische" Einteilung[243] zweckmäßig. Diese unterscheidet zwischen Rechtfertigungsgründen zum **Schutz von Interessen der Rechtsordnung** (z.B. Notwehr) und solchen zum **Schutz der Interessen des Rechtsgutträgers** (insbesondere Einwilligung). 183

2. Bei allen Rechtfertigungsgründen muss streng zwischen der **objektiven Rechtfertigungssituation** und dem **subjektiven Vorstellungsbild** des Täters getrennt werden: 184

Grundelemente des **objektiven und subjektiven Erlaubnistatbestands** aller Rechtfertigungsgründe zum Schutz von Interessen der Rechtsordnung sind immer:

- die Umschreibung der **Konfliktlage**,
- die **allgemeine Eingriffsbefugnis**,
- die **rechtsethische Begrenzung** des Eingriffsrechts
- und ein **subjektives Rechtfertigungselement**.

---

242 Vgl. dazu AS-Skript StrafR AT 2 (2021), Rn. 68 f.
243 Vgl. Sch/Sch/Sternberg-Lieben Vor §§ 32 ff. Rn. 7 ff.

VI. Ex-post-Beurteilung der Konfliktlage und ex-ante-Beurteilung der Eingriffshandlung

185 Die Konfliktlage muss objektiv vorgelegen haben; dies wird bei der Strafbarkeitsprüfung im Nachhinein, also ex post aus der Sicht eines objektiven Dritten, beurteilt.[244] Eine ex ante-Perspektive, also vom Standpunkt des Täters zeitlich vor seiner Handlung, wird dort eingenommen, wo der Handelnde eine Prognoseentscheidung zu treffen hat (z.B. in § 32 bei der Frage, welche Verteidigungshandlung erforderlich ist).

VII. Das subjektive Rechtfertigungselement

1. Notwendigkeit

186 Früher (auf der Grundlage eines kausalen Handlungsverständnisses, s.o. Rn. 78) verstand man Unrecht als rein objektive, von der Täterperson getrennte Rechtsgutverletzung. Für diese **objektive Unrechtslehre** war folgerichtig kein Unrecht gegeben, wenn der Täter objektiv im Einklang mit der Rechtsordnung handelte. Subjektive Rechtfertigungselemente waren danach entbehrlich.[245] Dieses Verständnis wurde (unter Einfluss der modernen Handlungslehren) von der heute herrschenden **personalen Unrechtslehre** verdrängt. Danach wird Unrecht neben der Rechtsgüterverletzung auch geprägt durch Zielsetzungen und Pflichtverletzungen des Täters. Da zudem die meisten Rechtfertigungsgründe schon ihrem Wortlaut nach einen subjektiven Bezug voraussetzen (§ 32 Abs. 2, § 34 S. 1: „um zu"), ist nach h.M. für die Rechtfertigung neben dem objektiven auch ein **subjektives Rechtfertigungselement unverzichtbar**.[246]

2. Inhalt

187 Umstritten ist, welchen Inhalt das subjektive Rechtfertigungselement hat, damit bei objektiver Rechtfertigung das Unrecht entfällt. Der Streit entzündet sich schon bei der Frage, welche kognitive und voluntative Beziehung der Täter zu den objektiven Rechtfertigungsumständen besitzen muss. Damit verbunden ist die zweite Streitfrage, ob der Täter auch mit der Motivation einer Rechtfertigung handeln muss.

Eine Meinungsgruppe lässt **„Eventual-Rechtfertigungsvorsatz"** genügen: Der Täter handele schon dann erlaubt, wenn er die objektiv vorliegende Rechtfertigung lediglich für möglich halte, aber darauf vertraue. Einer weitergehenden Rechtfertigungsabsicht oder -motivation bedürfe es dann nicht mehr. Nur bei bestimmten Rechtfertigungsgründen, die ihrer Struktur nach eine über den Eingriff hinausgehende Tendenz verlangten, wie z.B. bei § 127 Abs. 1 S. 1 StPO den Willen zur Überführung des vorläufig Festgenommenen an die Polizei, sei eine solche Absicht erforderlich.[247]

Eine andere Ansicht im Schrifttum verlangt sicheres Wissen der objektiven Rechtfertigungslage, sozusagen **„direkten Rechtfertigungsvorsatz"**, dafür aber – von den Recht-

---

244 Lackner/Kühl Vor § 32 Rn. 5; Sch/Sch/Sternberg-Lieben Vor §§ 32 ff. Rn. 10 b; Frister S. 186 ff.

245 Vgl. LK-Rönnau/Hohn § 32 Rn. 138 ff.

246 NK-Paeffgen Vor §§ 32 ff. Rn. 88 mit zahlr. Nachweisen.

247 Sch/Sch/Sternberg-Lieben Vor §§ 32 ff. Rn. 14; Stratenwerth/Kuhlen § 9 Rn. 151.

fertigungsgründen mit einer weiteren Tendenz abgesehen – kein Handeln mit besonderer Rechtfertigungsmotivation.[248]

Überwiegend halten Lit. und aktuelle Rspr. in kognitiver Hinsicht Möglichkeitsbewusstsein der objektiven Rechtfertigungslage für ausreichend; voluntativ sei aber zielgerichteter Wille erforderlich, auch zum Zweck der Rechtfertigung zu handeln.[249] Das ist gleichbedeutend mit **„Rechtfertigungsabsicht"**.

Kritik: Für diese auf den ersten Blick „asymmetrische" Verengung des Rechtfertigungswillens im Vergleich zum Unrechtsvorsatz sprechen der Wortlaut der wichtigsten Rechtfertigungsgründe der §§ 32, 34 („um zu") sowie der Ausnahmecharakter der Rechtfertigungsgründe gegenüber Verbotstatbeständen.

3. Rechtsfolgen fehlender subjektiver Rechtfertigung

Mit der Bestimmung der Voraussetzungen eines „Rechtfertigungsvorsatzes" ist noch nicht geklärt, wie derjenige zu behandeln ist, der bei objektiver Rechtfertigungslage die von den eben genannten Ansichten geforderten unterschiedlichen subjektiven Anforderungen nicht erfüllt. 188

Beispiele:

A schlägt aus reiner Aggressionslust den ihm entgegenkommenden B nieder, ohne zu ahnen, dass dieser im Begriff war, ihn mit einem Messer niederzustechen. – Nach allen Ansichten fehlt hier die subjektive Rechtfertigung.

Der zur rechtsradikalen Szene gehörende A sitzt in seinem Auto und sieht, wie sich eine Gruppe Linksautonomer nähert, die ihn körperlich attackieren will. Im Bewusstsein, sich endlich an seinen politischen Gegnern rächen zu können, fährt er auf die Angreifer zu und verletzt diese. – Nach denjenigen, die Rechtfertigungsabsicht verlangen, ist auch in diesem Fall das subjektive Rechtfertigungselement nicht erfüllt.

Die Rspr. bejaht einen Unrechtsausschluss nur, wenn **kumulativ objektive und subjektive Rechtfertigungselemente** erfüllt sind. Genügt die Tätervorstellung den subjektiven Anforderungen nicht, wie im ersten genannten Beispiel wegen völliger Unkenntnis oder wie im zweiten Beispiel wegen fehlender Rechtfertigungsabsicht, soll der Täter aus Vollendungstat strafbar sein.[250]

Das Schrifttum nimmt inzwischen überwiegend an, dass in solchen Fällen der Taterfolg wegen der objektiven Rechtfertigung **kein (Erfolgs-)Unrecht** sei und deshalb dem Täter nicht angelastet werden dürfe. Da der Täter wegen der Unkenntnis der Rechtfertigungslage aber einen Unrechtserfolg habe herbeiführen wollen, sei er aus **Versuch** zu bestrafen.[251]

Kritik: Diese Konstruktion ist überzeugender. Wer die Rechtfertigung ablehnt, macht auch denjenigen zum rechtswidrigen Angreifer, der einen von der Rechtsordnung erwünschten Erfolg herbeiführt. Gegen einen solchermaßen Handelnden müsste sogar

---

248 LK-Rönnau Vor §§ 32 ff. Rn 87.

249 Rengier § 17 Rn. 12; Wessels/Beulke/Satzger Rn. 415; BGH RÜ 2016, 100; BGH RÜ 2017, 367.

250 Vgl. BGH RÜ 2013, 505; BGH RÜ 2016, 100.

251 LK-Rönnau Vor § 32 Rn. 80; Baumann/Weber/Mitsch/Eisele § 15 Rn. 48; Kühl § 7 Rn. 16; Wessels/Beulke/Satzger Rn. 417.

Notwehr geübt werden dürfen. Niemand kann aber objektiv rechtmäßig und rechtswidrig zugleich handeln. Diesen Wertungswiderspruch vermeidet die Versuchslösung.[252]

Zu den Rechtsfolgen fehlender subjektiver Rechtfertigung bei der **Fahrlässigkeitstat** unten Rn. 449.

VIII. Prüfungsreihenfolge bei mehreren möglichen Rechtfertigungsgründen

1. Grundsatz der Spezialität

189 Aus dem Prüfungsansatz der Rechtswidrigkeit als **Widerspruch zur Gesamtrechtsordnung** folgt der **Grundsatz der Spezialität**, d.h. vorrangig sind die Rechtfertigungsgründe zu suchen, die **typischerweise für Konflikte der fraglichen Art geschaffen sind**, auch und gerade, wenn diese außerhalb des StGB, aber im Sachzusammenhang mit Spezialregelungen stehen.

- Bei **Handlungen durch Amtsträger** sind zunächst **öffentlich-rechtliche Eingriffsermächtigungen** heranzuziehen, etwa § 81 a StPO für die durch eine Blutentnahme begangene Körperverletzung im Amt, § 340 (s. dazu unten Rn. 317 ff).
- Geht es ausschließlich um **Besitzstörungen**, ist **§ 859 BGB vor § 32** zu erörtern.
- Verletzt der Verteidiger **fremdes Eigentum**, gehen **§§ 228, 904 BGB dem § 34** vor.
- Bei der Sicherung **zivilrechtlicher Forderungen** ist primär auf Selbsthilfe nach BGB, insbesondere **§ 229 BGB**, einzugehen.
- Im StGB sind immer zuerst die **im BT genannten speziellen Rechtfertigungsgründe** zu prüfen, z.B. **§ 193 oder § 218 a Abs. 2 vor § 34**.

2. Konkurrenzen von Rechtfertigungsgründen

190 **a)** Innerhalb ähnlicher Rechtfertigungsgründe sind diejenigen mit den **weitesten Eingriffsbefugnissen** vorrangig.

Beispiele: Notwehr vor Notstand; Defensivnotstand, § 228 BGB, vor Aggressivnotstand, § 904 BGB.

Greift ein solcher Rechtfertigungsgrund ein, brauchen andere Erlaubnissätze, die nur **dieselbe Schutzrichtung** haben, nicht mehr erörtert zu werden.

Beispiel: Nachdem eine Körperverletzung wegen Notwehr als gerechtfertigt angesehen wird, wäre es müßig, denselben Verteidigungsakt unter dem Gesichtspunkt des § 34 noch einmal zu rechtfertigen.

191 **b)** Greift für das Handlungsziel des Täters ein spezieller Rechtfertigungsgrund **nicht** ein, muss die Frage beantwortet werden, **ob die speziellen Rechtfertigungsgründe eine abschließende Regelung enthalten** und deshalb ein Rückgriff auf allgemeine Erlaubnissätze unzulässig ist. Nachfolgend die häufigsten Konstellationen:

- Hat ein **Amtsträger** durch dienstliches Handeln den Tatbestand eines Strafgesetzes erfüllt, fehlt aber für die fragliche Handlung eine öffentlich-rechtliche Ermächtigungs-

252 Ausführlich dazu bei der Irrtumslehre AS-Skript StrafR AT 2 (2021), Rn. 368 ff.

grundlage, ist vorab zu klären, ob eine Berufung auf allgemeine Rechtfertigungsgründe überhaupt zulässig ist (ausführlich unten Rn. 248 ff.).

- Bei **Nichtvorliegen des § 127 Abs. 1 S. 1 StPO** – etwa wegen mangelnder Frische der Tat – darf die Festnahme durch Private grundsätzlich nicht etwa aus § 34 gerechtfertigt werden, weil § 127 StPO eine abschließende Eingriffsbefugnis enthält.[253]
- Liegen die **Voraussetzungen der Selbsthilfe, § 229 BGB, nicht vor**, weil obrigkeitliche Hilfe erreichbar war, kann der Anspruchsinhaber sein Vorgehen nicht mit § 32 als „Verteidigung des Vermögens" rechtfertigen, weil sonst die Begrenzungsfunktion der Selbsthilfe unterlaufen würde.[254]
- Ist eine Tat dagegen **nicht aus Notwehr gerechtfertigt** – vor allem, weil noch kein Angriff vorlag –, kommt Notstand in Betracht, weil beide Erlaubnisregelungen auf unterschiedlichen Prinzipien beruhen und zwischen ihnen kein Exklusivitätsverhältnis besteht.[255]

c) Verfolgte der Täter mit seiner Handlung **mehrere Ziele**, die wegen ihrer Verschiedenheit von **unterschiedlichen Rechtfertigungsgründen** erfasst werden, sollten alle in einem strafrechtlichen Gutachten behandelt werden. Es widerspräche dem gutachtlichen Gebot umfassender rechtlicher Würdigung, nur einen Rechtfertigungsgrund zu bejahen. 192

Beispiel: Der Wirt, der einen Zechpreller (§ 263 Abs. 1) bis zum Eintreffen der Polizei festhält (§ 239 Abs. 1), ist hinsichtlich der Sicherung der Personalien für seinen fälligen Anspruch aus § 229 BGB gerechtfertigt und für die Ermöglichung der Strafverfolgung aus § 127 Abs. 1 S. 1 StPO.

B. Rechtfertigungsgründe zum Schutz von Interessen der Rechtsordnung

I. Notwehr, § 32

Notwehr ist legaldefiniert in § 32 Abs. 2. Im Zusammenhang mit Abs. 1 gelesen ist **Notwehr die Verteidigung, die erforderlich und geboten ist, um einen gegenwärtigen rechtswidrigen Angriff von sich oder einem anderen abzuwenden**. 193

Die Notwehr ist der weitestgehende (bildhaft: „schneidigste") Rechtfertigungsgrund des Strafrechts, weil sie keine Güterproportionalität verlangt und deshalb im Prinzip sogar Tötungen zum Schutz von Sachwerten erlaubt. Dies ist Folge der beiden Grundprinzipien des Notwehrrechts, nämlich

- des **Schutzprinzips**
- und des **Rechtsbewährungsprinzips**.

Das Schutzprinzip besagt, dass jedermann bei einer akuten Bedrohung seiner Güter das Recht auf Selbstverteidigung zusteht. Das Rechtsbewährungsprinzip drückt aus, dass der Notwehr Übende zugleich die Rechtsordnung verteidigt.[256]

---

253 Roxin/Greco AT I § 14 Rn. 48.

254 Vgl. Sternberg-Lieben JA 1996, 126, 131.

255 Vgl. LK-Zieschang § 34 Rn. 29.

256 Ganz h.M., statt aller Kühl § 7 Rn. 13.

Wortgleich mit § 32 sind § 227 BGB und § 15 Abs. 1, 2 OWiG, die aber als **Rechtfertigungsgründe für eine Straftat von § 32 verdrängt werden.**[257]

Aufbauschema: Notwehr und Nothilfe, § 32
1. Notwehrlage
Gegenwärtiger rechtswidriger Angriff auf den Verteidiger oder einen Dritten (dann: Nothilfe)
2. Notwehrhandlung
a) Verteidigung durch Eingriff in Rechtsgüter des Angreifers
b) Erforderlichkeit
c) Gebotenheit
3. Notwehrwille

1. Angriff

Angriff ist jede Bedrohung rechtlich geschützter Interessen durch menschliches Verhalten, gleichgültig, ob die Bedrohung bezweckt oder ungewollt ist.[258]

194 **a)** Notwehrfähig ist grundsätzlich **jedes Individualrechtsgut** wie Leib, Leben, Körper und Ehre (letztere aber mit erheblichen Einschränkungen hinsichtlich Erforderlichkeit und Gebotenheit der Verteidigung)[259] **oder rechtlich anerkannte Interesse des Angegriffenen oder eines Dritten**.

195 Eine **Ausnahme** macht die h.M. für das **Vermögen**, soweit dies durch die Nichterfüllung schuldrechtlicher Forderungen betroffen ist. Die Zubilligung der „schneidigen" Notwehr würde sonst die justizförmige Durchsetzung eines Anspruchs und das Zwangsvollstreckungsmonopol des Staates außer Kraft setzen. Deshalb darf ein Gläubiger **nur im Rahmen der zivilrechtlichen Selbsthilfe gemäß §§ 229 ff. BGB** seinen Anspruch vor Gefährdung sichern.[260]

196 Nicht notwehrfähig sind Güter der **Allgemeinheit** oder die **Rechtsordnung als solche** (s. dazu unten Rn. 246 f.).

Hier gilt als Ausnahme, dass die Notwehrfähigkeit auch solcher Güter gegeben ist, soweit der Einzelne daran teilhat. Deshalb wird das **Recht des Einzelnen auf Gemeingebrauch** für notwehrfähig gehalten. Dies jedenfalls dann, wenn die Rechtsordnung dem Betroffenen Nutzungsvorrang einräumt, wie es in § 12 Abs. 5 S. 1 StVO für denjenigen geschieht, der als Erster eine **Parklücke** erreicht.[261] Trifft ein solcher Autofahrer auf eine Person, die ihm das Vorrecht streitig macht – etwa einen anderen, der die Lücke für einen erwarteten Freund „reservieren" will –, so befindet er sich in einer Notwehrlage. Meist scheitert aber die Rechtfertigung daran, dass der Betroffene sein Notwehrrecht rechtsmissbräuchlich überschreitet. So geschehen in einem Fall des BayObLG;[262] hier war der Autofahrer auf den Freihaltenden zugefahren und hatte diesen verletzt.

257 Vgl. Sternberg-Lieben JA 1996, 129, 131.
258 Fischer § 32 Rn. 5; für eine Beschränkung auf bewusste Angriffshandlungen Otto § 8 Rn. 21.
259 BGH RÜ 2018, 779.
260 LK-Rönnau/Hohn § 32 Rn. 86.
261 Sch/Sch/Perron/Eisele § 32 Rn. 9.
262 BayObLG NJW 1995, 2646.

b) Die **Rechtsgutbedrohung** muss nach h.M. **objektiv bestehen** (s. schon oben Rn. 185). Dies ist aus der ex post-Perspektive, also im Nachhinein, zu überprüfen, weil auch nur dann eine Duldungspflicht des Betroffenen anzuerkennen ist. Sind keine sicheren Feststellungen zu treffen, gilt der Grundsatz „in dubio pro reo".[263] Scheinangriffe und untaugliche Versuche begründen ebenfalls keine Notwehr.[264] **197**

Wer nur **irrtümlich** annimmt, ein Angriff liege vor, befindet sich in sog. „Putativnotwehr", ist aber nicht aus Notwehr gerechtfertigt. Die Strafbarkeit aus einer Vorsatztat entfällt jedoch nach h.M. wegen Erlaubnistatbestandsirrtums. War der Irrtum für den Täter unvermeidbar, liegt nicht einmal Fahrlässigkeitsunrecht vor.[265]

c) Die Rechtsgutbedrohung muss **auf menschlichem Verhalten beruhen**. Ist dies zu verneinen, kommt eine Rechtfertigung regelmäßig nicht nach dem „schneidigen" Notwehrrecht, sondern nur nach dem auf dem Güterabwägungsprinzip beruhenden Notstandsrecht infrage. Im Einzelnen: **198**

aa) Handlungsqualität fehlt bei Verhaltensweisen, die nicht willensgetragen sind. **199**

Beispiel: Die Reflexhandlungen eines Schlafenden oder Bewusstlosen können nicht mit Notwehrmaßnahmen beendet werden.[266]

bb) Auch ein **Unterlassen** kann einen Angriff begründen, sofern eine Rechtspflicht zur Beseitigung der bedrohlichen Situation besteht. Eine Mindermeinung lässt dafür jede straf- oder ordnungsrechtlich sanktionierte Pflicht genügen, insbesondere aus § 323 c Abs. 1.[267] Die h.M. verlangt eine echte Garantenpflicht i.S.v. § 13 und argumentiert: Wenn Unterlassen auf der Tatbestandsseite nur bei Vorliegen einer Rechtspflicht zur Erfolgsabwendung dem aktiven Tun gleichgestellt werden dürfe, könne das auf der Rechtfertigungsebene als notwehrfähiger Angriff nicht anders sein.[268] **200**

Beispiel: Mit Gewalt erzwingt A die Herausgabe des Fahrzeugs von B, der zufällig vorbeigekommen ist und den Transport des verletzten C ins Krankenhaus verweigert. – Nach der erstgenannten Meinungsgruppe Rechtfertigung der Nötigung aus § 32, nach der vorzugswürdigen zweiten Ansicht nur unter den besonderen Voraussetzungen des § 34.

Gegenbeispiel: Nach wirksamer Kündigung zieht der Mieter M nicht aus. Vermieter V verschafft sich Zutritt zu der Wohnung und setzt M gewaltsam auf die Straße. – V ist nach § 240 strafbar. Die Tat ist insbesondere nicht aus § 32 gerechtfertigt. Zwar kann ein Angriff auf das Hausrecht durch Eindringen gemäß § 123 Abs. 1 Alt. 1 oder durch unbefugtes Verweilen gemäß § 123 Abs. 1 Alt. 2 begangen werden,[269] doch gilt dies **nicht für den gekündigten Mieter**. Entscheidend ist, dass der Mieter das Hausrecht einmal begründet hat, indem er durch den Vertragsschluss auf rechtmäßige Weise den Besitz an der Mietsache erlangt hat. Da das Hausrecht mit dem unmittelbaren Besitz an der Sache verknüpft ist, bleibt es so lange bestehen, wie auch der tatsächliche Besitz fortdauert, selbst wenn der Rechtsgrund für das Besitzverhältnis erloschen ist.[270] Folglich ist auch durch die Kündigung das Hausrecht nicht auf den Vermieter übergegangen, und er kann hieraus kein Notwehrrecht ableiten, sondern ist auf Räumungsklage und Zwangsvollstreckung angewiesen.

---

263 BGH StV 1995, 463; Sch/Sch/Sternberg-Lieben Vor §§ 32 ff. Rn. 10 a.

264 SK-Hoyer § 32 Rn. 19.

265 Ausführlich dazu AS-Skript StrafR AT 2 (2021), Rn. 374 ff.

266 Vgl. Kühl Jura 1993, 57, 59.

267 Jescheck/Weigend § 32 II 1 a.

268 Kretschmer JA 2015, 589.

269 Vgl. BGH NStZ 2002, 425.

270 RGSt 36, 322, 323; Sch/Sch/Sternberg-Lieben/Schittenhelm § 123 Rn. 17; a.A. für Hausbesetzungen nach wirksamer Kündigung OLG Düsseldorf JZ 1990, 1088.

201 **cc) Tierverhalten** begründet grundsätzlich keinen Angriff i.S.d. § 32. Zwar kann ein Tier im umgangssprachlichen Sinn „angreifen". Die Wertungskategorie „rechtswidrig" gilt indes nur für menschliches Verhalten, weil nur Menschen Adressat einer Verbotsnorm sein können.[271] Die von dem Tier ausgehende Bedrohung kann aber Folge eines aktiven Tuns oder pflichtwidrigen Unterlassens von Menschen sein, die für die Tierhaltung oder Beaufsichtigung zuständig sind. Dann ist der Mensch der Angreifer, gegen den Notwehr geübt werden darf.

202 **d)** Häufig greift der Täter durch eine Handlung **mehrere Rechtsgüter gleichzeitig** an. Hier müssen die Voraussetzungen der **Notwehr für jedes Rechtsgut** untersucht werden.

Sehr klausurwichtiger Fall: R wurde von mehreren unbewaffneten Tätern auf seinem Grundstück überfallen, ins Haus geschleppt und gefesselt. Während die Räuber nach Beute suchten, ging die Alarmanlage los. Die Täter flohen. Einer von ihnen, der S, hatte – von R unbemerkt – dessen Geldbörse an sich gebracht. R konnte sich zwischenzeitlich befreien und tötete den fliehenden S ohne Vorwarnung mit einem Schuss in den Oberkörper. – Der BGH hat vollendeten Totschlag gemäß § 212 bejaht und Notwehr gemäß § 32 verneint:[272]

Ein Angriff auf **Leib und Leben** des R durch die Räuber lag nicht vor. Der Angriff auf die **Fortbewegungsfreiheit** war nach der Selbstbefreiung nicht mehr gegenwärtig (s.u. Rn. 203). Gegeben war zwar durch die Wegnahme der Geldbörse ein gegenwärtiger Angriff auf das **Eigentum**; zu dessen Schutz war aber ein tödlicher Schuss ohne Vorwarnung nicht erforderlich (s.u. Rn. 215). Gegenwärtig war auch noch ein Angriff auf das **Hausrecht**, doch war die Tötung des S wegen groben Missverhältnisses zwischen den beiden Rechtsgütern nicht geboten (s.u. Rn. 220).

2. Gegenwärtigkeit des Angriffs

Gegenwärtig ist der Angriff, der **unmittelbar bevorsteht, gerade stattfindet oder noch fortdauert**, also in einer Situation, in der ein Hinausschieben der Abwehrhandlung entweder deren Erfolg gefährden oder den Verteidiger zusätzlicher nicht mehr hinnehmbarer Risiken aussetzen würde.[273]

203 **a)** Der Angriff steht **unmittelbar bevor** und ist i.S.v. § 32 bereits gegenwärtig bei einem Verhalten, das unmittelbar in die eigentliche Verletzungshandlung umschlagen soll; bei einem vorsätzlichen Angriff ist dies die Handlung, die dem **Versuchsbeginn unmittelbar vorgelagert ist**, z.B. das Herumhantieren mit einer Waffe, die noch nicht schussbereit ist, aber in wenigen Sekunden schussbereit gemacht werden kann.[274]

RÜ-Video 01/18

Ist der Angriff erst für einen späteren Zeitpunkt zu erwarten, kann die Tat nicht durch Notwehr gerechtfertigt sein, es kann aber schon eine gegenwärtige Gefahr i.S.d. Notstandsregeln vorliegen.[275]

271 Heute allg. Auffassung, vgl. LK-Rönnau/Hohn § 32 Rn. 99.

272 BGH RÜ 2016, 100. Die Lektüre wird dringend empfohlen!

273 BGH RÜ 2017, 367.

274 BGH RÜ 2018, 23 mit RÜ-Video 01/18 unter t1p.de/p8e3.

275 BGH MDR 1993, 558, 559.

Eine Sonderstellung nehmen die Fälle sog. **antizipierter Notwehr** ein. Hierbei geht es um Selbstschutzeinrichtungen (elektrisch geladene Zäune, Selbstschussanlagen, Wachhunde). Diese werden zwar lange vor Beginn eines Angriffs eingerichtet, wirken aber erst im Zeitpunkt akuter Gefahr. Sofern der Angreifer hier vorher das Risiko durch Warnhinweise oder Schilder kannte, auf das er sich einließ, kann schon die objektive Zurechnung seiner Verletzung oder Tötung wegen **eigenverantwortlicher Selbstgefährdung** ausgeschlossen sein (s.o. Rn. 140 ff.). Wo dies nicht der Fall ist, liegt zwar ein gegenwärtiger rechtswidriger Angriff vor; es scheitert häufig aber an der **Erforderlichkeit**, wenn die Abwehreinrichtungen exzessiv gefährlich sind und nicht – wie bei einem menschlichen Verteidiger – die Möglichkeit zu einer stufenweisen Verteidigung (Androhung, Warnung, Kampfunfähigmachen, lebensgefährliche Abwehr) zulassen.[276] **204**

b) Der Angriff **dauert so lange an**, wie die akut bedrohliche Situation fortbesteht. Entscheidend sind dabei nicht die Befürchtungen des Angegriffenen, sondern die Absichten des Angreifers.[277] Wichtige Fälle: **205**

- Ein Angriff auf die **körperliche Unversehrtheit** gemäß **§§ 223 ff.** ist so lange gegenwärtig, wie mit weiteren Schlägen zu rechnen ist.
- Bei einem **Diebstahl oder Raub** gemäß **§§ 242, 249** dauert der Angriff auf fremdes Eigentum so lange an, wie der mit der Beute fliehende Täter noch keinen gesicherten Gewahrsam erlangt hat.[278] Zudem muss ein unmittelbarer und durchgängiger Handlungszusammenhang zwischen dem Zugriff des Verfolgers auf den Täter und der Tat vorliegen. Wenn der Verfolger den Täter also nicht an Ort und Stelle antrifft, muss zumindest eine ununterbrochene Verfolgungskette zwischen der frischen Tat und der körperlichen Attacke auf den Verfolgten bestehen.[279]
- Bei Dauerdelikten wie der **Freiheitsberaubung** gemäß **§ 239** ist das der gesamte Zeitraum der rechtswidrig aufrechterhaltenen Lage.[280]

c) Beendet ist der Angriff, wenn er seinen tatsächlichen Abschluss gefunden hat, sei es, weil er fehlgeschlagen ist, sei es, weil weiterer Schaden nicht mehr abgewendet werden kann.[281] **206**

Bei **ehrverletzenden Äußerungen** beispielsweise ist das mit dem Aussprechen der einzelnen Beleidigung der Fall, es sei denn, es stehen weitere Verbalattacken akut bevor.[282]

3. Rechtswidrigkeit des Angriffs

Der Angriff ist nach einer Definition **rechtswidrig, wenn der Betroffene ihn nicht zu dulden braucht**,[283] nach anderer Ansicht, **wenn er im Widerspruch zur Rechtsordnung steht**.[284]

---

276 LK-Rönnau/Hohn § 32 Rn. 197 ff.
277 BGH RÜ 2017, 367.
278 BGH bei Holtz MDR 1979, 985.
279 Vgl. Mitsch NStZ 1989, 26.
280 Kühl Jura 1993, 57, 62.
281 Sch/Sch/Perron/Eisele § 32 Rn. 15.
282 Mitsch JuS 1992, 289, 291.
283 Vgl. BSG JZ 2000, 96, 97; NK-Kindhäuser § 32 Rn. 61.
284 Vgl. Sch/Sch/Perron/Eisele § 32 Rn. 19/20.

Eine engere Definition gilt, wenn die Rechtsgutbeeinträchtigung von einem **Hoheitsträger** ausgeht. Dazu und auch zu einer eigenständigen Notwehrbeschränkung unten Rn. 225.

207 **a)** Beide Definitionen verneinen die Notwehrlage, wenn der Angreifer **seinerseits gerechtfertigt** ist – „Keine Notwehr gegen Notwehr"!

Aufbauhinweis: *Hier liegt in Übungsfällen oft das Einfallstor für eine beschränkte Inzidenterprüfung des Angreifers (siehe dazu auch das nachfolgende Beispiel).*

208 **b)** Auswirkungen haben die unterschiedlichen Definitionen zur Rechtswidrigkeit des Angriffs, wenn der Angreifer zwar objektiv keinen Rechtfertigungsgrund auf seiner Seite hatte, seinem Verhalten aber nicht einmal ein objektiver Sorgfaltsverstoß zugrunde lag: Wer nur auf die Duldungspflicht aufseiten des Angegriffenen und damit auf den **Erfolgsunwert** abstellt, kann in solchen Fällen trotzdem die Notwehr erlauben; wer für das Verhalten des Angreifers einen Widerspruch zur Rechtsordnung und damit **Handlungsunwert** verlangt, muss bei Angriffen ohne Sorgfaltspflichtverletzung eine Notwehrlage und damit § 32 ablehnen.

Beispiel: A glaubt irrtümlich, B greife eine andere Person rechtswidrig an. Aufgrund dieses Irrtums versucht er, den B von seinem vermeintlichen Vorhaben abzubringen, und greift diesen an. Wenn jeder andere in der Situation des A zu demselben Fehlschluss gekommen wäre, fehlt dem darauf beruhenden Angriffsverhalten das Handlungsunrecht. Nach der Auffassung, die für die Rechtswidrigkeit eines Angriffs allein auf den Erfolgsunwert abstellt, wäre der Angriff des A trotz seines unvermeidbaren Irrtums rechtswidrig, weil B ihn nicht zu dulden brauchte. B wäre gegenüber A grundsätzlich zur Notwehr berechtigt. Die Auffassung, die auf den Widerspruch zur Rechtsordnung abstellt, müsste die Rechtswidrigkeit des Angriffs durch A und damit die Notwehrbefugnis des B ablehnen. Nach dieser Ansicht wäre das Handeln des B nur nach den Regeln des Notstands, § 34, zu rechtfertigen.

209 **c) Schuldhaft** braucht der Angriff nicht zu sein.[285] Der Angriff muss auch **keinen Straftatbestand erfüllen**, um mit Notwehr abgewehrt werden zu dürfen.

4. Verteidigung

210 **a)** Die **Notwehrhandlung** muss eine **„Verteidigung"** gewesen sein. Daraus ergibt sich als wichtigste Begrenzung, dass das „schneidige Notwehrrecht" **nur ein Recht zum Eingriff in Rechtsgüter des Angreifers, nicht aber in Individualgüter dritter, unbeteiligter Personen** gibt.[286]

Eine Mindermeinung macht hiervon eine Ausnahme in den Fällen, in denen der Angreifer Dritten gehörende Gegenstände zum oder beim Angriff benutzt.[287] Die herrschende Gegenauffassung erlaubt **keine Drittwirkung der Notwehr** und verweist auf Notstandsregeln: Namentlich das Eigentum des unbeteiligten Dritten sei nicht deshalb weniger schützenswert, weil es für einen rechtswidrigen Angriff missbraucht worden sei.[288]

Beispiel: A führt den Hund seines Nachbarn N aus. Ohne Grund hetzt er das Tier auf den O, der sich nicht anders als durch Tötung des Hundes vor den Beißattacken retten kann. – Nach h.M. keine Rechtfertigung der Sachbeschädigung an dem Tier (§ 303 Abs. 1) durch Notwehr. Zwar liegt in dem Hetzen des Hundes ein Angriff des A; eine Verteidigung i.S.v. § 32 hätte aber nur dann vorgelegen, wenn das

285 Sch/Sch/Perron/Eisele § 32 Rn. 24.

286 Vgl. BGH MDR 1994, 183.

287 MünchKomm/Erb § 32 Rn. 127 jedenfalls für Sachen, die dem Angreifer vom Eigentümer überlassen worden sind.

288 Sch/Sch/Perron/Eisele § 32 Rn. 32/33; Fischer § 32 Rn. 24.

Tier auch Eigentum des A gewesen wäre. Das war nicht der Fall. Die Tötung des Hundes ist als Sachbeschädigung aus Defensivnotstand nach § 228 BGB erlaubt (s.u. Rn. 267).

b) Greift die Notwehrhandlung **gleichzeitig in Rechtsgüter des Angreifers und in** 211
Rechtsgüter der Allgemeinheit ein, so sind beide Eingriffe aus Notwehr gerechtfertigt, wenn die Verteidigung **untrennbar** mit der Verletzung des Gemeinguts verbunden ist.

Beispiel ist der schon oben Rn. 188 angesprochene Fall, in dem der von Linksautonomen Angegriffene die Angreifer mit dem Auto anfährt, um sich zu schützen. – Ist die Körperverletzung der Angreifer aus § 32 gerechtfertigt, so greift dieser Rechtfertigungsgrund auch für den gleichzeitig verwirklichten gefährlichen (Innen-)Eingriff in den Straßenverkehr gemäß **§ 315 b Abs. 1 Nr. 3** ein.[289]

5. Erforderlichkeit der Verteidigungshandlung

In diesem Merkmal zeigt sich die besondere „Schneidigkeit" des Notwehrrechts. Was „erforderlich" bedeutet, lassen folgende Kernsätze erkennen:

Recht braucht Unrecht nicht zu weichen. Bei der Notwehr findet – anders als beim 212
Notstand – grundsätzlich keine Güterabwägung statt!

Diese Thesen bestimmen auch den **Inhalt der Erforderlichkeit**:

a) Die Verteidigungshandlung muss nach objektivem ex ante-Urteil – also aus der Pers- 213
pektive eines gedachten vernünftigen Dritten in der Situation des Angriffs – **geeignet** sein, den Angriff zu brechen. Dabei darf der Verteidiger das für ihn erreichbare Abwehrmittel wählen, das eine **sofortige und endgültige Beseitigung des Angriffs** erwarten lässt.

b) Stehen **mehrere, gleich wirksame Mittel oder Einsatzmöglichkeiten eines Mit-** 214
tels zur Verfügung, so hat der Verteidigende, wenn ihm Zeit zur Auswahl und zur Einschätzung der Gefährlichkeit zur Verfügung steht, **das relativ mildeste Mittel** zu wählen, also dasjenige, das für den Angreifer am wenigsten gefährlich ist.[290]

Gerade bei **tödlich wirkenden Waffen** wird aus dem Grundsatz der Erforderlichkeit 215
aber eine **3-Stufen-Folge** des Einsatzes abgeleitet:

- Soweit es dem Verteidiger ohne Gefahr, sein Verteidigungsmittel zu verlieren, möglich ist, muss er zunächst den **Waffengebrauch androhen** (bei Schusswaffen ggf. durch einen Warnschuss).

  Dies gilt – sogar bei bewaffneten Angreifern! – aber nur für den Fall, dass eine Androhung unter den konkreten Umständen eine so hohe Erfolgsaussicht hat, dass dem Angegriffenen das Risiko eines Fehlschlags und der damit verbundenen Verkürzung seiner Verteidigungsmöglichkeiten zugemutet werden kann.[291]

  RÜ-Video 01/18

- Danach muss er versuchen, den Angreifer nur **kampfunfähig** zu machen (durch Schuss oder Stiche in die Beine oder Arme), sofern die beigebrachten Verletzungen den Angreifer wirklich ausgeschaltet hätten.

---

289 Vgl. BGH RÜ 2013, 505; zustimmend Mitsch JuS 2014, 593; für eine Rechtfertigung aus § 34 Brüning ZJS 2013, 511; Engländer HRRS 2013, 389.

290 BGH StV 1990, 543.

291 BGH RÜ 2018, 23 mit RÜ-Video 01/18 unter t1p.de/p8e3.

- **Lebensgefährliche Verletzungen oder die Tötung des Angreifers sind nur als letztes Mittel der Verteidigung erlaubt.**[292]

Ob eine weniger gefährliche Abwehr geeignet ist, die Gefahr zweifelsfrei und sofort endgültig zu beseitigen, hängt von der jeweiligen „Kampflage" ab, also den gesamten Umständen, unter welchen Angriff und Abwehr sich abspielen, insbesondere Stärke und Gefährlichkeit des Angreifers und Verteidigungsmöglichkeiten des Angegriffenen.[293] Allein die Lebensgefährlichkeit eines Waffeneinsatzes und das Unbewaffnetsein des Angreifers verpflichten den Verteidiger jedenfalls nicht zur Zurückhaltung bis zur Eigengefährdung. Garantiert nur ein bestimmter Einsatz einer Waffe eine effektive Verteidigung, ist dieser auch erforderlich.[294]

Klausurhinweis: *Man erwartet an dieser Stelle in einer Falllösung, dass Sie den Sachverhalt in tatsächlicher Hinsicht auf* ***etwaige Handlungsalternativen*** *ausloten und diese auch in der Subsumtion darstellen. Keine Sorge: In Zweifelsfällen gilt in dubio pro reo!*

216 **c)** Bei der Prüfung der Erforderlichkeit kommt es **nicht auf Güterproportionalität zwischen dem verteidigten und dem beeinträchtigten Rechtsgut an**. Abzustellen ist nur auf die **Abwehrhandlung**; das Folgenrisiko trifft den Angreifer.[295] Daher sind auch Körperverletzungen und Tötungen zur Verteidigung von Sachwerten zulässig – sofern sie das einzige Mittel sind.[296]

Hinweis: *Verwechseln Sie nicht die Erforderlichkeit mit der für den Notstand typischen Güterabwägung oder mit Verhältnismäßigkeit: Wenn kein milderes Mittel zur Verfügung steht, ist die Handlung erforderlich, auch wenn der Verteidiger nur ein geringerwertiges Rechtsgut schützt.*

217 **d) Präsente polizeiliche Hilfe** schließt private Notwehr aus, weil das der Notwehr zugrunde liegende Rechtsbewährungsprinzip die Anerkennung des Gewaltmonopols des Staates und die Subsidiarität der Selbsthilfe einschließt. Ist also polizeiliche Hilfe zur effektiven Angriffsabwehr sofort verfügbar oder kann sie ohne Preisgabe berechtigter Interessen herbeigeholt werden, ist private Notwehr nicht „erforderlich".[297] (Zur Notwehr gegenüber Erpressern unten Rn. 223.)

6. Gebotenheit der Verteidigungshandlung

218 Die Notwehrhandlung muss nach § 32 Abs. 1 auch **„geboten"** sein, um rechtfertigend zu wirken. Dies ist nach h.M. der gesetzliche Anknüpfungspunkt für **Einschränkungen des Notwehrrechts**. Diese Einschränkungen ergeben sich aus den beiden Prinzipien des Notwehrrechts, das sowohl dem Schutz von Rechtsgütern des Täters bzw. eines Dritten dient als auch der Erhaltung und Bewährung der Rechtsordnung. Es ist daher legitim, das Recht auf Notwehr dort einzuschränken, wo das Bedürfnis nach Rechtsbewährung geringer ist als sonst.[298]

---

292 BGH StV 1997, 291; Urt. v. 25.08.2005 – 5 StR 255/05, S. 7, BeckRS 2005, 10591.
293 BGH NJW 1989, 3027.
294 Vgl. BGH RÜ 2016, 573; RÜ 2019, 573.
295 BGHSt 27, 313, 314; BayObLG NStZ 1988, 408.
296 BGH StV 1982, 219; Wessels/Beulke/Satzger Rn. 520.
297 LK-Rönnau/Hohn § 32 Rn. 183 ff.; Sch/Sch/Perron/Eisele § 32 Rn. 41.
298 Vgl. hierzu Roxin/Greco AT I § 15 Rn. 56; erstmals auch in der Rspr. BSG JZ 1996, 96, 97.

Der Unterschied zwischen Erforderlichkeit und Gebotenheit ist folgender: Bei der Erforderlichkeitsprüfung betrachtet man nur die konkrete „Kampflage" und fragt nach weniger eingriffsintensiven, aber gleich wirksamen Handlungsalternativen. Bei der Gebotenheit wird der konkrete Konflikt im Ganzen beleuchtet. Man sucht nach Anhaltspunkten in der Vorgeschichte, der Person des Angreifers, der Person des Verteidigers oder eventuell in den Verteidigungsfolgen, die ausnahmsweise eine schrankenlose Zuerkennung der Notwehr rechtsethisch unvertretbar machen.

a) Bagatellangriffe

Liegt lediglich ein **Bagatellangriff** vor, also nur eine Belästigung, ist schon zweifelhaft, 219
ob überhaupt eine Notwehrlage gegeben ist. Bejaht man eine Bedrohung rechtlich geschützter Interessen, ist in aller Regel keine Abwehr erlaubt, die die Grenze zur Körperverletzung überschreitet.[299]

Beispiel: In einem Club ignoriert T das Rauchverbot. Die Besucherin K fordert T vergeblich auf, das Rauchen im geschlossenen Raum einzustellen. Sicherheitsmitarbeiter kümmern sich auch nicht um T. Um K zu provozieren, bläst T ihr aus einer Entfernung von weniger als einem Meter den zuvor inhalierten und mit Speichelpartikeln versetzten Zigarettenqualm ins Gesicht und fragt, was sie jetzt machen wolle. Durch das Anpusten sind die Atemwege der K merklich gereizt. Um weiteres Anpusten zu verhindern, schleudert sie dem T mit Verletzungsvorsatz ein Glas ins Gesicht, das ihn an der Stirn trifft und eine Prellung verursacht. – Das AG Erfurt[300] hat die gefährliche Körperverletzung durch den Wurf mit dem Glas gemäß §§ 223, 224 Abs. 1 Nr. 2 Alt. 2 als durch Notwehr gerechtfertigt angesehen.

Kritik: Diese Entscheidung verkennt den Bagatellcharakter des Anrauchens und ist falsch. Es wäre der K vielleicht erlaubt gewesen, dem T die Zigarette aus der Hand zu schlagen oder ihn mit dem Glasinhalt zu beschütten. Eine gefährliche Körperverletzung zu rechtfertigen, hieße zu erlauben „mit Kanonen auf Spatzen zu schießen."

b) Krasses Missverhältnis

Mit dem Vorgenannten sind die Fälle verwandt, in denen Art und Umfang des Rechts- 220
gutangriffs einerseits und die durch die Verteidigung herbeigeführten Verletzungen oder Gefährdungen andererseits in einem **krassen Missverhältnis** zueinander stehen. Selbst wenn der Verteidiger keine andere Abwehrmöglichkeit zur Hand hat, führt in Extremfällen von Disproportionalität **ausnahmsweise** der Gedanke der Güterabwägung zur Versagung des Notwehrrechts.

„Klausur-Oldie": Der gelähmte Bauer schießt, weil ihm keine anderen Mittel zur Verfügung stehen, auf den Äpfel stehlenden Jugendlichen.[301]

c) Angriff schuldlos Handelnder

Auch gegenüber Angriffen **schuldlos Handelnder** tritt das Rechtsbewährungsprinzip 221
zurück und beschränkt nach h.M. das Notwehrrecht.[302]

299 Sch/Sch/Perron/Eisele § 32 Rn. 49 m.w.N.

300 AG Erfurt RÜ 2014, 710.

301 Zum Notwehrausschluss der Tötung zum Schutz des Hausrechts auch BGH RÜ 2016, 100 (s.o. Rn. 202).

302 BGHSt 5, 245, 249; Fischer § 32 Rn. 37.

Teilweise wird angenommen, dass das Notwehrrecht von den Regeln des Defensivnotstands, § 34 i.V.m. § 228 BGB, verdrängt werde.[303] In die entgegengesetzte Richtung weist eine andere Ansicht, die Einschränkungen nur bis zur Grenze der Zumutbarkeit für den Angegriffenen zulassen will.[304]

aa) Schuldlos handeln insbesondere **Kinder**, **Betrunkene**, **Geisteskranke**, §§ 19, 20, und **durch Notwehrexzess** gemäß § 33 oder durch **Notstand** nach § 35 entschuldigte Personen. Hier verlangt die Rechtsordnung ein Ausweichen, wenn dies dem Angegriffenen möglich ist, ohne dass er „sich dabei etwas vergibt"; wo keine Ausweichmöglichkeit besteht, ist zunächst Schutzwehr und erst danach Trutzwehr unter möglichster Schonung des Angreifers zulässig.[305]

bb) Schuldlos können aber auch Personen handeln, die sich bei der Rechtsgutbeeinträchtigung in einem **Tatbestandsirrtum**, in einem **unvermeidbaren Verbotsirrtum oder in einem Irrtum über die sachlichen Voraussetzungen eines Rechtfertigungsgrundes** befinden.

Hier muss der Angegriffene zunächst versuchen, den Irrtum aufzuklären.[306] Sogar wenn eine sofortige Aufklärung nicht möglich ist, soll eine aktive schädigende Gegenwehr unzulässig sein, wenn diese nur dazu dient, sich frei zu machen und eine Sachaufklärung zu verhindern.[307]

Erst wenn diese Optionen ausgeschöpft oder im konkreten Fall nicht ohne schwerwiegende Gefahren für den Angegriffenen ausgeübt werden können, lebt das volle Notwehrrecht wieder auf.

d) Persönliche Nähebeziehung

222 Fraglich ist, ob das Notwehrrecht in **engen persönlichen Beziehungen**, insbesondere zwischen Ehegatten und zwischen Eltern und Kindern eingeschränkt ist.

In früheren Entscheidungen hat der BGH eine solche Notwehrbeschränkung bejaht, weil insbesondere unter Eheleuten eine Verpflichtung zu verständnisvollem Eingehen und Rücksichtnahme auf den anderen besteht. Dem angegriffenen Ehegatten – praktisch immer die körperlich unterlegene Ehefrau – wurde deshalb, sofern kein Angriff auf das Leben vorlag, abverlangt, auf ein tödlich wirkendes Verteidigungsmittel zu verzichten und sich mit einer milderen Abwehr zu begnügen, auch wenn dies die Beseitigung der Gefahr nicht mit Sicherheit erwarten ließ.[308] Diese Rspr. lief auf eine Duldungspflicht leichter Körperverletzungen hinaus.

Inzwischen lässt der BGH offen, ob diese Einschränkungen weiterhin gelten sollen. Jedenfalls dann, wenn die angegriffene Ehefrau aufgrund ihrer Erfahrung mit Misshandlungen des Partners die Gefahr der Eskalation erkennt, wird ihr ein Ausweichen zugemutet.[309]

303 SK-Hoyer § 32 Rn. 73 ff.
304 Krey/Esser Rn. 535.
305 Vgl. OLG Düsseldorf RÜ 2016, 637; Wessels/Beulke/Satzger Rn. 531.
306 BSG JZ 2000, 96; Jescheck/Weigend § 32 III 3 a.
307 BayObLG MDR 1986, 956; vgl. auch BSG JZ 2000, 96, 98.
308 BGH NJW 1975, 62; MDR 1984, 413.
309 BGH JZ 2003, 50.

Das überwiegende Schrifttum billigt im Prinzip eine Notwehrbeschränkung, aber nur bei einer **intakten familiären Nähebeziehung**. Zum Teil wird angenommen, das Rechtsbewährungsprinzip sei dann wegen der Schutzwürdigkeit des Fortbestands der engen Beziehung abgesenkt.[310] Andere argumentieren, dass der Angegriffene aufgrund der persönlichen Nähebeziehung Garant gegenüber dem Angreifer sei. Diese Garantenstellung kollidiere mit dem Rechtsbewährungsprinzip der Notwehr und begründe zumindest die Pflicht zum Ausweichen, wo dies möglich sei.[311]
Andere lehnen Einschränkungen der Notwehr im sozialen Nahbereich generell ab. Das Gebot der Rücksichtnahme als Garant ende mit dem rechtswidrigen Angriff.[312]

e) Notwehr gegen Schutz- oder Schweigegelderpresser

Wehrt sich der Verteidiger gegen einen Erpresser, sind hinsichtlich Notwehrlage und Notwehrbeschränkungen zwei Fallsituationen zu unterscheiden:

aa) Der Erpresser wird nach Aussprechen der Drohung, **aber lange vor der Verwirklichung des angekündigten Übels** getötet. **223**

Hier ist zunächst fraglich, ob überhaupt eine Notwehrlage vorliegt: Die Rechtsgüter Vermögen/Eigentum und Leib/Leben des Erpressten sind in diesem Zeitpunkt noch nicht akut gefährdet. Gegeben ist jedoch eine gegenwärtige Beeinträchtigung der **Willensfreiheit** durch Aussprechen der Drohung, die so lange andauert, wie das angekündigte Übel selbst als Willensbeugung fortwirkt.[313]

Auch an der Erforderlichkeit der Abwehr bis hin zur Tötung wird, wenn keine gleich effektiven Handlungsoptionen bestehen, nicht gezweifelt.[314]

Die Gebotenheit entfällt in solchen Konstellationen auch nicht wegen Notwehrprovokation, weil der Erpresser in der Regel eine andere Person ist als diejenige, gegen die sich das Vorverhalten des Erpressten richtete. Überwiegend wird die Gebotenheit aus einem anderen Grund abgelehnt: Rechtsbewährungs- und Schutzinteresse würden bei einer heimlichen Verteidigung zum Schutz vor Enthüllungen nur eingeschränkt gelten. § 154 c StPO zeige, dass dem Opfer in solchen Fällen regelmäßig die Inanspruchnahme staatlicher Hilfe zumutbar sei.[315]

bb) Stehen sich Erpresser und Opfer **direkt gegenüber** und droht der Erpresser zur Stützung seiner Forderung mit **sofortiger Übelszufügung** – etwa durch Sachbeschädigungen, Wegnahme von Eigentum oder mit Gefahr für Leib oder Leben – ist die Notwehr nicht beschränkt. Dies auch dann nicht, wenn zuvor die Möglichkeit bestanden hätte, staatliche Hilfe zu suchen.[316] **224**

---

310 Sch/Sch/Perron/Eisele § 32 Rn. 53.

311 SK-Hoyer § 32 Rn. 95 ff.; Roxin § 15 Rn. 88; Wessels/Beulke/Satzger Rn. 532.

312 Kretschmer JA 2015, 589.

313 Vgl. LK-Rönnau/Hohn § 32 Rn. 151; Eggert NStZ 2001, 225, 226.

314 Sch/Sch/Perron/Eisele § 32 Rn. 18.

315 Amelung GA 1982, 381 ff.; BGHSt 48, 207, 212; gegen eine Einschränkung nach der geltenden Rechtsordnung Eggert NStZ 2001, 225.

316 BGHSt 48, 207.

f) Widerstand gegen hoheitliches Handeln

225 Wehrt sich ein Betroffener gegen eine hoheitliche Vollstreckungsmaßnahme durch Gewalt oder Drohung mit Gewalt oder durch einen tätlichen Angriff, macht er sich wegen Widerstands gegen Vollstreckungsbeamte gemäß §§ 113, 114 strafbar. Dies allerdings nur, sofern die konkrete Diensthandlung rechtmäßig war, §§ 113 Abs. 1, 3 S. 1, 114 Abs. 2. Maßstab dafür ist nach h.M. ein **strafrechtlicher Rechtmäßigkeitsbegriff** (s.u. Rn. 317).

226 **1.** War die Vollstreckungshandlung **rechtmäßig**, handelt der Widerstandleistende bei irriger Annahme der Rechtswidrigkeit nur dann schuldlos, wenn sein Irrtum unvermeidbar und auch die Einlegung von Rechtbehelfen unzumutbar war, §§ 113 Abs. 4 S. 1, 114 Abs. 3.[317] Auch andere mitverwirklichte Straftatbestände – z.B. Körperverletzung gemäß § 223 – sind dann in aller Regel rechtswidrig erfüllt. Insbesondere Notwehr scheitert an einem rechtswidrigen Angriff, weil auch dafür der strafrechtliche Rechtmäßigkeitsbegriff gilt.[318]

227 **2.** War die hoheitliche Handlung nach dem strafrechtlichen Rechtmäßigkeitsbegriff **rechtswidrig**, ist Widerstand dagegen nicht mehr aus §§ 113, 114 strafbar. § 240 ist durch die Sonderregeln der §§ 113, 114 gesperrt. Fraglich ist, ob andere Straftaten gegen den Amtsträger – insbesondere Körperverletzungsdelikte – aus § 32 gerechtfertigt sind. Ein gegenwärtiger und rechtswidriger Angriff durch den Amtsträger liegt vor. Sofern nicht schon die Erforderlichkeit daran scheitert, dass ein milderes Mittel zur Verfügung stand, wird § 113 Abs. 4 S. 1 als Grund für eine **Notwehrbeschränkung** wegen fehlender Gebotenheit herangezogen: Geht es um die Verteidigung gegen (wenn auch rechtswidrige) hoheitliche Maßnahmen, ist in Fällen, in denen kein irreparabler Schaden droht, durch die Abwehrhandlung andererseits aber erhebliche Verletzungen oder der Tod des Amtsträgers zu befürchten sind, ein Verzicht auf die Abwehrhandlung zu verlangen. Der Betroffene muss dann die rechtswidrige Diensthandlung dulden und wird auf den Rechtsweg verwiesen.[319]

g) Europäische Menschenrechtskonvention

228 Umstritten ist auch, ob bei vorsätzlichen Tötungen die Notwehr durch **Art. 2 der Europäischen Menschenrechtskonvention**[320] eingeschränkt ist.

Art. 2 EMRK lautet:

(1) Das Recht jedes Menschen auf Leben wird gesetzlich geschützt. Niemand darf absichtlich getötet werden, außer durch Vollstreckung eines Todesurteils, das ein Gericht wegen eines Verbrechens verhängt hat, für das die Todesstrafe gesetzlich vorgesehen ist.

(2) Eine Tötung wird nicht als Verletzung dieses Artikels betrachtet, wenn sie durch eine Gewaltanwendung verursacht wird, die unbedingt erforderlich ist, um

a) jemanden gegen rechtswidrige Gewalt zu verteidigen;

b) jemanden rechtmäßig festzunehmen oder jemanden, dem die Freiheit rechtmäßig entzogen ist, an der Flucht zu hindern;

c) einen Aufruhr oder Aufstand rechtmäßig niederzuschlagen.

---

317 Einzelheiten AS-Skript StrafR BT 2 (2020), Rn. 836.

318 LK-Rönnau/Hohn § 113 Rn. 117.

319 OLG Hamm NStZ-RR 2009, 271; Sch/Sch/Eser § 113 Rn. 37.

320 Innerstaatlich geltendes Recht im Rang eines Bundesgesetzes aufgrund des Gesetzes vom 07.08.1952, BGBl. I S. 686.

Bei wörtlichem Verständnis des Art. 2 EMRK wäre eine Tötung von Menschen zum Schutz von Sachwerten konventionswidrig, was in gemeinschaftsrechtskonformer Auslegung des § 32 zu einem Notwehrausschluss führen müsste. Die h.M. geht aber davon aus, dass Art. 2 EMRK **nur das Verhältnis Staat – Bürger** betrifft und dort nur ein Verbot der absichtlichen Tötung zum Schutz von Sachwerten enthält (die ohnehin meistens schon nicht erforderlich wäre). Die Rechtsbeziehungen der Staatsbürger untereinander betrifft Art. 2 EMRK dagegen nicht, sodass das Notwehrrecht des Einzelnen durch diese Vorschrift nicht berührt wird.[321]

h) Schuldhafte Herbeiführung der Notwehrlage

Eine der wichtigsten Fallgruppen von Notwehrbeschränkung ist die **schuldhafte Herbeiführung der Notwehrlage**. Hierbei geht es um ein vor dem Angriff liegendes Verhalten des späteren Verteidigers. Hat dieses Vorverhalten den Angriff des späteren Notwehropfers ausgelöst, kann es rechtlich so sehr zu missbilligen sein, dass dadurch die Notwehrrechte des Verteidigers ausgeschlossen oder zumindest beschränkt werden. 229

aa) Absichtsprovokation

Von **Absichtsprovokation** spricht man, wenn der Angriff gerade mit dem Ziel herausgefordert wurde, unter dem Deckmantel der Notwehr verletzen zu können. Nach h.M. braucht das von dieser Absicht getragene Vorverhalten nicht rechtswidrig gewesen zu sein; es genügen schon Hänseleien und Sticheleien unterhalb der Schwelle der §§ 185 ff.[322] Die Rechtsfolge der Absichtsprovokation ist umstritten. 230

Eine Mindermeinung im Schrifttum verneint selbst bei Absichtsprovokation jegliche Notwehrbeschränkung. Nach dieser Ansicht ist entscheidend, dass der Provozierte sich zu einem Angriff hat verleiten lassen und erst mit seinem Angriff den Boden der Rechtsordnung verlassen hat.[323]

Eine andere Auffassung negiert das Notwehrrecht nicht ganz, sondern verlangt vom Absichtsprovokateur nur, dass er dem Angriff ausweicht. Ist ein Ausweichen unmöglich, soll das Notwehrrecht erhalten bleiben.[324]

Die h.M. lässt das Notwehrrecht **vollständig entfallen**, begründet dieses Ergebnis aber unterschiedlich: Teilweise wird in der Absichtsprovokation ein der **Einwilligung** ähnlicher Verzicht auf den Rechtsgüterschutz gesehen, sodass es an einem rechtswidrigen Angriff des Provozierten fehle.[325] Andere verneinen bei einer Absichtsprovokation eine **„Verteidigung“**, weil in Wahrheit in der Provokation ein verkappter **Angriff**[326] oder eine nicht schutzbedürftige **Selbstgefährdung**[327] liege. Wieder andere betonen, dass derjenige, der die Situation mit dem Ziel einer Verletzung des provozierten Angreifers

321 Fischer § 32 Rn. 40; Rengier § 18 Rn. 60.

322 Vgl. Sch/Sch/Perron/Eisele § 32 Rn. 55; a.A. Roxin § 15 Rn. 65.

323 NK-Paeffgen Vor §§ 32 ff. Rn. 147.

324 Jescheck/Weigend § 32 III 3 a; MünchKomm/Erb § 32 Rn. 227; Sch/Sch/Perron/Eisele § 32 Rn. 57.

325 Wessels/Beulke/Satzger Rn. 533.

326 Krey/Esser Rn. 555; Wessels/Beulke/Satzger Rn. 533.

327 Roxin/Greco AT I § 15 Rn. 65.

manipuliert habe, **nicht mehr zur Verteidigung der Rechtsordnung befugt** sei.[328] Die Rspr. versagt die Notwehr insgesamt, weil der Täter rechtsmissbräuchlich handele, indem er **Verteidigungswillen vortäusche**, in Wirklichkeit aber angreifen wolle.[329]

bb) Sonst vorwerfbar herbeigeführte Notwehrlage

231 **(1)** Ein Teil des Schrifttums lehnt bei einer unbeabsichtigten, aber vorsätzlichen oder nur fahrlässigen Provokation der Notwehrlage erst recht eine Notwehrbeschränkung ab. Die Mitverantwortung des Provokateurs für den in der Notwehrtat eskalierenden Konflikt sei allein kein tragfähiger Grund für eine Verschlechterung seiner Rechte. Erst wenn der Provokateur durch sein Vorverhalten einen rechtswidrigen Angriff begangen oder eine Schuldminderung beim provozierten Angreifer ausgelöst habe, führe dies entweder zum völligen Verlust des Notwehrrechts (weil dann kein rechtswidriger Angriff des Provozierten mehr vorliege) oder zu einer Beschränkung des Notwehrrechts (weil es bei schuldlosen Angreifern grundsätzlich zumutbar sei, auszuweichen).[330]

Die ganz überwiegende Auffassung in Lit. und Rspr. bejaht auch bei einer unabsichtlichen Herausforderung des Angriffs Beschränkungen des späteren Notwehrrechts.

232 **(2)** Auf der Grundlage der h.M. ist dann fraglich, was eine **„Herausforderung"** oder Provokation ist.

Voraussetzung ist zunächst ein **Vorverhalten, das sich auf den später provozierten Angreifer selbst bezieht**. Richtet sich das Vorverhalten gegen Rechtsgüter Dritter und veranlasst dies den Angriff einer anderen Person (z.B. in Form einer Erpressung), verkürzt dies nicht die Verteidigungsrechte.[331] Ferner muss das Vorverhalten in einem **zeitlichen und räumlichen Zusammenhang** zum späteren Angriff stehen und den Angreifer **motiviert** haben.[332] Ein Vorverhalten ohne diesen äußeren und inneren Zusammenhang zum späteren Angriff bleibt als Notwehrbeschränkung von vornherein außer Betracht.

233 **(3)** Weiterhin muss das Verhalten dem Herausforderer **„vorwerfbar"** sein.

Unbestritten ist, dass ein **rechtlich erlaubtes oder sittlich neutrales Verhalten nicht „vorwerfbar" ist**. Auch wer sich in eine Lage begibt, aus der ein Konflikt entstehen kann, fordert diesen nicht schon dadurch heraus, selbst wenn er annimmt oder billigt, dass der andere sich dadurch zu einem Angriff veranlasst sehen könnte.[333]

Beispiel: Nach einem einverständlich geführten Zweikampf wird dessen „Sieger" A von dem Unterlegenen und anderen angegriffen und muss sich dagegen unter Einsatz eines Messers wehren. – Keine Beschränkung der Notwehr dadurch, dass sich A auf den durch gegenseitige Einwilligung gerechtfertigten Zweikampf eingelassen hatte.[334]

---

328 Sch/Sch/Perron/Eisele § 32 Rn. 47.

329 BGH NStZ 1983, 452; RÜ 2001, 78.

330 Baumann/Weber/Mitsch/Eisele § 15 Rn. 53 ff.; Mitsch JuS 2001, 751; s.o. Rn. 221.

331 BGHSt 48, 207, 209.

332 Vgl. BGH RÜ 2020, 779, 782.

333 BGH RÜ 2018, 707.

334 BGH RÜ 2011, 232.

Uneinigkeit besteht darüber, wann vorwerfbares Verhalten beginnt.

Die Rspr. lässt schon bei „sozialethisch vorwerfbarem Vorverhalten" Notwehrbeschränkungen zu, sofern dieses „seinem Gewicht nach einer schweren Beleidigung gleichkommt".[335] Darüber hinaus muss das Vorverhalten **nach Kenntnis des Täters** auch geeignet sein, einen Angriff zu provozieren.[336]

Beispiel: A versuchte, sein späteres Tatopfer J, einen Mitreisenden im Zug, durch fortwährendes Öffnen des Fensters aus dem Abteil zu ekeln. J schloss das Fenster wieder, A öffnete es erneut, es kam zu einem Wortgefecht und einem tätlichen Angriff des J, den A durch tödliche Messerstiche abwehrte. Für den BGH kam das „Herausekeln" einer schweren Beleidigung gleich. Die Messerstiche waren nicht aus Notwehr gerechtfertigt.[337]

Das dominierende **Schrifttum** verlangt demgegenüber nicht nur ein sozialethisch missbilligenswertes, sondern **sogar rechtswidriges Vorverhalten**, weil nur derjenige, der den Boden des Rechts verlasse, die Legitimation verliere, sich auf das Rechtsbewährungsprinzip zu berufen.[338]

(4) Fraglich ist, **wie** die Notwehr bei vorwerfbarer Provokation **beschränkt** ist. 234

Der BGH betont, dass in den Fällen des provozierten Angriffs das Rechtsbewährungsinteresse verringert sei, und vertritt ein weiteres (s.o. bei der Erforderlichkeit Rn. 215) ***„Drei-Stufen-Modell"***. Der Verteidiger muss

- dem **Angriff nach Möglichkeit ausweichen**;
- ist ein Ausweichen nicht möglich, muss er **alle Möglichkeiten der Schutzwehr ausnutzen**; dazu gehört der Versuch, fremde – auch private – Hilfe herbeizuholen.
- Erst danach darf er ausnahmsweise **zur Trutzwehr mit einer lebensgefährlichen Waffe Zuflucht nehmen.**[339]

Welches Maß der Beschränkung dabei vom Provokateur konkret verlangt wird, welches „Restrisiko" einer weniger effektiven Verteidigung er also im Gegensatz zur nicht verschuldeten Notwehr tragen muss, richtet sich nach den Umständen des Falles:

Je schwerer die rechtswidrige und vorwerfbare Provokation der Notwehrlage wiegt, umso größere Zurückhaltung ist ihm bei der Abwehr zuzumuten. Hat der Provokateur die Möglichkeit einer späteren, besonders für Unbeteiligte gefährlichen Konfrontation erkannt und gebilligt, muss er u.U. auf eine sicheren Erfolg versprechende Verteidigung verzichten und das Risiko hinnehmen, dass ein minder gefährliches Abwehrmittel keine gleichwertigen Erfolgschancen hat.[340]

Umgekehrt sind die **Beschränkungen umso geringer, je schwerer das Übel ist, das von dem Angriff droht.**[341]

335 BGH RÜ 2006, 31.
336 BGH RÜ 2015, 578.
337 BGHSt 42, 97.
338 SK-Hoyer § 32 Rn. 87 ff.; Sch/Sch/Perron/Eisele § 32 Rn. 59.
339 BGH RÜ 2014, 369.
340 BGH NStZ-RR 2013, 139.
341 BGHSt 42, 97, 101; BGH NStZ-RR 2002, 205.

Kann der Verteidiger dem Angriff aber nicht ausweichen und auch nicht über ein Ausweichen zum Einsatz eines weniger gefährlichen Verteidigungsmittels gelangen, liegt auch bei verschuldeter Provokation – jedenfalls aus diesem Gesichtspunkt – keine rechtsmissbräuchliche Verteidigung vor.[342]

235 **(5)** Es stellt sich das Folgeproblem, ob trotz der Rechtfertigung die Notwehrprovokation nicht zumindest eine Strafbarkeit wegen **Fahrlässigkeitstat** hinsichtlich der später in Notwehr herbeigeführten Verletzung oder des Todes des Angreifers begründet.

Fall 8: Notwehrverkettungen; actio illicita in causa

C konnte als Folge einer Schlägerei sein linkes Bein nur eingeschränkt und unter Schmerzen bewegen. Für diese Verletzungen machte er M verantwortlich. C wollte Rache an M üben, wusste aber, dass dieser ihm körperlich überlegen und ein gefährlicher Gegner war. Er erwarb deshalb eine abgesägte Schrotflinte, ohne im Besitz einer Waffenbesitzkarte oder eines Waffenscheins zu sein. Damit wollte er M eine Schrotladung ins Knie schießen, damit auch M sein Bein nicht mehr gebrauchen konnte. Unter einem Vorwand lockte C den M in die Nähe eines Waldes. C führte seine geladene Schrotflinte unter der Jacke verborgen mit; M hatte einen Totschläger (Rohr mit Teleskop-Stahlfeder und Metallkugel an der Spitze) dabei. Als M sich knapp rechts hinter C befand, wollte C ihm zunächst einen unerwarteten schweren Faustschlag versetzen und ihn zu Fall bringen. Danach wollte er ihm mit der Schrotflinte in das Knie schießen. Er setzte deshalb mit geballter rechter Faust zu einer blitzschnellen schlagartigen Drehung an. Um den gegen ihn gerichteten Angriff zu stoppen, versetzte M dem C mit dem Totschläger einen wuchtigen schweren Schlag auf den Kopf, der diesen etwa in Schädelmitte traf und eine sofort stark blutende Wunde verursachte. C wurde durch den Schlag völlig überrascht, kam zu Fall und blieb auf dem Rücken liegen. Unmittelbar danach sah er M, den Totschläger in der Hand und erneut zum Schlag ausholend, auf sich zustürzen mit den Worten: „Du Schwein, dich bring ich um". C bekam Todesangst und zog die Schrotflinte aus seiner Jacke. M versuchte vergeblich, die Waffe wegzutreten. C nahm sie in beide Hände. Mit billigender Inkaufnahme der tödlichen Wirkung drückte er ab und traf M aus ca. 30 cm in die Brust. M brach zusammen und verblutete noch am Tatort.

Strafbarkeit des C nach StGB? (Fall abgewandelt nach BGH RÜ 2001, 78)

Aufbauhinweis: *Notwehrfälle sind häufig Verkettungen eskalierender Aktionen und Reaktionen. Grundsätzlich empfiehlt es sich deshalb, die Auseinandersetzung* ***historisch aufzubauen****. Wird nach der Strafbarkeit mehrerer Beteiligter gefragt, sollten Sie die einzelnen Abschnitte des Kampfes als Handlungskomplexe darstellen. Das gibt die Möglichkeit, zuerst nach der Strafbarkeit des Agierenden und dann nach der des Reagierenden zu gliedern. Wird nach der Strafbarkeit nur einer Person gefragt – insbesondere weil der andere am Kampf Beteiligte tot ist –, sollten Sie mit der frühesten strafbaren Handlung in der Kampfsituation beginnen. Kommen dann eventuelle Notrechte des verstorbenen Gegners in Betracht, kommen Sie nicht umhin, diese inzidenter bei den Notrechten des Überlebenden zu erörtern.*

---

342 BGH NStZ 1992, 327; RÜ 2001, 78; RÜ 2002, 310.

I. Indem C zum Faustschlag gegen den Kopf des M ausholte, um danach auf das Knie zu schießen, könnte er sich wegen **versuchter schwerer Körperverletzung** strafbar gemacht haben, **§§ 226 Abs. 2, Abs. 1 Nr. 2, 22, 23 Abs. 1, 12 Abs. 1**.

1. Die Tat ist nicht vollendet worden, weil es zu der schweren Folge – der Gebrauchsunfähigkeit des Beins – nicht gekommen ist. Der Versuch des Verbrechens des § 226 Abs. 2 ist stets mit Strafe bedroht, §§ 23 Abs. 1, 12 Abs. 1.

2. C hatte die Absicht, M durch den Schuss an der Gesundheit zu schädigen und dadurch die Gebrauchsunfähigkeit des Beins als wichtigen Glieds herbeizuführen. Er hatte somit Tatentschluss.

3. Zur Tatbestandsverwirklichung unmittelbar angesetzt hat er gemäß § 22, indem er zum Faustschlag ausholte. Dieser Schlag sollte nach der Vorstellung des C dazu führen, dass M niederstürzte und in ungestörtem Fortgang dem Schuss ins Knie ausgesetzt war.

4. Rechtswidrigkeit und Schuld sind gegeben.

II. C könnte sich durch die Abgabe des Schusses mit der Schrotflinte wegen **Totschlages** gemäß **§ 212** strafbar gemacht haben.

1. Durch den Schuss hat C den M getötet. Er nahm den Tod des M billigend in Kauf, hatte also für eine Strafbarkeit aus § 212 ausreichenden Eventualvorsatz.

2. Fraglich ist, ob die Tat rechtswidrig war. Das ist nicht der Fall, wenn **Notwehr** gemäß § 32 als Rechtfertigungsgrund eingreift.

a) C müsste sich in einer **Notwehrlage** befunden haben.

aa) Als M mit dem Totschläger und den Worten „Du Schwein, dich bring ich um“ auf den vor ihm am Boden auf dem Rücken liegenden C zustürzte, griff M dessen Leib und Leben an.

bb) Der Angriff war gegenwärtig, weil der Angriffswille des M nach dem ersten Schlag noch nicht erloschen war und das erneute Zuschlagen mit dem Totschläger unmittelbar bevorstand.

cc) Der Angriff des M müsste rechtswidrig gewesen sein. Unabhängig davon, wie man die Rechtswidrigkeit des Angriffs definiert, gilt: **Wenn dem Angreifer seinerseits ein Rechtfertigungsgrund zur Seite steht, ist sein Angriff nicht mehr rechtswidrig und Notwehr ist ausgeschlossen**. Hier hatte C den M durch das Ausholen zum Faustschlag angegriffen. Diesen Angriff hatte M durch seinen Schlag mit dem Totschläger im Rahmen zulässiger Notwehr gebrochen. Als C am Boden auf dem Rücken lag, ging von ihm kein gegenwärtiger Angriff mehr aus. Das Zustürzen auf C zu einem erneuten Schlag war deshalb nicht mehr Teil der Notwehr und damit ein rechtswidriger Angriff.

C befand sich daher bei Abgabe des Schusses in einer Notwehrlage.

b) Der Schuss war eine **Verteidigungshandlung**, weil er sich gegen den Angreifer M richtete.

c) Fraglich ist, ob diese Verteidigung **erforderlich** war. Dass die Tötung ein geeignetes Mittel zur Beseitigung des Angriffs ist, liegt auf der Hand. **Wird jemand rechtswidrig angegriffen, kann er sogar auf eine unerlaubt geführte Schusswaffe Zugriff nehmen und muss sich nicht mit der Anwendung weniger gefährlicher Verteidigungsmittel begnügen, wenn deren Abwehrwirkung zweifelhaft ist.**[343]

C hatte – auch unter Berücksichtigung der abgestuften Verteidigung mit lebensgefährlichen Waffen (s.o. Rn. 215) – keine Wahl eines milderen Abwehrmittels oder einer schonenderen Handlungsalternative. In der konkreten Kampflage waren sowohl die Drohung mit der Waffe als auch ein Warnschuss nicht geeignet, den Angriff zu beenden, da weitere Schläge des M mit dem Totschläger unmittelbar bevorstanden. Die einzige Möglichkeit für C bestand in der Abgabe eines unkontrollierten Schusses. Die Verteidigungshandlung war erforderlich.

236 d) Fraglich ist jedoch, ob der Schuss auch **geboten** war. Hier könnte eine Notwehrbeschränkung wegen **Notwehrprovokation** vorliegen.

aa) C hat sich hier nicht niederschlagen lassen, damit ihm als Verteidiger keine andere Wahl blieb, als zur Waffe zu greifen. Dass angesichts der körperlichen Überlegenheit des M eine solche Situation entstehen könnte und für C nicht unvorhersehbar war, reicht für eine Absichtsprovokation nicht aus.

bb) Es könnte eine unabsichtlich, aber **vorwerfbar herbeigeführte Notwehrlage** vorgelegen haben. C hat die Notwehrlage dadurch vorhersehbar provoziert, dass er zu dem Faustschlag gegen M ausgeholt hat. Dieses Verhalten war nicht nur sozialethisch zu missbilligen, sondern als Versuchsbeginn einer beabsichtigten schweren Körperverletzung sogar strafrechtswidrig. C hat damit die Notwehrlage vorwerfbar provoziert. Trotzdem scheidet eine Notwehreinschränkung nach h.M. aus, wenn der Notwehr Übende – wie hier – keine andere Möglichkeit der Verteidigung mehr hat.

3. Da C auch mit dem Willen geschossen hat, die drohende Attacke des M auf seine körperliche Unversehrtheit abzuwehren, hatte er den erforderlichen Verteidigungswillen. Der Totschlag ist daher gerechtfertigt.

III. Aus demselben Grund entfällt die Strafbarkeit des C aus **gefährlicher Körperverletzung** gemäß **§§ 223, 224 Abs. 1 Nr. 2 Alt. 1, Nr. 5** durch Abgabe des Schusses.

237 IV. Fraglich ist, ob derjenige, der sich trotz seiner Provokation im Rahmen des durch die Notwehr Erlaubten gehalten hat, wegen der unvorsätzlichen Provokation strafbar ist; konkret: ob das Hinlocken zum Wald und das Ansetzen des C zu dem Faustschlag den Vorwurf einer **fahrlässigen Tötung** gemäß **§ 222** begründet.

343 BGH StV 1990, 543; 1991, 63.

1. Im Schrifttum wurde früher zur Begründung die Rechtsfigur der **actio illicita in causa** herangezogen. Hierbei handelt es sich um eine juristische Konstruktion, die den Angegriffenen zwar nicht für die gerechtfertigte Notwehrhandlung zur strafrechtlichen Verantwortung ziehen will, wohl aber für die vorwerfbare Verursachung der Notwehrlage. Wörtlich übersetzt ist dies dann die „im Ursprung verbotene Handlung". Die actio illicita in causa verlagert also – ebenso wie die (bei der Schuld noch zu besprechende) actio libera in causa (s.u. Rn. 340 ff.) – den Anknüpfungspunkt. Je nachdem, ob der Notwehr Übende die spätere Verletzung oder Tötung des Angreifers vorhergesehen hat oder vorhersehen musste, ist er hierfür aus Vorsatz- oder Fahrlässigkeitstat strafbar.[344]

2. Die Rspr. hat die actio illicita in causa stets abgelehnt und hat stattdessen nach den allgemeinen Fahrlässigkeitsregeln auf das frühere mit dem Erfolg verknüpfte Verhalten zur Strafbegründung abgestellt.[345] Die Voraussetzungen der fahrlässigen Tötung werden sodann ohne Weiteres bejaht: C habe durch sein Hinlocken des M an den Waldrand die Ursache dafür gesetzt, dass am Ende der Kausalkette der Tod des M stand. Daran ändere im Ergebnis nichts, dass M nach der erfolgreichen Abwehr des Angriffs des C nun seinerseits den C aufgrund eines neuen Entschlusses rechtswidrig angriff und die tödliche Folge dann als unmittelbare Folge der Notwehrlage eintrat. Denn durch diese neu eintretenden Umstände werde der Ursachenzusammenhang zwischen dem Locken in die einsame Gegend sowie dem Beginn der Körperverletzung und dem späteren Tod nicht unterbrochen, auch wenn außer ihr noch andere Ursachen zur Herbeiführung des Erfolgs beigetragen hätten. Hier war objektiv und nach den persönlichen Kenntnissen und Fähigkeiten auch individuell für C bei der vorher von ihm erkannten Gefährlichkeit des M naheliegend, dass dieser sich zur Wehr setzen würde, sobald und soweit ihm das möglich sein würde, und dass sich daraus eine Notwehrlage für den C ergeben könnte.[346]

   Die Rspr. würde eine Bestrafung aus Fahrlässigkeitstat hingegen **ablehnen**, wenn das sorgfaltspflichtwidrige Vorverhalten **allein im verbotswidrigen Besitz einer später in Notwehr gerechtfertigt benutzten Waffe** liegt. Es wäre ein Widerspruch, wenn die Rechtsordnung zum einen die Befugnis erteilte, das Notwehrrecht auszuüben, zum anderen aber gerade für diesen Fall die Bestrafung aufgrund eines Delikts androhte, dessen tatbestandlichen Voraussetzungen mit der Ausübung dieser Befugnis erteilt würden.[347]

3. Gegen diese Konstruktion, die auf dasselbe herauskommt wie eine actio-illicita-in-causa-Bestrafung, wird Folgendes eingewandt: Die Rechtfertigung der unmittelbar zum Tode führenden Schussabgabe beseitige die rechtliche Missbilligung der Todesfolge. Wenn aber **kein Erfolgsunwert** mehr vorliege, sei eine Bestrafung aus dem Erfolgsdelikt der fahrlässigen Tötung schlechthin ausgeschlossen, gleichviel ob und inwieweit in der Vorhandlung ein fahrlässiger Handlungsunwert liege.[348]

---

344 Baumann MDR 1962, 349; Bertel ZStW 84 (1972), 1 ff.; Schmidhäuser 6/81 ff.

345 Vgl. schon BGH NStZ 1997, 228.

346 BGH RÜ 2001, 78, 80.

347 BGH RÜ 2010, 779, 782.

348 Roxin JZ 2001, 667.

Entgegen der Ansicht des BGH im vorliegenden Fall ist damit eine fahrlässige Tötung zu verneinen.

Ergebnis: C ist strafbar wegen versuchter schwerer Körperverletzung.[349]

i) Abwehrprovokation

238 Noch nicht geklärt ist, ob es eine Notwehrbeschränkung der **„Abwehrprovokation"** gibt. Hier hat sich der später Notwehr Übende in Erwartung des Angriffs absichtlich oder sonst vorwerfbar „überrüstet" und deshalb in der Notlage selbst nur Zugriff auf ein lebensgefährliches Verteidigungsmittel. Eine Ansicht lehnt sogar bei absichtlichem Vorverhalten eine Notwehrbeschränkung ab, weil der später Notwehr Übende zu der Entstehung des Konflikts nichts beigetragen habe.[350] Andere befürworten, die Notwehr in Fällen absichtlicher Überrüstung (z.B. tödliche Schusswaffe statt Gaspistole oder Schlagwerkzeug) parallel zur Absichtsprovokation entfallen zu lassen. Bei nur unvorsätzlich fehlerhafter Abwehrvorbereitung soll das Notwehrrecht unberührt bleiben.[351]

Einen Fahrlässigkeitsvorwurf wegen des später durch Gebrauch einer an sich verbotenen Waffe in Notwehr lehnt der BGH – anders als bei der Notwehrprovokation (s.o. Rn. 237) – jedenfalls ab: Es sei ein Widerspruch, wenn die Rechtsordnung zum einen die Befugnis erteilte, das Notwehrrecht auszuüben, zum anderen aber gerade für diesen Fall die Bestrafung aufgrund eines Delikts androhte, dessen tatbestandlichen Voraussetzungen mit der Ausübung dieser Befugnis erfüllt werden.[352]

7. Verteidigungswille

239 **a)** Nach Teilen des Schrifttums muss der Täter nur **die Umstände für möglich halten,** nach anderer literarischer Ansicht **kennen, welche die Notwehrlage begründen und die Erforderlichkeit der konkret gewählten Verteidigungshandlung ausmachen**. Nach der Rspr. genügt, dass der Täter die Angriffslage für möglich hielt, doch muss darüber hinaus **Verteidigungsabsicht** vorgelegen haben, der Gegenangriff muss also zumindest auch zu dem Zweck geführt worden sein, den vorangegangenen Angriff abzuwehren (s.o. Rn. 187). Ob der Verteidiger bei dieser Zweckverfolgung einen Angriff nur für möglich hielt und sich dessen nicht sicher war, sei für das subjektive Rechtfertigungselement unerheblich.[353]

240 **b)** Sind je nach zugrunde liegender Ansicht diese Voraussetzungen nicht erfüllt, besteht Streit, ob der Täter aus Vollendung oder aus Versuch strafbar ist (s.o. Rn. 188).

241 **c)** Hatte der Täter Verteidigungsabsicht, glaubte er aber in rechtlicher Verkennung der Reichweite der Notwehr zu seinen Ungunsten, sich strafbar zu machen, ist er trotzdem

349 Zur Rechtfertigung der verschiedenen Modalitäten des § 53 WaffG im Zusammenhang mit Notwehrhandlungen vgl. BGH NStZ 1999, 347; OLG Hamm, Urt. v. 24.05.2000 – 3 Ss 44/00, BeckRS 2000, 07440.

350 LK-Rönnau/Hohn § 32 Rn. 190.

351 Sch/Sch/Perron/Eisele § 32 Rn. 61 b; Küpper JA 2001, 438.

352 BGH RÜ 2010, 779.

353 BGH NStZ 2016, 333.

nach allen Ansichten gerechtfertigt. Sein Irrtum steht auf derselben Stufe wie die Verkennung der rechtlichen Grenzen eines Straftatbestands und ist ein strafrechtlich irrelevantes Wahndelikt.[354]

8. Nothilfe

Nothilfe ist gemäß § 32 Abs. 2 Notwehr gegen einen gegenwärtigen und rechtswidrigen Angriff, der sich **gegen andere Personen als den Verteidiger** richtet. Voraussetzungen und Umfang der Nothilfe sind dieselben wie bei der Notwehr. Es gelten jedoch folgende **Besonderheiten**: **242**

a) Notwehrbeschränkungen des Angegriffenen gelten auch für den Nothelfer

Der Nothelfer wird nicht zum eigenen Rechtsgüterschutz tätig, sondern steht einem Dritten bei. **Notwehrvoraussetzungen und -einschränkungen sind daher allein aus dem Verhältnis von Angreifer und Angegriffenem zu beurteilen.**[355] **243**

b) Nothilfe darf nicht aufgedrängt werden

Da der Nothelfer sein Recht nur ableitet, kann er nicht mehr Eingriffsrechte besitzen, als der Angegriffene selbst ausüben will. **Deshalb kann Nothilfe auch nicht gegen den Willen des Rechtsgutinhabers aufgedrängt werden.**[356]

aa) Dieser entgegenstehende Wille kann schon die **Nothilfelage** ausschließen. **244**

So fehlt es bei einem **Suizid** an der für einen „Angriff" begriffsnotwendigen Personenverschiedenheit von Angreifer und Angegriffenem. Mangels „Angriff" ist daher die Verhinderung eines Suizides nicht aus Notwehr zu rechtfertigen. Möglich wäre allenfalls eine Rechtfertigung aus § 34.[357]

Auch liegt kein (nothilfefähiger) rechtswidriger Angriff vor, wenn das Opfer nach den Regeln der **tatbestandsausschließenden oder rechtfertigenden Einwilligung** (s.u. Rn. 287 ff.) der eigenen Rechtsgutbeeinträchtigung wirksam zugestimmt hat.

Dort, wo der Rechtsschutzverzicht nicht wirksam ist, weil das Opfer beispielsweise gar nicht zur Disposition über das Rechtsgut befugt war (§ 216) oder die Zustimmung wegen Täuschung, Zwang oder Sittenwidrigkeit bei Körperverletzungen (§ 228) unwirksam war, bleibt dagegen Nothilfe zulässig.[358]

bb) Auch sofern der Angegriffene nicht in den Angriff einwilligt, kann er Dritten ein **Nothilfeverbot** erteilen. Dies jedoch auch nur, soweit er über die angegriffenen Rechtsgüter disponieren darf und nach den Regeln der Einwilligung ein wirksamer Rechtsschutzverzicht vorliegt.[359] **245**

---

354 Vgl. Mitsch JA 1989, 79, 87.
355 Vgl. Kühl Jura 1993, 233, 235.
356 BGHSt 5, 245, 248; BGH StV 1987, 59.
357 LK-Rönnau/Hohn § 32 Rn. 214; Sch/Sch/Perron § 34 Rn. 33.
358 BGHSt 5, 245, 247.
359 Vgl. Kaspar JuS 2014, 769.

c) Die Allgemeinheit ist im Rahmen der Nothilfe kein „anderer"

246 **Handlungen, die nur Straftatbestände zum Schutz der Allgemeinheit verletzen, begründen keinen nothilfefähigen Angriff**, es sei denn, ihre Verwirklichung gefährdet andere Individualgüter, wie z.B. bei Trunkenheitsfahrten.[360] Der Grund liegt darin, dass für die Gewährleistung der öffentlichen Sicherheit und Ordnung die staatlichen Organe zuständig sind. Deren Aufgaben darf der einzelne Bürger nur dann wahrnehmen, wenn ihm das Gesetz dies ausnahmsweise gestattet (z.B. § 127 Abs. 1 S. 1 StPO). Die Notwehr gibt auch kein „Unrechtsverhinderungsrecht". Anderenfalls wäre ein geordnetes Zusammenleben in der Rechtsgemeinschaft nicht möglich.

Deshalb ist nach h.M. **Notwehr gegen Tierquälerei** (§ 17 Nr. 2 TierschutzG) nicht zulässig. Das gequälte Tier ist kein Träger eines Individualguts. Der in Art. 20 a GG verankerte Tierschutz betrifft die Achtung vor den Mitgeschöpfen als Allgemeingut.[361] Die Tierquälerei kann also allenfalls unter den Voraussetzungen des § 34 – in Verbindung mit dem Rechtsgedanken des § 228 BGB (s.u. Rn. 267) – verhindert werden.

247 Zu differenzieren ist bei sog. **Staatsnothilfe**:

Da „anderer" i.S.d. Notwehrregeln auch juristische Personen sein können,[362] ist **Nothilfe zugunsten des Staates immer möglich, wenn der Staat als Träger von Individualrechtsgütern betroffen ist** (z.B. Nothilfe gegen die Beschädigung einer Notrufanlage).

Hilfe zugunsten des Staates als solchem wird dagegen nur ausnahmsweise anerkannt, **wenn der Staat in seinem Bestand evident gefährdet und nicht in der Lage ist, sich durch seine eigenen Organe selbst zu schützen.**[363]

d) Rechtfertigung von Hoheitsträgern aus Nothilfe

Fraglich ist, ob sich **Hoheitsträger bei amtlichem Handeln auf Nothilfe** zur strafrechtlichen Rechtfertigung berufen können.

248 **aa)** Unproblematisch sind zunächst die Fälle, in denen ein Hoheitsträger im Rahmen seiner Diensttätigkeit aufgrund einer **Ermächtigungsgrundlage**, deren Tatbestandsvoraussetzungen im konkreten Fall erfüllt sind, in Rechtsgüter Dritter eingreift (zum strafrechtlichen Prüfungsmaßstab s.u. Rn. 317). Denn dann entfaltet die öffentlich-rechtliche Befugnis zugleich eine strafrechtliche Rechtfertigung.

249 **bb)** Steht **keine Ermächtigungsgrundlage** zur Verfügung, sollen nach den Regelungen der jeweiligen Landespolizeigesetze die Regeln über **Notwehr und Notstand** unberührt bleiben (so z.B. in § 57 Abs. 2 PolG NRW).[364] Dies führt nach allgemeiner Ansicht dazu, dass sich der Polizeibeamte bei gegen ihn gerichteten Angriffen auf Notwehr berufen kann.[365] Ob über den Verweis auch hoheitlich geübte Nothilfe gemäß § 32 gerechtfertigt werden kann, wird hingegen unterschiedlich beurteilt.

360 Kühl Jura 1993, 57, 61.

361 LK-Rönnau/Hohn § 32 Rn. 82; a.A. Sch/Sch/Perron/Eisele § 32 Rn. 8.

362 RGSt 63, 215, 220.

363 RGSt 63, 215, 220; Sch/Sch/Perron/Eisele § 32 Rn. 6; generell ablehnend Roxin/Greco § 15 Rn. 41, die auf Notstandsregeln verweisen.

364 Parallelvorschriften in Bayern Art. 77 Abs. 2 PAG, in Hessen § 54 Abs. 2 HSOG, in Niedersachsen § 71 Abs. 2 Nds. SOG.

365 BGH JA 2005, 91, 92 zu § 58 Abs. 2 ThüPAG.

Der Streit entzündete sich an dem Problem des **„finalen Rettungsschusses"**, bei dem ein Geiselnehmer gezielt getötet wird, weil keine anderen Mittel zur Geiselbefreiung möglich sind. In den meisten Bundesländern ist diese Maßnahme inzwischen polizeirechtlich erlaubt.[366] Dort ist die einschlägige Befugnisnorm zugleich die strafrechtliche Rechtfertigung für die Tatbestandsverwirklichung des § 212. Wo eine Ermächtigungsgrundlage fehlt, wie z.B. in Berlin,[367] kann die gezielte Tötung nur auf Nothilfe in Verbindung mit der polizeirechtlichen Verweisungsnorm gestützt werden.

Die h.M. sieht in dem Notwehrvorbehalt der Polizeigesetze die Bestätigung dafür, dass sich aus § 32 weitergehende Befugnisse ergeben können als aus den polizeirechtlichen Vorschriften und dass der Polizeibeamte diese Rechte ebenso ausüben könne wie jedermann, gleichviel, ob er selbst angegriffen werde oder während seiner Amtsausübung Nothilfe übe. Ein Polizeibeamter sei kein Bürger minderen Rechts. Was jedem Privaten nach § 32 erlaubt sei, könne dem Polizeibeamten nicht verwehrt sein. Durch das Polizeirecht würden an die Handhabung der Notwehrrechte auch keine strengeren Anforderungen als an Private gestellt werden.[368]

Eine Kompromisslösung spaltet das Rechtswidrigkeitsurteil auf: Da die strafrechtlichen Rechtfertigungsgründe als Ermächtigungsgrundlage ausschieden, andererseits aber der polizeirechtliche Notrechtsvorbehalt nicht ignoriert werden dürfe, bleibe eine nach Polizeirecht nicht legitimierte Handlung öffentlich-rechtlich rechtswidrig, doch könne bei Erfüllung eines strafrechtlichen Rechtfertigungsgrundes die strafrechtliche Rechtswidrigkeit entfallen.[369]

cc) Hält man eine Rechtfertigung über die strafrechtliche Nothilfe mit den zuletzt genannten Auffassungen für möglich, ist dennoch nicht jeder Eingriff in Rechtsgüter Dritter straffrei möglich. So ist nach h.M. insbesondere die **Folter oder deren Androhung selbst zur Rettung eines bedrohten Menschenlebens nicht geboten**. **250**

In dem tragischen Entführungsfall des 11-jährigen Jakob von Metzler wurde dem – später rechtskräftig verurteilten – Verdächtigen Magnus Gäfgen von einem Vernehmungsbeamten angedroht, ihm würden durch einen Spezialisten ungeahnte Schmerzen zugefügt, wenn er den Aufenthaltsort des Kindes nicht verriete. Dem Beamten war zu diesem Zeitpunkt nicht klar, dass Gäfgen das Kind bereits getötet hatte. Diese Nötigung war nicht durch Nothilfe gerechtfertigt.[370]

Das Folterverbot folgt zum einen aus **Art. 3 der Europäischen Menschenrechtskonvention (EMRK)**, die nicht durch Rechtfertigungsgründe relativiert werden kann.[371] Es folgt zum anderen aus der Verpflichtung zur Achtung der **Menschenwürde** gemäß **Art. 1 Abs. 1 GG**, die schon die Androhung von Gewalt verbietet. Der durch Polizei und Rechtspflege handelnde Staat erhält seine Legitimation für die Ausübung des Gewaltmonopols und die Verhängung von Strafen nur, wenn und soweit er selbst den Schutz der Menschenrechte garantiert und die Würde anderer nicht verletzt. Ein Staat, der hiergegen verstößt, verliert seine eigene Legitimationsbasis. Zudem widerspricht ein solches Verhalten dem der Notwehr und Nothilfe zugrunde liegenden Rechtsbewährungsprinzip.[372]

Kritik: Hierfür spricht, dass eine Zulassung der Folter die Gefahr ausufernden Missbrauchs begründet, weil auch Tatunbeteiligte (z.B. zeugnisverweigerungsberechtigte Zeugen) mit der Legitimation der Rettung vieler Menschen gefoltert werden könnten.

---

366 § 63 Abs. 2 S. 2 PolG NRW, Art. 83 Abs. 2 S. 2 BayPAG; § 54 Abs. 2 Bad.-Württ. PolG; § 60 Abs. 2 S. 2 HessSOG; § 76 Abs. 2 S. 2 Nds. SOG; § 82 Abs. 2 S. 2 POG RP; § 65 Abs. 2 S. 2 SOG LSA.

367 § 9 Abs. 2 S. 1 i.V.m. § 7 UZwG Berlin; vgl. Pewestorf/Söllner/Tölle, Polizei- und Ordnungsrecht, 2. Aufl., S. 618.

368 Lackner/Kühl § 32 Rn. 17; Roxin/Greco AT I § 15 Rn. 112; Sch/Sch/Perron/Eisele § 32 Rn. 42 c.

369 NK-Herzog § 32 Rn. 84; MünchKomm/Erb § 32 Rn. 200; Erb Jura 2005, 24, 29; Otto § 8 Rn. 57 f.; Rogall JuS 1992, 559.

370 LG Frankfurt/Main RÜ 2005, 258.

371 EGMR RÜ 2008, 573.

372 LG Frankfurt/Main a.a.O.; Fischer § 32 Rn. 15; LK-Rönnau/Hohn § 32 Rn. 224; Norouzi JA 2005, 360 ff.; a.A. Herzberg JZ 2005, 321; Erb Jura NStZ 2005, 593 ff.; Jerouschek JuS 2005, 296 ff.

Notwehr und Nothilfe, § 32

Notwehrlage

Angriff ist jede tatsächlich vorliegende Bedrohung rechtlich, nicht notwendig strafrechtlich, geschützter Individualinteressen des Verteidigers oder eines anderen (dann: Nothilfelage) durch menschliches Tun oder pflichtwidriges Unterlassen.

Gegenwärtig ist der Angriff, der unmittelbar bevorsteht, gerade stattfindet oder noch fortdauert.

Rechtswidrig ist der Angriff, den der Betroffene nicht zu dulden braucht (nur Erfolgsunwert entscheidet); nach a.A. wenn er im Widerspruch zur Rechtsordnung steht (auch Handlungsunwert erforderlich).

Notwehrhandlung

Als **Verteidigung** sind grds. nur Eingriffe in Rechtsgüter des Angreifers (nicht Unbeteiligter) erlaubt; ausnahmsweise auch in zwangsläufig mitbeeinträchtigte Güter der Allgemeinheit.

Erforderlich ist die Handlung, die objektiv geeignet ist, den Angriff sofort und endgültig zu brechen. Stehen mehrere gleich wirksame Mittel zur Verfügung, so muss das am wenigsten gefährliche gewählt werden.

Bei lebensgefährlichen Waffen „Drei-Stufen-Modell“:

(1) Warnung (2) Kampfunfähigmachen (3) Tötung nur als letztes Mittel.

Grds. keine Güterproportionalität zwischen dem verteidigten und dem beeinträchtigten Rechtsgut erforderlich.

Nothilfe ist nur in dem Umfang zulässig, wie sie dem Angegriffenen zusteht. Soweit er über die betroffenen Rechtsgüter disponieren darf, ist auch ein Nothilfeverbot möglich.

Die **Gebotenheit** setzt auch einer erforderlichen Verteidigung in folgenden Fällen Schranken:

- Bei Bagatellangriffen sind keine Körperverletzungen erlaubt.
- Bei krassem Missverhältnis zwischen angegriffenem und verteidigtem Rechtsgut entfällt die Notwehrbefugnis.
- Bei Angriffen schuldlos Handelnder ist ein Ausweichen vor Schutzwehr und schonender Trutzwehr geboten, sofern möglich.
- Unter Personen mit intakter familiärer Beziehung ist bei geringfügigen Verletzungen Ausweichen geboten, sofern möglich.
- Bei absichtlicher Notwehrprovokation und Abwehrprovokation ist Notwehr ausgeschlossen.
- Bei unabsichtlicher, aber vorwerfbarer Herbeiführung der Notwehrlage muss dem Angriff ausgewichen werden; ist dies nicht möglich, muss Schutzwehr ausgeschöpft werden, bevor zur Trutzwehr übergegangen wird.
- Notwehr gegen Erpresser bei bloßer Gefahr des Übelseintritts ist in der Regel nicht geboten.
- Staatliche Folter zur Gefahrenabwehr ist keine gebotene Nothilfe (Art. 1 Abs. 1 S. 1, Art. 104 Abs. 1 S. 2 GG, Art. 3 EMRK).

Notwehrwille

Nach der Lit. genügt Fürmöglichhalten/**Kenntnis der Umstände**, die die Notwehrlage und die Erforderlichkeit der konkret gewählten Verteidigung ausmachen; nach Rspr. darüber hinaus **Zweckbezug** zwischen Angriff und Verteidigung erforderlich (Verteidigungsabsicht).

II. Selbsthilferechte

Notwehrähnlich sind die im Zivilrecht normierten **Selbsthilferechte**, allgemein geregelt in §§ 229, 230 BGB, ergänzt durch Spezialregeln u.a. für Vermieter (§ 562 b BGB) sowie Besitzer und Besitzdiener (§§ 859, 860 BGB).

1. Selbsthilfe zur Anspruchssicherung nach den §§ 229 ff. BGB

Die Selbsthilfe nach den §§ 229 ff. BGB gestattet in Durchbrechung des Gewaltmonopols des Staates private Gewalt zur Sicherung einer gefährdeten Forderung. **251**

Aufbauschema: Zivilrechtliche Selbsthilfe, § 229 BGB
1. Selbsthilfelage
a) Einredefreier zivilrechtlicher Anspruch
b) Gefahr der Vereitelung oder Erschwerung
c) Staatliche Hilfe nicht rechtzeitig zu erlangen
2. Selbsthilfehandlung
a) Wegnahme, Beschädigung oder Zerstörung einer Sache
b) Bei Fluchtverdacht Festnahme
c) Beseitigung von Widerstand
d) In allen Fällen: Verhältnismäßigkeit und nur vorläufige Anspruchssicherung erlaubt, § 230 Abs. 1 BGB; ferner Selbsthilfegrenzen des § 230 Abs. 2–4 BGB, insbesondere bei Wegnahme einer Sache: Beantragung von Sicherheitsarrest
3. Selbsthilfewille

a) Voraussetzung der Selbsthilfelage ist zunächst, dass **tatsächlich ein durchsetzbarer schuldrechtlicher Anspruch gegen den Betroffenen** besteht. Ist der Handelnde nicht Anspruchsinhaber, muss er rechtsgeschäftlicher Vertreter des Anspruchsinhabers sein.[373] Der Anspruch muss in seiner Durchsetzung **gefährdet** sein. **252**

b) Hauptfälle der Selbsthilfehandlung sind die Wegnahme einer Sache und die Festnahme des Verpflichteten. Aus § 230 Abs. 1 BGB folgt einschränkend, dass die Selbsthilfe nur zur **Gefahrabwendung und nur im Rahmen der Erforderlichkeit** geübt werden darf. **Erlaubt ist also nur die Sicherung, niemals die eigenmächtige Befriedigung, § 230 BGB!** **253**

c) Subjektiv muss der Täter **in Kenntnis der Selbsthilfevoraussetzungen und zum Zweck der Anspruchssicherung** gehandelt haben. **254**

d) Ist zwischen den Parteien streitig, ob überhaupt und in welcher Höhe ein Anspruch gegeben ist (z.B. der Fahrpreis bei einer Taxifahrt oder die Verschuldensfrage bei Beschädigungen), erkennt die h.M. aus diesem gesetzlichen Schuldverhältnis einen **Hilfs-** **255**

373 Palandt/Ellenberger, BGB, 80. Aufl. 2021, § 229 Rn. 3.

anspruch aus § 242 BGB auf Mitteilung von Namen und Anschrift an. Zur Sicherung dieses Anspruchs steht dem Anspruchsinhaber unter den Voraussetzungen des § 229 BGB ein Festnahmerecht zu, wenn die Gefahr besteht, dass sich der Gegner der Feststellung seiner Personalien durch Flucht entziehen will. Um die Identifizierung eines fluchtverdächtigen Schuldners mit Namen und ladungsfähiger Anschrift zu ermöglichen und dadurch dessen Festnahme zu vermeiden, darf der Geschädigte auch im Wege der Selbsthilfe eine dem Schuldner gehörende Sache wegnehmen.[374]

Klausurhinweis: *Ein beliebtes Problem! Siehe dazu die Falldarstellung oben Rn. 179.*

2. Selbsthilfe des Besitzers, § 859 BGB

256 § 859 BGB gewährt dem unmittelbaren Besitzer in engen zeitlichen Grenzen das Recht, sich gegen eine Besitzstörung zur Wehr zu setzen, sog. **Besitzwehr** (Abs. 1) und sich eine entzogene Sache gewaltsam wiederzubeschaffen, sog. **Besitzkehr** (Abs. 2). Voraussetzung ist immer, dass die Besitzstörung auf **verbotener Eigenmacht** nach § 858 BGB beruht, dass also der Störer seinerseits kein Recht dazu hat.

Aufbauschema: Besitzwehr und Besitzkehr, § 859 Abs. 1, 2 BGB

1. **Besitzstörung / Besitzentziehung durch verbotene Eigenmacht, § 858 BGB**
   - **a)** Besitzstörung muss noch andauern
   - **b)** Besitzentziehung muss noch „frisch" sein
2. **Besitzwehr-/Besitzkehrhandlung**
   - **a)** Bei Besitzstörung: durch angemessene Gewaltanwendung
   - **b)** Bei Besitzentziehung: gewaltsame Wegnahme
3. **Besitzschutzwille**

III. Vorläufige Festnahme

257 Festnahme i.S.d. StPO ist eine freiheitsentziehende Maßnahme, die allein dem Zweck dient, die Identitätsfeststellung eines Straftäters durch die Polizei zu ermöglichen und seine Anwesenheit in einem gegen ihn gerichteten Strafverfahren zu sichern.

Erfolgt die Festnahme auf Anordnung eines Richters durch einen Haftbefehl **(§§ 112 ff. StPO, Art. 104 Abs. 2, 3 GG)**, spricht man von Verhaftung. Liegt noch keine richterliche Entscheidung zur Haft vor, sondern soll diese erst ermöglicht werden, spricht man von vorläufiger Festnahme. Das Recht hierzu steht nach **§ 127 Abs. 2 StPO** Staatsanwaltschaft und Polizei zu, wenn Gefahr im Verzug besteht und die Voraussetzungen für einen Haftbefehl nach § 112 StPO erfüllt sind, nämlich: dringender Tatverdacht und ein Haftgrund.[375]

374 BGH RÜ 2011, 432; BayObLG NStZ 1991, 133.
375 Dazu ausführlich AS-Skript StPO (2020), Rn. 56 ff.

Darüber hinaus gibt **§ 163 b StPO** Staatsanwälten und Beamten des Polizeidienstes u.a. das Recht, einen einer Straftat Verdächtigen gemäß Abs. 1 und sogar Unverdächtige (Zeugen) gemäß Abs. 2 zur Identitätsfeststellung festzuhalten.

Durch **§ 127 Abs. 1 S. 1 StPO** erhält **jeder Bürger** – stellvertretend für nicht anwesende Strafverfolgungsorgane – das Recht zur vorläufigen Festnahme, wenn der Täter auf frischer Tat betroffen oder verfolgt wird und seine Identität nicht feststeht oder Fluchtgefahr besteht.

Aufbauschema: Jedermann-Festnahme, § 127 Abs. 1 S.1 StPO
1. Festnahmelage
a) Andere Person auf frischer Tat betroffen oder verfolgt
b) Fluchtverdacht oder Identität nicht sofort feststellbar
2. Festnahmehandlung
a) Festnahme und zwangsweise Durchsetzung
b) Verhältnismäßigkeit
3. Festnahmeabsicht

1. Festnahmelage

a) „Tat" kann immer nur eine **Straftat sein, die zum Erlass eines Haftbefehls berechtigen würde**. Da § 127 StPO die Durchsetzung des staatlichen Strafverfolgungsanspruchs sichern will, muss es immer um eine in der Vergangenheit liegende Straftat gehen. Der Versuch einer Straftat genügt, wenn er als solcher strafbar ist.[376] Wie schwer die Straftat ist oder welchen Wert die Beute hat, spielt keine Rolle.[377] **258**

Zum Teil wird vertreten, dass für einen Privaten die Festnahme aus Gründen der Verhältnismäßigkeit (§ 112 Abs. 1 S. 2 StPO) nur bei gravierenden Rechtsverstößen erlaubt sei.[378] Die Gegenansicht verweist zu Recht auf § 127 Abs. 3 StPO, wonach auch die typischerweise leichteren Antragsdelikte ausdrücklich und unabhängig vom Vorliegen eines Strafantrags in den Kreis der Anlasstaten für eine Festnahme einbezogen sind, was keinen Sinn machen würde, wenn das Festnahmerecht auf schwere Straftaten begrenzt wäre.[379]

Eine Festnahme zur Verhinderung zukünftiger Straftaten ist durch § 127 StPO aber nicht gestattet. Auch die Festnahme eines strafunmündigen Kindes ist nach h.M. nicht aus § 127 Abs. 1 S. 1 StPO zu rechtfertigen, auch nicht, wenn es lediglich um die Identitätsfeststellung geht, da in diesen Fällen keine strafbare Tat vorliegt.[380] Etwas anderes soll

376 BGH NJW 1981, 745.

377 BGHSt 45, 378, 381.

378 LR-Hilger § 112 Rn. 19.

379 BGH NStZ 2000, 603; LR-Hilger § 127 Rn. 8; Rengier § 22 Rn. 5.

380 Meyer-Goßner/Schmitt § 127 Rn. 3 a; Satzger Jura 2009, 107, 108.

für nach § 20 schuldunfähige Täter gelten: Deren Festnahme sei nach § 127 StPO gerechtfertigt, da gegen diese im Rahmen eines Strafverfahrens Maßnahmen der Besserung und Sicherung verhängt werden könnten.[381]

Umstritten ist, ob die Tat **wirklich begangen** sein muss (dazu im nachfolgenden Fall).

259 Der Betroffene muss dafür **„auf frischer Tat betroffen oder verfolgt“** worden sein. **„Betroffen auf frischer Tat“** ist, wer bei der Erfüllung des Straftatbestands oder sofort danach am Tatort oder in dessen unmittelbarer Nähe gestellt wird. **Verfolgung „auf frischer Tat“** liegt vor, wenn sich der Täter bereits vom Tatort entfernt hat, sichere Anhaltspunkte auf ihn als Täter hinweisen und die Nacheile zum Zweck seiner Ergreifung aufgenommen wird.[382]

Klausurhinweis: *Die Festnahme eines Ausbrechers oder eines gesuchten Straftäters ist nach § 127 Abs. 1 S. 1 StPO nicht erlaubt: Die Selbstbefreiung ist nicht – auch nicht nach § 120 – strafbar und die Tat, deretwegen jemand gesucht wird, ist nicht mehr „frisch“! Auf Nothilfe zugunsten des Staates kann sich der Festnehmende nicht berufen (s.o. Rn. 194).*

260 **b)** Des Weiteren muss entweder **Fluchtverdacht** bestehen oder die **Identität darf nicht sofort feststellbar** sein.

Für Fluchtverdacht genügt die nach den Umständen und der Lebenserfahrung berechtigte Annahme, der Betroffene werde sich der Strafverfolgung durch Flucht entziehen.[383]

Die Identität ist nicht sofort feststellbar, wenn der Name des Betroffenen nicht bekannt ist, er Angaben zur Person verweigert oder sich nicht ausweisen kann oder wenn er nicht ohne Vernehmungen oder Nachforschungen identifiziert werden kann, diese Feststellungen aber an Ort und Stelle nicht möglich sind.[384]

2. Festnahmehandlung

261 § 127 Abs. 1 S. 1 StPO erlaubt unter diesen Voraussetzungen zuallererst die Festnahme als solche. Diese geschieht dadurch, dass der Bürger gegenüber dem Betroffenen erklärt, dass er wegen einer Straftat zur Polizei mitzukommen oder bis zum Eintreffen der Polizei an seinem gegenwärtigen Aufenthaltsort zu bleiben habe. Die Durchsetzung der Festnahme unterliegt aber wie jeder Eingriff nach öffentlichem Recht der **Verhältnismäßigkeit**. Diese deckt nur den Zwang, der zur Durchsetzung der Festnahme erforderlich ist, also die Freiheitsberaubung und Nötigung sowie die unmittelbar dazu erforderliche Gewalt und Beeinträchtigung des körperlichen Wohlbefindens, soweit diese darauf gerichtet sind, den Betroffenen zur Polizei zu bringen oder dessen Verbleiben bis zum Eintreffen der Polizei zu sichern.[385]

Das schließt unterhalb dieser Intensitätsschwelle liegende Handlungen wie die Wegnahme von Ausweispapieren oder den vorübergehenden Entzug eines Fluchtmittels mit ein.[386]

---

381 Sickor JuS 2012, 1074, 1075 f.

382 Vgl. Pfeiffer § 127 Rn. 3.

383 BayObLG NStZ-RR 2002, 336.

384 Meyer-Goßner/Schmitt § 127 Rn. 11.

385 OLG Stuttgart NJW 1984, 1694.

386 Wessels/Beulke/Satzger Rn. 615.

Weitergehende Befugnisse gewährt § 127 Abs. 1 S. 1 StPO nicht. Der Festnehmende hat insbesondere **kein Recht** **262**

- zu **Durchsuchungen** von Räumen oder Gegenständen;
- **zu Handlungen, die zu einer ernsthaften Schädigung der Gesundheit des Festzunehmenden oder zu einer unmittelbaren Gefährdung seines Lebens führen, und zwar selbst dann nicht, wenn die Festnahme ohne sie nicht ausgeführt oder aufrechterhalten werden kann.** Unzulässig aus dem Gesichtspunkt der Festnahme sind damit lebensgefährliche Würgegriffe oder Schüsse auf einen Fliehenden.[387]

Solche Handlungen können aus Notwehr oder Nothilfe erlaubt sein, wenn der Grund der Festnahme zugleich eine Notwehrlage auslöst oder wenn sich der Festzunehmende der Festnahme mit Gewalt widersetzt und dadurch(!) einen gegenwärtigen rechtswidrigen Angriff begeht, sog. **Festnahmenotwehr**.[388]

3. Festnahmeabsicht

In subjektiver Hinsicht ist neben der **Kenntnis der die Festnahme begründenden Umstände** noch die **Absicht** erforderlich, den Festgenommenen **den Strafverfolgungsorganen zuzuführen**. **263**

Klausurhinweis: *Beliebt ist die Konstellation, dass der Festnehmende* ***zunächst die Absicht hat****, den Straftäter der Polizei zu übergeben,* ***diesen Willen später aber fallen lässt****, um den Festgenommenen durch eine längere Einsperrung oder Fesselung selbst zu bestrafen. – Die zunächst durch die Festnahme begründete und gerechtfertigte Festnahme wird von diesem Moment an zur rechtswidrigen Freiheitsberaubung durch Unterlassen, §§ 239 Abs. 1, 13!*

Fall 9: Grenzen der Jedermann-Festnahme; §§ 229, 230 BGB

In der S-Bahn kontrolliert Fahrscheinprüfer P den Fahrgast F. Dieser zeigt einen Fahrschein vor, der aber nicht entwertet ist. Als P ihn darauf aufmerksam macht, erklärt F, er habe das Entwerten schlichtweg vergessen. P verlangt nun das nach den Beförderungsbedingungen geschuldete erhöhte Beförderungsentgelt von 30 €. F bedauert, er habe nicht so viel Geld dabei. Einen Ausweis kann er nicht vorzeigen. P fordert F deshalb auf, sich bis zum Eintreffen der Polizei zur Identitätsfeststellung nicht zu entfernen. F weigert sich mit der Begründung, keine Straftat begangen zu haben, und verlässt beim nächsten Halt den Zug. Um zu verhindern, dass F sich davonmacht, hält P ihn fest und alarmiert über Funk die nächste Polizeidienststelle. Als wenige Minuten später die Beamten zur Identitätsfeststellung eintreffen, erstattet F mündlich Strafanzeige gegen P.

Strafbarkeit der Beteiligten? (Fallmotiv nach Schauer/Wittig JuS 2004, 107)

A. **Strafbarkeit des F**

Infrage kommt nur **Beförderungserschleichung** gemäß **§ 265 a Abs. 1 Mod. 3**.

387 BGH NStZ-RR 2007, 303; BGH NJW 2000, 1348.

388 Vgl. Satzger Jura 2009, 108, 113.

I. F hat die entgeltliche Personenbeförderung der S-Bahn in Anspruch genommen. Für das Merkmal des „Erschleichens" genügt zwar nicht die bloß unentgeltliche Benutzung. Andererseits ist nach h.M. aber auch kein Einschleichen oder eine Täuschungshandlung erforderlich. Es wird als ausreichend angesehen, dass der Täter sich mit dem Anschein der Ordnungsmäßigkeit umgibt, sich also – wie hier – wie ein normaler Fahrgast benimmt.[389]

II. Bezüglich der objektiven Tatumstände handelte F vorsätzlich. Er müsste aber auch beabsichtigt haben, das Entgelt nicht zu entrichten. Dafür ist der Nachweis erforderlich, dass F über diesen Umstand während seiner S-Bahnfahrt nachgedacht hat, weil er nur dann einen solchen zielgerichteten Willen gebildet haben kann. Hier ließ sich F ein, die Fahrkartenentwertung vergessen zu haben. Das kann eine Schutzbehauptung sein (und wird in der Praxis der Amtsgerichte oft auch so gesehen). Es gibt aber keine „Vermutung" dafür. Vielmehr ist auch bei alltäglichen Verhaltensweisen nicht auszuschließen, dass sich jemand ablenken lässt und die Konsequenzen seines Verhaltens nicht bedenkt. In dubio pro reo ist davon auszugehen, dass die Einlassung des F zutreffend war.[390] Er handelte dann nicht in der Absicht, das Entgelt zu ersparen.

Ergebnis: F ist nicht strafbar.

B. **Strafbarkeit des P**

I. Durch das Festhalten des F könnte sich P wegen **Freiheitsberaubung** gemäß **§ 239 Abs. 1 Alt. 2** strafbar gemacht haben.

1. Dadurch, dass P den F bis zum Eintreffen der Polizei festhielt, hat er dessen physische Freiheit zur Ortsveränderung für einen nicht völlig unerheblichen Zeitraum vorsätzlich beeinträchtigt und damit den Tatbestand erfüllt.

2. Fraglich ist, ob die Tat gerechtfertigt ist.

264 a) In Betracht kommt eine Festnahmebefugnis nach **§ 127 Abs. 1 S. 1 StPO**. Dann müsste eine zur Festnahme berechtigende „Tat" vorgelegen haben.

Hinweis: *Dies ist die in Klausuren zu § 127 StPO häufigste Streitfrage.*

Nach der herrschenden, am materiellen Strafrecht orientierten Auffassung (deshalb: **materielle Theorie**) muss eine **Straftat wirklich begangen worden sein**; Tatbestandsmäßigkeit, Rechtswidrigkeit und (grundsätzlich) auch Schuld müssen vorliegen. So wie bei der Notwehr der Scheinangriff keine Notwehr begründe, genüge bei § 127 Abs. 1 S. 1 StPO dringender Tatverdacht nicht.[391] Diese Ansicht kann auf den unterschiedlichen Wortlaut verweisen, der in Abs. 1 ausdrücklich eine „Tat" verlangt, in Abs. 2 (über den Verweis auf die Haftbefehlsvoraussetzungen in § 112 StPO) aber nur dringenden Tatverdacht. Wenn zudem in Abs. 1 S. 1 ebenso wie in Abs. 2 für

389 BGH RÜ 2009, 234.

390 Vgl. auch KG StV 2002, 412.

391 Sch/Sch/Sternberg-Lieben Vor §§ 32 ff. Rn. 81 f.; Meyer-Goßner/Schmitt § 127 Rn. 4; Fischer Vor § 32 Rn. 7a; Kindhäuser/Zimmermann § 20 Rn. 5; Kühl § 9 Rn. 85.

Staatsanwälte und Polizeibeamte der dringende Tatverdacht ausreichen würde, wäre Abs. 2 für Strafverfolgungsorgane praktisch überflüssig. Folgt man dieser Ansicht, bestand mangels Straftat des F kein Festnahmerecht des P.

Dieses lässt sich auch nicht durch eine erneute „in dubio pro reo"-Entscheidung (diesmal zugunsten des P) begründen, weil dann allein die Möglichkeit einer Straftat schon den Eingriff in Rechtsgüter des F erlauben würde.

Nach der sog. Verdachtslösung (auch: **prozessuale Theorie**) ist erforderlich, aber auch ausreichend, dass sich aus der Zusammenschau aller erkennbaren äußeren Umstände im Tatzeitpunkt zweifelsfrei **dringender Tatverdacht** für eine Straftat ergibt. Da es bei § 127 Abs. 1 S. 1 StPO um einen strafprozessualen Rechtfertigungsgrund gehe und alle Eingriffsnormen der StPO nur an den Verdacht und nicht an die tatsächliche Begehung der Straftat anknüpften, müsse auch für das Festnahmerecht des Bürgers der – allerdings evidente – Tatverdacht ausreichen.[392] Auch nach dieser Ansicht bestand im vorliegenden Fall keine Festnahmebefugnis des P: Äußerlich lagen keine Anzeichen für eine Straftat vor, weil sich F wie jeder normale Fahrgast verhielt. Zwar lag es nicht fern, dass F mit dem angeblichen „Vergessen" der Entwertung nur eine Ausrede suchte. Zweifelsfrei war das aber nicht. Die Festnahme durch P war daher nicht aus § 127 Abs. 1 S. 1 StPO gerechtfertigt.[393]

b) Infrage kommt eine Rechtfertigung der Tat als **Selbsthilfe-Festnahme** gemäß **§§ 229, 230 BGB**. Hier stand dem Verkehrsunternehmen nach seinen Allgemeinen Beförderungsbedingungen ein verschuldensunabhängiger Anspruch auf das erhöhte Beförderungsentgelt von 30 € zu. Diesen durfte P als Angestellter des Verkehrsunternehmens durchsetzen. F hatte den Zug bereits verlassen und wollte sich entfernen. Die Anspruchsverwirklichung war damit gefährdet und zugleich bestand Fluchtgefahr. Auch obrigkeitliche Hilfe war nicht erreichbar, weil F der Polizei erst noch zugeführt werden musste. Das Festhalten bis zum Eintreffen der Polizei war als mildester Eingriff zur Anspruchssicherung erforderlich. Schließlich handelte P auch **in Kenntnis der Selbsthilfevoraussetzungen und zum Zweck der Anspruchssicherung**, also mit Selbsthilfewillen. **265**

Die Freiheitsberaubung ist gerechtfertigt.

II. Aus demselben Grund scheidet auch eine verwerfliche **Nötigung** gemäß **§ 240** durch das gewaltsame Festhalten aus.

Ergebnis: P ist ebenfalls nicht strafbar.

---

392 BayObLG MDR 1986, 956; OLG Hamm NStZ 1998, 370; Kargl NStZ 2000, 10.

393 Ebenso Schauer/Wittig JuS 2004, 107, 108.

IV. Rechtfertigender Notstand

266 Der Notstand als Rechtfertigungsgrund ist in **§ 34** geregelt. Die Vorschrift ist dem zivilrechtlichen **Aggressivnotstand** in **§ 904 BGB** nachgebildet. Kernaussage beider Vorschriften ist, dass das Recht im Konflikt zweier Interessen die Verletzung des von der Rechtsordnung geringer bewerteten erlaubt, wenn der Täter eine alternativlose Chance wahrnimmt, um das **höherwertige** zu schützen.

267 Darüber hinaus gibt es in **§ 228 BGB** den sog. **Defensivnotstand** als speziellen Rechtfertigungsgrund, wenn sich die Tat **gegen die Gefahr bringende Sache** selbst richtet. Diese Vorschrift gewährt ein Eingriffsrecht, wenn die Handlung „erforderlich ist und der Schaden nicht außer Verhältnis zu der Gefahr steht". Durch die Negativformulierung „nicht außer Verhältnis" drückt der Gesetzgeber aus, dass nur ausnahmsweise bei einem Missverhältnis zwischen geschütztem und durch die Verteidigung beschädigtem Gut Defensivnotstand nicht erlaubt ist. Damit **verschiebt das Gesetz die Gewichtung beim Defensivnotstand zulasten des Eingriffsguts:** Sofern das Eingriffsgut selbst die Gefahrenquelle ist, entzieht die Rechtsordnung ihm einen Teil der Wertschätzung und gestattet auch Eingriffe zum Schutz sonst nachrangiger oder geringwertigerer Güter. Die Grenze bildet nur die Disproportionalität. Dieser Rechtsgedanke gilt zugunsten des Täters analog auch in § 34 (s. dazu unten Rn. 273 ff.).[394]

Liegen die Voraussetzungen für rechtfertigenden Notstand vor, gewährt er ein Eingriffsrecht; der Betroffene ist zur Duldung verpflichtet und darf dagegen nicht – weil ein rechtswidriger Angriff fehlt – Notwehr üben.[395]

268 Von der Notwehr unterscheidet sich der rechtfertigende Notstand dadurch, dass das überwiegende Interesse hier nur mit dem **Schutz des bedrohten Rechtsguts**, nicht aber mit dem Rechtsbewährungsprinzip begründet werden kann.[396]

Hinweis: *Die §§ 228, 904 BGB verdrängen als Spezialregeln § 34, soweit es um die Rechtfertigung von Eigentumsdelikten geht. Gegenüber § 904 BGB ist § 228 BGB spezieller, wenn die Gefahr bringende Sache selbst beschädigt oder zerstört wird. Für alle übrigen Straftatbestände gilt § 34 (s. auch oben Rn. 189).*

Aufbauschema: Rechtfertigender Notstand, § 34

1. **Notstandslage:** Gegenwärtige Gefahr für ein rechtlich geschütztes Interesse des Verteidigers oder eines Dritten
2. **Notstandshandlung**
   - **a)** Gefahr nicht anders als durch den Eingriff abwendbar
   - **b)** Interessenabwägung
   - **c)** Angemessenheit
3. **Gefahrabwendungswille**

394 Vgl. Kindhäuser/Zimmermann § 17 Rn. 48.
395 Lackner/Kühl § 34 Rn. 1.
396 Sch/Sch/Perron § 34 Rn. 1.

1. Notstandslage

a) Notstandsfähig ist **jedes rechtlich anerkannte Interesse** (siehe § 34 S. 1 a.E.: „... das geschützte Interesse ... wesentlich überwiegt"), auch wenn seine Beeinträchtigung keinen Straftatbestand erfüllen würde. 269

Beispiel: So wurde das Interesse an der Erhaltung der in einem Unternehmen vorhandenen Arbeitsplätze als notstandsfähig angesehen.[397]

Durch die Gesetzesformulierung „um die Gefahr von sich oder einem anderen abzuwenden" ist klargestellt, dass das geschützte Rechtsgut nicht dem Täter zustehen muss. **Notstandshilfe** zugunsten eines Dritten ist daher ebenfalls zulässig.

Möglich ist aber auch, dass derjenige, dessen Güter in Gefahr sind, und der Träger des Rechtsguts, in das eingegriffen werden soll, **identisch** sind. Hier sind allerdings Einwilligung und mutmaßliche Einwilligung zu prüfen, bevor rechtfertigender Notstand angesprochen wird.

Beispiele: Die Körperverletzung durch Notoperation eines Bewusstlosen ist durch mutmaßliche Einwilligung gerechtfertigt, wenn die OP seinem vermuteten Willen entspricht. Die Nötigung eines Suizidwilligen, um diesen an der Selbsttötung zu hindern, kann dagegen nur aus § 34 gerechtfertigt sein.

Sogar **Rechtsgüter der Allgemeinheit** sind prinzipiell notstandsfähig. Im Rahmen des Notstands kann die Allgemeinheit also – im Unterschied zu § 32 – ein „anderer" sein, weil hier durch die zusätzlichen Voraussetzungen des § 34 ein Machtmissbrauch privater Personen ausgeschlossen ist.[398]

b) Eine Gefahr für das Rechtsgut liegt vor, wenn aufgrund tatsächlicher Umstände der Eintritt eines Schadens wahrscheinlich ist.[399] Die das Gefahrurteil tragenden Umstände müssen nach h.M. tatsächlich vorliegen. Eine bloße Anscheinsgefahr reicht für eine Rechtfertigung nach überwiegender Auffassung nicht aus.[400] 270

Beispiel: Begeht ein Arzt wegen eines nur vorgetäuschten Unglücksfalls einen unbefugten Kraftfahrzeuggebrauch, § 248 b, weil er auf andere Weise nicht zu dem vermeintlich Verunglückten gelangen kann, ist er nicht gerechtfertigt; vielmehr entfällt der Vorwurf der Vorsatztat aufgrund eines Erlaubnistatbestandsirrtums.[401]

Ob aufgrund der gegebenen Umstände eine Schadenswahrscheinlichkeit besteht, beurteilt sich aus der Sicht eines objektiven Beobachters unter Berücksichtigung etwaigen Sonderwissens des Notstandstäters, sog. **objektive ex ante-Prognose**.[402] Ist nach diesen Umständen eine Gefahr zu bejahen, braucht es zu dem befürchteten Schaden stiftenden Ereignis nicht mehr gekommen zu sein.[403]

Beispiel: Nach Entdeckung mehrerer Fliegerbomben aus dem 2. Weltkrieg wird ein komplettes Krankenhaus evakuiert, um die Bomben zu entschärfen und so die drohende Gefahr einer Explosion abzuwenden. Bei einigen Patienten von der Intensivstation kommt es durch den Transport zu Krankheits-

397 BGH bei Dallinger MDR 1975, 723.
398 Vgl. Sch/Sch/Perron § 34 Rn. 10.
399 Vgl. BGHSt 18, 272; Fischer § 34 Rn. 4.
400 Sch/Sch/Perron § 34 Rn. 12.
401 Ausführlich dazu AS-Skript StrafR AT 2 (2021), Rn. 381 ff.
402 Lackner/Kühl § 34 Rn. 2.
403 Rengier § 19 Rn. 9 f.

komplikationen. Der Kampfmittelräumdienst entschärft die Bomben erfolgreich. – Rechtfertigung der Körperverletzung gemäß § 229 oder sogar gemäß § 223 an den Patienten durch die Evakuierung, sofern keine mutmaßliche Einwilligung anzunehmen ist, durch Notstand gemäß § 34.

271 **c) Gegenwärtig ist die Gefahr, wenn die Bedrohungslage bei natürlicher Weiterentwicklung jederzeit in einen Schaden umschlagen kann.**[404] Gegenwärtig ist nach h.M. nicht nur der akut bedrohliche Zustand, sondern auch die sog. **Dauergefahr**. Hiervon spricht man,

- wenn die gefährliche Situation jederzeit, also auch alsbald, in einen Schaden umschlagen kann, mag auch die Möglichkeit offenbleiben, dass der Schadenseintritt noch eine Zeit lang auf sich warten lässt,[405]

  Beispiel: Einsturzgefahr eines baufälligen Hauses

- wenn der Eintritt des drohenden Schadens zwar erst nach Ablauf einer gewissen Zeit zu erwarten, **aber sofortiges Handeln angezeigt ist, um ihm wirksam begegnen zu können.**[406]

2. Erforderlichkeit der Notstandshandlung

272 Die Gefahr darf **nicht anders als durch die Eingriffshandlung des Täters abwendbar** gewesen sein. Dieses Merkmal wird inhaltlich mit der Erforderlichkeit der Verteidigungshandlung in § 32 gleichgesetzt. Das bedeutet, dass die vom Täter vorgenommene Rechtsgutverletzung **geeignetes und zugleich relativ mildestes Mittel** gewesen sein muss, um die Gefahr zu beseitigen.[407] Für die Eignung ist nicht notwendig, dass die Handlung die Gefahrenlage sicher oder mit hoher Wahrscheinlichkeit beseitigt. Es genügt, dass durch die Handlung überhaupt eine Rettungschance bestand.[408] Kann die Gefahr dadurch abgewendet werden, dass ihr ausgewichen wird, ist eine Konfliktbeseitigung auf Kosten der Rechtsgüter Dritter nicht erforderlich, da der Notstand vom Prinzip der Güterabwägung und nicht – wie die Notwehr – vom Prinzip der Rechtsbewährung beherrscht wird.[409] Die Erforderlichkeit gebietet auch, rechtsgutverletzende Handlungen abzubrechen, wenn das Ziel der Gefahrbekämpfung erreicht ist.

Beispiel: Um Sicherheitslücken aufzudecken, schmuggelte ein Fernsehjournalist mehrfach ein Messer in seinem Handgepäck an den Flugsicherheitskontrollen vorbei. Mit dem Messer in seinem Besitz trat er auch die Flüge an. Die Vorgänge wurden gefilmt. – OLG Düsseldorf bejaht einen Verstoß gegen das Luftsicherheitsgesetz. Rechtfertigender Notstand sei nicht gegeben. Um die Gefahr für die Sicherheit des Luftverkehrs durch lasche Kontrollen zu bekämpfen, hätte es genügt, das Messer nur durch die Kontrolle zu bringen, nicht aber auch noch an Bord der Flugzeuge zu schaffen, wo die Bedrohung für andere Passagiere noch vergrößert wurde.[410]

---

404 Vgl. BGH NJW 1989, 176.
405 BGH BGHSt 5, 371, 373.
406 Sch/Sch/Perron § 34 Rn. 17.
407 Baumann JuS 1989, 109, 110.
408 OLG Karlsruhe StV 2005, 273.
409 Vgl. Sch/Sch/Perron § 34 Rn. 20.
410 OLG Düsseldorf RÜ 2006, 41.

3. Interessenabwägung

Voraussetzung ist weiter, dass das **geschützte Interesse** (= dasjenige, dem die Gefahr drohte, sog. **Erhaltungsinteresse**) **das beeinträchtigte Rechtsgut** (= dasjenige, das durch die tatbestandsmäßige Handlung verletzt wurde, sog. **Eingriffsgut**) **wesentlich überwiegt**, § 34 S. 1 a.E., und dass die Tat ein **angemessenes Mittel** zur Gefahrenabwehr ist, § 34 S. 2. 273

Zentrale Gesichtspunkte des Notstands sind damit zwei Wertungen, nämlich die Feststellung eines eindeutigen Übergewichts des geschützten Interesses nach der **Abwägungsklausel** von S. 1 unter Berücksichtigung der sozialethischen Schranken nach der **Angemessenheitsklausel** von S. 2.

Aufbauhinweis: *Umstritten ist, ob § 34 S. 2 unselbstständiger Bestandteil einer Gesamtabwägung ist,*[411] *oder ob er eine selbstständige zweite Wertungsstufe darstellt.*[412] *Im Ergebnis unterscheiden sich diese Ansichten nicht. Für eine strukturierte Darstellung der Gedankenschritte empfiehlt es sich, der letztgenannten Ansicht zu folgen, sofern sich wegen Unangemessenheit nicht schon von vornherein ein Abwägungsverbot ergibt (s. dazu unten Rn. 277 ff.).*

a) Ausgangspunkt der Interessenabwägung ist das **Rangverhältnis** zwischen dem Eingriffsgut und dem Erhaltungsinteresse. So folgt aus Art. 1 GG, dass **Personenwerte vor Sachgüterinteressen** rangieren. Innerhalb der Personenwerte hat das **Leben einen höheren Wert als die körperliche Unversehrtheit**. Im Übrigen wird der Wert des jeweiligen Rechtsguts indiziert durch die **Strafdrohung** des zu seinem Schutz einschlägigen Straftatbestandes. 274

Daraus ergibt sich **beispielsweise**, dass das Interesse des Aids-Erkrankten an der Geheimhaltung seiner Krankheit durch den behandelnden Arzt gegenüber dem Schutzinteresse von Leib und Leben seines Sexualpartners zurücktritt. Wenn also der Aids-Kranke seinen Partner über das Ansteckungsrisiko nicht aufklären will, ist die Offenbarung der Krankheit diesem gegenüber durch den Arzt (§ 203 Abs. 1 Nr. 1), der beide behandelt, gemäß § 34 gerechtfertigt.[413]

b) Letztentscheidend für die Interessenabwägung ist jedoch nicht der absolute Rang, sondern die Bewertung von Eingriffsgut und Erhaltungsgut **in der konkreten Lebenssituation.**[414] Kriterien hierfür sind folgende: 275

- **Intensität und Umfang** des drohenden Schadens

  Dieser quantitative Gesichtspunkt ist vor allem bei **Vermögenswerten** ausschlaggebend. Er kann sogar dazu führen, dass ganz leichte Eingriffe in Personenwerte zugunsten hoher Sachwerte vorgenommen werden dürfen, **beispielweise** wenn beim Löschen eines Brandes ein Passant durchnässt wird und sich dadurch einen leichten Schnupfen zuzieht.[415]

- **Grad der** dem Eingriffsgut **drohenden Gefahr und Höhe der Rettungschance**

  Häufigster Anwendungsfall in Klausuren: Eine **Trunkenheitsfahrt** nach **§ 316** ist als abstraktes Gefährdungsdelikt aus Notstand erlaubt, um die konkrete Lebensgefahr eines anderen abzuwenden.[416]

---

411 Vgl. LK-Zieschang § 34 Rn. 151; Sch/Sch/Perron § 34 Rn. 46.

412 Jescheck/Weigend § 33 IV 3 d.

413 OLG Frankfurt MDR 1999, 1444.

414 Sch/Sch/Perron § 34 Rn. 25.

415 Vgl. LK-Zieschang § 34 Rn. 116.

416 Einschränkend bei starker Alkoholisierung OLG Koblenz NJW 1988, 2316.

- Zur Interessenabwägung beim **Defensivnotstand** der nachfolgende Fall:

Fall 10: Präventivnotwehr; Interessenabwägung im Defensivnotstand

Die 70-jährige alleinstehende F betreibt in der Lüneburger Heide ein einsam gelegenes Gasthaus. Eines Abends gegen 20.00 Uhr – andere Personen sind nicht anwesend – treten A ein B ein und bestellen Speisen und Getränke. F hört zufällig aus der Küche, wie A dem B den Plan offenbart, die F einzusperren und dann das Bargeld aus der Tageskasse an sich zu bringen. Die Tat soll aber erst gegen 23.00 Uhr kurz vor Schließen des Lokals geschehen, damit A nicht durch zufällig noch eintretende Gäste gestört wird. B möchte mit der Sache nichts zu tun haben und verlässt die Gaststätte wieder. F will die Polizei per Anruf vom Festnetz zu Hilfe rufen, doch ist die Leitung tot. Eine Mobilfunkverbindung besteht mangels Netzabdeckung auch nicht. F hilft sich deshalb auf folgende Weise selbst: Sie zerstampft und verrührt einige Schlaftabletten in einem Glas Magenbitter und reicht diesen dem A gespielt freundlich nach dem Abendessen gegen 21.00 Uhr als „Absacker auf Kosten des Hauses." A trinkt das Gebräu und verfällt nach einer halben Stunde in komatösen Schlaf. F kann mit dem Fahrrad zu einem benachbarten Bauernhof fliehen und von dort die Polizei alarmieren. Strafbarkeit der F?

I. Infrage kommt **gefährliche Körperverletzung** gemäß **§§ 223 Abs. 1 Alt. 2, 224** durch Verabreichen des Schlaftrunks.

1. F hat dadurch, dass sie dem A das mit Schlafmitteln versetzte Getränk reichte, dessen Bewusstseinsverlust als pathologischen Zustand und damit eine Gesundheitsschädigung verursacht.[417] Wegen der nur vorübergehenden narkotisierenden Wirkung sind Schlafmittel zwar kein „Gift" i.S.d. § 224 Abs. 1 Nr. 1 Alt. 1 oder ein „anderes gefährliches Werkzeug" gemäß § 224 Abs. 1 Nr. 2 Alt. 2, wohl aber gesundheitsschädlicher Stoff gemäß § 224 Abs. 1 Nr. 1 Alt. 2. Darüber hinaus hat F durch das Vortäuschen, es handele sich um ein harmloses Getränk, die Körperverletzung „mittels eines hinterlistigen Überfalls" gemäß § 224 Abs. 1 Nr. 3 begangen.[418] Sie kannte alle Umstände und handelte deshalb vorsätzlich.

2. Fraglich ist, ob Rechtfertigungsgründe vorliegen.

   a) Ein **Festnahmerecht** gemäß **§ 127 Abs. 1 S. 1 StPO** setzt voraus, dass A, als F ihn bewusstlos machte, bereits eine Straftat begangen hatte. Zu einem Raubversuch und einer versuchten Freiheitsberaubung war es aber noch nicht gekommen: A hatte zwar einen entsprechenden Tatentschluss, doch wollte er erst gegen 23.00 Uhr zur Tatausführung schreiten. Erst um diese Zeit hätte er gemäß § 22 unmittelbar zur Verwirklichung seines Plans angesetzt. Auch eine Strafbarkeit aus §§ 249, 30 lag nicht vor. A hat sich mit der bloßen Mitteilung seines Vorhabens an B weder mit diesem zur mittäterschaftlichen Begehung eines Raubverbrechens verabredet, noch versucht, diesen dazu anzustiften. Damit lag keine zur Festnahme berechtigende Straftat vor. Eine Festnahme zur Unrechtsverhinderung erlaubt § 127 Abs. 1 S. 1 StPO nicht.

417 Vgl. BGH NStZ 1992, 490 zur Verabreichung von Schlafmitteln.

418 Vgl. BGH NStZ 2009, 505.

b) **Notwehr** gem. **§ 32** setzt einen gegenwärtigen rechtswidrigen Angriff voraus. Zwar waren durch den Plan des A die Rechtsgüter Eigentum, Willens- und Fortbewegungsfreiheit der F bedroht. Gegenwärtig ist ein Angriff aber erst, wenn er unmittelbar bevorsteht. Damit ist nicht der Versuchsbeginn der Tat gemeint, wohl aber der Zeitraum unmittelbar davor.[419] Liegen bis zum Beginn der Angriffshandlung noch mehrere Stunden, ist der Angriff noch nicht gegenwärtig.

c) Im Schrifttum wurde z.T. § 32 analog auf die zeitliche Phase vor dem unmittelbar bevorstehenden Angriff als **„notwehrähnliche Lage"** oder **„Präventivnotwehr"** angewendet.[420] Die h.M. lehnt das jedoch mit dem Hinweis ab, dass die Verhinderung eines zukünftigen Angriffs nicht dasselbe sei wie die Abwehr eines gegenwärtigen Angriffs.[421]

Kritik: Für die h.M. spricht auch der Ausnahmecharakter des § 32, der dem Betroffenen nur in der akuten Bedrohungslage weitreichende Handlungsbefugnisse ohne Güterabwägung einräumt.

§ 32 – auch in analoger Anwendung – scheidet als Rechtfertigungsgrund aus.

d) Die Tat könnte wegen **Notstands** gemäß **§ 34** gerechtfertigt sein.

aa) Dann müsste für ein rechtlich geschütztes Interesse oder Rechtsgut eine gegenwärtige Gefahr bestanden haben.

Hätte A seinen Plan realisiert, wären Eigentum, Willens- und Fortbewegungsfreiheit der F beeinträchtigt worden. Diese Rechtsgüter waren folglich in **Gefahr**.

Weiter als die Gegenwärtigkeit des Angriffs bei § 32 ist bei § 34 die **Gegenwärtigkeit** nur auf die Gefahr bezogen. Das verdeutlicht, dass sich die Situation hier noch nicht wie bei der Notwehr zugespitzt haben muss. Vielmehr genügt es, dass mit der Realisierung der Gefahr ernsthaft zu rechnen ist, wenn niemand eingreift.[422] Das war hier wegen der nur zwei Stunden verbleibender Zeit bis zum Versuchsbeginn des A der Fall.

bb) F konnte die Polizei nicht telefonisch alarmieren. Auch Flucht wäre keine Handlungsalternative gewesen, weil A dann trotzdem die Kasse hätte aufbrechen können. Die Gefahr war daher auch nicht anders abwendbar. Eine Notstandslage ist zu bejahen.

cc) **Das geschützte Interesse** muss das beeinträchtigte **wesentlich überwiegen**. Den gefährdeten Rechtsgütern der F stand die gefährliche Körperverletzung des A gegenüber. Stellt man allein auf das Ausmaß und die Intensität der dem A zugefügten und der der F drohenden Beeinträchtigungen ab, lässt sich nicht ohne Weiteres sagen, dass das geschützte Interesse das beeinträchtigte wesentlich überwiegt.

419 BGH RÜ 2018, 23, 24.

420 Jakobs 12/27.

421 Wessels/Beulke/Satzger Rn. 500.

422 Vgl. LK-Zieschang § 34 Rn. 69.

276 Hier ist aber zu berücksichtigen, dass die Gefahr von A herrührte, also von **demjenigen, in dessen Rechtsgut eingegriffen wurde**. Nach heute h.M. ist dem § 228 BGB über den dort geregelten Fall der Sachwehr hinaus der allgemeine Grundsatz zu entnehmen, **dass beim defensiven Notstand qualitativ und quantitativ weitergehende Beeinträchtigungen zulässig sind als beim aggressiven Notstand. Es genügt grundsätzlich – wie in § 228 BGB –, wenn der durch die Verteidigung angerichtete Schaden nicht außer Verhältnis zu der abgewendeten Gefahr steht.** Nach diesem Maßstab können Abwehrhandlungen, die sich gegen den Gefahrenurheber richten, nach § 34 gerechtfertigt sein, auch wenn sie – in maßvollen Grenzen[423] – höchstpersönliche Güter wie Körperintegrität und Freiheit verletzen.[424]

Hinweis: *Wegen des Abwägungsverbots „Leben gegen Leben" (s.u. Rn. 277) ist die* ***Tötung eines Menschen aus Defensivnotstand nicht erlaubt****, selbst wenn das Opfer für eine akute Lebensgefahr anderer verantwortlich ist, ohne dass bereits die Voraussetzungen für Notwehr vorliegen.*[425]

A wurde durch die Schlafmittelgabe nur vorübergehend und ohne bleibende Schäden in seiner körperlichen Integrität beeinträchtigt. Der ihm zugefügte Schaden stand nicht außer Verhältnis zur Abwehr der der F drohenden Gefahr endgültigen Verlusts des Geldes und mehrstündiger Einsperrung.

dd) Die Beeinträchtigung der körperlichen Unversehrtheit des A stellt sich auch als **angemessenes Mittel** zur Gefahrenabwehr dar, da die Notstandshandlung den ethischen Prinzipien der Gesamtrechtsordnung nicht widerspricht.

ee) F hat schließlich auch gehandelt, um die von A ausgehende Gefahr abzuwenden, d.h. mit **Gefahrabwendungswillen**.

Die gefährliche Körperverletzung ist somit nach § 34 gerechtfertigt.

II. Die mitverwirklichten Tatbestände der **Nötigung** gemäß **§ 240** (Gewalt durch Narkotisierung des A) und der **Freiheitsberaubung** gemäß **§ 239 Abs. 1 Alt. 2** (Verlust der Fortbewegungsfreiheit als Folge der Bewusstlosigkeit) werden von der Rechtfertigung gemäß § 34 miterfasst.

Ergebnis: F ist nicht strafbar.

---

4. Angemessenheit

Auch wenn das Erhaltungsinteresse höher einzustufen ist als das verletzte Rechtsgut, kann die Tat dennoch nach **§ 34 S. 2 unangemessen sein. Hiermit sind die folgenden wichtigsten rechts- und sozialethischen Schranken** gemeint:

423 Hirsch JR 1980, 115, 117.

424 Jescheck/Weigend § 33 IV 5; Sch/Sch/Perron § 34 Rn. 30 f.; Schroeder JuS 1980, 336, 340; differenzierend Roxin/Greco § 16 Rn. 86.

425 BGHSt 48, 256, 257.

a) Generelles Abwägungsverbot

Die Tat darf nicht gegen ein aus der Unantastbarkeit der Menschenwürde (Art. 1 Abs. 1 GG) abgeleitetes **generelles Abwägungsverbot** verstoßen:

aa) Nicht abwägungsfähig ist das Leben. Dieses oberste Rechtsgut ist einer Bewertung als gering- oder hochwertig ebenso entzogen wie einer Einstufung nach rechnerischen Kategorien. **Die Tötung weniger zur Rettung vieler (sog. quantitativer Lebensnotstand) ist niemals gerechtfertigt**, denn dies würde gegen die Menschenwürde verstoßen (Art. 1 Abs. 1 GG) und in unzulässiger Weise das Recht auf Leben Unschuldiger (Art. 2 Abs. 2 S. 1 GG) zur Disposition stellen: Die Betroffenen würden dadurch, dass ihre Tötung als Mittel zur Rettung anderer benutzt wird, verdinglicht und zugleich entrechtet. Indem über ihr Leben einseitig verfügt würde, würde ihnen der Wert abgesprochen, der dem Menschen um seiner selbst willen zukommt.[426] **277**

Infrage kommt in diesen Fällen lediglich der übergesetzliche entschuldigende Notstand (s.u. Rn. 385 ff.).

bb) Unantastbar ist – zumindest im Kern – das **Selbstbestimmungsrecht über die eigene körperliche Integrität**. Dieses darf selbst dann nicht beeinträchtigt werden, wenn die gegen den Willen des Betroffenen vorgenommene Handlung dem Schutz höherwertiger Rechtsgüter dient. **278**

Beispiel: Unzulässig ist daher insbesondere die zwangsweise Heranziehung eines Dritten zur Blut- oder Organspende, selbst wenn dies die einzige Möglichkeit ist, anderes Leben zu retten.[427]

Allerdings ist dieser Grundsatz nicht starr: Je niedriger der Rang des persönlichen Rechtsguts ist, desto mehr tritt das beachtliche Persönlichkeitsinteresse am Unterbleiben einer Notstandseinwirkung zurück.[428]

Beispiel: Aus diesem Grund ist eine Nötigung gemäß § 240 Abs. 1 zur Verhinderung eines Suizids bei einer akuten Lebensgefährdung nicht unangemessen.

cc) Aus der Unantastbarkeit der Menschenwürde ergibt sich auch das Verbot staatlicher **Folter zur Gefahrenabwehr** (s.o. Rn. 250). **279**

b) Sonstige oberste Rechtsprinzipien

aa) Stellt die Rechtsordnung zur Bewältigung bestimmter Konflikte **abschließend rechtlich geordnete Verfahren** zur Verfügung, verlangt sie auch die Befolgung der hierfür aufgestellten Regeln. Kann der Täter deren Voraussetzungen nicht erfüllen, darf ihm die Konfliktbewältigung nicht über § 34 erlaubt werden, weil die Rechtsordnung dann den Geltungsanspruch für die Verfahrensnormen aufheben würde.[429] **280**

---

426 Mit diesen Erwägungen hat das BVerfG § 14 Abs. 3 des Luftsicherheitsgesetzes vom 11.01.2005 für nichtig erklärt (BVerfGE 115, 118). Nach dieser Ermächtigungsgrundlage wäre der gezielte Abschuss von Flugzeugen in der Hand von Terroristen, die diese gegen andere Menschen einsetzen wollen, auch dann erlaubt gewesen, wenn dadurch unschuldige Passagiere und die Flugzeugbesatzung geopfert würden. Nicht nur dem Staat ist die Schaffung solcher Ermächtigungsgrundlagen von Verfassungs wegen untersagt. Art. 1 Abs. 1, Art. 2 Abs. 2 S. 2 GG begrenzt auch die Auslegung des § 34, wobei das BVerfG die Frage einer strafrechtlichen Rechtfertigung ausdrücklich offen gelassen hat (BVerfGE 115,118, 157).

427 Sch/Sch/Perron § 34 Rn. 41 e; a.A. Roxin/Greco AT 1 § 16 Rn. 49 unter Hinweis auf andere Regeln, z.B. Impfgesetze, die körperliche Eingriffe auch zum Schutz geringwertigerer Rechtsgüter als das Leben erlauben.

428 LK-Zieschang § 34 Rn. 116 f.

429 Vgl. Sch/Sch/Perron § 34 Rn. 41; a.A. SK-Hoyer § 34 Rn. 101.

Beispiele:

Keine Rechtfertigung des zu Unrecht Angeklagten für eine Anstiftung zum Meineid, auch wenn dies die einzige Möglichkeit ist, einer drohenden Verurteilung und Freiheitsentziehung zu entgehen.

Der Anbau und Erwerb von Cannabispflanzen zur Selbsttherapie von Schmerzen bedarf nach § 3 Abs. 2 BtMG der Erlaubnis des Bundesamtes für Arzneimittel und Medizinprodukte. Der Umgang mit Betäubungsmitteln ohne diese Genehmigung kann als Verstoß gegen § 29 Abs. 1 Nr. 1 BtMG nicht durch § 34 gerechtfertigt sein, weil die Abwägung der Gefahren von Betäubungsmitteln mit ihrem schmerzlindernden Nutzen nach dem Willen des Gesetzgebers der Erlaubnisbehörde vorbehalten ist.[430]

281 **bb)** Umstritten sind die Fälle des **Nötigungsnotstands**, bei denen ein Dritter den Täter durch Androhung von Gefahr für Leib oder Leben für diesen oder eine andere Person zu einem tatbestandsmäßigen Verhalten zwingt.

Beispiel: A lässt einen Gefangenen entweichen (§ 120), weil er von B unter Androhung schwerster Körperverletzungen dazu gezwungen wurde.

Für eine Meinung greift § 34 auch in den Fällen des Nötigungsnotstandes ein, weil es für die dem Täter drohende Gefahr gleichgültig sei, worin diese ihren Ursprung habe. Entscheidend ist danach nur, dass das Erhaltungsinteresse das Eingriffsgut wesentlich überwiegt **(generelle Rechtfertigungslösung)**.[431]

Andere sprechen sich zumindest dann für eine Rechtfertigung aus § 34 aus, wenn es einerseits um eine akute Lebens- oder Gesundheitsgefahr für den Bedrohten geht und er andererseits nur zu einer geringfügigen Rechtsverletzung veranlasst wird **(eingeschränkte Rechtfertigungslösung)**.[432]

Überwiegend wird eine Rechtfertigung von Handlungen im Nötigungsnotstand abgelehnt. Begründung: Die Rechtsordnung kann ohne Verzicht auf ihren eigenen Geltungsanspruch nicht zulassen, dass der im Nötigungsnotstand Handelnde dadurch ein Eingriffsrecht erhält und demjenigen, in dessen Rechtsgüter eingegriffen wird, das Notwehrrecht nimmt **(Entschuldigungslösung)**.[433]

Kritik: Gegen die beiden erstgenannten Ansichten sprechen nicht nur der Verlust des Notwehrrechts des von der erzwungenen Handlung betroffenen Dritten, sondern auch die Tatsache, dass dann bei erzwungenen eigenhändigen Delikten (z.B. §§ 153 f., 315 c, 316) die Zieltat für den Veranlasser gar nicht strafbar wäre (mittelbare Täterschaft wäre wegen der Eigenhändigkeit nicht möglich und Teilnahme würde an der Rechtswidrigkeit der Haupttat scheitern). Die Strafbarkeit wegen Nötigung könnte den Schuldumfang der Tat nicht erfassen. Damit ist der letztgenannten Ansicht zu folgen. Soweit die Voraussetzungen des § 35 nicht eingreifen – bei Drohungen unterhalb der Schwelle einer Gefahr für Leib, Leben oder Freiheit oder bei Gefahren für dem Täter nicht nahestehende Personen – macht sich der Genötigte strafbar. Seine Drucksituation kann allenfalls auf Strafzumessungsebene Berücksichtigung finden.

430 BGH RÜ 2016, 779.

431 LK-Zieschang § 34 Rn. 129 f.; Brand/Lenk, JuS 2013, 883.

432 Rengier § 19 Rn. 54.

433 Sch/Sch/Perron § 34 Rn. 41 b; Roxin AT 1 § 16 Rn. 58 ff.; s. dazu auch unten Rn. 373.

c) Besondere Duldungspflichten

Die Erhaltung an sich höherwertiger Rechtsgüter kann auch dann unangemessen sein, wenn für den Täter **besondere Duldungspflichten** bestehen.

aa) Solche Duldungspflichten entstehen zunächst immer dann, wenn die Hinnahme der Gefahr oder sogar der Rechtsbeeinträchtigung vom **Gesetzgeber in Kauf genommene Folge einer anderen gesetzlichen Regelung ist**.[434] 282

Beispiele:

Der Angreifer kann seine auf die **Notwehr hin geübte Gegenwehr nicht aus Notstand rechtfertigen**.[435]

Wer durch Maßnahmen der Zwangsvollstreckung vor dem finanziellen Ruin steht, darf sich nicht deshalb durch Straftaten wieder liquide machen.

bb) Duldungspflichten können sich ferner aus einer **besonderen Rechtsstellung** des Täters kraft Berufs (Soldat, Feuerwehrmann, Polizist, Seenothelfer) oder als Garant ergeben, die ihn verpflichtet, bestimmte Gefahren auf sich zu nehmen.[436] 283

cc) Noch ungeklärt ist, inwieweit das **Verschulden der Notstandslage** den Täter zur Hinnahme der Gefahr zwingt. Viele argumentieren mit einem Erst-recht-Schluss im Vergleich zu § 32: Wenn das Vorverschulden sogar die Notwehr gegen einen rechtswidrigen Angriff beschränke, müsse dies allemal dann gelten, wenn es um die Erlaubnis zur Rechtsbeeinträchtigung unbeteiligter Dritter gehe. Deshalb wird bei einer **absichtlich herbeigeführten Notstandslage die Rechtfertigung mangels Gefahrabwendungswillens verneint; in den übrigen Fällen treffe den Täter nur eine erhöhte Duldungspflicht** im Vergleich zu unbeteiligten Dritten.[437] Wieder andere halten eine Einschränkung des Notstandsrechts in der konkreten Konfliktsituation für unzulässig, wollen aber aus dem Gesichtspunkt der **actio illicita in causa** bestrafen.[438] 284

Beispiel: Als „Kandidat" einer zweifelhaften Fernsehshow muss sich A ohne Geld und Ausrüstung „durchschlagen". Um seinen Hunger zu stillen, stiehlt er nachts aus der Speisekammer des S Nahrungsmittel. – Weder ist der Diebstahl nach § 904 BGB gerechtfertigt noch der Hausfriedensbruch aus § 34.

5. Gefahrabwendungswille

Subjektiv muss der Täter mit **Gefahrabwendungswillen** gehandelt haben („um die Gefahr abzuwenden"). Eine gewissenhafte Prüfung der objektiven Notstandsvoraussetzungen wurde von der Rspr. vor Geltung des § 34 beim übergesetzlichen Notstand verlangt.[439] Eine Übertragung auf § 34 kommt nach heute h.M. nicht in Betracht.[440] Das Eingriffsrecht bestehe nicht aufgrund einer pflichtgemäßen Prüfung von Voraussetzungen, sondern aufgrund der vorliegenden Gefahr. Zudem lasse der Wortlaut der Vorschrift eine derartige Einschränkung nicht zu.[441] 285

434 Schon für eine Ablehnung der Notstandslage in diesen Fällen LK-Zieschang § 34 Rn. 61 f.

435 LK-Rönnau Vor §§ 32 ff. Rn. 107.

436 Fischer § 34 Rn. 25.

437 LK-Zieschang § 34 Rn. 122.

438 Sch/Sch/Perron § 34 Rn. 42.

439 BGHSt 2, 111, 114; 3, 7, 12 vor Geltung des § 34.

440 Lackner/Kühl § 34 Rn. 13; NK-Neumann § 34 Rn. 110 m.w.N.

441 Sch/Sch/Perron § 34 Rn. 49.

Rechtfertigender Notstand, § 34

Notstandslage

Notstandsfähig ist jedes rechtlich anerkannte Interesse des Täters oder eines Dritten (dann: Notstandshilfe).	**Gefahr** besteht, wenn aufgrund tatsächlich vorliegender Umstände bei objektiver ex ante-Beurteilung der Eintritt eines Schadens wahrscheinlich ist.	**Gegenwärtig** ist die Gefahr, die jederzeit in einen Schaden umschlagen kann (akute Gefahr), auch dann, wenn der Schadenseintritt noch eine Zeit lang auf sich warten lässt, aber sofortiges Handeln erfordert (Dauergefahr).

Notstandshandlung

Die Gefahr darf **nicht anders als durch den Rechtsguteingriff abwendbar** sein, dieser muss also – wie bei § 32 – erforderlich sein.	**Es muss ein wesentliches Überwiegen des Erhaltungsguts gegenüber dem Eingriffsgut bestehen** (S. 1).
	Kriterien:
	▪ Abstraktes Rangverhältnis
	▪ Konkrete Bewertung
	  ▪ Intensität und Umfang des drohenden Schadens
	  ▪ Grad der drohenden Gefahr
	  ▪ Höhe der Rettungschance
	  ▪ Eingriff gegen den Gefahrurheber (§ 228 BGB analog, Defensivnotstand) oder gegen Dritten
		An der **Angemessenheit** (S. 2) der Tat kann es fehlen bei
		▪ Verstoß gegen Abwägungsverbot:
		  ▪ Leben gegen Leben
		  ▪ Medizinische Zwangsbehandlung
		  ▪ Menschenwürde (Folterverbot für Amtsträger)
		▪ Verstoß gegen oberste Rechtsprinzipien, wenn
		  ▪ zur Konfliktbewältigung rechtl. geordnete Verfahren existieren,
		  ▪ keine Rechtfertigung aus § 34 bei Nötigungsnotstand besteht
		▪ Duldungspflichten:
		  ▪ Wenn Duldung vom Gesetzgeber gewollte Folge einer anderen Regelung ist
		  ▪ Aus besonderer Rechtsstellung
		  ▪ Wegen verschuldeter Notstandslage

Gefahrabwendungswille

Kenntnis der Notstandslage und Zweckbezug der Handlung als Rettungsmaßnahme; gewissenhafte Prüfung ist nach h.Lit. nicht erforderlich.

V. Erziehungsrecht

Für Lehrer oder andere Privatpersonen gibt es kein Recht zu Körperverletzungen, auch wenn ein erzieherischer Anlass besteht und die Handlung Erziehungszwecken dient. **286**

Für Eltern und andere Personensorgeberechtigte gilt § 1631 Abs. 2 BGB, der körperliche Bestrafungen, seelische Verletzungen und andere entwürdigende Maßnahmen verbietet. Diese gesetzliche Regelung hat ein gewohnheitsrechtliches Züchtigungsrecht als Rechtfertigungsgrund für Körperverletzungen aufgehoben.

Daher macht sich ein Elternteil, das sein Kind wegen dessen Fehlverhalten mit einer Ohrfeige züchtigt, wegen Körperverletzung gemäß § 223 Abs. 1 Alt. 1 strafbar.[442]

Das Verbot der körperlichen Bestrafung macht zugleich deutlich, dass nicht jede körperliche Einwirkung verboten ist. Das Festhalten des Babys auf dem Wickeltisch oder des Kindes vor der roten Ampel würde deshalb von dem Verbot nicht erfasst.

Klausurhinweis: *Es werden gern Sachverhalte konstruiert, in denen der Täter glaubt, ein Züchtigungsrecht zu haben. Das sind dann klassische Fälle des Erlaubnisirrtums.*[443]

C. Unrechtsausschlüsse wegen Handelns zum Schutz der Interessen des Rechtsgutträgers

I. Rechtfertigende erklärte Einwilligung

Bei allen Individualgütern außer dem Leben (Arg. aus § 216) kann der Rechtsgutinhaber auf den durch das Strafrecht gewährten Schutz vor Beeinträchtigungen durch andere verzichten. Wird dieser Verzicht geäußert, spricht man von **(erklärter) Einwilligung**. Eine gesetzliche Regelung ihrer Voraussetzungen gibt es nicht. Dass der Gesetzgeber von der Existenz dieses Rechtfertigungsgrundes ausgeht, ergibt sich aber aus § 228. Die h.M. folgert aus der darin enthaltenen Formulierung „handelt nur dann rechtswidrig", dass die Einwilligung grundsätzlich einen **Rechtfertigungsgrund** darstellt.[444] Nach der Gegenauffassung wirkt die Einwilligung als Interessenpreisgabe und als Ausdruck verfassungsrechtlich abgesicherter Handlungsfreiheit generell tatbestandsausschließend[445] bzw. strafunrechtsausschließend.[446] **287**

Hinweis: *Dieser Theorienstreit hat zwar aufbautechnisch Bedeutung, wirkt sich aber weder auf die Voraussetzungen der Einwilligung noch auf die Einzelfallergebnisse aus. Bei Unkenntnis einer objektiv gegebenen Einwilligung kommt man nach beiden Konzeptionen bei der Vorsatztat zum Versuch und bei der Fahrlässigkeitstat zur Straflosigkeit. Nimmt der Täter irrtümlich die Voraussetzungen einer in Wahrheit nicht gegebenen Einwilligung an, entfällt eine Vorsatztat entweder wegen Tatbestandsirrtums oder wegen Erlaubnistatbestandsirrtums. Empfehlenswert ist es, in einer* ***Klausur*** *ohne ein Wort zum Aufbau die Einwilligung auf der Ebene der Rechtswidrigkeit zu prüfen.*

---

442 AG Burgwedel, Urt. v. 10.11.2004 – 64 DS 3643 Js 8475/04 (20/49), BeckRS 2014, 01305.

443 S. dazu AS-Skript StrafR AT 2 (2021), Rn. 388 f.

444 Lackner/Kühl Vor § 32 Rn. 15 f.; Sch/Sch/Sternberg-Lieben Vor §§ 32 ff. Rn. 33; Fischer Vor § 32 Rn. 3 b.

445 Roxin JuS 1988, 425, 426.

446 MünchKomm/Schlehofer Vor § 32 Rn. 120 ff.

Aufbauschema zur erklärten rechtfertigenden Einwilligung
1. Rechtliche Zulässigkeit der Einwilligung
2. Einwilligungserklärung des Berechtigten vor der Tat in die Eingriffshandlung und den Eingriffserfolg
3. Wirksamkeit der Erklärung
4. Handeln in Kenntnis und aufgrund der Einwilligung

1. Rechtliche Zulässigkeit

288 Da die Einwilligung ein Verzicht auf strafrechtlichen Schutz des Rechtsguts beinhaltet, ist sie nur bei solchen Tatbeständen zulässig, die ein Rechtsgut schützen, über das der **Inhaber auch verfügen** kann.

Bei Tatbeständen, die ein **Rechtsgut der Allgemeinheit** schützen (z.B. §§ 153 ff., 267, 306 a) gibt es keine rechtfertigende Einwilligung. Auch in die **eigene Tötung durch aktive und gezielte Lebensverkürzung** kann der Sterbewillige nicht in einer den Tötungstäter rechtfertigenden Weise einwilligen, weil der Schutz des Lebens vor Handlungen Dritter – wie § 216 zeigt – unverzichtbar ist.[447]

2. Einwilligungserklärung

a) Zur Disposition Berechtigter

289 Die Einwilligung muss **vom Rechtsgutinhaber** oder von einem zur Disposition über das Rechtsgut befugten Vertreter[448] **vor der Tat erteilt** worden sein **und zur Tatzeit noch fortbestehen.**[449] Als Folge des Simultaneitätsprinzips (s.o. Rn. 84) entfaltet eine nachträgliche Zustimmung keine Rechtfertigung. **Im Strafrecht gibt es keine rückwirkende Genehmigung** wie in § 185 BGB.

b) In Bezug auf Eingriffshandlung und -erfolg

290 Die Einwilligung muss sich mit der Tatbestandsverwirklichung der Eingriffshandlung decken. Ist diese eine Vorsatztat, muss der Einwilligende auch den Erfolgseintritt für möglich gehalten und billigend in Kauf genommen haben.

Bei verletzungsintensiven Sportarten, insbesondere Kampfsport, umfasst die Einwilligung deshalb nur die Verletzungen, die bei regelkonformem Verhalten des Gegners üblich sind, nicht aber solche, die der Gegner in grober Missachtung der Wettkampfregeln (z.B. durch Doping) herbeigeführt hat.[450]

---

447 Vgl. AS-Skript StrafR BT 2 (2020), Rn. 97 ff.

448 BGH StV 2003, 397.

449 BGHSt 17, 359.

450 OLG Kön RÜ 2019, 505, 506 mit Verweis auf LK-Rönnau Vor §§ 32 ff. Rn. 164.

c) Kundgabe nach außen

Die Einwilligung muss dabei **nach außen kundgegeben**, d.h. entweder ausdrücklich oder schlüssig erklärt worden sein (sog. **Willenserklärungstheorie**).[451] Eine Mindermeinung lässt es genügen, dass der Rechtsgutträger seinen zustimmenden Willen nur innerlich gebildet hat (sog. **Willensrichtungstheorie**).[452] Rein passive Duldung oder gar nur Beobachtung des Vorgangs genügt jedenfalls nicht. 291

3. Wirksamkeit

a) Einwilligungsfähigkeit

Der Rechtsgutträger muss **einwilligungsfähig** gewesen sein. Allgemein wird dafür verlangt, dass der Einwilligende **nach seiner geistigen und sittlichen Reife imstande ist, Bedeutung und Tragweite des gegen ihn gerichteten Eingriffs und des Verzichts auf den Schutz des Rechtsguts zu erkennen und sachgerecht zu beurteilen**.[453] Im Einzelnen: 292

Die Wirksamkeit der rechtfertigenden Einwilligung ist von den Kriterien zivilrechtlicher Geschäftsfähigkeit unabhängig und wird nur anhand **natürlicher Einsichts- und Urteilsfähigkeit** gemessen. Diese Urteilsfähigkeit kann auch bei minderjährigen Jugendlichen vorhanden sein. Nach allgemeiner Ansicht können daher auch Minderjährige bei entsprechender Verstandesreife Eingriffe in höchstpersönliche Rechtsgüter erlauben.

Eine Meinungsgruppe macht von diesem Grundsatz eine Ausnahme, wenn es um Eingriffe **in Vermögensrechte geht**. Hier müssten die §§ 107 ff. BGB analog zur Beurteilung der Einwilligungsfähigkeit herangezogen werden, weil das, was einem Minderjährigen zivilrechtlich nicht möglich sei, auch strafrechtlich nicht ermöglicht werden könne.[454]

Im Einzelfall können Sonderregeln **Mindestaltersgrenzen** festschreiben, durch die die Vermutung zum Ausdruck gebracht wird, dass erst mit Erreichen der Altersstufe ausreichende Einsichts- und Urteilsfähigkeit gegeben sein kann.

Die Zustimmung zur Kastration kommt erst mit Vollendung des 25. Lebensjahres infrage (§ 2 Abs. 1 Nr. 3 KastrG). Die Organspende ist erst mit Erreichen der Volljährigkeit möglich (§ 8 Abs. 1 Nr. 1 a TPG).[455]

Ist der Minderjährige nach diesen Kriterien nicht einwilligungsfähig, kann die Einwilligung durch den **gesetzlichen Vertreter** (insbesondere die Eltern, vgl. §§ 1626, 1629 BGB) erklärt werden. 293

In eine religiös motivierte, aber medizinisch nicht indizierte **Beschneidung** des männlichen Kindes (§ 223 Abs. 1) können die Eltern gemäß **§ 1631 d BGB** einwilligen. Bei Mädchen und Frauen ist dagegen eine Genitalverstümmelung gemäß § 226 a als Verbrechen strafbar. In der Lit. wurde § 1631 d BGB kritisch aufgenommen, teilweise wurden sogar Bedenken gegen die Verfassungsmäßigkeit der Vorschrift laut.[456]

---

451 LK-Rönnau Vor § 32 Rn. 163.

452 KG JR 1954, 428; vgl. auch (mit eigener Systematik) MünchKomm/Schlehofer Vor § 32 Rn. 192.

453 BGHSt 4, 88, 90; 12, 379, 383; Fischer § 228 Rn. 5; Wessels/Beulke/Satzger Rn. 567.

454 OLG Düsseldorf NZV 1991, 77; Sch/Sch/Sternberg-Lieben Vor §§ 32 ff. Rn. 40.

455 Vgl. LK-Rönnau Vor § 32 Rn. 197 mit weiteren Beispielen.

456 Vgl. Wessels/Beulke/Satzger Rn. 568; Walter JZ 2012, 1110; Isensee JZ 2013, 317, 324 ff.; kritisch Antomo Jura 2013, 425.

294 Auch bei an sich einwilligungsfähigen Personen kann die **Einsichtsfähigkeit im Einzelfall** durch Geisteskrankheiten oder Bewusstseinsstörungen infolge von Rauschmittelgenuss ausgeschlossen sein.[457] Dafür genügt eine nicht unerhebliche Beeinträchtigung, etwa durch den Genuss von vier Flaschen Bier.[458] Schuldunfähig braucht der Einwilligende nicht zu sein.

b) Ernstliche und willensmangelfreie Zustimmung

295 **aa)** Grundsätzlich unwirksam ist die durch Drohung, Täuschung und Irrtum beeinflusste Einwilligung.[459]

296 **bb)** Eine Fehlvorstellung berührt aber die Wirksamkeit der Einwilligung nach umstrittener Meinung nur dann, wenn sie **rechtsgutbezogen** ist, d.h. wenn sich der Rechtsgutträger über Folgen, Bedeutung und Tragweite **gerade im Hinblick auf das verletzte Rechtsgut** nicht im Klaren ist.[460] Unbeachtlich sind dagegen Fehlvorstellungen über Begleitumstände des Eingriffs.[461] Die Gegenansicht lässt auch solche Irrtümer ausreichen, die sich auf eine etwaige Gegenleistung, verfolgte Zwecke, Motive oder andere Begleitumstände erstrecken.[462]

Willensmängel werden insbesondere im Zusammenhang mit **ärztlichen Eingriffen** in die körperliche Unversehrtheit bedeutsam. Lag **keine wirksame Aufklärung** vor, ist die Einwilligung unwirksam (vgl. § 630 d Abs. 2 BGB). Der Eingriff ist dann nach h.Rspr. eine rechtswidrige Körperverletzung gemäß § 223. Ob eine wirksame Aufklärung vorliegt, hängt davon ab, ob den Aufklärungspflichten aus § 630 e BGB genügt wurde.

297 **cc)** Fraglich ist, ob die wegen Willensmangels unwirksame erklärte Einwilligung durch einen Rückgriff auf den **hypothetisch wirksam erklärten Willen** „repariert" werden kann.

Fall 11: Ärztlicher Heileingriff; hypothetische Einwilligung

Die P ist von Dr. X wegen eines Bandscheibenvorfalls operiert worden. Wochen nach dem Eingriff leidet sie immer noch an heftigen Schmerzen. Da sie das Vertrauen zu Dr. X verloren hat, sucht sie Dr. A auf. Dieser erkennt, dass sein Kollege offenbar versehentlich die falsche Bandscheibe operiert hat. Da er aber beruflich und privat viel mit Dr. X zu tun hat, verschleiert er den Kunstfehler gegenüber der Patientin und täuscht vor, die Operation müsse wegen eines „unvorhersehbaren Rezidivs" wiederholt werden. P willigt ein. Die Operation wird nach den medizinischen Standards ausgeführt und gelingt. Als P später erfährt, dass sie von Dr. A getäuscht wurde, erklärt sie, ihr sei dies letztlich gleichgültig. Entscheidend für ihre Zustimmung zur Operation sei gewesen, die Schmerzen loszuwerden.
Strafbarkeit des Dr. A? (Fall vereinfacht nach BGH JR 2004, 251)

457 Vgl. OLG Frankfurt NStZ 1991, 235.
458 BGHSt 4, 88.
459 OLG Stuttgart MDR 1982, 952.
460 Sch/Sch/Sternberg-Lieben Vor §§ 32 ff. Rn. 46.
461 Vgl. BGHSt 16, 309.
462 Rengier § 23 Rn. 27.

I. In Betracht kommt **Körperverletzung** gemäß **§ 223 Abs. 1** durch die Operation.

1. Ob ärztliche Eingriffe den Tatbestand der Körperverletzung erfüllen, ist umstritten.

   Die im Schrifttum überwiegend vertretene sog. Erfolgstheorie verneint dies, wenn der Eingriff – wie hier – medizinisch notwendig war und gelungen ist.[463]

   Nach der Rspr. ist jeder Eingriff in die körperliche Integrität tatbestandsmäßige Körperverletzung, und zwar auch dann, wenn er zu Heilzwecken und den medizinischen Standards gemäß ausgeführt worden ist.[464]

   Kritik: Die Auffassung der Rspr. ist vorzuziehen. Die Konzeption des Schrifttums birgt die Gefahr einer Entmündigung des Patienten, weil es danach nur auf die Kunstgerechtigkeit des Eingriffs ankommt und nicht mehr darauf, ob dieser dem Willen des Patienten entsprach.

2. Nach dem Verständnis der Rspr. von der objektiven Tatbestandsmäßigkeit ärztlicher Eingriffe handelte Dr. A mit Tatvorsatz, weil ihm bewusst war, dass er mit dem operativen Eingriff die körperliche Integrität der P verletzte.

3. Rechtfertigende Einwilligung?

   a) Die dispositionsbefugte P hat die Zustimmung zu dem Eingriff erklärt.

   b) Es lag aber ein sogar rechtsgutbezogener Willensmangel vor, weil P über den tatsächlichen medizinischen Grund des Eingriffs von Dr. A getäuscht worden war. Da die Aufklärung demzufolge nicht den Vorgaben des § 630 e Abs. 1 BGB entsprach, ist sie gemäß § 630 d Abs. 2 BGB und damit auch im strafrechtlichen Kontext unwirksam.

   c) Die Strafbarkeit könnte aber dennoch entfallen, weil P ihre Einwilligung in die zweite Operation auch dann erklärt hätte, wenn sie über den wahren Grund aufgeklärt worden wäre. Umstritten ist, ob und wie sich ein solcher **ex post ermittelter hypothetischer Wille auf eine irrtumsbehaftete erklärte Einwilligung** auswirkt: **298**

      aa) Für einen Teil des Schrifttums kann die mangels Einwilligung rechtswidrige Tat nicht im Nachhinein durch eine Fiktion des Willens ohne den Willensmangel wieder beseitigt werden. Wer dies bejahe, fordere den Arzt geradezu auf, eine vollständige Aufklärung zu unterlassen und sich dann im Nachhinein bei Zweifeln über den gedachten Willen mit dem Grundsatz „in dubio pro reo" auf eine hypothetische Einwilligung zu berufen.[465]

      bb) Eine andere Ansicht sieht in der Berücksichtigung des hypothetischen Willens auf Rechtswidrigkeitsebene strukturell dasselbe wie die Berücksichtigung rechtmäßigen Alternativverhaltens bei der Fahrlässigkeitstat. In beiden Fällen fehle der Pflichtwidrigkeitszusammenhang zwischen der (rechts-

---

463 Lackner/Kühl § 223 Rn. 8; LK-Lilie Vor § 223 Rn. 3 ff.

464 Sog. Rechtfertigungslösung, vgl. BGHSt 11, 111; BGH NStZ 2008, 150; zum Streitstand ausführlich AS-Skript StrafR BT 2 (2020), Rn. 129 f.

465 Otto Jura 2004, 683; Puppe GA 2003, 796 ff.; vgl. auch Sowada NStZ 2012, 1.

pflichtwidrigen) Handlung und dem eingetretenen Taterfolg, also das Erfolgsunrecht.[466]

cc) **Nach gefestigter Rspr. des BGH heilt der hypothetische Wille den tatsächlich vorhandenen Willensmangel.** In Zweifelsfällen ist „in dubio pro reo" zugunsten des Täters davon auszugehen, dass die Einwilligung auch bei ordnungsgemäßer Aufklärung erfolgt wäre.[467] Diese „Heilungswirkung" tritt aber nur in Bezug auf den konkreten Willensmangel ein. Ist die Einwilligung aus anderen Gründen unwirksam – z.B. weil sie nur einen kunstgerechten, nicht aber einen tatsächlich grob fehlerhaften Eingriff deckte –, ist auch die hypothetische Einwilligung ohne Folgen.[468]

In der Lit. wird **§ 630 h Abs. 2 S. 2 BGB**, nach der eine hypothetische Einwilligung des Patienten den Arzt entlasten soll, teilweise als gesetzliche Bestätigung dieser Rspr. angesehen.[469] Andere halten die Übertragung nicht für zwingend, da § 630 h BGB lediglich eine Beweislastregel enthalte und damit keine Aussage über die Rechtmäßigkeit des Heileingriffs treffe.[470]

Nach den beiden letztgenannten Meinungen wird der Irrtum der P über den medizinischen Grund der Operation kompensiert, weil nach ihrer späteren Bekundung feststeht, dass sie sich auch in Kenntnis der wahren Sachlage erneut hätte operieren lassen. Die Operation wurde ferner lege artis durchgeführt, sodass die Einwilligung auch im Übrigen den Eingriff deckte.

dd) **Kritik:** Die erstgenannte Ansicht ist abzulehnen. Dass zwischen Willensmängeln und Einwilligung ein innerer Zusammenhang bestehen muss, ist auch sonst anerkannt. Das zeigt sich daran, dass nach h.M. nur „rechtsgutbezogene" Willensmängel die Wirksamkeit einer Einwilligung ausschließen. Insofern ist die Berücksichtigung des hypothetischen Willens nur eine Erweiterung dieses Gedankens. Dabei kann offenbleiben, ob die hypothetische Einwilligung ein eigenes Rechtsinstitut ist oder lediglich eine Rückausnahme bei Wirksamkeitsmängeln der erklärten Einwilligung.

Dr. A ist damit trotz der fehlerhaften Aufklärung gerechtfertigt.

II. Ein **Versuch der Körperverletzung** gemäß **§§ 223 Abs. 1, Abs. 2, 22, 23 Abs. 1** käme nur infrage, wenn Dr. A damit gerechnet hätte, dass die Einwilligung bei wahrheitsgemäßer Aufklärung über die Notwendigkeit der Operation versagt worden wäre. Dafür besteht jedoch kein Anhaltspunkt: Er hatte das Vertrauen der P, das nicht davon abhing, ob er den Fehler seines ärztlichen Kollegen offenbarte.

Ergebnis: Dr. A ist straflos.

---

466 LK-Rönnau Vor § 32 Rn. 230; Kuhlen JR 2004, 227.
467 BGH StV 2004, 376; ebenso Sch/Sch/Sternberg-Lieben § 223 Rn. 40 g.
468 BGH NStZ 2012, 205; BGH StV 2008, 189.
469 Paul/Schubert JuS 2013, 1007, 1009.
470 Conrad/Koranyi JuS 2013, 979.

Hinweis: *Verwechseln Sie die hypothetische Einwilligung nicht mit der unten (Rn. 306) dargestellten mutmaßlichen Einwilligung:*

- *Auf die hypothetische Einwilligung kommt man zu sprechen, wenn eine* ***Einwilligungserklärung tatsächlich erteilt worden****, aber wegen Willensmängeln unwirksam ist.*
- *Bei der mutmaßlichen Einwilligung* ***fehlt schon die tatsächliche Zustimmung*** *und wird durch den im Tatzeitpunkt zu vermutenden Willen ersetzt.*

c) Sittenverstoß, § 228

Bei Verletzung der Körperintegrität ist eine ansonsten mangelfreie Einwilligung unwirksam, wenn **die Tat gegen die guten Sitten verstößt, § 228**. Diese Vorschrift begrenzt den Handlungsspielraum des Rechtsgutträgers und hat – bei Annahme eines Sittenverstoßes – strafbegründende Wirkung. Da der Begriff der guten Sitten in hohem Maß von Wertungen abhängig ist, sind Bedenken an der verfassungsmäßigen Bestimmtheit geäußert geworden.[471] Rspr. und h.M. teilen diese Bedenken nicht, legen § 228 aber inzwischen sehr restriktiv aus: 299

aa) § 228 gilt ausschließlich bei den Körperverletzungsdelikten und ist auf andere disponible Rechtsgüter nicht übertragbar, weil von Verfassungs wegen die Entscheidungsfreiheit nur dort eingeschränkt werden darf, wo der Gesetzgeber dies ausdrücklich angeordnet hat.[472] 300

bb) Anknüpfung für das Sittenwidrigkeitsurteil ist **die Tat selbst. Es kommt darauf an, ob der Eingriff in die körperliche Integrität so schwer oder so lebensgefährlich ist, dass dadurch das Anstandsgefühl aller billig und gerecht Denkenden verletzt wird und deshalb ein Eingriff in das Selbstbestimmungsrecht des Opfers durch den Einwilligungsausschluss legitimiert ist.** 301

(1) Liegt danach **keine gravierende Verletzung** vor, kann der Einwilligungsausschluss nicht damit begründet werden, dass etwa sittenwidrige Begleitumstände vorgelegen hätten[473] oder dass mit der Tat verwerfliche (Fern-)Ziele verfolgt worden seien.[474] 302

Beispiele:

Aus diesem Grund erachtet der BGH die Fremdverletzung durch eine vom Opfer gewollte **Rauschgiftinjektion** so lange nicht für sittenwidrig, wie das Opfer hierdurch nicht in Lebensgefahr gebracht wird.[475]

Demgemäß sind auch sexuell motivierte Verletzungen, die dem Opfer mit dessen Zustimmung beigebracht werden, nicht schon wegen ihres **sadomasochistischen** Charakters „sittenwidrig" i.S.d. § 228, sondern erst, wenn und weil sie das Opfer in Lebensgefahr bringen.[476]

(2) Ist es zu einer schweren Verletzung gekommen, kann ein positiver und einsehbarer Zweck der Tat ausnahmsweise die Sittenwidrigkeit der Tat ausschließen.[477] 303

Beispiel: Lebensgefährliche Verletzung durch eine Notoperation zum Zweck der Lebenserhaltung.

---

471 Vgl. Amelung/Eymann JuS 2001, 937, 941 m.w.N.

472 Jescheck/Weigend § 34 III 1.

473 BGH NStZ 2000, 87.

474 BGH RÜ 2004, 138.

475 BGHSt 49, 34, 43; BGH RÜ 2019, 781, 783.

476 BGHSt 49, 166.

477 BGHSt 49, 166, 171; vgl. auch BGH RÜ 2019, 781, 784.

Fall 12: Grenzen der Einwilligung bei verabredeten Massenschlägereien

S und W waren die Anführer zweier verfeindeter Gruppen gewaltbereiter Fußballfans. Anlässlich eines Spiels der unterstützten Vereine verabredeten sich die beiden Gruppen zu einer sog. „dritten Halbzeit", einem gewaltsam geführten Wettstreit der Fanlager unweit des Stadions. Zum vereinbarten Zeitpunkt standen sich die beiden Gruppen mit je 30 Mitgliedern gegenüber. Allen war bewusst, dass es zu körperlichen Auseinandersetzungen kommen würde. Entsprechend dem unter den Gruppen bestehenden „Ehrenkodex" führten die Beteiligten keine Waffen oder anderen Werkzeuge mit sich. Vielmehr sollte der Wettstreit mit Faustschlägen und Fußtritten ausgetragen werden. Weitergehende Absprachen wurden nicht getroffen, auch Kontrollen bzgl. der „Ausrüstung" gab es nicht. Im Rahmen der sich anschließenden Prügelei schlugen die Mitglieder der rivalisierenden Gruppen aufeinander ein. Dabei attackierte S den W und versetzte ihm so kräftige Schläge gegen den Oberkörper, dass er zu Boden stürzte. Anschließend trat S mit seinen schweren Stiefeln mehrfach kräftig gegen den Rumpf des am Boden liegenden W. Dieser erlitt verschiedene Prellungen und musste stationär im Krankenhaus behandelt werden. Lebensgefahr bestand für ihn nicht.

Strafbarkeit des S wegen Körperverletzungsdelikten zum Nachteil des W?

S könnte sich wegen **gefährlicher Körperverletzung** gemäß **§§ 223 Abs. 1, 224** strafbar gemacht haben, indem er den W schlug und trat.

I. W wurde durch S körperlich misshandelt und an der Gesundheit geschädigt (§ 223 Abs. 1 Alt. 1 und 2). S hat die Verletzungen mittels der Stiefel als gefährliche Werkzeuge (Nr. 2) und mit den anderen Gruppenmitgliedern gemeinschaftlich (Nr. 4) begangen. In Bezug auf alle Tatumstände handelte S vorsätzlich.

II. Die Rechtswidrigkeit der Tat könnte wegen **rechtfertigender Einwilligung** ausgeschlossen sein.

1. Dass das Rechtsgut der körperlichen Integrität der Disposition des Rechtsgutinhabers unterliegt, ergibt sich im Umkehrschluss aus § 228. Eine Einwilligung des W war daher rechtlich zulässig.

2. Für die Kundgabe der Einwilligung genügt die schlüssige Erklärung. Hier kamen alle Gruppenmitglieder, darunter auch W, auf der Rasenfläche aufgrund der faktischen Übereinkunft zusammen, den zwischen beiden Gruppen vorherrschenden Konflikt mit Schlägen und Tritten auszutragen. In der Teilnahme an diesem „Wettstreit" liegt deshalb eine konkludente Einwilligung in vorsätzliche Körperverletzungen.

304 3. Allerdings könnte die Einwilligung gemäß **§ 228** wegen **Verstoßes gegen die guten Sitten** unwirksam sein. Wann ein solcher Sittenverstoß gegeben ist, wird unterschiedlich beurteilt.

a) Eine Auffassung nimmt einen Verstoß gegen die guten Sitten erst an, wenn durch die Körperverletzung eine schwere Folge i.S.d. § 226 herbeigeführt worden ist.[478] Da es hier lediglich zu Prellungen kam, wäre die Einwilligung nach dieser Auffassung wirksam.

Kritik: Dagegen spricht jedoch, dass auch Verletzungshandlungen, die keine schwere Folge i.S.d. § 226 nach sich ziehen, Lebensgefahr beim Opfer bewirken und sich deshalb sogar der Einwilligungssperre des § 216 nähern.

b) Die Rspr. stellt deshalb auf die aus der ex-ante-Perspektive zu ermittelnden **Auswirkungen der Körperverletzung** ab.

aa) Der Gefährlichkeitsgrad der Körperverletzungshandlung führt danach schon zur Unwirksamkeit der Einwilligung, wenn sich eine konkrete Lebensgefahr für das Opfer ergibt.[479] Die Tritte gegen den Rumpf des S waren aber weder generell noch konkret lebensgefährlich, sodass die Einwilligung danach wirksam ist.

bb) Insbesondere bei **Gruppenschlägereien** leitete der BGH in Fortentwicklung dieser Rspr. die Gefährlichkeit nicht nur aus der Körperverletzungshandlung, sondern auch aus den Begleitumständen ab. Die Einwilligung war danach unwirksam, wenn die **abstrakt-generelle Eskalationsgefahr** der Gruppenschlägerei nicht durch **Regularien** von vornherein sicher begrenzt wird. Der „Ehrenkodex" zwischen den Gruppen genügt als derartiges Regularium nicht. Außerdem wurde die Einhaltung des Waffen- und Werkzeugverzichts nicht hinreichend kontrolliert. Schon deshalb war hier die Einwilligung wegen Sittenwidrigkeit der Tat unwirksam.

cc) Inzwischen geht der BGH bei Massenschlägereien noch weiter und nimmt einen Sittenverstoß bereits dann an, wenn die Körperverletzung – wie hier – (rechtswidrig und schuldhaft) den **Tatbestand des § 231** erfülle. Schon hierin liege die sozialethische Missbilligung der Tat. Es müsse auch nicht zu einer schweren Folge gekommen sein, da diese nur außerhalb des Unrechts liegende objektive Strafbarkeitsbedingung des § 231 sei.[480]

Die Einwilligung ist deshalb wegen Sittenwidrigkeit der Tat unwirksam. S handelte rechtswidrig.

III. Ein etwaiger Irrtum des S, die Einwilligung sei nicht sittenwidrig, ist als Rechtsirrtum über die Grenzen der Einwilligung ein Erlaubnisirrtum. Dieser wird nach § 17 behandelt und lässt, da er vermeidbar war, die Schuld gemäß § 17 S. 2 nicht entfallen.

IV. Die einzelnen Verletzungshandlungen richteten sich gegen dasselbe Tatopfer und standen in zeitlichem und räumlichem Zusammenhang. Sie bilden eine tatbestandliche Bewertungseinheit. Auch die beiden Strafschärfungen sind nur eine einzige Qualifikation.

Ergebnis: S ist strafbar wegen gefährlicher Körperverletzung.

---

478 Sch/Sch/Sternberg-Lieben § 228 Rn. 17; Jäger JA 2013, 634, 636.

479 BGHSt 49, 166, 173; 53, 55; Krey/Esser AT Rn. 664.

480 BGH RÜ 2015, 305; kritisch Knauer HRRS 2015, 435; Mitsch NJW 2105, 1545.

Zur Problematik der Einwilligung in die Fremdgefährdung im Zusammenhang mit einer Fahrlässigkeitstat s.u. Fall 22 Rn. 459.

4. Subjektives Rechtfertigungselement

305 Das Schrifttum lässt es genügen, dass der Täter nur die Umstände kannte, welche die Einwilligung begründeten.[481] Überwiegend wird darüber hinaus verlangt, dass der Täter aufgrund der Einwilligung gehandelt haben müsse, um gerechtfertigt zu sein.[482]

II. Rechtfertigende mutmaßliche Einwilligung

306 Auch ohne ausdrückliche Erklärung kann das Verhalten des Täters dem im Tatzeitpunkt zu vermutenden Willen des Rechtsgutträgers entsprochen haben. Man nennt das **„mutmaßliche Einwilligung"**. Diese wirkt ebenso wie die erklärte Einwilligung als **gewohnheitsrechtlich anerkannter Rechtfertigungsgrund**. Dieser ist mit § 630 d Abs. 1 S. 4 BGB für den Bereich der mutmaßlichen Einwilligung in ärztliche Heilbehandlungen ausdrücklich geregelt worden.

Den Charakter als Rechtfertigungsgrund bejahen auch diejenigen, die in der erklärten Einwilligung einen Tatbestandsausschluss sehen.[483]

Hinweis: *Auf die mutmaßliche Einwilligung ist immer einzugehen, wenn nach der Sachlage eine wirksame Einwilligung nicht eingeholt werden kann, nach den Umständen aber zu erwarten ist, dass der Rechtsgutträger seine Zustimmung erteilt hätte, weil der Rechtsguteingriff in seinem Interesse liegt* ***(Prinzip der Geschäftsführung ohne Auftrag)*** *oder weil er an der Rechtsguterhaltung kein Interesse hat* ***(Prinzip des mangelnden Interesses)****.*

Die zivilrechtlichen Regeln der Geschäftsführung ohne Auftrag, §§ 677 ff. BGB, haben aber nach h.M. keine unmittelbare Bedeutung im Strafrecht, weil sie nur den internen Aufwendungs- und Schadensausgleich regeln.[484]

Aufbauschema: Rechtfertigende mutmaßliche Einwilligung
1. Subsidiarität
2. Rechtliche Möglichkeit eines wirksamen Rechtsschutzverzichts
3. Übereinstimmung mit mutmaßlichem Willen
4. Subjektives Rechtfertigungselement

1. Subsidiarität gegenüber dem entgegenstehenden Willen oder einer einholbaren Einwilligung

307 **a) Ein erkennbar entgegenstehender Wille des Rechtsgutträgers** – mag er bei objektiver Betrachtung auch unvernünftig sein – **ist stets zu beachten** und rechtfertigt ein

481 Frister S. 192 f.

482 LK-Rönnau Vor § 32 Rn. 211; Wessels/Beulke/Satzger Rn. 579.

483 Roxin/Greco § 18 Rn. 3.

484 Jescheck/Weigend § 34 VII 2.

davon abweichendes Verhalten jedenfalls nicht unter dem Gesichtspunkt der mutmaßlichen Einwilligung.[485]

Möglich bleibt in solchen Fällen nur eine Rechtfertigung aus Notstand gemäß § 34, sofern die Tat wegen Eingriffs in unantastbare Freiheitsrechte des Betroffenen nicht unangemessen ist.

b) Grundsätzlich muss der Rechtsgutträger **vorher gefragt** werden.

aa) Beim Handeln im Interesse des Verletzten kann sich der Täter nur auf eine mutmaßliche Einwilligung stützen, wenn die Entscheidung des Betroffenen nicht rechtzeitig eingeholt werden kann. Ist dies ohne größere Gefahr für den Betroffenen möglich, muss grundsätzlich dessen Entscheidung **abgewartet** werden; keinesfalls darf das Selbstbestimmungsrecht des Rechtsgutträgers durch vorschnellen Zugriff auf die mutmaßliche Einwilligung überspielt werden.[486] **308**

Bei ärztlichen Eingriffen muss abgewogen werden zwischen dem Selbstbestimmungsrecht des Patienten einerseits und medizinischer Notwendigkeit andererseits. Relevant wird diese Frage bei **Operationserweiterungen**, die der Chirurg bei dem narkotisierten – und deshalb nicht mehr befragbaren – Patienten auf dem OP-Tisch für medizinisch geboten erachtet. Auf eine vorherige Befragung nach zwischenzeitlichem Abbruch der Operation kann in diesen Fällen (soweit der geäußerte Patientenwille nicht sowieso entgegensteht) verzichtet werden, wenn sich die Behandlung bzw. Operationserweiterung als „unaufschiebbare Maßnahme" darstellt (§ 630 d Abs. 1 S. 2 BGB). Eine solche ist gegeben, wenn die Befragung zu einer Verzögerung des Eingriffs führen würde,

- die ein lebensgefährliches Risiko für den Patienten begründen würde (vitale Indikation)
- oder durch die zusätzliche erhebliche Komplikationen eintreten könnten, die ohne den erweiterten Eingriff nicht eintreten würden (akute Indikation).[487]

bb) Beruht der Eingriff auf dem Prinzip **mangelnden Interesses**, ist eine **vorherige Befragung des Rechtsgutträgers in aller Regel entbehrlich.** Hat der Rechtsgutträger kein Interesse an der Erhaltung des betroffenen Rechtsguts, ist davon auszugehen, dass er auch kein Interesse an vorheriger Befragung hat.[488] **309**

Beispiel: Um ein größeres Trinkgeld zu bekommen, beseitigt der Blumenbote unmittelbar vor der Auslieferung eines Blumenstraußes die hässliche Papierverpackung und wirft sie fort. – Keine Sachbeschädigung gemäß § 303 Abs. 1 an dem Papier. Sofern man nicht schon den tatbestandlichen Schutz bei solchen fremden Sachen verneint, an deren Erhaltung der Eigentümer keinerlei vernünftiges Interesse besitzt,[489] entfällt die Rechtswidrigkeit aus dem Gesichtspunkt der mutmaßlichen Einwilligung. Eine vorherige Befragung ist wegen des mangelnden Interesses des Blumenabsenders an dem Verpackungspapier entbehrlich.

2. Rechtliche Möglichkeit eines Rechtsschutzverzichts

a) Das verletzte Rechtsgut muss **dispositionsfähig** sein. **310**

Dispositionsfähig sind alle höchstpersönlichen Rechtsgüter, im Fall des unheilbar erkrankten, schwerstleidenden Patienten sogar dessen eigenes Leben. Unter dem Gesichtspunkt des **Behandlungsabbruchs** ist nach der Rspr. auch der Verzicht auf lebenserhaltende Maßnahmen möglich.[490]

---

485 Sch/Sch/Sternberg-Lieben Vor §§ 32 ff. Rn. 57.

486 Rengier § 23 Rn. 59 f.

487 BGH NJW 1988, 2310 ff.; BGHSt 45, 219 ff.; vgl. auch BT-Drs. 17/10488, S. 24.

488 Sch/Sch/Sternberg-Lieben Vor §§ 32 ff. Rn. 54.

489 So Sch/Sch/Hecker § 303 Rn. 3.

490 Ausführlich AS-Skript StrafR BT 2 (2020), Rn. 98 f.

b) Die mutmaßliche Einwilligung ist auf den **Zeitpunkt der Tat** zu beziehen.

c) Abzustellen ist auf den mutmaßlichen Willen des **Rechtsgutinhabers** und bei seiner Einwilligungsunfähigkeit auf den mutmaßlichen Willen des gesetzlichen Vertreters.

d) Soweit eine erklärte Einwilligung wegen Sittenverstoßes gemäß **§ 228** unwirksam wäre, ist erst recht eine Rechtfertigung aus mutmaßlicher Einwilligung ausgeschlossen.[491]

3. Übereinstimmung mit dem mutmaßlichen Willen

311 Entscheidend dafür, ob die Handlung tatsächlich dem mutmaßlichen Willen des Rechtsgutinhabers entspricht, ist ein ex ante-Maßstab, also die Situation im Tatzeitpunkt. Kriterien sind in erster Linie die persönlichen Umstände des Betroffenen, seine individuellen Interessen, Wünsche, Bedürfnisse und Wertvorstellungen. Objektive Kriterien, insbesondere die Beurteilung einer Maßnahme als gemeinhin vernünftig und normal sowie den Interessen eines verständigen Betroffenen üblicherweise entsprechend, haben keine eigenständige Bedeutung, sondern sind lediglich Indizien für die Ermittlung des hypothetischen Willens. **Liegen aber keine Anhaltspunkte dafür vor, dass sich der Betroffene anders entschieden hätte, darf davon ausgegangen werden, dass sein hypothetischer Wille mit dem übereinstimmt, was gemeinhin als normal und vernünftig angesehen wird.**[492]

4. Subjektives Rechtfertigungselement

312 Der Täter muss die **Absicht haben, im Sinne des Einwilligungsberechtigten zu handeln**. Darüber hinaus verlangt die h.M., dass er die für den hypothetischen Willen des Rechtsgutträgers bedeutsamen Umstände **gewissenhaft geprüft** hat.[493] Hierauf kommt es an, wenn sich im Nachhinein herausstellt, dass die Tat nicht dem Willen des Rechtsgutträgers entsprach. Konnte der Täter aufgrund gewissenhafter Prüfung zu dem Ergebnis gelangen, dass er sich im Einklang mit dem hypothetischen Willen des Betroffenen befand, so bleibt die Tat aus mutmaßlicher Einwilligung rechtmäßig.

III. Die tatbestandsausschließende Einwilligung (Einverständnis)

313 In der Regel ist die tatbestandliche Verletzung eines Individualguts unabhängig davon, ob der Rechtsgutträger sie gewollt hat oder nicht.

Beispiel: Ob eine Sache i.S.v. § 303 Abs. 1 beschädigt ist, ergibt sich schon durch ihre Inaugenscheinnahme und Funktionsprüfung.

Sofern der fragliche Tatbestand Individualgüter schützt, die disponibel sind, wirkt der erklärte Rechtsschutzverzicht dann als Einwilligung und Rechtfertigungsgrund.

Nun kennt das Strafrecht viele Verbote, in denen der entgegenstehende Wille des Rechtsgutträgers **bereits Teil der Deliktsbeschreibung** ist. Dies kann dadurch geschehen, dass

---

491 Vgl. BGH RÜ 2019, 781 ff.

492 BGH NJW 1988, 2310, 2311.

493 OLG Düsseldorf NZV 1991, 77; Sch/Sch/Sternberg-Lieben Vor §§ 32 ff. Rn. 58; Jescheck/Weigend § 34 VII 3.

- als Tatbestandsmerkmal ein Handeln **„wider Willen"** oder **„gegen den Willen"** des Betroffenen verlangt wird (z.B. § 248 b);
- ein Tatbestandsmerkmal vorkommt, das seiner **Definition** nach nur gegeben sein kann, wenn gegen oder ohne den Willen gehandelt wurde (z.B. „der Freiheit berauben" in § 239, „wegnehmen" in § 242; „Pflichtverletzung" in § 266).

Bei diesen Strafvorschriften schließt die Zustimmung des Rechtsgutträgers immer schon den Tatbestand aus. Man spricht von **tatbestandsausschließender Einwilligung** oder kurz: **Einverständnis**.

Allgemein gültige Regeln für das Einverständnis gibt es nicht. Die in den verschiedenen Tatbeständen umschriebenen Positionen, die vom Willen des Rechtsgutträgers abhängig sind, sind dafür zu unterschiedlich; außerdem ist die Art und Weise, wie der Täter auf den Willen des Rechtsgutträgers einwirken kann, von einem zum anderen Tatbestand verschieden. Die Voraussetzungen des Einverständnisses sind deshalb **allein durch Auslegung des jeweiligen Tatbestandsmerkmals** zu ermitteln.[494]

Beispiele: Der Tatbestand des § 177 Abs. 1 ist ausgeschlossen, wenn der Täter die sexuelle Hingabe durch Täuschung bewirkt hat. Bei § 239 dagegen ist das Einverständnis in den Verlust der Fortbewegungsfreiheit unwirksam, wenn es durch List erreicht worden ist.[495]

Als grobe Orientierung genügt folgende Unterscheidung: 314

- Bei den meisten Tatbeständen verlangt das vom Opferwillen abhängige Merkmal als Zustimmung eine rechtlich wertende, also eine **normative Entscheidung des Rechtsgutträgers**: Dann muss diese Entscheidung auch auf einem **wirksam gebildeten Willen beruhen**. Die Voraussetzungen des Einverständnisses decken sich hier weitgehend mit denen der rechtfertigenden Einwilligung. Insbesondere sind rechtsgutbezogene Irrtümer oder Zwang beachtlich.

  Beispiele:

  Einwilligung in die Zueignung, durch die die Rechtswidrigkeit der Zueignung als Tatbestandsmerkmal (bei §§ 242, 246) entfällt.

  Einwilligung in die vermögensschädigende Handlung bei der Untreue, § 266.

- Soweit in dem jeweiligen Tatbestand **ausnahmsweise** eine Position umschrieben wird, die allein durch einen **Realakt** aufgehoben werden kann, genügt es, dass der **tatsächliche Wille vorhanden war, auf die fragliche Position zu verzichten**. Dafür ist nur die natürliche Willensfähigkeit des Einwilligenden im Tatzeitpunkt erforderlich; Irrtümer sind unbeachtlich. Das Einverständnis wirkt auch ohne Kenntnis des Täters.

  Hauptfälle: Einverständnis in den Gewahrsamswechsel bei der Wegnahme, § 242; Zutrittserlaubnis durch den Hausrechtsinhaber (siehe dazu den nachfolgenden Fall).

  Kein Einverständnis liegt dagegen vor, wenn die „Zustimmung" erzwungen worden ist.

---

494 Kindhäuser/Zimmermann § 12 Rn. 39.

495 Lackner/Kühl § 239 Rn. 5.

Fall 13: Einverständnis zum Betreten einer Wohnung und zum Gewahrsamsverlust

Der Kleinkriminelle K arbeitet mit folgendem Trick, um sich in den Besitz teurer Teppiche zu bringen: Er schellt bei alleinstehenden älteren Frauen, stellt sich diesen als „Repräsentant der Firma Carpet-Clean" vor und verschafft sich Wohnungseinlass, indem er anbietet, den besten Bodenbelag im Hause mit einem neuartigen Spezialreinigungsgerät zu säubern. Zur Demonstration schüttet K – nach vorheriger Erlaubnis durch die Wohnungsinhaberin – eine dunkelbraune und übel riechende Flüssigkeit über den Teppich. Als er dann wortreich mit der Vorführung beginnt, fällt das Gerät „ganz unvorhergesehen" (in Wahrheit wegen eines eingebauten Stromunterbrechers) aus. K spiegelt daraufhin Bestürzung vor und bietet sofort an, den Teppich für eine kostenlose Reinigung mitzunehmen. Zögern der Hausfrauen überwindet K schnell dadurch, dass er gratis eine Farbauffrischung und Appretur „als Trostpflaster" anbietet. Mit dem Versprechen, die Reinigung bis zum nächsten Abend durchgeführt und den Teppich zurückgebracht zu haben, werden die Tatopfer beruhigt, und diese sehen zu, wie ihr Perser aus der Wohnung getragen wird. Zu Hause angekommen, beseitigt K den Fleck mit einem Spezialmittel und veräußert den Teppich sofort weiter an den Hehler H. Auch die Witwe W wurde auf diese Weise geschädigt.
Wie hat sich K ihr gegenüber strafbar gemacht? Etwa erforderliche Anträge sind gestellt.

I. Durch das Betreten der Wohnung könnte sich K wegen **Hausfriedensbruchs** gemäß **§ 123 Abs. 1 Alt. 1** strafbar gemacht haben.

1. Die Wohnung der W ist ein geschütztes Tatobjekt.

2. Die Tathandlung des Eindringens verwirklicht, wer gegen bzw. ohne den Willen des Berechtigten zumindest mit einem Teil seines Körpers in die geschützten Räume gelangt.[496] Das Tatbestandsmerkmal entfällt also schon dann, wenn eine Erlaubnis zum Betreten durch den Hausrechtsinhaber vorliegt, d.h. durch ein **Einverständnis**. W hat als Hausrechtsinhaberin ausdrücklich dem K den Zutritt gestattet. Fraglich ist, ob die Zutrittserlaubnis auch dann den Tatbestand ausschließt, wenn der Hausrechtsinhaber über die deliktischen Zwecke des Betretenden getäuscht wurde, wie es bei W der Fall war, die den K bei Kenntnis seiner kriminellen Absichten niemals in die Wohnung eingelassen hätte.

   a) Eine ältere Auffassung leitet aus dem Merkmal „Eindringen" ab, dass jede Überwindung des dem Täter erkennbaren physischen oder psychischen Widerstands tatbestandsmäßig sei. Auch bei einer erschlichenen Zustimmung des Hausrechtsinhabers überwinde der Täter dessen „an sich" entgegenstehenden Willen, indem er ihn täusche. Ein wirksames Einverständnis lag dann bei W nicht vor.[497]

496 Sch/Sch/Sternberg-Lieben/Schittenhelm § 123 Rn. 11 f.

497 Vgl. OLG München NJW 1972, 2275; Amelung/Schall JuS 1975, 565, 567; Maurach/Schroeder/Maiwald, Strafrecht BT 1, 10. Aufl. 2009, § 30 Rn. 13.

b) Die herrschende Gegenmeinung betont den faktischen Charakter der Zutrittserlaubnis und verlangt für das Einverständnis nur, dass der Hausrechtsinhaber im Zeitpunkt des Betretens den tatsächlichen Willen gehabt hat, den Zutritt zu gestatten. Dieser Wille sei auch dann vorhanden, wenn er durch Täuschung manipuliert worden sei. Erst wenn der Zutritt erzwungen oder ein Hausverbot durch Identitätstäuschung umgangen werde, sei kein Einverständnis mehr gegeben.[498]

c) **Kritik:** Der h.M. ist zu folgen. Aus der Tatbestandsstruktur des § 123 folgt, dass der Gesetzgeber die Strafbarkeit von Hausrechtsverletzungen vom tatsächlich fehlenden Willen des Hausrechtsinhabers abhängig macht: Dieser Wille darf entweder schon beim Betreten nicht vorhanden gewesen sein (Alt. 1) oder muss nach erlaubtem Betreten durch eine Aufforderung zum Verlassen kundgetan worden sein (Alt. 2). Würde man auf einen „an sich entgegenstehenden Willen" abstellen, wäre diese Systematik und damit die Bestimmtheit des Tatbestandes infrage gestellt. Mit der h.M. scheidet ein Hausfriedensbruch durch K aus.

II. Infrage kommt **Sachbeschädigung** durch Beschmutzen des Teppichs gemäß **§ 303 Abs. 1 Alt. 1**.

1. Der im Eigentum der W stehende Teppich war für K eine fremde Sache. In dem Beschütten mit der übel riechenden Flüssigkeit liegt eine Einwirkung, die – wegen der Möglichkeit spurenloser Beseitigung – zwar keine Substanz-, wohl aber eine wesentliche Funktionsbeeinträchtigung des Bodenbelags herbeigeführt hat und damit eine Beschädigung darstellte.[499]

   Dass dies mit dem Willen der W geschah, ist unbeachtlich. Da sich die Tatbestandsverwirklichung ganz ohne Berücksichtigung des Willens des Rechtsgutträgers ermitteln lässt, hat die Einwilligung des Rechtsgutträgers nur auf der Rechtfertigungsebene Bedeutung.

2. K handelte auch vorsätzlich.

3. Eine rechtfertigende Einwilligung lag nicht vor. Zwar hat W dem K erlaubt, die Flüssigkeit zu verschütten. Diese Erklärung war jedoch durch die rechtsgutbezogene Täuschung des K veranlasst worden, dass die dadurch bewirkte Funktionsbeeinträchtigung nur ganz vorübergehender Natur sei.

4. K handelte schuldhaft. Der nach § 303 c erforderliche Strafantrag ist gestellt.

III. **Diebstahl** durch Abtransport des Teppichs, **§ 242 Abs. 1**?

Der Teppich war für K eine fremde bewegliche Sache. Er hätte ihn weggenommen, wenn in dem Fortschaffen ein Gewahrsamsbruch läge. Dann müsste der mit dem Einladen in den Wagen bewirkte Gewahrsamsübergang an dem Teppich gegen den Willen der W vollzogen worden sein. Da W dies jedoch geschehen ließ, könnte der Tatbestand wegen Einverständnisses ausgeschlossen sein. Voraussetzung für ein Einverständnis ist, dass sich das Opfer im Zeitpunkt des Verlustes der tatsächlichen

498 Lackner/Kühl § 123 Rn. 5; Sch/Sch/Sternberg-Lieben/Schittenhelm § 123 Rn. 22; Fischer § 123 Rn. 23; SK-Stein § 123 Rn. 27.

499 Vgl. OLG Frankfurt NJW 1987, 389; Stree JuS 1988, 187, 190 zur Verschmutzung eines Oberhemdes mit Bier.

Herrschaft darüber bewusst ist, den Gewahrsam nicht nur zu lockern, sondern völlig preiszugeben. Ausreichend ist der natürliche Wille; auch ein durch Täuschung erschlichenes Einverständnis ist wirksam. Nur wenn das Opfer in eine Zwangssituation gebracht wird, die ihm die Vorstellung vermittelt, gegen den Gewahrsamsverlust letztlich nichts unternehmen zu können, wird ein Einverständnis abgelehnt.[500] Hier war sich W darüber klar, den tatsächlichen Zugriff auf den Teppich zu verlieren. Dass sie glaubte, das Inventarstück am nächsten Tag zurückzuerhalten, ändert hieran nichts. Da K den Willen durch Täuschung manipuliert hat, ohne Zwangsmittel anzuwenden, lag ein wirksames Einverständnis in den Gewahrsamswechsel vor. Eine Wegnahme als Diebstahlsvoraussetzung scheidet aus.

IV. Gegeben ist **(Sach-)Betrug** gemäß **§ 263 Abs. 1**, denn K hat die W über die Rückgabewilligkeit getäuscht, sie in einen entsprechenden Irrtum versetzt und die Duldung des Gewahrsamsentzugs als vermögensschädigende Verfügung veranlasst. Er handelte vorsätzlich und in der Absicht, sich durch die Besitzerlangung an dem Teppich rechtswidrig und stoffgleich zu bereichern. Rechtswidrigkeit und Schuld unterliegen ebenfalls keinen Bedenken.

V. Eine Bestrafung aus **Unterschlagung** gemäß **§ 246 Abs. 1** wegen des anschließenden Verkaufs scheidet aus. Da sich K durch den Sachbetrug Eigenbesitz unter Ausschluss der Berechtigten W verschafft hat und diesbezüglich strafbar ist, liegt keine tatbestandsmäßige Unterschlagungshandlung vor.[501] Die h.Lit. bejaht zwar die Begriffsmerkmale der Unterschlagung, lässt diese aber als mitbestrafte Nachtat hinter den Betrug zurücktreten.[502]

Ergebnis: K ist strafbar wegen Sachbeschädigung in Tatmehrheit (§ 53) mit Betrug.

IV. Gibt es auch ein „mutmaßliches Einverständnis"?

315 Wenn die erklärte Einwilligung und die mutmaßliche Einwilligung dieselbe Wirkung als Rechtfertigungsgrund haben und wenn das erklärte Einverständnis des Opfers bereits von seinem Willen abhängige Tatbestände ausschließt, könnte man folgern, dass bei solchen Tatbeständen auch der mutmaßliche Wille schon die Tatbestandsmäßigkeit beseitigt.

Beispiele: Betreten einer Wohnung in Abwesenheit des Bewohners zur Bekämpfung eines Brandes oder Wasserrohrbruchs (§ 123); unbefugte Fahrzeugbenutzung, um der Feuerwehr Platz zu machen (§ 248 b).

Diese Frage ist unabhängig davon, ob das fragliche Merkmal verwirklicht ist, wenn der Täter „ohne den Willen des Berechtigten" gehandelt hat (so z.B. eine Meinung zum „Eindringen" in § 123 Abs. 1 Alt. 1),[503] oder ob dafür ein Handeln „gegen den Willen des Berechtigten" verlangt wird (wie in § 248 b oder wie die h.M. die Tathandlung in § 123 Abs. 1 Alt. 1 auslegt).[504] Bei natürlichem Sprachverständnis besteht zwar ein Unterschied, weil „ohne Willen des Berechtigten" schon dann gehandelt wird, wenn der Berechtigte von dem Vorgang nichts weiß, während ein Handeln „gegen den Willen" erst erfüllt ist, wenn

500 Ausführlich dazu AS-Skript StrafR BT 1 (2020), Rn. 79 ff.

501 BGHSt 14, 38, 43 f.

502 Maurach/Schroeder/Maiwald BT 1, § 34 Rn. 23 m.w.N.

503 SK-Stein § 123 Rn. 18.

504 MünchKomm/Schäfer § 123 Rn. 27.

der Berechtigte tatsächlich einen entgegenstehenden Willen gebildet hat. Diesen Unterschied ebnet die ganz h.M. aber dadurch ein, dass sie für einen entgegenstehenden Willen auch schon einen mutmaßlich entgegenstehenden Willen ausreichen lässt.[505]

Eine Ansicht hält ein **mutmaßliches Einverständnis** generell für **möglich**. Die Delikte, die ein Handeln unter Überwindung eines besonderen Opferwillens voraussetzten, ließen sich mit einer verwaltungsrechtlichen Erlaubnis mit Verbotsvorbehalt vergleichen. Solange der Täter mit dem erklärten oder auch nur gemutmaßten Willen des Berechtigten im Einklang handele, sei das tatbestandsbegründende Verbot nicht erfüllt.[506] Dieser Auffassung hat sich der BGH für § 248 b angeschlossen.[507]

Die Gegenansicht versagt dem mutmaßlichen Einverständnis die allgemeine Anerkennung als Tatbestandsausschluss. Sie berücksichtigt den zu vermutenden Willen des Opfers ausschließlich als **Rechtfertigungsgrund bei der mutmaßlichen Einwilligung**.[508]

Kritik: Für diese Ansicht spricht, dass die mutmaßliche Einwilligung nicht wie das erklärte Einverständnis Ausdruck einer verbindlichen, Rechtsschutz verkürzenden Entscheidung des Rechtsgutinhabers ist, sondern eher einer wenn auch auf das Opfer bezogenen Interessenabwägung. Für solche Abwägungen ist die Rechtswidrigkeitsstufe nach der Gesetzessystematik der richtige Standort.

Klausurhinweis: *Die Streitfrage wirkt sich im Ergebnis nicht aus. In einer Falllösung sollten Sie sie nicht diskutieren, sondern bei der Tatbestandsmäßigkeit nur kurz darauf hinweisen, dass die mutmaßliche Zustimmung des Opfers hier noch keine Rolle spielt. Kommen Sie dann bei der Rechtswidrigkeit ohne weitere Erläuterungen sofort auf die mutmaßliche Einwilligung zu sprechen.*

505 Z.B. LK-Lilie § 123 Rn. 46; Sch/Sch/Bosch § 248 b Rn. 7; gegen die Zulässigkeit einer solchen strafbegründenden Mutmaßung Marlie JA 2007, 112, 115.

506 Merzig/Lange JuS 2000, 446 ff.; vgl. auch Fischer Vor § 32 Rn. 4a.

507 BGH RÜ 2014, 786.

508 LK-Rönnau Vor § 32 Rn. 216; Jescheck/Weigend S. 387, Fn. 75.

Tatbestandsausschließende Einwilligung (= Einverständnis)

Möglich bei Delikten, deren Tatbestandserfüllung nicht ohne Berücksichtigung des Willen des Rechtsgutträgers feststellbar ist. Voraussetzungen:

Bei Preisgabe einer faktischen Position:
- Tatsächlicher Wille des Rechtsgutträgers im Tatzeitpunkt genügt; Irrtümer sind unbeachtlich
- Kenntnis des Täters ist nicht erforderlich

Bei normativem Rechtsschutzverzicht:
- Wirksam gebildeter Wille unter denselben Voraussetzungen wie bei der rechtfertigenden Einwilligung erforderlich
- Kenntnis des Täters ist nicht erforderlich

Rechtfertigende erklärte Einwilligung

- Die Einwilligung muss **rechtlich zulässig** sein. Das ist grundsätzlich nur bei Individualrechtsgütern (außer Leben bei aktiver und gezielter Fremdtötung, Argument aus § 216) der Fall.
- Die Einwilligung muss von dem zur Disposition über das Rechtsgut **Berechtigten vor der Tat erteilt** worden sein, **zur Tatzeit noch fortbestehen** und sich mit der Tatbestandsverwirklichung der Eingriffshandlung decken.
- Der Rechtsschutzverzicht muss **nach außen kundgegeben**, d.h. nach h.M. ausdrücklich oder schlüssig erklärt worden sein.
- Der Disponierende muss **einwilligungsfähig**, also nach seiner geistigen und sittlichen Reife imstande sein, Bedeutung und Tragweite des gegen ihn gerichteten Eingriffs und des Verzichts auf den Schutz des Rechtsguts zu erkennen und sachgerecht zu beurteilen. Entscheidend ist **nur die natürliche Einsichts- und Urteilsfähigkeit**.
- Die Einwilligung muss **ernstlich und frei von rechtsgutbezogenen** (str.) **Willensmängeln** sein. Lag ein solcher Willensmangel vor, ist er nach h.M. unbeachtlich, wenn der Rechtsgutträger auch ohne diesen Willensmangel eingewilligt hätte (hypothetische Einwilligung).
- Bei Körperverletzungen darf die Tat **nicht gegen die guten Sitten** verstoßen, § 228. Die Vorschrift gilt nur für Körperverletzungsdelikte. Die Sittenwidrigkeit ist bei Einwilligung in lebensgefährliche Verletzungen gegeben, bei Massenschlägereien schon dann, wenn der Tatbestand des § 231 erfüllt ist. Trotz schwerer Verletzungen kann die Sittenwidrigkeit ausnahmsweise bei positiven oder einsehbaren Zwecken entfallen.
- **Subjektiv**: Handeln in Kenntnis und aufgrund der Einwilligung

Rechtfertigende mutmaßliche Einwilligung

- **Subsidiarität**
  - Der **erkennbar entgegenstehende Wille des Rechtsgutträgers schließt eine Rechtfertigung aus mutmaßlicher Einwilligung aus.**
  - **Vorherige Befragung des Rechtsgutträgers** bei Handeln im Interesse des Verletzten immer erforderlich, sofern die Befragung ohne größere Gefahr für den Betroffenen möglich ist. Bei offensichtlich mangelndem Interesse ist eine vorherige Befragung des Rechtsgutträgers regelmäßig entbehrlich.
- Bis auf die Einwilligungserklärung selbst gelten **dieselben Maßstäbe wie bei der erklärten Einwilligung**
  - Dispositionsbefugnis
  - Abzustellen ist auf den Zeitpunkt der Tat
  - Maßgeblich ist die Person des Rechtsgutinhabers
  - § 228 gilt auch hier
- **Übereinstimmung mit dem mutmaßlichen Willen** des Rechtsgutträgers
  - Ex-ante-Beurteilung allein in Bezug auf die Person des Betroffenen; objektive Kriterien haben nur Indizwirkung
- **Subjektiv**: Absicht i.S.d. Einwilligungsberechtigten zu handeln, und gewissenhafte Prüfung der für den mutmaßlichen Willen bedeutsamen Umstände

D. Rechtfertigung hoheitlichen Handelns

Erfüllen Hoheitsträger – vor allem Polizeibeamte und Gerichtsvollzieher – ihre hoheitlichen Aufgaben ohne Zustimmung des Betroffenen oder sogar mit Zwang, liegen Rechtsguteingriffe vor, die oft Straftatbestände erfüllen. Man denke an Hausfriedensbruch gemäß § 123 Abs. 1 bei Durchsuchungen, an Freiheitsberaubung gemäß § 239 durch Festnahmen oder an Nötigung gemäß § 240 bei Anwendung unmittelbaren Zwangs. **316**

Dass ein Hoheitsträger tätig wird, rechtfertigt für sich gesehen den Eingriff nicht, weil sonst der Betroffene jedem Amtsmissbrauch schutzlos ausgeliefert wäre. Soweit aber **öffentlich-rechtliche Vorschriften den Amtsträger zu dem konkreten Eingriff ermächtigen**, ist dieser nach dem Grundsatz der Einheit der Rechtsordnung **auch strafrechtlich gerechtfertigt**.[509]

Wenn die Maßnahme nun **nach den einschlägigen öffentlich-rechtlichen Vorschriften rechtswidrig** war, fragt sich, ob dies auch zur strafrechtlichen Rechtswidrigkeit führt. Der Hoheitsträger wäre dann für seine Dienstausübung nicht nur dem Risiko eigener Strafbarkeit ausgesetzt. Er müsste auch straflosen Widerstand oder tätliche Angriffe bei seiner Vollstreckungshandlung hinnehmen, §§ 113 Abs. 3 S. 1, 114 Abs. 1 i.V.m. Abs. 3 und als rechtswidriger Angreifer sogar Notwehrhandlungen des Betroffenen dulden.

Klausurhinweis: *Gerade die beiden letztgenannten Fragestellungen kommen gern in Klausuren vor, wenn nach der Strafbarkeit einer Person gefragt wird, die sich gegen einen Amtsträger bei seiner Vollstreckungshandlung zur Wehr setzt, §§ 113, 114, 223 ff.* (s. dazu schon oben Rn. 225 ff.).

Zur genauen Inhaltsbestimmung der Rechtfertigung hoheitlichen Handelns sind verschiedene Situationen zu unterscheiden.

I. Handeln aufgrund eigener Entscheidung

Beispiel: Polizeibeamter P hält irrtümlich den Tatunbeteiligten U für den Täter einer Straftat und nimmt ihn nach § 127 Abs. 2 StPO ohne weitere Nachfrage bei anwesenden Zeugen vorläufig fest. Auf der Wache stellt sich der Irrtum heraus. U erstattet Strafanzeige gegen P wegen Nötigung und Freiheitsberaubung. **317**

1. Ein Teil des Schrifttums stellt nur darauf ab, ob die fragliche Maßnahme öffentlich-rechtlich wirksam ist. Auch ein rechtswidriger, aber noch nicht wegen besonders schwerer und offenkundiger Fehler nichtiger Verwaltungsakt sei vom Bürger zu dulden; dann müsse dieser auch im strafrechtlichen Sinne rechtmäßig sein (sog. **Wirksamkeitstheorie**).[510]

Kritik: Dieser Ansatz überzeugt nicht. Er gibt dem Beamten zu große Handlungsfreiräume und vernachlässigt den Schutz des Bürgers vor staatlicher Willkür.

---

509 Ob sich ein Amtsträger auch außerhalb öffentlich-rechtlicher Befugnisnormen auf allgemeine Rechtfertigungsgründe berufen kann, ist ein anderes Thema; s. dazu oben Rn. 249 ff.

510 Wagner JuS 1975, 224.

2. Andere fordern eine strenge Akzessorietät zum Verwaltungsrecht. Danach ist eine Diensthandlung rechtmäßig, wenn **alle Eingriffsvoraussetzungen objektiv erfüllt sind** und der Amtsträger sich innerhalb etwaiger Beurteilungs- und Ermessensspielräume bewegt hat. **Irrtümer** des Beamten über Eingriffsvoraussetzungen rechtfertigen ihn aber nicht, sondern werden als Erlaubnistatbestandsirrtum nach § 16 oder als Erlaubnisirrtum nach § 17 behandelt.[511] Gegenüber dem Betroffenen wird durch eine rechtswidrige Diensthandlung zwar ein gegenwärtiger rechtswidriger Angriff verübt, doch ist Notwehr entweder wegen Geringfügigkeit des Eingriffs und zumutbarer Rechtsbehelfe nicht erforderlich oder nur in ganz eingeschränktem Maß geboten (sog. **vollstreckungsrechtlicher Rechtmäßigkeitsbegriff**).[512]

Kritik: Diesem Lösungsmodell ist entgegenzuhalten, dass ein Vollstreckungsbeamter in der oft stressbelasteten Situation der Durchsetzung des Rechts in seiner Entschlussfähigkeit gelähmt wäre, wenn er befürchten müsste, dass schon bei geringfügigen Rechtsfehlern sein Verhalten strafrechtliche Konsequenzen haben und er die – wenn auch eingeschränkte – Notwehr des Betroffenen auf sich ziehen könnte.

318 **3.** Vorzugswürdig ist der von den Strafgerichten schon seit langem angewendete **strafrechtliche Rechtmäßigkeitsbegriff**, der einerseits die Handlungsfähigkeit des Amtsträgers und andererseits den Grundrechtsschutz der Betroffenen sicherstellt. Kennzeichnend hierfür sind ein reduzierter öffentlich-rechtlicher Prüfungsmaßstab und ein Irrtumsprivileg von Hoheitsträgern:

Der strafrechtliche Rechtmäßigkeitsmaßstab für öffentlich-rechtliches Handeln
■ **Zuständigkeit** des Amtsträgers für die konkrete Diensthandlung
■ Einhaltung der **wesentlichen Förmlichkeiten**
■ **Bei irrtümlicher Annahme der Eingriffsvoraussetzungen kein Verschulden**
■ Pflichtgemäße Ausübung etwa bestehenden **Ermessens**
■ **Wille** des Amtsträgers, **zum Zwecke der Amtsausübung tätig zu sein**

Im Einzelnen:[513]

a) Der Amtsträger muss **sachlich und örtlich zuständig** sein.

b) Die „wesentlichen Förmlichkeiten" umfassen die Erfüllung **aller allgemeinen und speziellen Eingriffsvoraussetzungen**, ferner aller **Vollzugsregeln, die dem Schutz des Betroffenen** dienen.

c) Sind die Voraussetzungen für die Maßnahme objektiv nicht erfüllt, nimmt der Beamte dies aber irrtümlich an, so ist er strafrechtlich auch dann gerechtfertigt, wenn ihm der **Irrtum nicht vorgeworfen** werden kann.

511 Genauer dazu AS-Skript StrafR AT 2 (2021), Rn. 374 ff.

512 LK-Rönnau Vor §§ 32 ff. Rn. 127; LK-Rönnau/Hohn Vor § 32 Rn. 124; Sch/Sch/Sternberg-Lieben Vor §§ 32 ff. Rn. 86.

513 Vgl. BGHSt 21, 334, 363; KG StV 2005, 669, RÜ 2006, 84; BGH RÜ 2015, 644.

aa) Ein Tatsachenirrtum ist nicht schuldhaft, wenn der Beamte die **Sachlage vorher pflichtgemäß geprüft** hat.

bb) Ein Rechtsirrtum ist nicht schuldhaft, wenn der Beamte die einschlägigen Regeln **ohne Willkür falsch ausgelegt** hat.

d) Ermessensfehlerhaft ist jeder bewusste Amtsmissbrauch.

Im eingangs genannten **Beispiel** würden der vollstreckungsrechtliche und strafrechtliche Rechtmäßigkeitsbegriff eine rechtswidrige Festnahme durch P bejahen.

II. Vollstreckung eines Urteils oder Verwaltungsakts

Beispiel: Gerichtsvollzieher G vollstreckt aus einem rechtlich falschen Urteil. 319

Diese Konstellation unterscheidet sich vom Handeln aufgrund eigener Entscheidung dadurch, dass bei der Vollstreckung der zugrunde liegende Verwaltungsakt von einer anderen Behörde oder das zu vollstreckende Urteil von einem Gericht erlassen worden ist. Hier besteht Einigkeit darüber, dass eine rechtswidrige, aber nicht nichtige Entscheidung ihre Vollstreckung nicht zu einem rechtswidrigen Hoheitsakt macht. **Der zur Vollstreckung berufene Amtsträger darf vielmehr auf die Rechtmäßigkeit der Entscheidung vertrauen.**[514] Die Rechtmäßigkeit der Vollstreckung selbst ist dann wieder am strafrechtlichen Rechtmäßigkeitsbegriff zu messen.

III. Befolgung einer dienstlichen Weisung

Führt ein Untergebener eine dienstliche Weisung aus, gelten für seine strafrechtliche Rechtmäßigkeit folgende Grundsätze:

1. Allein der Umstand, dass sich der Ausführende in einem beamtenrechtlichen Unterordnungsverhältnis befindet, genügt für eine Rechtfertigung nicht, weil keine Gehorsamspflicht besteht, Anordnungen oder Befehle auszuführen, die auf die Begehung einer Straftat (und im Beamtenrecht: einer Ordnungswidrigkeit oder der Verletzung der Menschenwürde) gerichtet sind, § 63 Abs. 2 S. 4 BBG, § 36 Abs. 2 S. 4 BeamtStG, § 11 Abs. 2 S. 1 SG. 320

2. Da der Untergebene nach h.M. die Handlungsbefugnis von seinem Vorgesetzten ableitet,[515] ist eine tatbestandsmäßige Rechtsgutverletzung zunächst dann gerechtfertigt, wenn auch die dienstliche Anweisung oder der Befehl im strafrechtlichen Sinn rechtmäßig ist und der Vollzug sich innerhalb des durch die Anweisung vorgegebenen Rahmens hält.[516] Voraussetzungen für die Rechtmäßigkeit der Anordnung sind die **formelle Zuständigkeit** des Weisungsgebers und des ausführenden Untergebenen sowie die **Einhaltung der wesentlichen Förmlichkeiten**. Der Vorgesetzte muss **in den Grenzen seines pflichtgemäßen Ermessens** handeln.[517] 321

514 Sch/Sch/Sternberg-Lieben Vor §§ 32 ff. Rn. 86 a; BGH RÜ 2015, 644.
515 Sch/Sch/Sternberg-Lieben Vor §§ 32 ff. Rn. 87.
516 Jescheck/Weigend § 35 II 4.
517 NK-Paeffgen Vor §§ 32 ff. Rn. 188.

322 **3.** War die **Anordnung rechtswidrig**, sind zwei Fallgruppen zu unterscheiden:

a) Hatte der Vorgesetzte die **sachlichen Eingriffsvoraussetzungen** verkannt, ist die Ausführung rechtmäßig, wenn sie im Vertrauen auf die Rechtmäßigkeit der Anordnung erfolgt ist.

b) Hätte die Weisung aus **rechtlichen Gründen** nicht ergehen dürfen, meint ein Teil des Schrifttums, dass dann auch stets der Vollzugsakt rechtswidrig sei, auch wenn der Untergebene auf die Richtigkeit vertraut habe. Der Untergebene könne dann jedoch bei Unvermeidbarkeit seines Verbotsirrtums gemäß § 17 S. 1 schuldlos sein.[518] Nach der Rspr. der Obergerichte ist der Rechtsirrtum des Vorgesetzten für den Weisungsempfänger – **jedenfalls in unübersichtlichen und schnelles Handeln erfordernden Situationen** – genauso zu behandeln wie ein Sachverhaltsirrtum. **Der Ausführende soll immer dann, wenn er einen vom sachlich und örtlich zuständigen Vorgesetzten erteilten dienstlichen und nicht offensichtlich rechtswidrigen Befehl im Vertrauen auf dessen Rechtmäßigkeit in gesetzlicher Form vollzieht, gerechtfertigt sein**. Zu einer Überprüfung der dienstlichen Anordnung sei der Untergebene dann weder verpflichtet noch berechtigt.[519]

323 Allerdings rechtfertigt eine aus tatsächlichen oder rechtlichen Gründen rechtswidrige Anordnung den Untergebenen nicht, wenn dieser den **Irrtum des Vorgesetzten erkannt hat oder wenn das Fehlen der Eingriffsvoraussetzungen auch ohne besondere Prüfung offensichtlich** war. Bei positiver Kenntnis der Rechtswidrigkeit ist der Untergebene dann aus einem Vorsatzdelikt schuldig, bei vorwerfbarer Erkennbarkeit bleibt nur ein Fahrlässigkeitsvorwurf, sofern die fragliche Rechtsgutverletzung fahrlässig begehbar ist.[520]

IV. Ausführung eines rechtswidrigen, aber verbindlichen Befehls

324 Zur Ausführung eines rechtfertigenden, aber verbindlichen Befehls kann es kommen, wenn der Untergebene Bedenken an der Anordnung geäußert hat und der Vorgesetzte sie bestätigt oder wegen Gefahr im Verzug auf die Durchführung besteht. Hier ergibt sich aus den Beamtengesetzen eine Gehorsamspflicht, wenn für den Untergebenen die Strafbarkeit, die Ordnungswidrigkeit oder der Menschenwürdeverstoß nicht erkennbar ist (§ 63 Abs. 2 S. 4 a.E. BBG, § 36 Abs. 2 S. 4 a.E. BeamtStG). Dass diese Verbindlichkeit den Beamten bei Ausführung der Anordnung von der strafrechtlichen Verantwortung befreit, ist unbestritten. Uneinheitlich ist die Begründung: Die h.M. kommt zur Rechtfertigung.[521] Die Gegenauffassung bejaht allenfalls eine Entschuldigung.[522] Von der Streitentscheidung hängt es ab, ob man dem von einer solchen Handlung betroffenen Bürger das Notwehrrecht zubilligt, denn ein gerechtfertigtes Handeln ist kein rechtswidriger Angriff, wohl aber ein nur entschuldigtes Verhalten.

518 Sch/Sch/Sternberg-Lieben Vor §§ 32 ff. Rn. 87 f.; Sch/Sch/Eser § 113 Rn. 31.
519 BGHSt 4, 161; KG NJW 1972, 781; OLG Karlsruhe NJW 1974, 2142; LK-Rosenau § 113 Rn. 53.
520 KG StV 2005, 669, 670, RÜ 2006, 84; Sch/Sch/Sternberg-Lieben Vor §§ 32 ff. Rn. 87 f.
521 Kühl § 9 Rn. 118 d; Roxin § 17 Rn. 19.
522 NK-Paeffgen Vor §§ 32–35 Rn. 198.

Rechtfertigung des Amtsträgers aufgrund öffentlich-rechtlicher Eingriffsbefugnis

Bei Rechtsguteingriff aufgrund eigener Entschließung	*Bei Rechtsguteingriff aufgrund dienstlicher Weisung*
Strafrechtl. Rechtmäßigkeitsbegriff ■ **Sachliche und örtliche Zuständigkeit** ■ **Einhaltung der wesentlichen Förmlichkeiten** ▪ Ermächtigungsgrundlage ▪ Vollzugsregeln, die den Schutz des Betroffenen bezwecken ■ **Pflichtgemäße Ermessensausübung** ■ Subjektiv: Wille, **zum Zweck der Amtsausübung** tätig zu sein	Bzgl. **Rechtmäßigkeit der Weisung** nach strafrechtlichem Rechtmäßigkeitsbegriff **Rechtmäßigkeit der Ausführung** Bei rechtmäßiger Weisung, wenn Vollzug strafrechtl. Rechtmäßigkeitsbegriff entsprach. Trotz sachlich oder rechtlich fehlerhafter Weisung Rechtmäßigkeit bei unübersichtlicher Lage oder wenn sofortiges Handeln erforderlich.
Irrtum des Amtsträgers über das Vorliegen aller Eingriffsvoraussetzungen führt auch dann zur Rechtfertigung, wenn der Irrtum unverschuldet ist.	Dennoch Rechtwidrigkeit der Ausführung, wenn Rechtswidrigkeit dem Untergebenen bekannt oder offensichtlich war.

3. Abschnitt: Schuld

Während es bei der Rechtswidrigkeit darum geht, ob die Tat im Widerspruch zur Rechtsordnung steht, wird bei der Schuld gefragt, ob der Täter für seine Tat **persönlich verantwortlich** gemacht werden kann. **Schuld als Deliktsmerkmal ist Strafbegründungsschuld** und betrifft alle rechtlichen Umstände persönlicher Verantwortlichkeit, die für das „Ob" einer Strafe maßgeblich sind. **325**

Der weitergehende Begriff der Strafzumessungsschuld knüpft dagegen an alle in § 46 genannten Umstände an und bestimmt das Maß der Strafhöhe im Einzelfall.[523]

Schuldhaft handelt nach dem heute herrschenden **normativen Schuldbegriff, wer sich nicht zu einem rechtmäßigen Handeln hat motivieren lassen, obwohl er bzw. ein durchschnittlicher Mensch an seiner Stelle sich für das Recht hätte entscheiden können.**[524]

Für diese Bewertung sind folgende Prüfungspunkte wichtig:

Schuldelemente
■ Schuldfähigkeit des Täters
■ Erfüllung besonderer, d.h. deliktsspezifischer Schuldmerkmale
■ Nichtvorliegen von Entschuldigungsgründen
■ Möglichkeit des Unrechtsbewusstseins

---

523 Achenbach, Historische und dogmatische Grundlagen der strafrechtssystematischen Schuldlehre, 1974.

524 Vgl. BGHSt 2, 194, 200; LK-Walter Vor § 13 Rn. 165.

A. Schuldfähigkeit

326 **Unter Schuldfähigkeit versteht man die Fähigkeit, das Unrecht der Tat einzusehen (Einsichtsvermögen) und nach dieser Einsicht zu handeln (Steuerungsvermögen).**

I. Die altersabhängigen Stufen der Schuldfähigkeit im Allgemeinen

327 **1. Kinder, d.h. Jugendliche unter 14 Jahren, sind schuldunfähig und damit zugleich strafunmündig, § 19.** Mangelnde Reife wird bei diesen Personen unwiderlegbar vermutet.[525] **Die Schuldunfähigkeit ist materiell-rechtlich ein Schuldausschließungsgrund. Die Strafunmündigkeit erzeugt ein Verfahrenshindernis.**[526] Gegen Kinder sind daher strafrechtliche Sanktionen ausgeschlossen.

Möglich sind nur Maßnahmen des Familiengerichts (§§ 1631 Abs. 3, 1666 BGB) und der Jugendämter nach dem Kinder- und Jugendhilfegesetz (SGB VIII).

328 **2.** Bei **Jugendlichen**, den 14- bis noch nicht 18-Jährigen (§ 1 Abs. 2 JGG), ist die Schuldfähigkeit nicht der Normalfall. Die Schuldfähigkeit muss hier positiv festgestellt werden, § 3 JGG.

329 **3.** Bei **Heranwachsenden**, den 18- bis noch nicht 21-Jährigen (§ 1 Abs. 2 JGG), kann wiederum ohne Weiteres von der Schuldfähigkeit ausgegangen werden. § 105 JGG verweist nicht auf § 3 JGG! Die Sondervorschriften des JGG beziehen sich lediglich auf die Rechtsfolgen.

330 **4.** Bei einem **Erwachsenen** ist die Schuldfähigkeit der Normalfall. Die negative Fassung des § 20 stellt eine Vermutung der Schuldfähigkeit auf. Die Schuldunfähigkeit ist die Ausnahme.

Hinweis: *Prüfungen in dieser Richtung sind nur nötig, wenn Anhaltspunkte dafür bestehen.*

II. Biologisch-psychologische Schuldunfähigkeit im Einzelfall

331 Die **Schuldunfähigkeit richtet sich ausschließlich nach § 20.** Sie ist immer in Bezug auf das konkrete Delikt zu untersuchen, weil die von § 20 vorausgesetzte Einsichts- bzw. Steuerungsunfähigkeit bei der einen Straftat gegeben sein kann, während sie bei einer anderen fehlt. **Die Schuldfähigkeit ist teilbar.**

Beispiel: Eine anlagebedingte Triebstörung kann das Steuerungsvermögen in Bezug auf Sexualstraftaten ausschließen, ohne dass der Täter in Bezug auf Eigentumsdelikte schuldunfähig sein muss.

§ 20 liegt die **gemischte biologisch-psychologische Methode** zugrunde.

332 **1. Biologische Voraussetzung** der Schuldunfähigkeit ist, dass zur Tatzeit entweder eine krankhafte seelische Störung oder eine tiefgreifende Bewusstseinsstörung oder Schwachsinn oder eine andere schwere seelische Abartigkeit vorgelegen hat.

---

525 LK-Schöch § 19 Rn. 1.

526 Sch/Sch/Perron/Weißer § 19 Rn. 3, 5.

a) Krankhafte seelische Störung wird definiert als Störung auf intellektuellem oder emotionalem Gebiet, die nicht mehr im Rahmen verstehbarer Erlebniszusammenhänge liegt und auf einer Verletzung oder Erkrankung des Gehirns beruht,[527] z.B. Demenz in fortgeschrittenem Stadium.

b) Tiefgreifende Bewusstseinsstörung ist eine grundsätzlich nicht krankhafte Trübung oder Einengung des Bewusstseins,[528] z.B. Erschöpfungszustände, Übermüdung; auch Affekte können tiefgreifende Bewusstseinsstörungen auslösen. Dies gilt jedoch nur ganz ausnahmsweise, wenn die Erregung ein Höchstmaß erreicht, sog. „Affektsturm". Daher ist hier stets eine sorgfältige Würdigung aller Umstände (z.B. Vorverhalten, Tatsituation, subjektive Gegebenheiten des Täters, Tatablauf) geboten.[529]

c) Schwachsinn ist eine angeborene Intelligenzschwäche ohne nachweisbare Ursache,[530] z.B. Debilität.

d) Andere seelische Abartigkeit bezeichnet die schwersten Erscheinungsformen der Psychopathien, Neurosen und persönlichkeitsverändernden Triebstörungen.[531]

2. Weitere **psychologische Voraussetzung** des § 20 ist, dass der Täter infolge eines **333**
der vorgenannten Defekte **unfähig** gewesen sein muss, entweder das Unrecht der Tat **einzusehen (= Einsichtsunfähigkeit, Alt. 1) oder nach dieser Einsicht zu handeln (= Steuerungsunfähigkeit, Alt. 2)**.

3. Die Schuldunfähigkeit muss **„bei Begehung der Tat"** vorliegen, also bei Vornahme **334**
der Tathandlung, § 8 (Simultaneitätsprinzip, s. oben Rn. 84). Bei einer Vorsatztat ist der Zeitpunkt entscheidend, in dem der Täter die Versuchsschwelle überschreitet. Wird der Täter erst **nach Versuchsbeginn schuldunfähig** – z.B. dadurch, dass er in einen hochgradigen Affektzustand gerät – kann ihm der weitere erfolgsursächliche Tatablauf dennoch als **unwesentliche Kausalabweichung** zurechenbar sein. Voraussetzung dafür ist, dass die weiteren Handlungen vom Tatvorsatz umfasst waren, dass der spätere Tatablauf dem vor Eintritt der Schuldunfähigkeit geplanten Ablauf entsprach, ferner dass sich die Schuldunfähigkeit aus dem vorausgegangenen Handeln entwickelt hat und nicht durch äußere Einflüsse ausgelöst worden ist.[532]

Klausurhinweis: *Examensfälle mit Schuldfähigkeitsfragen betreffen fast ausschließlich Rauschzustände durch Alkohol. Bei anderen Defekten darf der Bearbeiter Sachverhaltsangaben dazu erwarten, ob die Voraussetzungen des § 20 vorgelegen haben.*

III. Hauptanwendungsfall für § 20: Alkoholrausch

1. Der Konsum hoher Alkoholmengen führt zu vorübergehenden Beeinträchtigungen **335**
der Hirntätigkeit. **Biologisch** wird ein solcher Rauschzustand zum Teil als „akute Intoxikationspsychose" und damit als „krankhafte seelische Störung" angesehen.[533] Andere

527 Jescheck/Weigend § 40 III 2 a.
528 BGH bei Holtz MDR 1983, 447.
529 BGH NStZ 1995, 175; BGH NStZ 2013, 31.
530 Fischer § 20 Rn. 35.
531 Dazu BGH NStZ 1994, 75.
532 BGHSt 7, 325, 328, 329; BGHSt 23, 133, 135, 136; BGH NStZ 2003, 535 (zu § 21).
533 Fischer § 20 Rn. 11.

ordnen den Rausch als „tiefgreifende Bewusstseinsstörung" ein.[534] Ob dadurch als **psychologische** Folge die Einsichts- bzw. Steuerungsfähigkeit gemäß § 20 ausgeschlossen ist, hängt von der **Menge des genossenen Alkohols** ab.

336 **2.** Die Alkoholisierung wird gemessen in Promille (= ‰), das ist das Verhältnis der Alkoholmenge in Gramm zum Körpergewicht je 1000 Gramm. Die gemessene Alkoholmenge in Gramm ergibt sich aus der Formel: Vol% x 0,8 = Gramm/l. Aufbauend auf medizinischer Erkenntnis wendet die Rspr. folgende **Leitlinien** bei der Beurteilung der Auswirkungen von Blutalkohol auf die Schuldfähigkeit an:

- Bei Alkoholwerten **unter 2,0 ‰** im Tatzeitpunkt kann man bei einem erwachsenen, gesunden Menschen in der Regel von voller Schuldfähigkeit ausgehen, sofern keine besonderen alkoholbedingten Ausfallerscheinungen vorliegen.[535]

- Bei einer Alkoholisierung zur Tatzeit **von 2,0 ‰ an aufwärts** ist eine „Intoxikationspsychose"[536] möglich. Hierbei handelt es sich aber nicht um einen medizinisch-statistischen Erfahrungssatz. Vielmehr kann auch trotz einer solchen Alkoholisierung unter Berücksichtigung der Persönlichkeit des Täters sowie seines Verhaltens vor, während und nach der Tat die volle Schuldfähigkeit bejaht werden.[537]

- **Ab 3,0 ‰** während der Tat ist verminderte Schuldfähigkeit naheliegend und die Schuldunfähigkeit regelmäßig nicht mehr auszuschließen. Eine derartige Alkoholisierung bedeutet aber ebenfalls nicht zwangsläufig Schuldunfähigkeit, vielmehr bedarf es dazu einer Gesamtschau der Täterperson und des Tatverhaltens.[538]

Außer den Blutalkoholwerten sind also immer auch die zur Verfügung stehenden und aussagekräftigen **psychodiagnostischen Beweisanzeichen** heranzuziehen.[539] So können planvolles, zielgerichtetes Agieren bei der Tat, das Fehlen von Ausfallerscheinungen und eine hochgradige Alkoholgewöhnung und -toleranz dafür sprechen, die Schuldfähigkeit auch oberhalb der Orientierungswerte anzunehmen.

Klausurhinweis: *Achten Sie in Ihrer Klausur deshalb auf derartige „Zusatzinformationen" und bauen Sie sie – wenn vorhanden – in die Prüfung des § 20 ein! Fehlen solche Hinweise, wird aber eine Tatzeit-Alkoholisierung von 3 ‰ BAK genannt, können Sie in dubio pro reo von Schuldunfähigkeit ausgehen.*

337 **3. Steht der Alkoholisierungsgrad im Tatzeitpunkt nicht fest**, ist für die Frage der Schuldfähigkeit nach dem Grundsatz „in dubio pro reo" eine für den Täter möglichst günstige, also die **denkbar höchste** Alkoholisierung zu ermitteln. Dies geschieht auf unterschiedliche Weise, je nachdem, ob man als Informationsquelle auf eine **Blutprobe** zurückgreifen kann oder ob man sich auf die **Trinkmengenangaben** durch den Täter oder durch Zeugen verlassen muss.

---

534 Sch/Sch/Perron/Weißer § 20 Rn. 13, 16.
535 BGH StV 1990, 402.
536 Fischer § 20 Rn. 11.
537 BGH StV 1997, 460.
538 BGH RÜ2 2015, 208.
539 BGH RÜ 2012, 576; vgl. auch Satzger Jura 2013, 345, 347 f.

a) Bei Vorliegen einer (oft mehrere Stunden nach der Tat entnommenen) **Blutprobe** wird der Mittelwert mehrerer Blutprobenanalysen[540] zurückgerechnet. Will man die **maximale Blutalkoholmenge** bestimmen, geht man von einem **maximalen stündlichen Abbauwert von 0,2 ‰ zuzüglich eines einmaligen Sicherheitszuschlags von 0,2 ‰ von der ersten Stunde nach dem Tatzeitpunkt an aus.**[541] 338

Soll die **niedrigstmögliche Blutalkoholmenge** ermittelt werden, legt man einen stündlichen Abbauwert von **0,1 ‰** zugrunde und lässt bei normalem Trinkverlauf die **ersten zwei Stunden nach Trinkende aus der Rückrechnung** heraus.[542]

b) Fehlt eine Blutprobe, ermittelt man die Tatzeit-Alkoholisierung nach der genossenen Trinkmenge mit der sog. **Widmark-Formel**. Danach setzt man das Gewicht des genossenen Alkohols in Gramm in Verhältnis zu dem um 40 % bei weiblichen und 30 % bei männlichen Tätern reduzierten Körpergewicht in Kilogramm, zieht von diesem Quotienten 10 % ab (sog. Resorptionsdefizit) und subtrahiert von diesem Wert noch einmal für die Zeit von Trinkbeginn bis zur Tatzeit den **geringsten möglichen Abbauwert von 0,1 ‰ pro Stunde.**[543] 339

Klausurhinweis: *Das für den Täter „Günstigste" kann in ein und demselben Fall ganz unterschiedlich sein: Geht es um die Strafbarkeit unmittelbar aus einer verwirklichten Strafnorm, ist deshalb im Zweifel Schuldunfähigkeit anzunehmen, wenn die Alkoholisierung über 3 ‰ betragen haben kann. Geht es in demselben Fall dann um die Strafbarkeit aus Vollrausch, § 323 a, und kann die Alkoholisierung des Täters im Tatzeitpunkt auch unter 2 ‰ gelegen haben, ist dieser Tatbestand nach h.M. nicht verwirklicht!*[544]

IV. Die actio libera in causa

Hatte der Täter Einfluss auf den Verlust der Schuldfähigkeit **vor Versuchsbeginn**, hat er ihn sogar vorsätzlich herbeigeführt, kann ihm ggf. mithilfe der **actio libera in causa** die spätere Straftat dennoch angelastet werden. 340

Hierbei handelt es sich um eine **strafrechtliche Hilfskonstruktion** innerhalb der jeweiligen Deliktsprüfung. Der Zweck der Konstruktion besteht darin, den im Tatzeitpunkt vorliegenden Mangel der Schuldfähigkeit zu überwinden und die **Strafbarkeit des Täters aus Vorsatz- oder Fahrlässigkeitsdelikt zu begründen**, sofern er vorwerfbar durch Herbeiführung eines Zustands nach § 20 einen Geschehensablauf in Gang gesetzt hat (= actio libera), welcher die Ursache (= causa) für die später im Zustand der Schuldunfähigkeit bzw. verminderten Schuldfähigkeit begangenen Straftat bildet. Der Defekt **muss nicht immer eine Berauschung** sein, möglich sind auch verschuldete Affekte oder sonstige Bewusstseinsstörungen. Der häufigste Fall ist jedoch Alkoholisierung.

- Bei der **vorsätzlichen actio libera in causa** muss der Täter nach h.M. in schuldfähigem Zustand **sowohl hinsichtlich des Eintritts seines späteren Defekts** (§ 20) **als** 341

540 Dazu Schembecker JuS 1993, 674.

541 BGH NJW 1991, 852, 853.

542 BGHSt 25, 250.

543 BGH bei Holtz MDR 1992, 15.

544 Ausführlich dazu AS-Skript StrafR BT 2 (2020), Rn. 486 ff.

auch hinsichtlich der Begehung einer bestimmten Straftat in diesem Zustand **vorsätzlich handeln**. Decken sich das vorher geplante und später ausgeführte Vorsatzdelikt tatbestandlich, soll der Täter hieraus strafbar sein.[545]

342 ■ Bei der **fahrlässigen actio libera in causa** handelt der Täter hinsichtlich des Eintritts seines späteren Defekts entweder fahrlässig oder er führt seinen Defekt vorsätzlich herbei und **bedenkt dabei fahrlässig nicht die Möglichkeit der späteren Straftat**.

Selbst wenn die im schuldunfähigen Zustand begangene Straftat mit Vorsatz begangen worden ist, erfolgt eine Bestrafung wegen des Fahrlässigkeitsdelikts, sofern der Täter im schuldfähigen Zustand daran nicht gedacht hat.

Voraussetzung für eine Bestrafung ist aber immer, dass überhaupt ein entsprechender Fahrlässigkeitstatbestand existiert, § 15.

343 Eine Variante der actio libera in causa ist die **actio illicita in causa**, die zur Strafbegründung z.T. bei verschuldeter Rechtfertigungslage herangezogen wurde, s.o. Fall 8 Rn. 237.

344 Eine weitere Abwandlung ist die **omissio libera in causa**. Danach kann das Unterlassen auch dann strafbar sein, wenn der Handlungspflichtige die gebotene Handlung zwar akut nicht vornehmen konnte, sich aber vorher schuldhaft dazu außerstande gesetzt hat (s. auch unten Rn. 472).

Über die rechtliche Zulässigkeit und Begründung der actio libera in causa wird seit langem gestritten. Dazu die nachfolgenden Fälle.

Fall 14: Entbehrlichkeit der fahrlässigen actio libera in causa und Begründungsmodelle der vorsätzlichen actio libera in causa

Der Däne A, der bereits mehrfach wegen Trunkenheitsdelikten verurteilt und dem auch die Fahrerlaubnis entzogen worden war, fuhr mit seinem Auto in die Niederlande, um dort Kunden aufzusuchen. Unmittelbar nach der Einreise in die Niederlande, wo er für die Nacht ein Hotel suchen wollte, kaufte der bis dahin nüchterne A kurz nach 18.00 Uhr alkoholische Getränke. In der Folgezeit trank er etwa fünf Liter Bier und Schnaps. Dabei war ihm klar, dass er sein Auto später noch benutzen würde. Gegen 21.30 Uhr fuhr er mit einer Blutalkoholkonzentration von 3,2 ‰ in Schlangenlinien auf der niederländischen Autobahn A1 in Richtung deutsche Grenze. Dass er fahruntüchtig war, war ihm auch in diesem Zustand klar. Er näherte sich dem Grenzübergang Bad Bentheim mit 70 km/h und stieß alkoholbedingt mit unverminderter Geschwindigkeit mit der rechten vorderen Seite gegen einen auf der rechten Seite stehenden Pkw. Dabei erfasste er zwei deutsche Grenzschutzbeamte, die dieses Fahrzeug kontrollierten. Die Beamten starben infolge ihrer Verletzungen noch an der Unfallstelle. Strafbarkeit des A? Die Anwendbarkeit deutschen Strafrechts ist zu unterstellen.

(Fall vereinfacht nach BGH NStZ 1997, 228)

545 Roxin/Greco AT I § 20 Rn. 67 m.w.N.; a.A. vom Standpunkt der Ausnahmetheorie Hruschka JuS 1968, 558.

Aufbauhinweis: *Prüfen Sie auch bei Alkoholtaten immer erst die im unmittelbaren Handlungszeitpunkt verwirklichten Delikte. Wenn Sie dafür die Schuld verneinen, müssen Sie untersuchen, ob der Täter wegen Herbeiführung seiner Alkoholisierung für die in schuldunfähigem Zustand begangenen Delikte strafrechtlich verantwortlich ist. Soweit Sie dies bejahen, kommt es auf § 323 a nicht mehr an, denn der Vollrausch-Tatbestand hat nur Bedeutung, soweit der Täter infolge seiner Schuldunfähigkeit gerade nicht unmittelbar wegen der später verwirklichten Tat im Rausch strafbar ist. Das ergibt sich aus dem Wortlaut des § 323 a Abs. 1: „...wenn er in diesem Zustand eine rechtswidrige Tat begeht und* ***ihretwegen nicht bestraft werden kann****, weil er infolge des Rausches schuldunfähig war..."*

I. Infrage kommt **fahrlässige Tötung** in zwei (tateinheitlichen) Fällen durch Überfahren der Grenzschutzbeamten, **§§ 222, 52.**

1. Der Tod zweier Menschen ist eingetreten. A hat diesen verursacht. Wer alkoholisiert mit einem Fahrzeug fährt, handelt verkehrs- und damit sorgfaltswidrig. Kausalität zwischen der Fahrt und dem Tod sowie der Zurechnungszusammenhang zwischen der Alkoholisierung und dem Überfahren sind gegeben.

2. A handelte rechtswidrig.

3. Wegen seiner Alkoholisierung könnte A gemäß § 20 bei Begehung der Tat schuldunfähig gewesen sein. Alkohol kann wegen seiner toxischen Wirkung **tiefgreifende Bewusstseinsstörungen bzw. eine krankhafte seelische Störung** auslösen. A hatte beim Herannahen an den Grenzübergang so viel Alkohol konsumiert, dass seine Blutalkoholkonzentration 3,2 ‰ betrug. Zudem belegen die gefahrenen Schlangenlinien motorische Ausfälle, sodass er in dem Moment, als er die Grenzbeamten überfuhr, schuldunfähig war.

II. Infrage kommt **fahrlässige Tötung** in zwei Fällen gemäß **§ 222** durch das Sichbetrinken.

1. Der tatbestandsmäßige Erfolg ist festgestellt.

2. Fraglich ist, ob die strafrechtliche Anknüpfung ohne Weiteres auf das Sichbetrinken bezogen werden darf.

   a) Früher wurde dies mit der in der Rspr. und Lit. als **Gewohnheitsrecht aner-** 345
   kannten Rechtsfigur der actio libera in causa begründet.[546]

   b) Rspr. und Lit. halten inzwischen bei allen **fahrlässigen Erfolgsdelikten**, die nicht an eine bestimmte Art und Weise der Begehung geknüpft, also **verhaltensneutral** sind (s.o. Rn. 60), die Heranziehung der **actio libera in causa zur Strafbegründung für überflüssig.** Vielmehr ergibt sich aus der **Struktur der Fahrlässigkeitstat und der Äquivalenz aller Bedingungen** die Möglichkeit, den Fahrlässigkeitsvorwurf auch an **erfolgsursächliches Vorverhalten anzuknüpfen.**

546 Aus der Rspr. z.B. OLG Hamm NJW 1983, 2456; Sch/Sch/Perron/Weißer § 20 Rn. 38.

Ausdrücklich der BGH: „Gegenstand des strafrechtlichen Vorwurfs ist bei § 222 StGB – wie auch bei anderen fahrlässigen Erfolgsdelikten – jedes in Bezug auf den tatbestandsmäßigen Erfolg sorgfaltswidrige Verhalten, das diesen ursächlich herbeiführt. Aus diesem Grunde bestehen, wenn mehrere Handlungen als sorgfaltswidrige in Betracht kommen (wie hier das Sichbetrinken ...), keine Bedenken, den Fahrlässigkeitsvorwurf an das zeitlich frühere Verhalten anzuknüpfen, das dem Täter – anders als das spätere – auch als schuldhaft vorgeworfen werden kann."[547]

Damit kommt es auf die strafrechtlich-dogmatische Berechtigung der actio libera in causa-Konstruktion in diesem Zusammenhang noch nicht an. Die fahrlässige actio libera in causa hat als eigenständige Rechtsfigur bei § 20 keine Bedeutung.[548]

3. Das Sichbetrinken war ursächlich für den Deliktserfolg, weil A ohne die Alkoholisierung die Kontrolle über das Fahrzeug nicht verloren und die Grenzschutzbeamten nicht überfahren hätte.

4. A handelte beim Sichbetrinken in Bezug auf den späteren Fahrzeuggebrauch objektiv sorgfaltswidrig, weil er den Entschluss dazu nicht aufgegeben hat. Selbst wer zunächst gar nicht den Willen hat, sein Fahrzeug später noch zu benutzen, muss Vorsichtsmaßnahmen gegen den spontanen Entschluss treffen, doch noch zu fahren. Dabei ist jedem Fahrzeugführer bewusst, dass alkoholisiertes Fahren zu tödlichen Unfällen führen kann.

5. Für das Verhalten des A gibt es keine Rechtfertigung.

6. A war in dem hier fraglichen Zeitraum des Sichbetrinkens noch schuldfähig. Außerdem war auch ihm – insbesondere aufgrund seiner Vorverurteilungen wegen Trunkenheitsfahrten – die Gefährlichkeit alkoholisierten Fahrens erkennbar.

A ist wegen fahrlässiger Tötung in zwei (tateinheitlichen) Fällen schuldig.

III. Durch das Anfahren der Grenzschutzbeamten könnte A auch wegen **vorsätzlich-fahrlässiger Straßenverkehrsgefährdung** strafbar sein, **§ 315 c Abs. 1 Nr. 1 a i.V.m. Abs. 3 Nr. 1**.

1. Er hat ein Kraftfahrzeug im Straßenverkehr geführt, obwohl er mit seiner Alkoholisierung von 3,2 ‰ weit über der 1,1 ‰-Grenze absoluter Fahruntüchtigkeit lag. In der Tötung der Grenzschutzbeamten infolge der Alkoholeinwirkung hat sich die im Tatbestand vorausgesetzte konkrete und tatbestandsspezifische Gefährdung anderer realisiert. A wusste, als er mit dem Pkw die A1 befuhr, dass er fahruntüchtig war. Dass es infolgedessen zu einer Unfallsituation kommen kann, ist jedem Kfz-Führer einsichtig.

2. A handelte rechtswidrig.

---

547 BGH NStZ 1997, 228; vgl. auch schon dens. Senat in BGHSt 40, 341, 343; vgl. zur Parallele der Fahrlässigkeitsstrafbarkeit ohne Heranziehung der actio illicita in causa oben Fall 8 Rn. 235 ff.; Fischer § 20 Rn. 51).

548 Wessels/Beulke/Satzger Rn. 672.

3. Schuld

a) Im Zeitraum der Trunkenheitsfahrt war A nicht schuldfähig, § 20.

b) Fraglich ist, ob dieser Mangel durch die Rechtsfigur der **actio libera in causa** 346
als Schuldmodell überwunden werden kann. Dann müssten ihre Voraussetzungen bei A vorliegen und die actio libera in causa dürfte als Schuldmodell nicht gegen Straf- und Verfassungsrecht verstoßen.

Aufbauhinweis: *Platzieren Sie in einer Falldarstellung einen Problemaufriss immer dort, wo er das erste Mal relevant wird. Das ist bei der actio libera in causa der Prüfungspunkt „Schuld". Dort sind allerdings* ***nur*** *die beiden nachfolgenden Ansichten abzuschichten, weil nur diese an die unmittelbare Tathandlung anknüpfen.*

aa) Eine vorsätzliche actio libera in causa liegt vor, wenn sich der (auch beding- 347
te) Vorsatz im Zeitpunkt der Schuldfähigkeit sowohl auf die Herbeiführung der Schuldunfähigkeit als auch auf die spätere tatbestandsmäßige und vorsatzbedürftige Handlung im Zustand der Schuldunfähigkeit bezog.[549] Hier hat A, als er sich absichtlich betrank, in Kauf genommen, dass er das Auto auf der Suche nach einem Hotel noch in fahruntüchtigem Zustand benutzen würde. Hinsichtlich des Vorsatzteils des § 315 c Abs. 3 Nr. 1 lagen damit die Voraussetzungen der actio libera in causa vor. Für den Fahrlässigkeitsteil der konkreten Lebensgefahr infolge der Fahruntüchtigkeit genügt es, dass diese objektiv und auch für A vorhersehbar war.

bb) Zweifelhaft ist jedoch, ob diese Rechtsfigur mit dem verfassungsrechtlichen und strafrechtlichen Bestimmtheitsgrundsatz vereinbar ist. **Im Zusammenhang mit der Schuld werden zwei Erklärungsmodelle** vertreten:

(1) Nach der sog. **Ausnahmetheorie** ist die actio libera in causa eine Aus- 348
nahme zu dem in § 20 niedergelegten Simultaneitätsprinzip, wonach die Schuldfähigkeit „bei Begehung der Tat" vorliegen muss. Diese Ausnahme sei vergleichbar mit den in § 35 Abs. 1 S. 2 oder § 17 S. 2 enthaltenen Vorverlegungsregeln, durch die die Berufung auf entschuldigenden Notstand oder fehlendes Unrechtsbewusstsein im Tatzeitpunkt bei Vorverschulden ausgeschlossen wird.[550] Zu begründen sei die a.l.i.c. entweder als Gewohnheitsrecht[551] oder als Richterrecht.[552]

549 Vgl. BGHSt 17, 333.

550 Hruschka JuS 1968, 559; ders. JZ 1989, 310, 312.

551 Jescheck/Weigend § 40 VI 2; Otto § 13 Rn. 24 ff.; Kühl § 11 Rn. 10

552 LK-Jähnke § 20 Rn. 35.

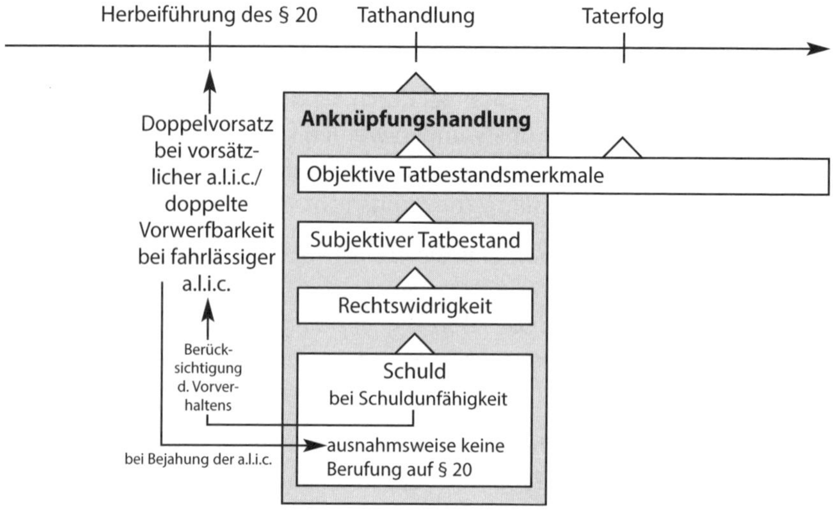

Kritik des 4. Strafsenat des BGH (der nach der Geschäftsverteilung des BGH auch für Verkehrsstrafrecht zuständig ist): **Die Ausnahmetheorie ist mit dem eindeutigen Wortlaut des § 20 nicht in Einklang zu bringen. Die Ausnahme als gewohnheitsrechtliche oder richterrechtliche Rechtsfortbildung zu begreifen, verstößt gegen Art. 103 Abs. 2 GG, der auch für die Bestimmungen des Allgemeinen Teils gilt.**[553]

349 (2) Auch die **Ausdehnungstheorie** versteht das Vorverschulden als Unterpunkt der Deliktsprüfung, die an die unmittelbare Tatbegehung anknüpft. Diese Theorie interpretiert aber bei § 20 das Merkmal „bei Begehung der Tat" nicht nur als den Zeitpunkt der Tathandlung, sondern bezieht unter den Voraussetzungen der actio libera in causa die frühere Schuldfähigkeit ein. Folge: Der Täter war dann zumindest teilweise „bei Begehung der Tat" schuldfähig.[554]

Kritik des 4. Strafsenats des BGH und der Lit.: Eine Ausdehnung des Schuldvorwurfs auf Handlungen, die an sich noch im Bereich strafloser Vorbereitung liegen, verstößt gegen das gesetzlich verankerte Simultaneitätsprinzip und ist verbotene Analogie. Es spricht nichts dafür, dass der in §§ 16, 17, 20 unterschiedslos verwendete Begriff „bei Begehung der Tat" gerade in § 20 einen anderen Inhalt haben soll als in den §§ 16, 17.[555]

Damit kann die actio libera in causa **als Schuldmodell** die fehlende Schuldfähigkeit im Tatzeitpunkt nicht ersetzen. Eine Bestrafung aus § 315 c, dadurch dass als Tathandlung allein an die Fahrt im alkoholisierten Zustand angeknüpft wird, scheidet aus.

553 BGH NStZ 1997, 228, 229; Hettinger GA 1989, 1 ff.; Salger/Mutzbauer NStZ 1993, 561, 565; inzwischen auch Hruschka JZ 1997, 22, 24.

554 MünchKomm/Streng § 20 Rn. 133 ff.; ähnlich Jerouschek JuS 1997, 385.

555 BGH NStZ 1997, 228, 229; Roxin/Greco § 20 Rn. 70.

IV. A könnte wegen **Straßenverkehrsgefährdung** gemäß **§ 315 c Abs. 1 Nr. 1 a** i.V.m. **Abs. 3 Nr. 1** strafbar sein, weil er sich betrunken hat und in diesem Zustand später die beiden Grenzschutzbeamten überfahren hat.

Aufbauhinweis: *Die nachfolgenden Theorien knüpfen für die ganze Deliktsprüfung an eine früher Handlung an, nämlich das Sichbetrinken. Deshalb können Sie diese nicht in einem Zug mit den vorangegangenen Theorien darstellen und sollten einen* ***neuen Obersatz*** *formulieren. In diesem neuen Obersatz braucht die actio libera in causa nicht besonders benannt zu werden. Man schreibt ja auch nicht: „X könnte wegen Totschlags gemäß § 212 Abs. 1 in Verbindung mit der condito sine qua non-Formel strafbar sein."*

Die Strafbarkeit könnte nur mithilfe der vorsätzlichen **actio libera in causa als Tatbestandsmodell** begründet werden.

1. Die **Vorverlegungstheorie** sieht bei actio libera in causa den Beginn der Tat schon in der Herbeiführung der Schuldunfähigkeit. Die vollständige Deliktsprüfung unter Berücksichtigung des späteren Erfolgs wird schon auf diesen Zeitpunkt „vorverlagert".[556] **350**

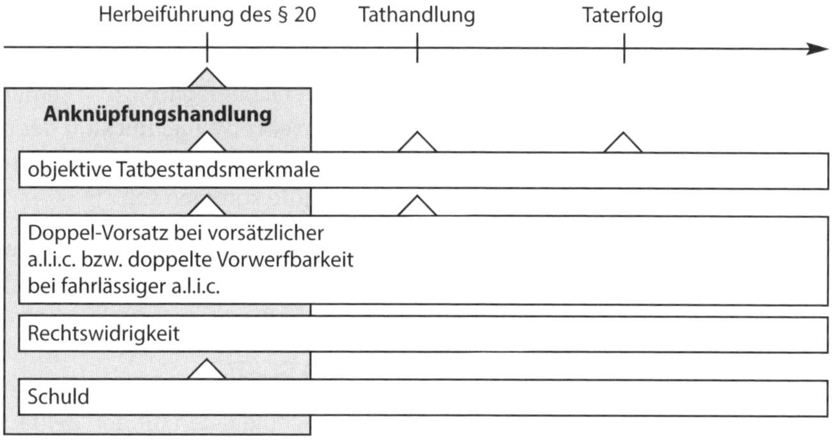

Wendet man diese Grundsätze auf § 315 c an, gerät man in Konflikt mit dem durch die Beschreibung der Tathandlung begrenzten Anwendungsbereich der Vorschrift: Zwar hat A durch das Betrinken vorsätzlich eine Ursache für die spätere Alkoholfahrt gesetzt, und er handelte diesbezüglich auch vorwerfbar. Er hat jedoch im Zeitpunkt des Sichbetrinkens das Fahrzeug noch nicht „geführt", weil er es noch nicht unter Beherrschung von Lenk- und Antriebskräften im öffentlichen Verkehr bewegt hat.[557] § 315 c ist durch die Beschreibung des „Wie" der Tathandlung kein reines Erfolgsdelikt, bei dem jede Verursachung auch Tathandlung sein kann, sondern **verhaltensgebundenes Delikt** (s.o. Rn. 60).

Kritik: Der 4. Strafsenat lehnt für solche (Verkehrs-)Tatbestände auch das Vorverlegungsmodell ab: Wenn der Gesetzgeber eine bestimmte Modalität der Tatbe-

556 Vgl. BGHSt 17, 333, 335; Baumann/Weber/Mitsch/Eisele § 17 Rn. 37.
557 BGHSt 35, 393.

standsverwirklichung voraussetzt, kann der Vorwurf eben nicht auf Verhaltensweisen bezogen werden, die diese Modalität nicht erfüllen. Wenn noch nicht einmal das Anlassen des Motors in der Absicht, wegzufahren, als „Führen" i.S.d. § 315 c (§ 316) ausreicht, kann erst recht nicht das diesem zeitlich vorhergehende Sichbetrinken genügen.[558]

351 2. Einen anderen Begründungsversuch für ein Tatbestandsmodell macht die im Schrifttum verstärkt vertretene sog. **Werkzeugtheorie:** Die actio libera in causa ist danach mit der mittelbaren Täterschaft vergleichbar. Der Täter mache sich selbst zum Werkzeug, indem er sich verantwortlich in eine Lage versetze, die seine Schuldfähigkeit ausschließe und in der er dann die zuvor erkannte oder erkennbare rechtswidrige Tat begehe.[559]

Kritik des 4. Strafsenats: Auch dieses Modell knüpft bereits an das Sichberauschen als tatbestandsmäßige Handlung an. Indem der Täter sich berauscht, führt er aber noch kein Fahrzeug.[560] Weitere Argumente der Lit.: Die juristische „Ich-Spaltung" derselben Person widerspricht dem Wortlaut des § 25 Abs. 1 Alt. 2, der bei mittelbarer Täterschaft die Begehung „durch einen anderen", also eine andere Person, vorschreibt.[561] Nach dieser Konstruktion wäre zudem die actio libera in causa bei eigenhändigen Delikten (z.B. §§ 153 f., aber auch §§ 315 c, 316) ausgeschlossen, weil mittelbare Täterschaft dort nicht möglich ist.[562] Ferner ist es bei dieser Konstruktion nicht verständlich, wieso ein etwaiger Rücktritt des schuldunfähigen „Tatmittlers" vom Versuch der Tat noch als freiwillige Leistung dem (schuldfähig gewesenen) „Hintermann" zugute kommen soll.[563]

Nach alldem führt kein Begründungsmodell zur überzeugenden Anwendbarkeit der actio libera in causa bei einem verhaltensgebundenen Verkehrsdelikt wie § 315 c. Nach dieser Vorschrift ist A nicht strafbar.

V. **Fahren ohne Fahrerlaubnis, § 21 Abs. 1 Nr. 1 StVG**?

Tatbestandsmäßigkeit, Rechtswidrigkeit und Schuld lagen für den Zeitraum vor, in dem A sein Auto vor Verlust der Schuldfähigkeit im Straßenverkehr geführt hat, obwohl ihm klar war, dass er keine Fahrerlaubnis dafür besaß. Für den Zeitraum nach Verlust der Schuldfähigkeit scheitert die Strafbarkeit an § 20.

VI. Eine Bestrafung für diese Verkehrs-Vorsatztat unter Berücksichtigung der actio libera in causa kommt nach Auffassung des BGH ebenfalls nicht in Betracht. Das Delikt knüpft ebenso wie die §§ 315 c, 316 an das Merkmal „Führen" an, ist also verhaltensgebunden und damit ebenfalls einer Einbeziehung der schuldhaften Herbeiführung des Rausches entzogen.[564]

558 BGH NStZ 1997, 228, 229.

559 NK-Schild § 20 Rn. 112; Hirsch NStZ 1997, 230; Roxin/Greco § 20 Rn. 61; Rengier § 25 Rn. 15; für eine Heranziehung nur „des Rechtsgedankens" der mittelbaren Täterschaft Wessels/Beulke/Satzger Rn. 661.

560 BGH NStZ 1997, 228, 229.

561 Ambos NJW 1997, 2296, 2297; Streng JuS 2001, 540, 542.

562 Kindhäuser/Zimmermann § 23 Rn. 18.

563 Rönnau JA 1997, 707, 710 m.w.N.

564 BGH NStZ 1997, 228.

VII. Infrage kommt eine Strafbarkeit wegen **Vollrauschs, § 323 a**, durch das Sichbetrinken und die später begangenen Straftaten.

1. A hat sich vorsätzlich durch Alkohol in einen Zustand des § 20, also in einen Rausch versetzt.
2. Objektive Strafbarkeitsbedingung ist eine Rauschtat. Darunter versteht man die Verwirklichung einer rechtswidrigen Tat, die gerade deshalb nicht bestraft werden kann, weil der Täter (nicht ausschließbar) schuldunfähig war.
   a) Die fahrlässige Tötung scheidet aus, weil A hieraus unmittelbar strafbar ist.
   b) Rauschtaten sind dagegen die Delikte der §§ 315 c Abs. 1 Nr. 1 a i.V.m. Abs. 3 Nr. 1 sowie § 21 StVG in Bezug auf die Fahrt im Zustand des § 20.
3. A handelte bzgl. des Sichberauschens rechtswidrig und schuldhaft.

VIII. **Konkurrenzen:** Für die Rauschtaten als bloße Strafbarkeitsbedingungen des § 323 a sind keine Konkurrenzen zu bilden. Die fahrlässige Tötung an zwei Menschen durch dieselbe Handlung wird durch (gleichartige) Tateinheit klargestellt, § 52 Abs. 1 Alt. 2. Da sowohl § 222 als auch § 323 a an das Sichberauschen anknüpfen, besteht Handlungseinheit, die wegen der Verschiedenartigkeit der betroffenen Rechtsgüter ebenfalls Tateinheit begründet, § 52 Abs. 1 Alt. 1. Das Fahren ohne Fahrerlaubnis beruht auf einer anderen Handlung und steht zu den übrigen Delikten in Tatmehrheit, § 53 Abs. 1.

Ergebnis: A ist strafbar wegen tateinheitlich begangener fahrlässiger Tötung in zwei Fällen und Vollrausch, tatmehrheitlich dazu wegen Fahrens ohne Fahrerlaubnis.

***Hinweis** für andere Fallkonstellationen:* **352**

- *Bei **allen fahrlässigen Erfolgsdelikten, die nicht verhaltensgebunden sind**, gleichgültig, ob Verkehrsdelikte oder nicht (z.B. §§ 229, 306 d, 324 Abs. 3), ist die actio libera in causa mit der oben zu § 222 dargestellten Argumentation entbehrlich.*
- *Bei **allen verhaltensgebundenen vorsätzlichen und fahrlässigen Verkehrsdelikten** kann man die actio libera in causa mit den oben zu § 315 c, § 21 StVG referierten Argumenten ablehnen. Hier entstehen wegen der Möglichkeit einer Bestrafung aus § 323 a auch kaum „Gerechtigkeitslücken".*
- *Geht es um vorsätzliche oder fahrlässige **verhaltensgebundene Tatbestände außerhalb der Verkehrsdelikte**, können die Argumente des 4. Strafsenats – insbesondere: Unzulässigkeit der Vorverlagerung der Strafbarkeit in den Bereich strafloser Vorbereitung – übertragen werden (z.B. § 240, § 224 Abs. 1 Nr. 5 – lebensgefährdende Behandlung –, § 225).[565] Allerdings darf man dann nicht verkennen, dass die Ablehnung der actio libera in causa hier zu unbefriedigenden Lösungen führen kann, weil die Obergrenze des Strafrahmens des § 323 a vielfach für eine schuldangemessene Bestrafung nicht ausreicht und*

565 Vgl. Ambos NJW 1997, 2296, 2298; Mutzbauer JA 1997, 97, 100.

eine Strafbarkeit aus § 323 a sogar völlig entfällt, wenn der Verlust der Schuldfähigkeit nicht auf Rauschmitteln beruht, z.B. bewusste Nichtunterdrückung eines krankheitsbedingten Anfalls durch Weglassen von Medikamenten.

- ***Treffen verhaltensgebundene Verkehrsdelikte und Nicht-Verkehrsdelikte in einem Übungsfall zusammen**, muss man allemal eine **einheitliche Lösung** suchen. Entweder man hält gegen den 4. Strafsenat die actio libera in causa auch bei Verkehrsdelikten für zulässig oder man verwirft diese Rechtsfigur insgesamt für alle Delikte!*

Fall 15: Actio libera in causa bei verhaltensneutralen Vorsatzdelikten

A will den B aus unbekannten Motiven töten. Er trinkt sich „Mut" an (3,3 ‰ BAK) und erschlägt in diesem Zustand den B – wie schon beim Sichbetrinken geplant – in offenem Kampf.

Strafbarkeit des A?

I. Infrage kommt **Totschlag** gemäß **§ 212 Abs. 1** durch Erschlagen des B.

1. Durch die Schläge auf B hat A einen anderen Menschen getötet. A besaß auch Tötungsvorsatz, weil er den B bei Ausführung der Schläge umbringen wollte. Der Rauschzustand steht dem Tötungsvorsatz nicht entgegen.

2. Für die Tat greifen keine Rechtfertigungsgründe ein.

3. Aufgrund der Alkoholisierung von 3,3 ‰ BAK war aber im Zeitpunkt des Erschlagens eine so tiefgreifende Bewusstseinsstörung bei A eingetreten, dass zumindest von einem Verlust der Steuerungsfähigkeit auszugehen ist. A war deshalb im Tatzeitpunkt schuldunfähig, § 20. Die Strafbarkeit unter Heranziehung der vorsätzlichen actio libera in causa könnten im unmittelbaren Tatzusammenhang nur die der Ausnahme- und Ausdehnungstheorie begründen. Diese sind jedoch abzulehnen (siehe dazu den vorangegangenen Fall).

II. In Betracht kommt **Totschlag** gemäß **§ 212** durch das Sichbetrinken und die anschließenden Schläge.

Das setzt voraus, dass die vorsätzliche actio libera in causa als Tatbestandsmodell anzuerkennen ist.

353 1. Lehnt man auch die Werkzeugtheorie ab (dazu ebenfalls der vorangegangene Fall), bleibt für die vorsätzliche actio libera in causa nur nach der **Vorverlegungstheorie** Raum.

a) Begrifflich liegen die Voraussetzungen vor, weil A durch seine Alkoholisierung eine Ursache dafür gesetzt hat, dass er B später vorsätzlich getötet hat und weil er schon im Zeitpunkt des Sichbetrinkens den Vorsatz besaß, seine Schuldunfähigkeit herbeizuführen, sogar damit er die konkret geplante Tat später verwirklichen konnte.

b) Die actio libera in causa ist auf der Grundlage der Vorverlegungstheorie bei dem Tatbestand des Totschlags auch nicht gesperrt, weil dieses Delikt kein verhaltensgebundenes, sondern ein **verhaltensneutrales Erfolgsdelikt** ist.

2. Damit ist fallentscheidend, ob gegen die Vorverlagerungstheorie rechtliche Einwände bestehen:

a) **Gegen** die Vorverlagerungstheorie spricht folgendes: Zwar kann, weil die Tat hiernach bereits in dem Sichbetrinken beginnt, ohne Analogieverstoß von Vorsatz und Schuld „bei Tatbegehung", nämlich im Zeitpunkt des Sichbetrinkens, gesprochen werden. Die Schwäche der Vorverlagerungstheorie besteht aber darin, dass **dann auch der Versuch der Tat eines actio libera in causa-Täters viel früher beginnt als der eines Nüchternen, nämlich schon beim Sichbetrinken.**[566] Dies ist aber ein Zeitraum, der weit vor irgendeiner konkreten Rechtsgutgefährdung liegt. **Der actio libera in causa-Versuch nach der Vorverlagerungstheorie gerät damit in Konflikt mit der in § 22 aufgestellten Voraussetzung des „unmittelbaren" Ansetzens.** **354**

Dem versuchen einige dadurch zu entgehen, dass sie auch bei der actio libera in causa den Versuch erst nach der allgemeinen Gefährdungsformel mit tatplangemäßer konkreter Gefährdung beginnen lassen.[567] Dem ist entgegenzuhalten, dass damit die Prämisse für die gesamte Vorverlagerungstheorie preisgegeben wird, die ja gerade die Begründung der actio libera in causa aus der Vorverlagerung des Tatbeginns herleitet. Die Vorursache bei der actio libera in causa für die Strafbarkeit heranzuziehen, aber den Versuch später beginnen zu lassen, ist ein Widerspruch in sich, der letztlich der gesamten actio libera in causa den Vorwurf des Analogieverstoßes nicht erspart.

Lehnt man auch die Vorverlegungstheorie ab, wäre A nicht wegen Totschlags strafbar.

Denkbar wäre allenfalls **fahrlässige Tötung** gemäß **§ 222** (für die ja die Vorverlagerung ohne die actio libera in causa möglich ist). Abgesehen von dem schuldinadäquaten Strafrahmen des § 222 (maximal 5 Jahre für einen Mord?) taucht dann die Frage auf, ob man überhaupt den Fahrlässigkeitstatbestand anwenden darf, wenn der Täter bei der Anknüpfungshandlung – dem Betrinken – sogar Vorsatz für die spätere Tat besaß. Das hängt mit der Frage zusammen, ob Fahrlässigkeit ein rechtliches Minus zum Vorsatz ist oder ein Aliud (s. dazu unten Rn. 415).

Wenn man auch eine fahrlässige Tötung verneint, wäre nur eine Bestrafung aus **Vollrausch** gemäß **§ 323 a i.V.m. § 212 als Rauschtat** möglich.

b) Argumente **für** die Vorverlagerungstheorie: Auf den Zeitpunkt des Versuchsbeginns kommt es nicht an, wenn die Tat vollendet wurde. Die Vorverlagerungstheorie steht im Einklang mit der Äquivalenz aller Bedingungen und mit dem Simultaneitätsprinzip, wonach alle Deliktsvoraussetzungen, also auch Vorsatz und Schuld, in demselben Zeitpunkt vorliegen müssen, nämlich des Sichbetrinkens. **355**

Ein Verzicht auf die actio libera in causa bei Schuldunfähigen würde auch einen Wertungswiderspruch zu § 21 ergeben: Dort führt in aller Regel die vor-

566 Wobei einige für den Beginn des Schuldunfähigwerdens schon den ersten Schluck genügen lassen, vgl. Fischer § 22 Rn. 30, während andere auf den Eintritt der Schuldunfähigkeit abstellen, vgl. Roxin/Greco § 20 Rn. 61.

567 Sch/Sch/Eser/Bosch § 22 Rn. 56.

werfbare Schuldminderung zum Ausschluss einer Strafmilderung.[568] Wenn derselbe Täter sich sogar bis zur Schuldunfähigkeit berauscht hat und dann auch noch einen vorher gefassten Tatplan verwirklicht, kann dieses Mehr an krimineller Energie nicht zu seiner Straflosigkeit führen.

Diese würde auch durch § 323 a nicht ausgeglichen, weil diese Strafvorschrift (1.) nur bei alkoholbedingter Schuldunfähigkeit greift, diese (2.) nachgewiesen sein muss und (3.) der Strafrahmen von § 323 a bei schweren Delikten keine schuldangemessene Bestrafung ermöglicht.

Nach dieser Auffassung ist A also wegen Totschlags strafbar.[569]

III. A hat sich danach auch wegen **gefährlicher Körperverletzung** gemäß **§§ 223, 224 Abs. 1 Nr. 2, 5** durch das Sichbetrinken und die Herbeiführung der Verletzungen strafbar gemacht. Doch tritt die Körperverletzung als Durchgangsdelikt hinter dem vollendeten Totschlag zurück.

IV. Für eine Bestrafung aus **Vollrausch** gemäß **§ 323 a** ist daneben kein Raum mehr: A kann wegen der im Rausch begangenen Tat trotz seiner Schuldunfähigkeit bestraft werden, sodass die negative Voraussetzung für die Eröffnung der objektiven Strafbarkeitsbedingung („und ihretwegen nicht bestraft werden kann") wegen der actio libera in causa-Grundsätze nicht erfüllt ist.

Ergebnis: A ist strafbar wegen Totschlags.

Anwendungsbereich der actio libera in causa		
Deliktstyp	Verhaltensgebundene Delikte	Verhaltensneutrale Delikte
Vorsätzlich	a.l.i.c. nicht anwendbar*	BGH: a.l.i.c. anwendbar Lit.: a.l.i.c. nicht anzuerkennen
Fahrlässig	a.l.i.c. nicht anwendbar*	a.l.i.c. nicht erforderlich

* BGH: Jedenfalls bei verhaltensgebundenen Verkehrsdelikten; Interpretation: Generell bei allen verhaltensgebundenen Delikten

V. Verminderte Schuldfähigkeit

356 War die Einsichts- oder Steuerungsfähigkeit nicht ausgeschlossen, aber erheblich eingeschränkt, handelte der Täter schuldhaft. Möglich ist, die Strafe nach § 21 i.V.m. § 49 Abs. 1 zu mildern.

568 Vgl. BGH RÜ2 2018, 109.

569 Vgl. auch BGH NStZ 1997, 228, 229 (oben Fall 14 Rn. 350 ff.): „Die(se) so genannte ‚Tatbestandslösung' ... mag, was hier keiner Entscheidung bedarf, trotz aller grundsätzlichen Bedenken gegen ihren Ansatz, bei anderen Delikten eine tragfähige Grundlage für die Rechtsfigur der actio libera in causa darstellen ..."; vgl. auch BGH NStZ 1997, 230; BGH NStZ 2000, 584 (zu § 21): „Jedenfalls eine weitere Einschränkung der Grundsätze der actio libera in causa ist nicht anzuerkennen ..."; ferner BGH StV 2004, 594; zustimmend Fischer § 20 Rn. 55.

Da es sich um eine „Kann-Bestimmung" und nur um eine Strafzumessungsvorschrift handelt, ist auch die Versagung der Strafmilderung möglich.

Die Schuldmilderung ist nach h.M. **ausgeschlossen**, wenn die Voraussetzungen der **vorsätzlichen actio libera in causa bei einer Vorsatztat oder einer fahrlässigen actio libera in causa bei einer Fahrlässigkeitstat** vorgelegen haben.[570] Die Probleme, die diese Rechtsfigur im Zusammenhang mit § 20 bereitet, bestehen insoweit nicht, weil sie hier keine strafbegründende Wirkung entfaltet.[571]

Auch bei Verschulden unterhalb der Schwelle der actio libera in causa hat der Tatrichter Entscheidungsspielraum.[572] Im Rahmen einer Gesamtwürdigung kann er die Strafmilderung allein schon bei selbst verantworteter Herbeiführung des Rausches verneinen, weil dies ein schulderhöhender Umstand ist, der die rauschbedingte Verminderung der Einsichts- oder Steuerungsfähigkeit kompensiert. Darauf ob der Täter wusste oder wissen konnte, dass er in alkoholisiertem Zustand zu irgendwelchen Straftaten neigte, kommt es nicht an.[573]

Klausurhinweis: *In Klausuren zum 1. Examen braucht § 21 als reine Strafzumessungsregel nicht angesprochen zu werden.*

B. Spezielle Schuldmerkmale

Verschiedene Strafnormen ermöglichen eine Strafmilderung oder sogar einen Strafaus- **357**
schluss, wenn sich der Täter bei der Tatbestandsverwirklichung in einer psychisch belastenden Situation befand. Andere Strafvorschriften verlangen zusätzlich zur vorsätzlichen Rechtsverletzung eine besonders tadelnswerte Gesinnung des Täters. Ein Teil der Lehre betont den selbstständigen Charakter dieser Merkmale als **spezielle Schuldmerkmale**.[574] Nach dieser Auffassung gibt es:

- **Objektiv gefasste Schuldmerkmale**, die nur dann zugunsten des Täters eingreifen, wenn sie ihm wenigstens bekannt gewesen sind;

  Beispiel: Jemand wurde durch das ausdrückliche und ernsthafte Verlangen des Getöteten zur Tötung bestimmt, § 216. Der Gesetzgeber trägt so der Konfliktsituation des Täters Rechnung.

- **Subjektiv gefasste Schuldmerkmale**, die nur dann, wenn sie motivierend auf die Willensbildung eingewirkt haben, strafmildernd wirken;

  Beispiel: Aussagenotstand des § 157 Abs. 1

- **Gesinnungsmerkmale**, die allein davon abhängen, ob der geforderte psychische Zustand im Tatzeitpunkt vorgelegen hat.

  Beispiel: Habgier i.S.v. § 211

Erkennt man die Existenz spezieller Schuldmerkmale an, dürfen sie auch nur unter dem Gliederungspunkt „Schuld" erörtert werden. Bei strafmodifizierenden Schuldmerkma-

---

570 BGHSt 34, 29, 33; BGH NStZ 2000, 584; Fischer § 21 Rn. 16.

571 Sch/Sch/Perron/Weißer § 21 Rn. 11.

572 Streng JuS 2001, 540, 545.

573 BGH RÜ2 2018, 110.

574 Jescheck/Weigend § 42 II; Wessels/Beulke/Satzger Rn. 673 ff.

len, wie es die Habgier oder die niedrigen Beweggründe sein sollen,[575] ist nur der Täter oder Teilnehmer hieraus strafbar, in dessen Person sie jeweils vorliegen. Ob dieses Ergebnis aus § 28 Abs. 2 oder aus § 29 folgt, ist unerheblich.[576] Eine Entscheidung zwischen § 28 Abs. 1 und § 29 muss aber getroffen werden bei Teilnehmern, denen ein vom Haupttäter erfülltes strafbegründendes Schuldmerkmal fehlt, z.B. das Merkmal „rücksichtslos" in § 315 c Abs. 1 Nr. 2. Wendet man hier § 28 Abs. 1 an, ist der Teilnehmer strafbar und nur seine Strafe zu mildern;[577] wendet man § 29 an, ist der Teilnehmer straflos.[578]

Klausurhinweis: *In einer Strafrechtsklausur sollte man diese Komplizierungen vermeiden. Man kann die objektiv gefassten Merkmale auch als Merkmale des objektiven Tatbestands begreifen (z.B. § 216) und die Gesinnungsmerkmale problemlos dem subjektiven Tatbestand zuweisen (z.B. Verdeckungsabsicht, § 211); andere Umstände können als Strafausschließungsgründe nach der Schuld geprüft werden (Angehörigenprivileg in § 258 Abs. 6).*

C. Entschuldigungsgründe

I. Notwehrexzess, § 33

358 Nach h.M. ist der Notwehrexzess ein **Entschuldigungsgrund** (gegen den entschuldigten, aber dennoch rechtswidrigen Angreifer ist also Notwehr möglich). Der Gesetzgeber verzichtet in § 33 pauschal auf einen Schuldvorwurf gegen denjenigen, der sich in einer akuten Bedrohungslage einem Angreifer gegenübersieht und aus dem affekthaften Gefühl der Schwäche intensivere Notwehr übt als zur Abwehr des Angriffs nötig wäre.

Aufbauhinweis: *Da § 33 an die sog. asthenischen Affekte Verwirrung, Furcht oder Schrecken anknüpft, können sich Überschneidungen zwischen „Verwirrung" und Rechtfertigungsirrtümern einerseits und „Furcht, Schrecken" sowie § 20 andererseits ergeben.[579] Da § 33 jeden Schuldvorwurf ausschließt, also auch eine Fahrlässigkeitsstrafbarkeit, handelt es sich für diese Fälle um eine Spezialregelung. Auf die allgemeinen Regeln braucht daher erst* ***nach Verneinung des § 33*** *eingegangen zu werden.*

Aufbauschema: Notwehrexzess, § 33
1. Notwehrlage
2. Überschreitung der Notwehrgrenzen
3. Asthenischer Affekt
4. Innerer Zusammenhang zwischen Überschreitung und Affekt
5. Notwehrwille

575 Wessels/Beulke/Satzger Rn. 673.
576 Vgl. Kühl § 20 Rn. 155.
577 So Sch/Sch/Heine/Weißer § 28 Rn. 5.
578 So Jescheck/Weigend § 61 VII 4 c; Otto § 22 Rn. 18.
579 Vgl. BGH StV 1995, 433.

1. Notwehrlage

a) Aus der Bezugnahme auf die Notwehr wird allgemein geschlossen, dass § 33 für denjenigen gilt, der in einer tatsächlichen Notwehrlage das Notwehrrecht überboten hat, sog. **intensiver Notwehrexzess**.[580] **359**

b) Umstritten ist, ob § 33 auch anwendbar ist, wenn der Angriff noch nicht oder nicht mehr gegenwärtig ist und der Täter Verteidigungshandlungen vornimmt, die sich im Rahmen des Erforderlichen gehalten hätten, wenn tatsächlich ein aktueller Angriff vorgelegen hätte, sog. **extensiver Notwehrexzess**: **360**

Ein Teil des Schrifttums versteht das Merkmal „Grenzen der Notwehr" auch in zeitlichem Sinn und wendet § 33 auch **vor oder nach einem Notwehr begründenden Angriff** an.[581]

Eine andere Gruppe von Strafrechtlern sieht zumindest die Fortsetzung von Notwehrhandlungen nach Beendigung der Angriffslage aus Verwirrung, Furcht oder Schrecken als durch § 33 entschuldigt an, weil das spätere Opfer hier durch den Angriff den späteren Exzess mitverschuldet habe, sog. **nachzeitiger extensiver Notwehrexzess**.[582]

Die h.M. verneint § 33. Dessen ratio legis, nämlich die Unrechtsminderung dadurch, dass der Handelnde einem Angreifer gegenübersteht, fehle hier gerade.[583] Danach besteht beim extensiven Notwehrexzess Anlass zur Prüfung eines Erlaubnistatbestandsirrtums wegen irriger Annahme einer noch bestehenden Notwehrlage. In der Regel entfällt dann zwar auch eine Bestrafung aus Vorsatztat.[584] Im Unterschied zur Lösung über § 33 bleibt aber noch die Möglichkeit einer Strafbarkeit aus Fahrlässigkeitstat wegen Verschuldens des Rechtfertigungsirrtums.[585]

c) § 33 ist nach h.M. auch nicht einschlägig, wenn sich der „Verteidiger" die Notwehrlage nur einbildet und obendrein die Verteidigung intensiver gestaltet als dies bei tatsächlich gegebener Angriffssituation erforderlich gewesen wäre, sog. **Putativnotwehrexzess**. Eine direkte Anwendung des § 33 scheidet nach h.M. schon deshalb aus, weil eine Notwehrlage tatsächlich nicht gegeben ist. Auch eine analoge Anwendung von § 33 wird grundsätzlich abgelehnt, weil dann nur noch der Affekt als solcher schuldausschließend wirken würde, obwohl die für § 33 erforderliche Unrechtsminderung, nämlich die Abwehr eines Rechtsverletzers, gerade nicht vorliegt.[586] Dieser Fall folgt den allgemeinen Regeln des Rechtfertigungsirrtums, d.h. es liegt in solchen Fällen in der Regel kein die Vorsatzstrafbarkeit ausschließender Erlaubnistatbestandsirrtum vor, weil die konkrete Handlung auch bei der als wahr unterstellten Notwehrlage nicht mehr erlaubt gewesen wäre. Gegeben ist in solchen Fällen regelmäßig ein Erlaubnisirrtum, der nur bei Unvermeidbarkeit die Schuld entfallen lässt.[587] **361**

---

580 BGH RÜ 2016, 100; Lackner/Kühl § 33 Rn. 2.

581 Sch/Sch/Perron/Eisele § 33 Rn. 7.

582 Geppert Jura 2007, 3338; Trüg/Wentzell Jura 2001, 30 m. Anm. zu BGH NJW 2000, 1348; Wessels/Beulke/Satzger Rn. 701.

583 Fischer § 33 Rn. 2; BGH NStZ 2002, 141.

584 Ausführlich dazu AS-Skript StrafR AT 2 (2021), Rn. 375 ff.

585 Vgl. BGH NStZ 2002, 141.

586 BGH NStZ 2009, 599; MünchKomm/Erb § 33 Rn. 18; für eine analoge Anwendung des § 33 bei Unvermeidbarkeit des Irrtums Sch/Sch/Perron/Eisele § 33 Rn. 8.

587 AS-Skript StrafR AT 2 (2021), Rn. 407.

2. Überschreitung der Notwehrgrenzen

362 Die Notwehrgrenzen ergeben sich aus der Erforderlichkeit und Gebotenheit. Folglich kann der Verteidiger sowohl dann entschuldigt sein, wenn er sich intensiver als erforderlich verteidigt als auch dann, wenn er rechtsethische Notwehrschranken und damit die Grenzen der Gebotenheit überschreitet. Das kann sogar bewusst geschehen.

3. Asthenischer Affekt

363 Der Täter muss ferner unter der Wirkung eines der in § 33 abschließend genannten Erregungszustände, d.h. **Verwirrung, Furcht oder Schrecken**, gestanden haben. Gemeinsame Quelle dieser defensiven oder asthenischen Affekte ist das Gefühl des Bedrohtseins. Eine Erweiterung des § 33 auf aggressive, sog. sthenische Affekte, z.B. Hass, Zorn, Kampfeseifer, ist nach h.M. nicht zulässig.[588] **Das Gefühl des Bedrohtseins muss einen psychischen Ausnahmezustand auslösen, der so stark ist, dass der Täter das Geschehen nur noch in erheblich reduziertem Maß verarbeiten kann.**[589]

„Verwirrung" ist ein in Unordnung geratener seelischer oder geistiger Zustand aus dem Affekt der Bedrohung, der dazu führt, dass der Angegriffene nicht mehr zu einer überlegten Gegenwehr fähig ist.[590] **„Schrecken"** bezeichnet die Reaktion auf eine überraschende Bedrohung oder einen Reflex auf überraschende Sinnesreize, die zu impulsiven und unkontrollierten Reaktionen des Täters führen können.[591] Häufigster Fall ist die **„Furcht"**. Das ist eine gesteigerte Form der Angst als ein das Denken und Wollen beherrschendes Gefühl, einer subjektiv empfundenen Bedrohung ausgesetzt zu sein.[592] Todesangst ist dafür aber nicht erforderlich.[593]

4. Innerer Zusammenhang zwischen Exzess und Affekt

364 Die Gesetzesformulierung **„aus"** Verwirrung, Furcht oder Schrecken verdeutlicht, dass **zwischen der Notwehrüberschreitung und dem Affekt ein innerer Zusammenhang** bestehen muss. Dabei braucht der asthenische Affekt nicht die alleinige oder auch nur überwiegende Ursache für die Überschreitung der Notwehr zu sein; es genügt, dass er neben anderen gefühlsmäßigen Regungen (Ärger, Wut, Zorn) für die Notwehrüberschreitung mitursächlich war.[594]

5. Verteidigungswille

365 Auf Notwehrexzess kann sich nur berufen, wer auch Verteidigungswillen besessen hat, also mindestens die Notwehrlage kannte und nach der Rspr. motiviert war, den Angriff abzuwehren.[595]

588 Sch/Sch/Perron/Eisele § 33 Rn. 4.
589 BGH NStZ-RR 1997, 194.
590 NK-Kindhäuser § 33 Rn. 22.
591 NK-Kindhäuser § 33 Rn. 24.
592 Vgl. Geppert Jura 2007, 33, 38.
593 BGH StV 2006, 688.
594 BGH NStZ 2001, 591, 593.
595 BGH RÜ 2016, 100.

Zum Zusammenspiel der einzelnen Merkmale nachfolgender Fall:

Fall 16: Bewusste Überschreitung einer verschuldeten Notwehr

V hatte den als Raufbold bekannten A in der Dorfkneipe lächerlich gemacht, weil dieser einen Skiunfall erlitten hatte und nun seinen linken Arm in einer Schiene tragen musste. Um sich dafür zu rächen, lauerte A dem V vor der Gaststätte auf. Trotz seiner Bewegungseinschränkung gelang es ihm, V zu Boden zu werfen und zu schlagen. V versuchte, die Angriffe mit den Fäusten abzuwehren. Als A ihm jedoch in die Haare griff, um seinen Kopf auf den Boden zu schlagen, fürchtete V um sein Leben und geriet in Panik. Er zog sein Messer und stieß es dem A in den Rücken. Dies geschah, obwohl V wahrnahm, dass er nur in den unversehrten Arm des A hätte stechen müssen, um weitere Aggressionen auszuschalten. A wurde schwer verletzt. Wie hat sich V – der im Tatzeitpunkt keinen Tötungsvorsatz besaß – strafbar gemacht?

Klausurhinweis: *Wenn ein Angegriffener nach dem Sachverhalt „in Panik" gerät, ist das ein Signal für Notwehrüberschreitung aus Furcht.*

I. In Betracht kommt **gefährliche Körperverletzung** gemäß **§§ 223, 224 Abs. 1 Nr. 2 Alt. 1 und Nr. 5**.

1. Durch den Stich in den Rücken hat V den A vorsätzlich mit einem Messer und in lebensgefährdender Weise an dessen Gesundheit geschädigt.

2. Fraglich ist, ob er aus Notwehr gemäß § 32 gerechtfertigt war. Zwar bestand eine Notwehrlage, weil A unberechtigt auf V einschlug und im Begriff war, diesem schwere Kopfverletzungen beizubringen. Anstelle des lebensgefährdenden Stichs in den Rücken wäre es V möglich gewesen, den A durch einen Stich in den noch gesunden Arm bewegungsunfähig zu machen und damit sicher auszuschalten. Die lebensgefährliche Verletzung war damit nicht erforderlich. Notwehr ist zu verneinen.

   Aufbauhinweis: *Prüfen Sie In allen Fällen möglicher Entschuldigung zuerst die einschlägigen Rechtfertigungsgründe. Erst aus den Argumenten für ihre Ablehnung ergeben sich Anhaltspunkte für Entschuldigungsgründe!*

3. V könnte gemäß § 33 wegen **Notwehrexzesses** entschuldigt sein.

   a) V befand sich in einer tatsächlich bestehenden Notwehrlage, also in der Situation des intensiven Notwehrexzesses.

   b) Er hat sich dagegen mit einem Messerstich in den Rücken des A verteidigt. Dies ging über das zur Abwehr Erforderliche hinaus.

   c) Die Versuche des A, den Kopf des V auf den Boden zu schlagen, haben bei diesem Furcht um sein Leben ausgelöst.

   d) Fraglich ist, ob V „aus" Furcht die Grenzen der Notwehr überschritten hat, denn **366** er hatte erkannt, dass anstelle des Stichs in den Rücken ein Stich in den Arm ausgereicht hätte. Ob eine solche **bewusste Notwehrüberschreitung** § 33 ausschließt, ist umstritten.

Eine Mindermeinung verlangt einen so hochgradigen Erregungszustand, dass die Wahrnehmungen des Täters entweder fehlerhaft oder bruchstückhaft sind und er sich infolgedessen falsche Vorstellungen macht, oder dass er nur aufgrund eines Spontanentschlusses handelt. Bei bewusster Notwehrüberschreitung ist § 33 danach nicht erfüllt.[596]

Mit der ganz h.M. darf bei einer tatsächlich als Verwirrung, Furcht oder Schrecken bewerteten Geistesverfassung nicht mehr gefragt werden, ob der Täter noch fähig war zu erwägen, welche Maßnahmen zur Abwehr erforderlich waren und welche darüber hinausgingen. Der Gesetzeswortlaut differenziere nicht zwischen unbewusstem und bewusstem Notwehrexzess. Auch wer wisse, was er tut, könne sich in einer so starken psychischen Ausnahmesituation befinden, dass ihm aus seiner objektiv falschen Handlung kein Vorwurf gemacht werden könne.[597] Die bewusste Notwehrüberschreitung des V steht damit seiner Entschuldigung nicht entgegen.

Für V, der hier von der Angst um sein Leben zur Tat hingerissen wurde, greifen damit alle gesetzlichen Voraussetzungen des § 33 ein.

367 e) Zu klären bleibt, ob sich derjenige, der die spätere Auseinandersetzung durch missbilligenswertes Verhalten – hier die Hänseleien durch V kurz vor der Tat – **provoziert** hat, auf Notwehrexzess berufen kann. Die Rspr. und h.Lit. sehen hierin keinen Hinderungsgrund für § 33: **Bestehe infolge der vom Angegriffenen schuldhaft mitverursachten Notwehrlage noch ein (wenn auch eingeschränktes) Notwehrrecht nach § 32, sei grundsätzlich auch Raum für die Anwendung des § 33.**[598]

Unanwendbar soll § 33 nach der Rspr. nur dann sein, wenn sich der rechtswidrig Angegriffene vor Beginn des rechtswidrigen Angriffs planmäßig in eine tätliche Auseinandersetzung mit seinem Gegner eingelassen hat, um **unter Ausschaltung der erreichbaren Polizei** den ihm angekündigten Angriff abzuwehren und so den Gegner zu überwältigen. Dann beruhe die Notwehrlage nicht auf einem asthenischen Affekt, sondern auf dem vor Eintritt der Notwehrlage gefassten Entschluss, den Kampf mit dem Gegner allein auszutragen.[599]

§ 33 ist nicht durch das Vorverhalten des V ausgeschlossen.

f) Da V auch handelte, um den Angriff des A zu brechen, ist er entschuldigt.

II. Auch eine **fahrlässige Körperverletzung** gemäß **§ 229** kommt nicht in Betracht, da § 33 einen umfassenden Schuldausschluss anordnet.[600]

III. Die durch die Körperverletzung verwirklichte **Nötigung** gemäß **§ 240** ist – sofern man die Gewaltanwendung als solche nicht schon aus § 32 als gerechtfertigt ansehen will – jedenfalls aus § 33 entschuldigt.

Ergebnis: V ist straflos.

---

596 Sch/Sch/Perron/Eisele § 33 Rn. 6.

597 Vgl. BGH NStZ 1987, 20; 1989, 474; Baumann/Weber/Mitsch/Eisele § 18 Rn. 64.

598 BGH RÜ 2015, 578; Sch/Sch/Perron/Eisele § 33 Rn. 9.

599 BGH MDR 1993, 558; präzisiert von BGH NJW 1995, 973; ablehnend mit dem Argument, dass in § 33 ein dem § 35 Abs. 1 S. 2 entsprechender Schuldausschluss wegen Verschuldens der Konfliktlage fehlt Wessels/Beulke/Satzger Rn. 700.

600 Vgl. BGH MDR 1993, 558.

II. Entschuldigender Notstand, § 35

Dass es sich bei § 35 um einen echten Entschuldigungsgrund handelt, folgt nach h.M. schon aus dem Gesetzeswortlaut („ ... handelt ohne Schuld"). Die ratio legis dieser Vorschrift liegt darin, dass in existenzbedrohenden Konfliktlagen der psychische Druck der Selbsterhaltung so stark wird, dass normgemäßes Verhalten nicht mehr zumutbar ist.[601] § 35 erfasst deshalb nur Ausnahmekonflikte für Rechtsgüter des Einzelnen. 368

Aufbauschema: Entschuldigender Notstand, § 35

1. **Notstandslage:** Gegenwärtige Gefahr für Leib, Leben oder Freiheit des Täters oder eines ihm nahestehenden Dritten
2. **Notstandshandlung**
   a) Gefahr nicht anders als durch den Eingriff abwendbar
   b) Gefahrhinnahme muss unzumutbar sein
3. **Gefahrabwendungswille**

1. Notstandslage

Erforderlich ist eine **gegenwärtige, nicht anders abwendbare Gefahr für abschließend aufgezählte, höchstpersönliche Rechtsgüter und für einen engen Personenkreis.**

a) Notstandsfähige **Rechtsgüter** bei § 35: 369

Leben, gemeint als physische Existenz; nach überwiegender Auffassung fällt das ungeborene Leben nicht hierunter, da das Ungeborene weder Angehöriger noch eine dem Täter nahestehende Person sein könne;[602]

Leib beschreibt die körperliche Unversehrtheit. Wegen der Aufzählung im Zusammenhang mit „Leben" wird verlangt, dass eine schwerwiegende Beeinträchtigung zu befürchten ist;[603]

Freiheit meint nur die körperliche Fortbewegungsfreiheit, wie sie durch § 239 geschützt ist. Die allgemeine Willensbetätigungsfreiheit ist nicht i.S.v. § 35 notstandsfähig.[604]

b) Für eines der vorgenannten Rechtsgüter muss eine **gegenwärtige Gefahr** bestanden haben **(deren Abwehr nicht schon über § 32 oder § 34 gerechtfertigt sein darf)**. 370

601 Vgl. SK-Rogall § 35 Rn. 2.

602 NK-Neumann § 35 Rn. 14; LK-Zieschang § 35 Rn. 25; Lackner/Kühl § 35 Rn. 3; a.A. Sch/Sch/Perron § 35 Rn. 5; SK-Rogall § 35 Rn. 15, die das ungeborene Leben trotz des nicht erfüllten Wortlauts schützen wollen.

603 Fischer § 35 Rn. 4.

604 LK-Zieschang § 35 Rn. 27.

Der **Gefahrbegriff** ist inhaltsgleich mit der Umschreibung der Notstandslage in § 34.[605] Voraussetzung ist also eine auf tatsächliche Umstände gegründete Rechtsgutbedrohung, die bei natürlicher Weiterentwicklung jederzeit in einen Schaden umschlagen kann (s.o. Rn. 270). Worin die Ursache für die Gefahr liegt, ist gleichgültig.

c) Die gegenwärtige Gefahr muss entweder dem **Täter selbst, einem Angehörigen** (§ 11 Abs. 1 Nr. 1 a) **oder anderen, dem Täter nahestehende Personen** drohen. § 35 verengt insoweit den Anwendungsbereich der Notstandshilfe im Vergleich zu § 34.

Für § 35 werden typischerweise folgende Situationen relevant:

371 **aa) Naturereignisse**

Beispiel: Nach einer Brandkatastrophe mit vielen Schwerverletzten wird auch Frau F ins Krankenhaus eingeliefert. Als ihr Ehemann E von dem Arzt A in der Notaufnahme erfährt, dass F sterben werde, weil alle Reanimationsapparaturen bereits belegt seien, zwingt er den Arzt mit vorgehaltenem Messer dazu, eine andere Patientin, die P, von dem lebensrettenden Gerät zu trennen und F zu retten. – E ist straflos. Die Nötigung des A und der in mittelbarer Täterschaft verwirklichte Totschlag an P sind durch § 35 Abs. 1 entschuldigt.

372 **bb) Gefährlicher Zustand von Sachen**

Beispiel: Die aus den Bergsteigern A, B und C bestehende Seilschaft ist durch Ausbrechen eines Karabinerhakens abgestürzt und hängt an der Sicherungsleine. Deren Befestigung beginnt sich unter dem Gewicht der drei Männer zu lösen. Um sich selbst zu retten, kappt A das Seil. B und C stürzen in die Tiefe. – A ist aus § 35 entschuldigt.

cc) Verhalten von Menschen, das die Gefahr begründet.

373 Am häufigsten ist der **Nötigungsnotstand** (als Unterfall dazu auch der **Befehlsnotstand**). Sofern man diesen nicht schon nach § 34 rechtfertigt (zum Streit s.o. Rn. 281), **führt die Nötigung aber nur dann zur Entschuldigung, wenn mit Gefahren für die in § 35 genannten Güter gedroht wird**.

Beispiel: Aus Nötigungsnotstand ist der Arzt in dem vorletzten Beispiel entschuldigt, als er zur Abwendung gegenwärtiger Leibes- und Lebensgefahr für sich die Patientin P tötet.

Gegenbeispiel: Mit der Drohung, ihn von allen weiteren Beförderungen auszuschließen, zwingt Hauptmann H den Unteroffizier U dazu, einen missliebigen Obergefreiten zu foltern. – H ist strafbar wegen Verleitung eines Untergebenen zur Körperverletzung im Amt, § 357 i.V.m § 340. U seinerseits ist strafbar wegen Körperverletzung im Amt gemäß § 340. Er ist auch nicht entschuldigt. Eine Gehorsamspflicht für die Ausführung eines Befehls, der eine Straftat zum Gegenstand hat, besteht nicht, § 11 Abs. 2 Soldatengesetz. Die Drohung mit Beförderungssperre liegt unterhalb der Schwelle des § 35.

374 Auch **Verteidigungshandlungen im Vorfeld der Notwehr** (vgl. oben Fall 10, Rn. 275), die nicht mehr aus § 34 (auch nicht i.V.m. § 228 BGB analog) zu rechtfertigen sind, können aus § 35 entschuldigt sein.

Hauptfall ist die **Tötung des Familientyrannen**. Geschieht diese nicht in einer akuten Angriffslage, sondern zur Verhinderung bevorstehender Misshandlungen von Familienmitgliedern, ist sie mangels Gegenwärtigkeit des Angriffs nicht aus Notwehr gerechtfertigt. Auch (Defensiv-)Notstand gemäß § 34 i.V.m. § 228 BGB analog ist abzulehnen. Zwar geht von dem gewalttätigen Familientyrannen eine gegenwärtige Dauergefahr für die körperliche Integrität der Familienmitglieder aus. Die Tötung steht aber außer Verhältnis zu diesen gefährdeten Rechtsgütern, überschreitet also sogar die Grenzen des § 228 BGB. Hier kommt eine Entschuldigung aus § 35 Abs. 1 infrage; dies aber nur, wenn die drohenden Misshandlungen tatsächlich nicht auf andere Weise abwendbar waren (s. dazu nachfolgend 2.). Regel-

605 Roxin JA 1990, 97, 99.

mäßig ist jedoch in solchen Fällen die Hilfe staatlicher und karitativer Stellen (Polizei, Jugendamt, Umzug in ein Frauenhaus) als anderweitige Abwendungsmöglichkeit zumutbar, sodass eine Entschuldigung der Tötung ausscheidet (und Anlass für die Prüfung eines Irrtums über die sachlichen Voraussetzungen des entschuldigenden Notstands besteht, § 35 Abs. 2).[606]

2. Notstandshandlung

a) Die Gefahr darf **nicht anders** als durch die geschehene rechtswidrige Tat **abwendbar** 375
gewesen sein. Hier gilt zunächst dasselbe wie bei § 34, d.h. von mehreren **geeigneten** Mitteln muss der Täter das **relativ mildeste** wählen. Kann er die Notlage anders als durch den Verstoß gegen die Strafrechtsnorm abwenden, z.B. durch Vornahme einer aus Notwehr gerechtfertigten Tat, muss er den anderen Ausweg wählen.[607] Als andere Möglichkeit der Gefahrabwendung scheidet es aber aus, dasselbe Risiko nur von einer auf die andere Person abzuwälzen oder eine Konfliktlage gegen eine andere, gleichwertige auszutauschen. Nach h.M. können schon bei der Frage der Abwendungsmöglichkeit **Zumutbarkeitserwägungen** eine Rolle spielen:[608] **Je höherwertiger das durch die Abwehrhandlung verletzte Rechtsgut ist, desto eher sind Handlungsalternativen zumutbar.**[609]

b) Ist eine Notstandslage gegeben, findet beim entschuldigenden Notstand – **anders** 376
als bei § 34 – grundsätzlich **keine Güterabwägung** statt. § 35 Abs. 1 S. 2 enthält aber eine Rückausnahme vom Schuldausschluss, wenn dem Täter der Verzicht auf die von ihm geübte und einzig mögliche Gefahrabwendung abverlangt wird, weil ihm die **Hinnahme der Gefahr zumutbar** war. Um deutlich zu machen, dass es sich hier nur um Sonderfälle handelt, nennt das Gesetz beispielhaft zwei mögliche Fallgruppen, und zwar

aa) als eines der wichtigsten Beispiele die **Verursachung der Gefahr**. 377

Nach allgemeiner Ansicht genügt dafür bloße Kausalität nicht. Während einige Strafrechtler sich damit begnügen, dass der Täter sich „ohne zureichenden Grund" in die Gefahr begeben und damit eine Obliegenheit verletzt haben muss,[610] verlangen andere objektiv pflichtwidriges Vorverhalten.[611] Wieder andere schließen entschuldigenden Notstand nur bei schuldhaftem Vorverhalten aus.[612]

bb) Als zweites Beispiel nennt § 35 Abs. 1 S. 2 das **besondere Rechtsverhältnis**. 378

Solche Rechtsverhältnisse bestehen vor allem bei Berufen, die typische Gefahren für Gesundheit und Leben mit sich bringen (Ärzte, Polizeibeamte, Feuerwehrleute, Soldaten, Seeleute). Erfasst werden darüber hinaus auch sog. **institutionalisierte Duldungspflichten** aus spezialgesetzlichen Regelungen, wie etwa die Pflicht zur Duldung körperlicher Eingriffe nach § 81 a StPO oder die Duldung einer Freiheitsentziehung aufgrund eines rechtmäßigen Hoheitsakts.[613]

606 BGH RÜ 2003, 315.
607 SK-Rogall § 35 Rn. 23.
608 Sch/Sch/Perron § 35 Rn. 13 a; Jescheck/Weigend § 44 I 2; Roxin JA 1990, 97, 100; ablehnend LK-Zieschang § 35 Rn. 63.
609 BGH RÜ 2003, 315.
610 Roxin JA 1990, 137, 139.
611 LK-Zieschang § 35 Rn. 66; Wessels/Beulke/Satzger Rn. 691.
612 Sch/Sch/Perron § 35 Rn. 20; Jescheck/Weigend § 44 III 2 a.
613 Sch/Sch/Perron § 35 Rn. 24.

379 **cc)** Weitere **Umstände**, die außerhalb des Beispielskatalogs des § 35 Abs. 1 S. 2 eine besondere Gefahrtragungspflicht auslösen können, sind die **Garantenstellung** sowie die **Unverhältnismäßigkeit** des drohenden Schadens einerseits und der Folgen der Tat andererseits.[614]

Beispiele:

Ein Vater darf sich deshalb nicht ohne Weiteres aus einem brennenden Haus in Sicherheit bringen und Frau und Kinder im Stich lassen. Im Verhältnis zu den anderen ist er verpflichtet, erhöhte Gefahren (nicht Todesgefahr) auf sich zu nehmen, um die Rettung zu ermöglichen.

Wer sich einer drohenden Körperverletzung, die nicht lebensgefährlich oder mit schweren Schäden verbunden wäre, nur durch Tötung anderer entziehen kann, kann sich wegen Disproportionalität der betroffenen Rechtsgüter nicht auf § 35 berufen.

3. Gefahrabwendungswille

380 Subjektiv muss der Täter in **Kenntnis der Gefahrenlage** und mit dem **Ziel der Gefahrenabwehr** gehandelt haben. Darüber hinaus verlangt die Rspr. – im Gegensatz zum Schrifttum[615] – eine **pflichtgemäße Prüfung** etwaiger Abwendungsmöglichkeiten der Gefahrenlage. Allerdings sind die Anforderungen daran **situationsabhängig**: Der Täter muss grundsätzlich nach besten Kräften Ausweichmöglichkeiten gesucht haben; ausnahmsweise kann die Prüfungspflicht sogar entfallen, wenn sofortiges Handeln zur wirksamen Vermeidung eigener Rechtsguteinbußen unumgänglich ist oder dem Täter keine Zeit zum ruhigen Überlegen bleibt.[616]

Vertiefend zum Vorgenannten der nachfolgende Fall – eine modernisierte Abwandlung der dem griechischen Philosophen Karneades zugeschriebenen und von Cicero überlieferten Problembeschreibung, bekannt als „Brett des Karneades".

Fall 17: Beseitigung einer Lebensgefahr für sich und einen Nahestehenden

Eine Charteryacht war bei der nächtlichen Überfahrt von Helgoland zur Küste durch eine Explosion der Gasflasche des Herds leckgeschlagen und sofort gesunken. Die noch rechtzeitig von Bord gekommenen Crewmitglieder kämpfen in dem kalten Wasser ums Überleben. Hilfe ist erst am folgenden Morgen zu erwarten, weil ein Notruf nicht mehr abgesetzt werden konnte. B hat sich auf ein abgebrochenes Stück Surfbrett retten können, das im Eigentum der Charterfirma steht und das nur einen Menschen trägt. C treibt neben B in einer ohnmachtssicheren Rettungsweste. Um seinen Onkel A – dem sich C wie einem Vater verbunden fühlt – vor dem Ertrinken zu retten, ziehen beide den entkräfteten B von dem Brett. A kann sich auf diese Weise retten. B ertrinkt, wie A und C als sichere Folge vorausgesehen hatten.
Strafbarkeit von A und C?

A. A könnte sich durch das Herunterziehen des B von dem Surfbrett wegen **Totschlags** gemäß **§ 212 Abs. 1** strafbar gemacht haben.

614 LK-Zieschang § 35 Rn. 84 ff.

615 Sch/Sch/Perron § 35 Rn. 17.

616 BGH NStZ 1992, 487.

I. Indem er den B von dem Board zog, hat er dessen Ertrinkungstod verursacht. Dass diese Folge bei dem entkräfteten B sicher eintreten würde, hat A vorausgesehen. Er handelte deshalb mit direktem Vorsatz.

II. Fraglich ist, ob Rechtfertigungsgründe eingreifen.

1. Notwehr gemäß § 32 scheidet aus. Da B durch § 904 BGB berechtigt war, sich des Bretts zu bemächtigen, und keine rechtliche Verpflichtung bestand, es wieder freizugeben, hat er das Leben des A weder durch aktives Tun noch durch Unterlassen angegriffen.

2. Auch rechtfertigender Notstand gemäß § 34 ist zu verneinen. Zwar schwebte A in gegenwärtiger Lebensgefahr, die nicht anders als durch Rettung auf die Planke zu beseitigen war. Geschieht aber die Rettung des einen Lebens durch Aufopferung eines anderen, ist dies keine Handlung zugunsten des höherwertigen, sondern allenfalls gleichwertigen Rechtsguts. Auch der Rechtsgedanke des § 228 BGB analog (s.o. Rn. 276) geht nicht so weit, dass dadurch die Tötung eines anderen Menschen erlaubt wird.

III. Die Tat könnte gemäß **§ 35 Abs. 1 entschuldigt** sein. Für A bestand die Gefahr, **381**
bei längerem Aufenthalt im Wasser durch Unterkühlung oder Entkräftung bewusstlos zu werden und zu ertrinken. Es gab auch keine Handlungsalternative: Seenothelfer waren in den nächsten Stunden nicht zu erwarten. Das Surfbrettstück des B und auch die Rettungsweste des C konnten jeweils nur eine Person an der Wasseroberfläche halten. Eine gegenwärtige, nicht anders abwendbare Gefahr für das Leben des A ist also zu bejahen. Es greift keine der Ausnahmen des § 35 Abs. 1 S. 2 ein. Auch das subjektive Entschuldigungselement war bei A vorhanden. Er wollte sich vor dem Ertrinkungstod durch Opferung des B retten. Für langes Nachdenken und Abwägen ist im eiskalten Seewasser keine Zeit.

Ergebnis: Die Tötung des B ist für A entschuldigt.

B. C könnte wegen **Mittäterschaft zum Totschlag** gemäß **§§ 212, 25 Abs. 2** strafbar sein.

I. C hat aufgrund eines spontan gefassten gemeinsamen Tatentschlusses zusammen mit A die Tötungshandlung ausgeführt. Auch er wusste, dass B ohne rettenden Halt an der Wasseroberfläche ertrinken würde.

II. Die Tat war nicht gerechtfertigt.

III. C könnte nach § 35 entschuldigt sein. Dann müssten – wie § 29 klarstellt – die Voraussetzungen des entschuldigenden Notstands in seiner Person vorgelegen haben. Da die Tat nicht der eigenen Rettung diente, ist das nur zu bejahen, wenn zwischen A und C die vom Gesetz verlangte Nähebeziehung bestanden hat.

1. A war kein Angehöriger des C, weil § 11 Abs. 1 Nr. 1 a hierfür nur die Verwandtschaft gerader Linie ausreichen lässt.

2. Durch die Einbeziehung anderer, dem Täter nahestehender Personen sollen **382**
persönliche Verhältnisse berücksichtigt werden, die nach der Intensität des Zusammengehörigkeitsgefühls der Beziehung zwischen Angehörigen vergleichbar sind.[617] Diese Voraussetzung ist nur bei einer auf Dauer an-

617 OLG Koblenz NJW 1988, 2316, 2317.

gelegten, engen persönlichen Beziehung gegeben[618] und besteht regelmäßig bei eheähnlichen Lebensgemeinschaften oder bei engem freundschaftlichen Umgang, nicht aber gegenüber Personen, mit denen man die im Alltagsleben üblichen Sozialkontakte pflegt, z.B. Nachbarn oder Berufskollegen.[619] Zwischen A und C bestand eine angehörigenähnliche Sonderbeziehung, weil A für C die Rolle eines Stief- oder Pflegevaters einnahm. Da auch C handelte, um die Lebensbedrohung von seinem Onkel abzuwenden, ist er aus Notstandshilfe entschuldigt.

Ergebnis: Auch C ist straflos.

Fall 18: Auswirkungen der vom Gefährdeten verschuldeten Notstandslage auf den Notstandshelfer (1. Abwandlung des Falles 17)

Wie ändert sich die Strafbarkeit von A und C, wenn A den Schiffsuntergang durch unachtsames Hantieren mit der Propangasflasche verschuldet hat?

A. A ist strafbar aus **§ 212 Abs. 1**. Auf entschuldigenden Notstand kann er sich wegen Verschuldens der Notstandslage nicht berufen § 35 Abs. 1 S. 2.

383 B. Fraglich ist, ob sich C mit Notstandshilfe gemäß § 35 Abs. 1 entschuldigen kann, obwohl die Notstandslage von A verschuldet worden war. Nach seinem eindeutigen Wortlaut greift § 35 Abs. 1 S. 2 Alt. 1 nicht ein, denn danach gilt der Ausschluss nur, wenn „der Täter" den Notstand verursacht hat. Mit „Täter" kann aber nur derjenige gemeint sein, dessen Tat unter dem Gesichtspunkt des Notstands zu beurteilen ist. Das war hier C, der die Notlage nicht verschuldet hatte. Demgemäß bejaht auch die h.M. entschuldigenden Notstand für C.[620]

Die Gegenansicht argumentiert, dass es sich bei der Konfliktlage des Notstandshelfers nur um eine von dem Konflikt der Sympathieperson abgeleitete Bedrängnis handelt. Dem Notstandshelfer sei zuzumuten, die für die Sympathieperson bestehende Gefahrtragungspflicht zu respektieren. Anderenfalls wäre er besser gestellt als der Bedrängte selbst.[621]

Kritik: Die Wertung des Gesetzes ist schwer verständlich, aber hinzunehmen. Die Verkürzung des § 35 durch die vorgenannte Auffassung führt zu einer Strafbegründung entgegen dem Wortlaut der Norm. Das ist eine täterbelastende „indirekte Analogie", die gegen Art. 103 Abs. 2 GG verstößt.[622]

Ergebnis: C ist straflos.

---

618 LK-Zieschang § 35 Rn. 33 f.

619 Roxin JA 1990, 97, 102.

620 Baumann/Weber/Mitsch/Eisele § 18 Rn. 32 f.; Sch/Sch/Perron § 35 Rn. 20 a; Wessels/Beulke/Satzger Rn. 691.

621 Vgl. LK-Zieschang § 35 Rn. 116 f.; MünchKomm/Müssig § 35 Rn. 57.

622 Vgl. zum Parallelfall des § 24 BGH NJW 1996, 2663, 2664.

Fall 19: Auswirkungen der vom Notstandshelfer verschuldeten Notstandslage auf den Gefährdeten (2. Abwandlung des Falles 17)

Wie ändert sich die Strafbarkeit von A und C, wenn C den Schiffsuntergang durch unachtsames Hantieren mit der Gasanlage verschuldet hat?

A. A ist durch § 35 Abs. 1 entschuldigt. Für ihn greift der Ausschlussgrund des § 35 Abs. 1 S. 2 Alt. 1 nicht ein.

B. Umstritten ist, ob sich C auf entschuldigende Notstandshilfe berufen kann. Der Wortlaut des § 35 Abs. 1 S. 2 Alt. 1 scheint dagegen zu sprechen, denn C hatte als Täter der späteren Rettungshandlung zugunsten des A den Notfall selbst vorwerfbar herbeigeführt. **384**

Dennoch bejaht die h.M. die Entschuldigung des C. Der Ausschlussgrund des § 35 Abs. 1 S. 2 Alt. 1 verpflichte nur den Verursacher der Gefahrenlage zur Hinnahme der Gefahr ohne Verletzung anderer, nicht aber sonstige Personen. Zur Abwehr dieser Gefahr dürfe jeder Nahestehende helfen, auch der Vorverursacher selbst.[623]

Die Gegenansicht verneint die Entschuldigung. Danach ist § 35 immer für denjenigen ausgeschlossen, der selbst für den Konflikt verantwortlich ist, den er nun durch die Notstandshandlung zulasten eines Dritten lösen will, unabhängig davon, ob die Hilfe ihm selbst oder einem Dritten zukommen soll.[624]

Kritik: Der zweiten Ansicht kann nicht gefolgt werden. § 35 Abs. 1 S. 2 ist insgesamt nur auf die Personenidentität von Gefährdetem und Notstand Übendem zugeschnitten. Deshalb ist eine teleologische Reduktion zugunsten des Täters in der Notstandshilfesituation zulässig und geboten.

Ergebnis: Auch C ist entschuldigt.

III. Übergesetzlicher entschuldigender Notstand

In der Lit. und Rspr. ist ein **übergesetzlicher entschuldigender Notstand** analog § 35 weitgehend anerkannt.[625]

Entwickelt wurde diese Rechtsfigur zur Bewältigung der sog. **Euthanasiefälle**: Hitler hatte 1940 den Befehl gegeben, geistig Schwerstbehinderte in großem Umfang zu töten. Leitende Ärzte von Heil- und Pflegeanstalten verhinderten die Tötung aller ihrer Anstaltsinsassen, indem sie einige auswählten und umbringen ließen.[626]

---

623 Lackner/Kühl § 35 Rn. 10; SK-Rogall § 35 Rn. 35; Jescheck/Weigend § 44 III 2 a.

624 MünchKomm/Müssig § 35 Rn. 57.

625 Baumann/Weber/Mitsch/Eisele § 18 Rn. 46 ff.; LK-Rönnau Vor §§ 32 ff. Rn. 212 ff.; BGHSt 1, 335; einschränkend BGHSt 35, 347, 350; Jescheck/Weigend § 47 I 3; Sch/Sch/Sternberg-Lieben Vor §§ 32 ff. Rn. 115 ff.; Fischer Vor § 32 Rn. 15; Wessels/Beulke/Satzger Rn. 711; ablehnend MünchKomm/Schlehofer Vor § 32 Rn. 330 ff.

626 Ausführlich Koch JA 2005, 745.

Aufbauschema: Übergesetzlicher Notstand, § 35 analog
1. Notstandslage
a) Gegenwärtige Lebensgefahr für Personenkreis außerhalb von § 35
b) Entscheidungskonflikt des Täters: Entweder Tod der gefährdeten Person oder Gefahrabwendung durch aktive Rechtsverletzung außerhalb von § 34
2. Notstandshandlung
a) Einziges Mittel zur Gefahrabwendung
b) Schaden schafft ethisch geringeres Übel oder Täter opfert ohnedies todgeweihte Person
c) Keine Gefahrtragungspflicht analog § 35 Abs. 1 S. 2
3. Gefahrabwendungswille

1. Notstandslage

385 Als Notstandslage ist eine **gegenwärtige Lebensgefahr** erforderlich.[627] Für den Täter muss sich daraus der Konflikt ergeben, entweder durch Untätigkeit die Gefahr zu verwirklichen und damit alle in Gefahr Geratenen sterben zu lassen oder die Gefahr durch aktive Rechtsverletzung – ohne Rechtfertigung nach § 34 oder Entschuldigung nach § 35 – zu beseitigen.

2. Notstandshandlung

386 **a)** Umstritten sind die objektiven Kriterien der Entschuldigung der Eingriffshandlung:

Zum Teil wird verlangt, dass **das von dem Täter angerichtete Unheil bei ethischer Gesamtbewertung im Verhältnis zu dem durch die Tat verhinderten Unheil das wesentlich geringere Übel sein müsse.**[628]

Die Gegenauffassung lässt den aus dem Konflikt erwachsenen **Gewissensdruck** genügen, rettend zu helfen oder dem Geschehen seinen Lauf zu lassen und sich dadurch in moralisch-sittliche Schuld zu verstricken. In diesem Fall komme es auch nicht auf die Wahl des kleineren Übels an. Auch die Rettung Einzelner auf Kosten Vieler sei dann entschuldbar.[629] Einschränkend verlangen viele Vertreter dieser Meinungsgruppe aber zusätzlich eine **„Gefahrengemeinschaft"** zwischen den durch die Tat geschützten Menschen und den durch den Eingriff Getöteten. Entschuldbar ist danach also nur die Tötung von Menschen, die **auch ohne den Eingriff des Täters todgeweiht** gewesen wären.[630]

Bahnwärter-Fall: Der im Stellwerk arbeitende Bahnbedienstete erkennt, dass ein Güterzug im Begriff ist, mit einem voll besetzten Personenzug zusammenzustoßen. Um den drohenden Tod Hunderter

627 Sch/Sch/Sternberg-Lieben Vor §§ 32 ff. Rn. 117; a.A. LK-Rönnau Vor §§ 32 ff. Rn. 366: auch Leib und Freiheit.
628 NK-Paeffgen Vor §§ 32 ff. Rn. 295; Stratenwerth/Kuhlen § 10 Rn. 128; Welzel S. 184.
629 SK-Rogall Vor § 19 Rn. 8; LK-Rönnau Vor §§ 32 ff. Rn. 368; Kühl § 12 Rn. 100.
630 Jakobs 20/42; Roxin § 22 Rn. 146 ff.; Wessels/Beulke/Satzger Rn. 717.

Fahrgäste zu verhindern, lenkt er den Güterzug auf ein Nebengleis, wohlwissend, dass dort einige Gleisarbeiter von dem umgeleiteten Zug überfahren werden. – Eine Rechtfertigung aus § 34 scheidet wegen des Abwägungsverbots von Menschenleben aus. Entschuldigender Notstand gemäß § 35 liegt mangels Nähebeziehung zwischen dem Bahnwärter und den Geretteten nicht vor. Übergesetzlichen Notstand bejahen die Vertreter der Theorie von der Übelsverringerung und diejenigen, die allein auf den Gewissenskonflikt abstellen. Diejenigen, die für übergesetzlichen Notstand verlangen, dass die Getöteten auch ohne den Eingriff todgeweiht gewesen wären, lehnen eine Entschuldigung ab. Danach hat der Täter das Risiko nur abgewälzt, also in strafwürdiger Weise „Schicksal gespielt“.[631]

Massenunglücks-Fall (auch **ex post-Triage**):[632] Der Arzt lässt einen Patienten vom einzig verfügbaren Reanimator/Beatmungsgerät nehmen und einen anderen Patienten daran anschließen, dessen Überlebenschancen höher sind. Der erste Patient stirbt. – Der Arzt hat den Tod dieses Patienten durch aktives Tun herbeigeführt. Eine Rechtfertigung gemäß § 34 und eine Entschuldigung gemäß § 35 scheiden aus denselben Gründen wie im vorherigen Beispiel aus. Die meisten lehnen ferner übergesetzlichen Notstand ab, weil auch hier die Gefahr nur von einem Menschen auf einen anderen umgewälzt werde. Die Bevorzugung eines Menschen mit höheren Überlebenschancen ist weder die Wahl des ethisch geringeren Übels noch die Opferung eines ohne den Eingriff sicher dem Tod Geweihten.[633]

b) Weder den in Gefahr Geratenen noch dem Täter darf nach den Kriterien des § 35 Abs. 1 S. 2 **zumutbar gewesen sein, die Gefahr hinzunehmen.**[634] Ob sich aus dieser Einschränkung ein strafrechtlicher Ausschluss für Amtsträger („besonderes Rechtsverhältnis“) ergibt, sich für rechtswidrige Hoheitsakte auf übergesetzlichen entschuldigenden Notstand zu berufen, ist noch nicht geklärt.[635] 387

3. Gefahrabwendungswille

Subjektiv muss der Täter mit **Gefahrabwendungswillen** gehandelt haben. Die Rspr. verlangt darüber hinaus eine **gewissenhafte Prüfung des Vorliegens der Notstandssituation.**[636] 388

Klausurhinweis: *Sprechen Sie den übergesetzlichen entschuldigenden Notstand erst an, nachdem sie die gesetzlichen Rechtfertigungs- und Entschuldigungsgründe geprüft und verneint haben. Dazu der nachfolgende Fall.*

Fall 20: Quantitativer Lebensnotstand

K ist der Kapitän eines Schiffes, das bei einem Sturm alle Rettungsboote verloren hatte und danach auf einen unter der Wasseroberfläche treibenden Container aufgelaufen ist. Um das Sinken des Schiffes zu verhindern, lässt K die Schotten zum leckgeschlagenen Vorderschiff schließen, obwohl er weiß, dass sich dort noch drei Seeleute aufhalten und nun unrettbar verloren sind. Durch diese Maßnahme gelingt es, das Schiff länger schwimmfähig zu halten und die übrige Besatzung zu retten.
Hat sich K damit wegen Totschlags gemäß § 212 Abs. 1 strafbar gemacht?

631 Wessels/Beulke/Satzger Rn. 719.

632 Zu den verschiedenen Fallgruppen der sog. Triage im Zusammenhang mit der Corona-Pandemie AS-Skript StrafR BT 2 (2020), Rn. 17 ff.

633 Vgl. Roxin § 22 Rn. 163; speziell für Triage Wesels/Beulke/Satzger Rn 714.

634 Vgl. LK-Rönnau Vor §§ 32 ff. Rn. 371.

635 Ablehnend z.B. LG Frankfurt/Main NJW 2005, 692, 695 im Zusammenhang mit Folterandrohungen, s. oben Rn. 250.

636 BGHSt 35, 347, 350 f.; kritisch Küper JZ 1989, 617, 626 zum Katzenkönig-Fall.

I. Durch den Befehl, die Schotten zu schließen, hat K – in mittelbarer Täterschaft durch die seiner Organisationsherrschaft unterstehenden Seeleute (§ 25 Abs. 1 Alt. 2) – den Tod der Matrosen im Vorderschiff verursacht. K wusste auch, welche Konsequenzen sein Befehl hatte.

II. Eine Rechtfertigung der Tat nach § 34 scheidet aus. Zwar bestand eine gegenwärtige und nicht anders abwendbare Gefahr für das Leben der gesamten Besatzung. Eine quantitative Abwägung ist aber, wenn Menschenleben gegen Menschenleben stehen, unzulässig.

III. K könnte entschuldigt sein.

1. Entschuldigender Notstand, § 35, kommt nicht infrage. Zum einen kann sich K selbst wegen der ihn als Schiffsführer treffenden erhöhten Gefahrtragungspflicht zur eigenen Rettung nicht auf § 35 berufen; zum anderen hat K subjektiv auch nicht gehandelt, um sich zu retten, sondern um die übrige Mannschaft in Sicherheit zu bringen. Auch Notstandshilfe nach § 35 scheidet aus, weil die Seeleute keine dem K nahestehenden Personen waren.

389 2. Fraglich ist, ob K wegen seines unentrinnbaren Entscheidungskonflikts übergesetzlicher entschuldigender Notstand analog § 35 zugebilligt werden kann.

a) Rettungsboote standen im vorliegenden Fall nicht mehr zur Verfügung, die gesamte Schiffsbesatzung war in akuter Lebensgefahr. K stand vor der Alternative, entweder untätig zu bleiben und damit die gesamte Mannschaft zu opfern oder die drei Matrosen im Vorschiff ertrinken zu lassen und damit – wie geschehen – den Rest der Mannschaft zu retten.

b) Nach denjenigen, die eine Übelsverringerung verlangen, hat K das Richtige getan, indem er wenige geopfert und dadurch viele gerettet hat. Für die andere Gruppe genügt der Gewissenskonflikt, und diejenigen, die zusätzlich die Gefahrengemeinschaft verlangen, erkennen diese darin, dass die drei Matrosen auch dann ertrunken wären, wenn K nicht eingegriffen hätte.

c) Zwar bestehen seeschifffahrtsrechtliche Gefahrtragungspflichten (§§ 123, 124 Seearbeitsgesetz). Diese verlangen aber keine persönliche Aufopferung.

d) Auch die subjektiven Erfordernisse des Handelns zur Gefahrenabwehr nach gewissenhafter Prüfung sind bei K erfüllt.

Ergebnis: K ist straflos.

IV. Grenzen strafrechtlicher Entschuldigung

Die Grenzen der Entschuldigung zeigen sich beim Rechtsbruch durch **Gewissenstäter** und **Überzeugungstäter**. Der Gewissentäter kennt die für ihn geltende Rechtsnorm, hält sie aber für ihn nicht für verpflichtend, weil das von der Norm geforderte Verhalten im Widerspruch zu seiner Gewissensentscheidung steht. Der Überzeugungstäter hält schon die Norm für „falsch" und sieht in dem Rechtsbruch das nach seiner Überzeugung „richtige" Verhalten.[637]

Beispiele: Tierversuchsgegner oder Lebensmittelretter, die aus Gründen des Tierschutzes oder zur Bekämpfung der Lebensmittelverschwendung durch Wegwerfen § 242 verwirklichen.[638]

Gewissen und Überzeugung sind für sich gesehen keine Rechtfertigung. Art. 4 GG wirkt als Rechtfertigungsgrund nur, soweit sich die Grundrechtsausübung im Rahmen immanenter Grundrechtsschranken bewegt.[639] Werden Rechte Dritter oder wichtige Gemeinschaftsinteressen verletzt, sind die Grenzen zulässiger Grundrechtsausübung überschritten. Außerhalb von Art. 4 GG entfaltet die Gewissensentscheidung als solche keine rechtfertigende Wirkung. **Könnte schon die individuelle Überzeugung den Normbefehl außer Kraft setzen, wäre die Befolgung der Gesetze in das Belieben des Einzelnen gestellt. Eine überindividuelle Rechtsordnung als Grundlage des Schutzes Einzelner und der Gemeinschaft wäre dann unmöglich.** **390**

Eine **analoge Anwendung des § 35** auf Konfliktsituationen, die einen der Leibes- und Lebensgefahr gleichwertigen Motivationsdruck auslösen können, wird gemeinhin abgelehnt, weil der Gesetzgeber den Kreis der notstandsfähigen Rechtsgüter bewusst beschränkt hat, um den Geltungsanspruch der Strafdrohungen und den damit verbundenen Rechtsgüterschutz nicht aufzuweichen.[640] Der **übergesetzliche entschuldigende Notstand ist nach h.M. für Rechtsgüter außerhalb der in § 35 genannten nicht anwendbar**.[641] **391**

Die **h.M. lehnt auch einen unmittelbar aus dem Grundrecht der Glaubens- und Gewissensfreiheit nach Art. 4 Abs. 1 GG abgeleiteten Entschuldigungsgrund ab**. Dahinter steht die allgemeine Erwägung, dass Rechtsregeln, die sogar im Licht der Immaterialgrundrechte und des Rechtsstaatsprinzips Bestand haben, auch vor der Gewissensentscheidung des Einzelnen Geltung beanspruchen.[642] **392**

Die **Unzumutbarkeit normgemäßen Verhaltens** ist beim vorsätzlichen Begehungsdelikt **kein eigenständiger Entschuldigungsgrund**, weil Maßstäbe der Unzumutbarkeit außerhalb der anerkannten Entschuldigungsgründe fehlen und damit eine erhebliche Rechtsunsicherheit geschaffen würde.[643] Etwas anderes gilt nach h.M. für Fahrlässigkeitstaten, bei denen die für diese Deliktsgruppen typische Enttäuschung einer rechtlichen Verhaltenserwartung mit der Unzumutbarkeit des normgemäßen Verhaltens entschuldigt werden kann (s.u. Rn. 452).

Ob die Unzumutbarkeit auch bei Unterlassungsdelikten tatbestandsbegrenzend oder entschuldigend wirkt, ist umstritten (dazu unten Rn. 512). **Jedenfalls kann bei Unterlassungstaten die Glaubens- und Gewissensfreiheit eine „Ausstrahlungswirkung" erzeugen, die so stark ist, dass dem Täter aus seiner entgegenstehenden Glau-** **393**

637 LK-Rönnau Vor §§ 32 ff. Rn. 374.
638 Zum sog. „Containern" vgl. Bay ObLG RÜ 2020, 173.
639 LK-Rönnau Vor §§ 32 ff. Rn. 375.
640 Eisenberg/Wolke JuS 1993, 285, 287.
641 Sch/Sch/Sternberg-Lieben Vor §§ 32 ff. Rn. 117.
642 Herdegen GA 1986, 97, 102.
643 Vgl. SK-Rogall Vor § 19 Rn. 62; Wessels/Beulke/Satzger Rn. 710.

bens- oder Gewissensentscheidung kein individueller Vorwurf mehr gemacht werden kann.[644]

Beispiel: Die Eheleute E gehören der religiösen Vereinigung des Evangelischen Brüdervereins an. Als die Ehefrau nach der Geburt des vierten Kindes in Lebensgefahr gerät, weigert sich der Ehemann, die Frau zum Aufsuchen eines Krankenhauses zu überreden, was dem gemeinsamen Glauben widersprochen hätte. Kurze Zeit später stirbt die Frau. – Nach BVerfG ist der Ehemann straflos.[645]

394 Auch das **Unrechtsbewusstsein** gemäß § 17 ist in derartigen Fällen vorhanden. Die individuelle Entscheidung des Gewissens- und Überzeugungstäters, ein bestimmtes strafbewehrtes Gebot oder Verbot habe für den Täter keine Verbindlichkeit, setzt notwendig voraus, dass er die Rechtsverletzung als solche erkannt hat.[646]

Das Grundrecht der Gewissensfreiheit entfaltet aber bei der **Strafzumessung** wesentliche Bedeutung und wirkt sich dort als „Wohlwollensgebot" gegenüber demjenigen aus, dessen Verhalten auf einer achtbaren, durch ernste innere Auseinandersetzung gewonnenen Entscheidung beruht.[647] Das Strafmaß wird sich daher an der gesetzlichen Mindeststrafe orientieren.

---

644 BVerfGE 32, 98, 109.

645 BVerfG (s. vorangegangene Fußnote); a.A. für den Fall einer verweigerten Zustimmung des Vaters zu einem für die Rettung des Kindes unerlässlichen Blutaustausch OLG Hamm NJW 1968, 212.

646 Vgl. Eisenberg/Wolke JuS 1993, 285, 287.

647 BVerfGE 23, 127, 134; BayObLG NJW 1992, 191; OLG Düsseldorf MDR 1996, 409.

Notwehrexzess, § 33

Bei bestehender Notwehrlage Überschreitung der Erforderlichkeit/ Gebotenheit (sog. intensiver Notwehrexzess); nach h.M. nicht bei extensivem und Putativnotwehrexzess	**Verwirrung, Furcht, Schrecken des Täters** (sog. asthenische Affekte), die auch bei bewusster Notwehrüberschreitung entschuldigend wirken können	**Innerer Zusammenhang** zwischen asthenischem Affekt und Notwehrüberschreitung	**Notwehrwille**

Entschuldigender Notstand, § 35 Abs. 1

Prüfung erst nach Verneinung aller anderen in Betracht kommenden Rechtfertigungsgründe (vor allem § 32 / § 34)

Notstandslage: Gegenwärtige Gefahr (wie bei § 34), aber nur für **Leib, Leben, Freiheit** und nur, wenn **Täter, Angehöriger** oder **nahestehende Person** betroffen ist. Nach h.M. keine analoge Anwendung bei Gefahr für andere Rechtsgüter.	**Notstandshandlung** muss wie bei § 34 erforderlich gewesen sein. Je schwerer der Eingriff, desto eher sind Alternativen der Gefahrabwendung zumutbar.	**Hinnahme der Gefahr darf nicht zumutbar sein**, S. 2. Zumutbarkeit aber (+) bei ▪ besonderem Rechtsverhältnis ▪ (pflichtwidriger) Gefahrverursachung ▪ sonstigen Umständen wie Garantenstellung/Unverhältnismäßigkeit	**Notstandswille:** **Kenntnis** der Gefahrenlage erforderlich. Nach Rspr. zusätzlich situationsabhängige Prüfung anderweitiger Gefahrabwendungsmöglichkeiten und Rettungswille erforderlich

Übergesetzlicher entschuldigender Notstand, § 35 analog

Notstandslage: ▪ Gegenwärtige Gefahr für Leben außerhalb des Personenkreises von § 35 (häufigster Fall: **quantitativer Lebensnotstand**) ▪ Konfliktlage für den Täter: Entweder Tötung durch Untätigkeit oder Gefahrabwendung durch aktive Rechtsverletzung außerhalb von § 34	**Notstandshaftung:** ▪ Aktiver Rechtsguteingriff einziges Mittel zur Gefahrabwendung ▪ 1. Ans.: Eingriff muss **ethisch schwereres Unheil verhindern**; 2. Ans.: Entschuldigt ist jede Handlung, aber ausschließlich zulasten von Menschen, die auch in Gefahr waren, d.h. auch ohne den Eingriff verloren **(„todgeweiht")** gewesen wären ▪ Keine Gefahrtragungspflicht analog § 35 Abs. 1 S. 2	**Notstandswille:** ▪ Gewissenhafte Prüfung der Gefahrenlage ▪ Handeln in Rettungsabsicht

D. Unrechtsbewusstsein

395 Wem bei Begehung der Tat Unrechtseinsicht fehlt, obwohl seine Fähigkeit hierzu nicht durch die §§ 20, 21 beeinträchtigt war, befindet sich in einem **Verbotsirrtum**. Er handelt in diesem Fall nach § 17 S. 1 nur schuldhaft, wenn er den Irrtum vermeiden konnte. Gemäß § 17 S. 2 ist der Täter auch bei Vermeidbarkeit des Irrtums schuldig zu sprechen; allerdings kann die Strafe gemildert werden. In seiner Umkehrung besagt § 17, dass für die Bestrafung wegen einer Vorsatz- oder Fahrlässigkeitstat gar kein aktuelles Unrechtsbewusstsein vorhanden sein muss, sondern dass es genügt, wenn der Täter in der Lage war, Unrechtseinsicht zu entwickeln, d.h. den Irrtum zu vermeiden. Daher spricht man auch von **potenziellem Unrechtsbewusstsein**. § 17 enthält ferner die gesetzliche Festlegung, dass die Unrechtseinsicht nicht zum Vorsatz gehört, sondern selbstständiges Element der Schuld ist. Wäre dies anders – wie die überkommenen Vorsatztheorien meinten –, wäre § 17 S. 2, der eine Vorsatzbestrafung trotz fehlenden Unrechtsbewusstseins ermöglicht, undenkbar.

Folgende **Gedankenschritte** sind im Zusammenhang mit § 17 vorzunehmen:

I. Kein Irrtum nach § 16 oder sonstiger Spezialregel

396 **Durch Vorprüfung der objektiven und subjektiven Deliktsmerkmale muss ausgeschlossen sein, dass die fragliche Fehlvorstellung als Tatbestands- oder Erlaubnistatbestandsirrtum der vorrangigen Vorschrift des § 16 oder sonstigen speziellen Irrtumsregeln** (z.B. § 35 Abs. 2 oder § 113 Abs. 4) unterfällt.[648]

II. Deliktsbezogener Verbotsirrtum im Tatzeitpunkt

Festzustellen ist sodann, ob der zur Unrechtseinsicht fähige Täter **im Tatzeitpunkt Unrechtsbewusstsein** besaß, ob er sich also in einem Verbotsirrtum befand.

397 **1.** Da der Schuldvorwurf tatbezogen ist, muss auch das Unrechtsbewusstsein als Schuldelement **auf den konkreten Tatbestand** bezogen werden. Bei tateinheitlich verwirklichten Delikten ist das **Unrechtsbewusstsein** deshalb **teilbar**.[649]

Beispiel: Wer nicht weiß, dass auch das Fahren mit E-Scooter in alkoholisiertem Zustand ab 1,1 ‰ BAK strafbar ist,[650] kann durchaus das Bewusstsein haben, strafbares Unrecht (nämlich § 142 Abs. 1) zu verwirklichen, wenn er sich nach einem Unfall mit dem Elektroroller unerlaubt vom Unfallort entfernt.

398 **2.** Allgemein anerkannt sind die **„Untergrenzen", die für den Inhalt des Unrechtsbewusstseins** verlangt werden. So ist die Vorstellung, nur unmoralisch oder sozialschädlich zu handeln, nicht ausreichend. **Andererseits braucht der Täter die von ihm verletzte Strafnorm nicht zu kennen; es kommt auch nicht darauf an, ob er sein Verhalten als strafbar bewertet.** Über die Anforderungen „dazwischen" aber besteht Streit:

Nach h.M. muss der Täter sich nur bewusst sein, dass er mit der von ihm begangenen spezifischen Rechtsgutverletzung gegen **irgendeine, im Einzelnen nicht notwendi-**

---

648 Ausführlich dazu AS-Skript StrafR AT 2 (2021), Rn. 325 ff.

649 BGHSt 10, 35.

650 Vgl. BayObLG RÜ 2020, 785.

gerweise klar vorgestellte gesetzliche Bestimmung des Strafrechts, des öffentlichen Rechts oder des Zivilrechts verstößt und Unrecht begeht.[651]

Eine Meinung verlangt darüber hinaus das Bewusstsein, gegen eine **sanktionsbewehrte** Norm des positiven Rechts zu verstoßen, sodass etwa die Vorstellung, nur Disziplinarunrecht zu verwirklichen, nicht ausreichen soll.[652] Noch weiter gehen diejenigen, die Unrechtsbewusstsein im strafrechtlichen Sinn nur dann annehmen, wenn der Täter die Vorstellung hat, sich nach irgendeiner Vorschrift „strafbar" zu machen. Selbst das Bewusstsein, eine Ordnungswidrigkeit zu begehen, soll nicht ausreichen.[653]

3. Die Quelle für Verbotsirrtümer kann darin bestehen, dass der Täter eine bestimmte Norm nicht kennt oder sie zu seinen Gunsten falsch subsumiert **(direkter Verbotsirrtum)**. Die Fehlvorstellung kann auch darauf beruhen, dass er einen nicht anerkannten Rechtfertigungsgrund erfindet oder einen anerkannten Rechtfertigungsgrund überdehnt (sog. **indirekter Verbotsirrtum**). **399**

4. Das zuvor beschriebene Unrechtsbewusstsein fehlt nur dann, wenn der Täter zu der **definitiven Fehlvorstellung** gelangt ist, nichts rechtlich Verbotenes zu tun. Dieser Fall dürfte aber die Ausnahme sein, denn nicht nur derjenige hat Unrechtseinsicht, der über den Normwiderspruch seines Verhaltens nachdenkt (aktuelles Unrechtsbewusstsein), sondern auch wer nur mit der Möglichkeit rechnet, Verbotenes zu tun, oder dem dies gleichgültig ist (bedingtes Unrechtsbewusstsein),[654] schließlich sogar der Täter, bei dem die Unrechtsvorstellung zu einem bloßen Begleitwissen abgesunken ist **(sachgedankliches Mitbewusstsein)**.[655] **400**

III. Unvermeidbarkeit oder Vermeidbarkeit

Ist das Fehlen des Unrechtsbewusstseins festgestellt, kommt es auf die **Vermeidbarkeit des Irrtums** an, also darauf, ob es dem Täter möglich war, die konkrete Rechtswidrigkeit des eigenen Verhaltens zu erkennen. Quelle dafür sind die Erkenntniskräfte des Täters: **401**

Ein Verbotsirrtum ist vermeidbar, wenn dem Täter sein Vorhaben unter Berücksichtigung seiner Fähigkeiten und Kenntnisse hätte Anlass geben müssen, über dessen mögliche Rechtswidrigkeit nachzudenken oder sich zu erkundigen, und wenn er auf diesem Wege zur Unrechtseinsicht gekommen wäre.[656]

Nach dieser Formel ist die Vermeidbarkeit eines Verbotsirrtums die Regel. Sogar anwaltliche Rechtsauskunft entlastet den Täter nicht, wenn sie „zwischen Tür und Angel" gegeben worden oder erkennbar vordergründig bzw. mangelhaft ist oder ihre Unrichtigkeit auf der Hand liegt.[657]

651 Vgl. BGHSt 11, 263, 266; 15, 377; OLG Celle NJW 1987, 78; Lackner/Kühl § 17 Rn. 2.
652 NK-Neumann § 17 Rn. 21.
653 Otto § 13 Rn. 41; LK-Schroeder § 17 Rn. 8.
654 Vgl. BGH NStZ 2006, 214.
655 Vgl. LK-Schroeder § 17 Rn. 23 ff.
656 BayObLG JZ 1989, 600.
657 BayObLG StV 1992, 421.

Unrechtsbewusstsein nach § 17

1. Vorprüfung: Irrtum nach § 16 oder anderer Spezialregel zu behandeln?
2. Hatte der Täter Unrechtsbewusstsein?

Im Tatzeitpunkt + Bezogen auf den jeweiligen Tatbestand + Bewusstsein, gegen irgendeine gesetzliche Bestimmung des Strafrechts/öffentl. Rechts/Zivilrechts zu verstoßen | Mindestens als sachgedankliches Mitbewusstsein

Wenn (–) und Fähigkeit zur Unrechtseinsicht nicht gemäß §§ 20, 21 beeinträchtigt: **Verbotsirrtum**

3. Vermeidbarkeit des Verbotsirrtums nach individuellen Fähigkeiten und Erkenntnismöglichkeiten

- Bei Unvermeidbarkeit Schuld (–), § 17 S. 1
- Bei Vermeidbarkeit fakultative Strafmilderung, § 17 S. 2

4. Abschnitt: Strafausschließungs- oder Strafaufhebungsgründe

Trotz einer rechtswidrigen und schuldhaften Tat kann die Strafbarkeit wegen **eines zur Zeit der Tat vorliegenden Strafausschließungsgrundes** oder eines **nach Begehung der Tat eintretenden Strafaufhebungsgrundes** ausgeschlossen sein.

A. Strafausschließungsgründe

I. Persönliche Strafausschließungsgründe

402 Die **persönlichen Strafausschließungsgründe** begründen Straflosigkeit wegen zur Zeit der Tat gegebener persönlicher Eigenschaften oder Verhältnisse und kommen deshalb auch nur demjenigen zugute, der diese Voraussetzungen erfüllt, § 28 Abs. 2.

Beispiele: Indemnität von Abgeordneten (Art. 46 Abs. 1 GG, § 36); Angehörigenverhältnis bei der Strafvereitelung (§ 258 Abs. 6); Beteiligung an der Vortat bei Begünstigung, Strafvereitelung und Geldwäsche (§§ 257 Abs. 3 S. 1, 258 Abs. 5, 261 Abs. 9 S. 2).

II. Sachliche Strafausschließungsgründe

403 Bei **sachlichen Strafausschließungsgründen** ist ein nicht personengebundener Umstand Grund für die Straflosigkeit des Täters und des Teilnehmers.

Beispiele: Wahrheitsgetreue Parlamentsberichte (§ 37); Erweislichkeit der Wahrheit bei der üblen Nachrede (§ 186), Minimalklausel bei der Abfallbeseitigung (§ 326 Abs. 6).

Alle Strafausschließungsgründe stehen außerhalb von Unrecht und Schuld. Sie sind das Gegenstück zu den objektiven Strafbarkeitsbedingungen.

B. Strafaufhebungsgründe

Die Strafaufhebungsgründe beseitigen die bereits eingetretene Strafbarkeit rückwirkend. Hierzu werden insbesondere gerechnet 404

- Rücktritt vom Versuch (§ 24),
- Rücktritt vom Versuch der Verbrechensbeteiligung (§ 31),
- tätige Reue (z.B. §§ 142 Abs. 4, 158 Abs. 1, 261 Abs. 9 S. 1, 306 e).

5. Abschnitt: Strafantrag; andere Strafverfolgungsvoraussetzungen oder -hindernisse

A. Strafantrag

Bei **Antragsdelikten** (die nicht deckungsgleich mit den Privatklagedelikten gemäß § 374 StPO sind!) **hängt die Strafverfolgung vom Willen des durch die Tat Verletzten ab**, § 158 Abs. 2 StPO, §§ 77 ff. Prüfungsfolge:

I. Der Strafantrag muss gesetzlich vorgeschrieben sein

Man unterscheidet **absolute Antragsdelikte**, bei denen die Strafverfolgung nur dann möglich ist, wenn der Strafantrag gestellt ist (z.B. § 123 Abs. 2) und **relative Antragsdelikte**, die den Strafantrag nur bei einer besonderen persönlichen Beziehung zum Verletzten voraussetzen (vgl. § 247). Mischformen bilden die sog. **eingeschränkten Antragsdelikte**, bei denen der Antrag grundsätzlich erforderlich ist, sein Fehlen aber durch Bejahung des besonderen öffentlichen Verfolgungsinteresses seitens der Staatsanwaltschaft überwunden werden kann (vgl. §§ 230, 248 a, 303 c). 405

Hinweis: *Verwechseln Sie den Strafantrag gemäß § 158 Abs. 2 StPO nicht mit der Strafanzeige nach § 158 Abs. 1 StPO! Letztere beinhaltet nur die formlose Mitteilung an die Strafverfolgungsbehörden über einen Sachverhalt, der auf eine Tat hindeutet.*

II. Der Antrag muss gestellt und darf nicht zurückgenommen sein

Inhaltlich muss der Antrag nur das Verlangen auf Strafverfolgung eines bestimmten, auch unbekannten Täters wegen einer bestimmten Tat erkennen lassen.[658] Eine sachliche oder persönliche Beschränkung des Antrags ist möglich.[659] 406

Gemäß § 77 d kann der Antrag bis zum rechtskräftigen Abschluss des Strafverfahrens zurückgenommen, dann aber **nicht nochmals gestellt** werden.

658 Meyer-Goßner/Schmitt § 158 Rn. 4.

659 Sch/Sch/Bosch § 77 Rn. 42.

III. Der Antragsteller muss antragsberechtigt sein

407 Berechtigt ist nach § 77 Abs. 1 der **Verletzte**, also derjenige, in dessen Rechtskreis durch die Straftat eingegriffen worden ist.[660] **Minderjährige Verletzte** sind nicht antragsberechtigt; ihr unwirksamer Antrag wird auch nicht wirksam, wenn sie vor Ablauf der Antragsfrist volljährig geworden sind, ohne ihn nachgeholt zu haben.[661] Gemäß § 77 Abs. 3 sind bei minderjährigen Verletzten vielmehr nur die gesetzlichen Vertreter und die Personensorgeberechtigten antragsberechtigt. **Angehörige** haben nach dem Tod des Verletzten nur ausnahmsweise ein Antragsrecht, wenn dies bei den jeweiligen Strafvorschriften **gesetzlich vorgesehen** ist, § 77 Abs. 2. Bei Taten im Zusammenhang mit dem öffentlichen Dienst kann **ausnahmsweise auch der Dienstvorgesetzte den Strafantrag** stellen, § 77 a.

IV. Der Antrag muss form- und fristgerecht gestellt worden sein

408 Nach § 158 Abs. 2 StPO ist Schriftform erforderlich, wenn der Antrag nicht bei Gericht oder bei der StA zu Protokoll erklärt wird.

Daraus folgt, dass beispielsweise der mündlich erklärte Strafantrag gegenüber einem Polizeibeamten, den dieser später nur in einem eigenen, vom Antragsteller nicht unterschriebenen Vermerk ausformuliert, nicht formwirksam ist.[662]

409 Die **Frist für die Antragstellung** beträgt drei Monate ab Ablauf des Tages der Kenntniserlangung des Antragsberechtigten von der Tat und dem Täter (Name nicht erforderlich), § 77 b. Die Frist beginnt gemäß § 77 b Abs. 2 am Tag nach der Kenntniserlangung und endet drei Monate später an dem Tag um 24.00 Uhr, der nach seiner Benennung dem Tag des Fristbeginns entspricht. Fällt dieser Tag auf einen Samstag, Sonntag oder Feiertag, verschiebt sich das Fristende auf den nächsten Werktag.

Beispiel: Kenntniserlangung von einer Beleidigung gemäß § 185 am 01.02.2021. Die Frist für den Strafantrag gemäß § 194 Abs. 1 S. 1 beginnt an diesem Tag um 24.00 Uhr. Fristende ist an sich am Samstag, den 01.05.2021 um 24.00 Uhr. Da dies ein Samstag (und Feiertag) ist, endet die Frist erst am Montag, den 03.05.2021 um 24.00 Uhr.

Bei Übergang des noch nicht erloschenen Antragsrechts beginnt für Angehörige gemäß § 77 Abs. 4 eine eigene Dreimonatsfrist mit Ablauf des Todestages des Verletzten. Bei Kenntniserlangung von Tat und Täter nach dem Tod erlischt das Antragsrecht spätestens sechs Monate nach dem Tod des Verletzten. Eine Sonderregel besteht für wechselseitig begangene Straftaten, § 77 c.

Während eines Sühneversuchs gemäß § 380 StPO **ruht** die Antragsfrist gemäß § 77 b Abs. 5.

V. Weitere Strafverfolgungsvoraussetzungen

410 Dies sind zum Beispiel die **Ermächtigung** (vgl. § 194 Abs. 4) und die Genehmigung des Bundestages in Art. 46 Abs. 3 GG.

---

660 BGHSt 31, 207, 210.

661 BGH NStZ 1994, 281.

662 Vgl. BGH RÜ 2020, 443.

Klausurhinweis: *In Klausuren zum 1. Examen sind nach den üblichen Bearbeitervermerken „etwa erforderliche Strafanträge gestellt", d.h. Sie brauchen im Gutachten nur die Antragsbedürftigkeit festzustellen. Ermächtigung und Genehmigung kommen überhaupt nicht vor.*

Wichtigste Strafverfolgungsvoraussetzung: Strafantrag

Antragserfordernis → Antrag gestellt, nicht zurückgenommen → Antragsberechtigung → Form, Frist

B. Strafverfolgungshindernisse

I. Verfolgungsverjährung

Die **Verjährungsfrist für die Strafverfolgung** ist in **§ 78** geregelt.[663] Sie richtet sich **411**
– abgesehen von den unverjährbaren Taten – immer nach dem **abstrakt angedrohten Höchstmaß (!)** des jeweiligen Straftatbestands. Die Frist **beginnt** gemäß § 78 a an dem Tag zu laufen, an dem die deliktische Gesamttätigkeit unter Berücksichtigung des tatbestandlichen Erfolgs ihren Abschluss gefunden hat. Letzter Tag der Frist ist derjenige, der dem Tag des Fristbeginns nach Ablauf des jeweiligen Verjährungszeitraums in der kalendermäßigen Bezeichnung vorgeht. Eine Verschiebung des Fristendes durch Samstage, Sonn- oder Feiertage ist bei der Verjährung – anders als bei der Strafantragsfrist – nicht vorgesehen.[664]

Beispiel: Der Täter hat sich am 01.05.2016 an einer Schlägerei beteiligt, an deren Folgen ein anderer am folgenden Tag gestorben ist, § 231. Tatbeendigung und damit Verjährungsbeginn war der Tod als Verwirklichung der objektiven Strafbarkeitsbedingung,[665] also der 02.05.2016. Da die Strafobergrenze für § 231 drei Jahre Freiheitsstrafe ist, beträgt die Frist für die Strafverfolgungsverjährung gemäß § 78 Abs. 3 Nr. 4 fünf Jahre. Die Verjährung tritt damit am 01.05.2021 um 24.00 Uhr ein.

Das **Ruhen** der Verfolgungsverjährung ist in **§ 78 b** geregelt.

Vgl. insbesondere § 78 b Abs. 1 Nr. 1, wonach bei Sexualdelikten die Verjährung bis zum 30. Lebensjahr des Opfers ruht.

§ 78 c führt die Fälle auf, in denen die Verjährung **unterbrochen** wird. Trotz Unterbrechung tritt **spätestens mit Ablauf der doppelten gesetzlichen Verjährungsfrist** oder – wenn die Frist kürzer als drei Jahre ist – mit Ablauf von drei Jahren die Verfolgungsverjährung ein, § 78 c Abs. 3 S. 2, sog. **absolute Verjährungsfrist**. Ist vorher ein Urteil im ersten Rechtszug ergangen, ist aber auch der Ablauf dieser Verjährungsfrist bis zum rechtskräftigen Abschluss des Verfahrens gehemmt, § 78 c Abs. 3 S. 3 i.V.m. § 78 b Abs. 3.

663 Zur Strafvollstreckungsverjährung s. §§ 79 ff.

664 Fischer § 78 a Rn. 6.

665 Vgl. Sch/Sch/Sternberg-Lieben § 231 Rn. 14.

II. Weitere Strafverfolgungshindernisse

412
- Nichtanwendbarkeit deutschen Strafrechts (s.o. Rn. 5 ff.)
- Strafunmündigkeit des Beschuldigten (s.o. Rn. 327)
- Tod des Beschuldigten
- Verbot erneuter Strafverfolgung wegen Vorliegens eines rechtskräftigen Strafurteils zu derselben Tat (Art. 103 Abs. 3 GG) oder einer anderen verfahrensbeendigenden Entscheidung mit Rechtskraft, z.B. Strafbefehl, § 410 Abs. 3 StPO.

3. Teil: Das fahrlässige Begehungsdelikt

1. Abschnitt: Deliktsstruktur

Das Unrecht des fahrlässigen Begehungsdelikts besteht darin, dass der Täter bei Vornahme einer Handlung einen Fehler begangen hat. Beim **fahrlässigen Erfolgsdelikt** muss er durch diesen Fehler vermeidbar, aber unvorsätzlich einen tatbestandlichen Schaden verursacht haben. Bei den **fahrlässigen schlichten Tätigkeitsdelikten** (z.B. §§ 161, 316 Abs. 2) liegt der strafrechtliche Vorwurf allein in der Fehlerhaftigkeit eines bestimmten Verhaltens. 413

A. Unterschiede zur Vorsatztat

I. Erhebliche Unterschiede zur Vorsatztat ergeben sich schon aus dem **Gesetz**: 414

- Nach § 15 ist Fahrlässigkeit nur **strafbar**, wenn das Gesetz dies ausdrücklich vorschreibt.
- Bei Fahrlässigkeitsdelikten ist ein **Tatbestandsirrtum** ausgeschlossen.
- Es gibt **keinen Versuch** der Fahrlässigkeitstat.
- Die §§ 25–27 für **mittelbare Täterschaft, Anstiftung und Beihilfe gelten nicht**, weil alle Beteiligungsformen Vorsatz für einen tatbestandlichen Erfolg voraussetzen. Vielmehr ist jeder fahrlässig und zurechenbar handelnde Verursacher eines Erfolgs Täter der Fahrlässigkeitstat. Vergröbernd lässt sich daher bei der Fahrlässigkeitstat von einem „Einheitstäterbegriff" sprechen.

  Ob es Mittäterschaft bei der Fahrlässigkeitstat durch eine gemeinschaftliche sorgfaltswidrige Handlung gibt, ist umstritten.[666]

II. Umstritten ist, in welchem **Verhältnis Vorsatz und Fahrlässigkeit** als Vorwerfbarkeitsformen zueinander stehen: 415

Einige Rechtslehrer meinen, dass die Vorsatztat in objektiver Hinsicht alle Elemente der Fahrlässigkeitstat umfasse. Sie unterscheide sich lediglich durch das Mehr des Vorsatzes. Danach stehen Vorsatz und Fahrlässigkeit in einem **Plus-Minus-Verhältnis** zueinander.[667] Die h.M. sieht zwischen **Vorsatz und Fahrlässigkeit ein „Aliud-Verhältnis"**.[668] Sie verweist darauf, dass der Vorsatztäter eine andere Einstellung zum verletzten Rechtsgut habe als der Fahrlässigkeitstäter.[669] Zudem sei es logisch ausgeschlossen, dass jemand, der einen Erfolg zumindest billige, zugleich sorgfaltswidrig auf sein Ausbleiben vertraue.[670] Auch nach dieser Auffassung ist es jedoch zulässig, bei fehlender Nachweisbarkeit des Vorsatzes aus Fahrlässigkeit zu bestrafen, wenn zumindest deren Voraussetzungen erfüllt sind.[671]

---

666 Dazu ausführlich AS-Skript StrafR AT 2 (2021), Rn. 5.

667 Herzberg NStZ 2004, 593; MünchKomm/Hardtung § 222 Rn. 1.

668 BGH NStZ 2011, 460; Fischer § 15 Rn. 21; MünchKomm/Duttge § 15 Rn. 104; Kaspar JuS 2012, 16, 17.

669 Baumann/Weber/Mitsch/Eisele § 12 Rn. 3 ff.

670 Roxin/Greco AT I § 24 Rn. 79.

671 BGH NStZ 2011, 460; Roxin/Greco AT I § 24 Rn. 79.

416 **III.** Allerdings können durch dieselbe Handlung **sowohl Vorsatz- als auch Fahrlässigkeitsdelikte** erfüllt sein, wenn es um verschiedene Deliktserfolge geht. **Die Vorwerfbarkeit ist also teilbar.**

Beispiel hierfür ist die Rechtsfigur der „aberratio ictus": A schießt auf B, um ihn zu töten, trifft aber den in der Nähe stehenden C. – Versuchter Totschlag bezüglich B in Tateinheit mit fahrlässiger Tötung des C.[672]

B. Fahrlässigkeit

I. Definition

417 Was Fahrlässigkeit ist, sagt das Strafgesetzbuch nicht. Insofern sind die Fahrlässigkeitsdelikte Blankettnormen, bei denen die Verletzung beliebiger – auch ungeschriebener (!) – Verhaltensregeln strafbegründend wirken kann.

Beispiel: M empfing einige Gäste und erlaubte ihnen, in der Wohnung zu rauchen. Ihre Kinder schliefen nebenan. Mit den Gästen verließ M für einige Zeit die Wohnung, ohne zuvor das Wohnzimmer auf noch glimmende Zigarettenreste zu untersuchen. Als sie zurückkam, waren die Kinder an den Folgen eines durch heruntergefallene Zigarettenglut verursachten Schwelbrandes erstickt. – Der BGH bejahte bei M fahrlässige Tötung (§ 222) in zwei Fällen in Tateinheit mit fahrlässiger Brandstiftung (§ 306 d). Geschriebene Regeln zur Brandverhütung im Haushalt existieren nicht. Das hinderte den BGH aber nicht, die Verhaltensregel selbst zu formulieren, dass „jeder, der den Umgang mit Zigaretten und glimmender Asche zulässt, verpflichtet ist, ein Übergreifen auf entflammbare Materialien zu verhindern oder jedenfalls auf ein Minimum zu reduzieren" und bei M eine strafbare Verletzung dieser Regel zu bejahen.[673]

Einzelne Stimmen im Schrifttum zweifeln wegen der Unbegrenztheit denkbarer Pflichtverletzungen an der verfassungsrechtlich gebotenen Bestimmtheit der Fahrlässigkeitstatbestände.[674] Die überwiegende Mehrheit der Strafjuristen hält dagegen eine strafbarkeitsbegrenzende Definition des Fahrlässigkeitsbegriffs für möglich:

Für einige ist Fahrlässigkeit „Erkennbarkeit der Tatbestandsverwirklichung".[675] Andere sehen darin das Nicht-Abstand-Nehmen von einer Handlung trotz „triftigen Anlasses".[676]

Roxin u.a. verstehen den Begriff der Fahrlässigkeit nur als Etikettierung der aus der Zurechnungslehre bekannten Kriterien „Schaffung einer rechtlich missbilligten Gefahr durch Überschreitung erlaubten Risikos" und „Adäquanzzusammenhang".[677]

Rspr. und h.L. bejahen das Handlungsunrecht der Fahrlässigkeitstat dann, **wenn sich in der Art und Weise der Täterhandlung eine Sorgfaltswidrigkeit widerspiegelt und dabei der Eintritt des Erfolgs vorhersehbar war.**

Hinweis: *Die* ***Vermeidbarkeit des Erfolgs ist kein Element der Fahrlässigkeit****, sondern beschreibt den Risikozusammenhang zwischen Sorgfaltswidrigkeit und Erfolg.*

---

672 Ausführlich zur aberratio ictus im AS-Skript StrafR AT 2 (2021), Rn. 362 ff.

673 BGH RÜ 2005, 309.

674 MünchKomm/Duttge § 15 Rn. 33; Walther JZ 2005, 686, 687.

675 Schroeder JZ 1989, 776 ff.; Jakobs 9/5.

676 MünchKomm/Duttge § 15 Rn. 121 ff.

677 Roxin/Greco AT I § 24 Rn. 10.

II. Fahrlässigkeitsformen

1. Das StGB unterscheidet zwischen (einfacher) Fahrlässigkeit und Leichtfertigkeit. Hiermit ist die Intensität der Sorgfaltspflichtverletzung umschrieben. **418**

a) Die **einfache Fahrlässigkeit** als Regelfall ist nicht mehr als die nachlässige Nichtbeachtung von Verhaltensge- und -verboten.

b) In manchen Vorschriften (z.B. § 261 Abs. 5) wird **leichtfertiges Handeln** verlangt – vor allem bei Erfolgsqualifikationen (z.B. §§ 251, 239 a Abs. 3). Dieses Merkmal entspricht etwa der groben Fahrlässigkeit des bürgerlichen Rechts.[678] **Leichtfertig** (umgangssprachlich: „leichtsinnig") **handelt, wer sich in frivoler Rücksichtslosigkeit über die klar erkannte Möglichkeit der Tatbestandsverwirklichung hinwegsetzt oder wer eine besonders ernst zu nehmende Pflicht verletzt.**[679]

2. Sowohl die einfache Fahrlässigkeit als auch die Leichtfertigkeit können – psychologisch gesehen – danach unterschieden werden, ob der Täter die Möglichkeit des Erfolgseintritts bedacht hat oder nicht. **419**

a) Der Täter handelt **unbewusst fahrlässig**, wenn er den **Erfolg nicht voraussieht**, sich aber der Möglichkeit eines Schadens bewusst sein müsste und könnte.[680]

Beispiel: Der Autofahrer bemerkt beim Rückwärtssetzen das hinter dem Auto spielende Kind nicht und verletzt es. – Fahrlässige Körperverletzung gemäß § 229.

b) Der Täter handelt **bewusst fahrlässig**, wenn er über die Gefährlichkeit seines Verhaltens und die Möglichkeit des Erfolgseintritts reflektiert, dann aber pflichtwidrig darauf hofft, dass sich dieser nicht realisieren werde.[681] Dieser strafrechtliche Vorwurf bleibt regelmäßig nach Ausgrenzung des dolus eventualis übrig (vgl. dazu oben Rn. 160 ff.).

Beispiel: Der Messerstecher hofft darauf, dass die seinem Opfer zugefügten Stiche nicht tödlich sind. Wider Erwarten stirbt das Opfer. – Körperverletzung mit (fahrlässiger) Todesfolge gemäß § 227.

Hinweis: *Die Unterscheidung zwischen bewusster und unbewusster Fahrlässigkeit ist nur für die Strafzumessung bedeutsam.*

III. Objektive und individuelle Fahrlässigkeit

Innerhalb der h.M. zum Begriff der Fahrlässigkeit ist umstritten, nach welchem **Vergleichsmaßstab** Sorgfaltsverstoß und Vorhersehbarkeit zu ermitteln sind.

Eine Literaturauffassung legt ausschließlich einen **individuellen Prüfungsmaßstab** an. **420**
Fahrlässig handelt danach, wer allein nach seinem Wissen und seinen Fähigkeiten in der Lage gewesen wäre, sein Verhalten so einzurichten, dass fremde Rechtsgüter nicht gefährdet werden, und wer individuell die Tatbestandserfüllung hätte voraussehen können.[682] Begründet wird dieser **einstufige Fahrlässigkeitsbegriff** vor allem damit, dass

678 Fischer § 15 Rn. 20.

679 Vgl. BGHSt 33, 67; OLG Nürnberg StZ 1986, 556.

680 Vgl. Baumann/Weber/Mitsch/Eisele §12 Rn. 6: „Keine Wissensbeziehung zur Tatbestandserfüllung".

681 Sch/Sch/Sternberg-Lieben/Schuster § 15 Rn. 203.

682 Freund § 5 Rn. 23; Otto § 10 Rn. 13 f.; Stratenwerth/Kuhlen § 15 Rn. 12 ff.

Normadressat nur der Täter selbst sei und nicht irgendeine fiktive Kunstfigur eines Durchschnittsmenschen.

421 Die herrschende Lehre und die Rechtspraxis gehen von einem **objektiv-individuellen, zweistufigen Fahrlässigkeitsbegriff** aus.

- Auf der ersten Stufe wird ermittelt, ob das fragliche Verhalten den Anforderungen entsprochen hätte, **die ein besonnener und gewissenhafter Mensch in der Situation des Handelnden** erfüllt hätte.
- Erst auf der zweiten Stufe wird untersucht, ob auch der **individuelle Täter nach seinen Fähigkeiten und Kenntnissen** in der Lage war, die durchschnittlichen Verhaltenserwartungen zu erfüllen.[683]

Kritik: Beide Ansichten haben ihre Probleme. Gegen den zweistufigen Fahrlässigkeitsbegriff spricht, dass es in besonderen Situationen Schwierigkeiten bereitet, eine fiktive objektivierte Maßstabsperson zu beschreiben. Wie handelt z.B. ein „durchschnittlicher Betrunkener", wenn zu begründen ist, ob eine geschehene Trunkenheitsfahrt objektiv sorgfaltswidrig war? Wie ist es, wenn der individuelle Täter mehr weiß oder kann als der durchschnittliche Vergleichsmensch? (Dazu der nachfolgende Fall.) Der einstufige Fahrlässigkeitsbegriff kann dagegen nicht begründen, warum derjenige, der infolge Rausches nicht zu für ihn durchschnittlichem Verhalten fähig war, dennoch eine tatbestandsmäßige Fahrlässigkeits-Rauschtat begangen haben soll oder warum gegen ihn eine Maßregel der Sicherung und Besserung, die immer eine tatbestandsmäßige und rechtswidrige Straftat voraussetzt (vgl. § 69), verhängt werden kann. Wir folgen daher dem herrschenden zweistufigen Fahrlässigkeitsbegriff.

IV. Standort im Deliktsaufbau

422 Wo die Fahrlässigkeit im Deliktsaufbau zu prüfen ist, ergibt sich zum einen aus dem anzuwendenden Vergleichsmaßstab, zum anderen aus dem von den Handlungslehren geprägten Deliktsverständnis. Hier hat sich eine Umschichtung vollzogen, die ähnlich wie beim Merkmal „Vorsatz" von der Schuld zum Tatbestand hin verlaufen ist.

Nach dem von der kausalen Handlungslehre geprägten klassischen Verbrechensaufbau erschöpfte sich der Tatbestand in der bloßen Erfolgsverursachung, die Fahrlässigkeit war nur eine Schuldform (s.o. Rn. 78).[684]

Später gewann die Auffassung Raum, dass die Verletzung der objektiven Sorgfaltspflicht dem individuellen Schuldvorwurf als objektivierbares Unrecht logisch vorgelagert sei. Deshalb wurde die Auffassung vertreten, dass bei Einhaltung der im Verkehr erforderlichen Sorgfalt die Rechtswidrigkeit und nicht erst die Schuld entfalle.[685]

Die heute h.M. trägt der Zweistufigkeit der Fahrlässigkeit durch Trennung auf Tatbestands- und Schuldebene Rechnung und gelangt damit zu einer **Doppelfunktion** dieser Vorwerfbarkeitsform:

683 Jescheck/Weigend § 54 I 3; Wessels/Beulke/Satzger Rn. 1120; BGHSt 37, 107, 118, 119.

684 Vgl. BGHSt 14, 52, 54 f.

685 Baumann/Weber/Mitsch bis zur 11. Aufl. § 22 Rn. 19 ff., 57.

- **Im Tatbestand** kennzeichnet die Fahrlässigkeit als Außerachtlassung der objektiv gebotenen Sorgfalt das spezifische Verhaltensunrecht.
- **In der Schuld** wird gefragt, ob der Täter nach seinen Fähigkeiten die objektiven Sorgfaltsanforderungen nicht erfüllt hat, die individuelle Vorwerfbarkeit.[686]

Inzwischen gibt es Stimmen, die sogar eine **vollständige Vertatbestandlichung der Fahrlässigkeitsprüfung** vorschlagen und in einem „subjektiven Tatbestand" der Fahrlässigkeitstat die individuelle Voraussehbarkeit des Erfolgs untersuchen.[687]

Klausurhinweis: *Gehen auch Sie in einer Klausur ohne Diskussion vom herrschenden zweistufigen Fahrlässigkeitsbegriff aus, ohne dies näher zu begründen.*

V. Ermittlung der Fahrlässigkeit im konkreten Fall

1. Sorgfaltswidrigkeit

a) Die Sorgfaltswidrigkeit kann **gleichzeitig mit der unmittelbar erfolgsverursachenden Handlung** begangen worden sein, beispielsweise zu hohe Geschwindigkeit bei einem Auffahrunfall. Zumindest bei verhaltensneutralen Delikten kann die Fahrlässigkeit auch **zeitlich vorher** liegen, beispielsweise mangelhafte Vorkehrungen gegen die Folgen einer plötzlichen Operationskomplikation. **423**

b) Für die Festlegung des Sorgfaltsmaßstabes ist **nach den Anforderungen zu fragen, die „man" zu erfüllen hat, also ein besonnener und gewissenhafter Mensch aus dem Verkehrskreis des Täters in dessen sozialer Rolle bei einer Betrachtung der Gefahrenlage ex ante.**[688] Quellen dafür sind: **424**

- Spezielle Rechtsnormen oder auch nur Verhaltensmaßstäbe, die in dem Verkehrskreis, dem der Täter angehört, oder für die von ihm übernommene Tätigkeit anerkannt sind. **425**

  Beispiele: StVO, Arbeitsschutz- und Unfallverhütungsvorschriften, DIN-Normen.

- Fehlen spezielle Regeln – oft im privaten Bereich –, müssen die Sorgfaltspflichten aus dem in Art. 1, 2 Abs. 1 GG wurzelnden allgemeinen Schädigungsverbot abgeleitet werden. In solchen Fällen besteht erhebliche Rechtsunsicherheit. Kriterien für die Konkretisierung sind Schadenswahrscheinlichkeit, Gewicht der gefährdeten Rechtsgüter und mögliche Schadensintensität. **426**

  Formel: Je höher das Risiko, je höherwertig das gefährdete Rechtsgut und je größer der zu erwartende Schaden, desto höher sind die Sorgfaltsanforderungen.[689]

- Das Schädigungsverbot gilt jedoch nicht grenzenlos. Sonst wären die Benutzung eines Kraftfahrzeugs, sozialer Kontakt oder der Umgang mit gefährlichen Stoffen we- **427**

---

686 Sch/Sch/Sternberg-Lieben/Schuster § 15 Rn. 119; Baumann/Weber/Mitsch/Eisele § 12 Rn. 21; Wessels/Beulke/Satzger Rn. 1111.

687 Kindhäuser/Zimmermann § 33 Rn. 72 ff.

688 BGH RÜ 2003, 268; Sch/Sch/Sternberg-Lieben/Schuster § 15 Rn. 135.

689 Vgl. BGHSt 37, 184, 189.

gen der Gefahren für Leben und die Gesundheit anderer stets sorgfaltswidrige Verhaltensweisen. Wegen des sozialen Nutzens aber wird ein unvermeidbarer Rest der damit typischerweise verbundenen Gefahren von der Rechtsordnung hingenommen. Dieses **erlaubte Risiko** ist Ausdruck der sozialen Adäquanz. So werden Handlungen von der Strafbarkeit ausgenommen, die wegen ihrer Notwendigkeit für die Aufrechterhaltung des sozialen Lebens und Verkehrs unerlässlich sind. **Es ist damit schon für die Bestimmung der Sorgfaltswidrigkeit eines bestimmten Verhaltens zu fragen, ob es das erlaubte Risiko überschritten hat.**

428 ■ Eine weitere Beschränkung der Sorgfaltspflichten ergibt sich aus dem Autonomieprinzip und der daraus resultierenden Abgrenzung von Verantwortungsbereichen. Bei der Fahrlässigkeitstat wird dies mit dem Begriff **Vertrauensgrundsatz** umschrieben. **Der Vertrauensgrundsatz besagt, dass jeder grundsätzlich nur sein eigenes Verhalten darauf einzurichten hat, dass er selbst keine fremden Rechtsgüter verletzt, und deshalb darauf vertrauen darf, dass sich andere auch sorgfaltsgemäß verhalten.**

429 Bedeutung hat der Vertrauensgrundsatz vor allem im **Straßenverkehr**. Hier besagt er, dass jeder Verkehrsteilnehmer sein Verhalten im Vertrauen auf das ebenfalls verkehrsrichtige Verhalten der übrigen Verkehrsteilnehmer einrichten darf, **es sei denn**, dass die anderen Verkehrsteilnehmer offensichtlich den Verkehrsanforderungen nicht gewachsen sind, dass häufig mit verkehrswidrigem Verhalten der anderen Teilnehmer zu rechnen ist oder dass der Täter selbst besonderen Verkehrspflichten zuwidergehandelt hat.[690]

430 Darüber hinaus gilt der Vertrauensgrundsatz bei **horizontaler Arbeitsteilung**, z.B. bei einer Operation, die von mehreren Ärzten verschiedener Fachrichtungen ausgeführt wird. Hier darf jeder auf die fehlerfreie Mitwirkung der anderen vertrauen, sofern keine ernsthaften Zweifel an der Ordnungsmäßigkeit der Tätigkeit der anderen Kollegen bestehen und sofern der Vertrauende sich selbst ordnungsgemäß verhält.[691] Der Vertrauensgrundsatz gilt hier auch dann **nicht**, wenn der zur ordnungsgemäßen Ausführung Verpflichtete andere in seinem Pflichtenkreis tätig werden lässt. Der Verpflichtete bleibt auch dann für die ordnungsgemäße Verrichtung verantwortlich,[692] zumindest wandelt sich dann seine Ausführungsverantwortung in eine Auswahl-, Instruktions- und Überwachungsverpflichtung um.

Der Vertrauensgrundsatz gilt generell nicht, wo die **Sorgfaltspflicht gerade darin besteht, Personen zu überwachen und dadurch Schäden Dritter zu verhindern**, z.B. bei Vorschriften über die Unterbringung psychisch Kranker[693] oder Regeln des Strafvollzugs bei rückfallgefährdeten Straftätern im offenen Vollzug.[694]

431 **c)** Aus den Sorgfaltsregeln ergeben sich primär **Anforderungen an die Ausführung** riskanter Handlungen selbst. Diese müssen den üblichen Standards entsprechen. Hieraus

690 Vgl. BGHSt 11, 389, 393; Sch/Sch/Sternberg-Lieben/Schuster § 15 Rn. 149 ff.

691 BGHSt 43, 306, 310.

692 BGH NJW 2002, 1887.

693 BGH RÜ 2004, 34.

694 Vgl. Neubacher Jura 2005, 857.

erwachsen aber auch **Vorsorge-, Informations- und Kontrollpflichten**, die den Handlungsvollzug begleiten.

Beispiel: Pflicht des Arztes zur beruflichen Fortbildung anhand von Fachpublikationen und Anpassung seiner Behandlungsmethoden an die geltenden Standards.[695]

Wer besonders schwierige Aufgaben übernimmt, trägt zudem eine **Übernahmeverpflichtung** für die fachgerechte Erledigung.

Beispiel: Wer als Allgemeinmediziner erkennen muss, dass für eine bestimmte Behandlung ein Spezialist hinzugezogen werden muss, kann sich nicht damit entlasten, dass er dem Patienten nur die Behandlung hat angedeihen lassen, zu der er selbst in der Lage war.[696]

Wer eine ihm obliegende Aufgabe auf andere delegiert, trägt die **Auswahlpflicht**, nur geeignete Personen zu betrauen, die **Instruktionspflicht** sowie die **Überwachungspflicht**.

Beispiel: Bei der Beseitigung umweltgefährdenden Abfalls kann sich der Verursacher nicht ohne Weiteres darauf verlassen, dass das von ihm beauftragte Unternehmen den Müll ordnungsgemäß beseitigt.[697]

Wer einen Betriebsablauf oder eine Organisation leitet, in der arbeitsteilig rechtsgutgefährdende Handlungen vorgenommen werden, trägt die **Organisationspflicht** dafür, dass nicht durch Zuständigkeits- oder Koordinationsmängel Schäden entstehen.

Beispiel: Die Organe eines Krankenhausträgers haften aus diesem Grund für die Folgen, die daraus entstehen, dass nach einem Nachtdienst übermüdete Ärzte zur Operation eingeteilt werden.[698]

2. Vorhersehbarkeit

Der Eintritt des tatbestandlichen Erfolges ist **objektiv vorhersehbar, wenn der wesentliche Kausalverlauf und der eingetretene Erfolg nicht so sehr außerhalb aller Lebenserfahrung liegen, dass man vernünftigerweise nicht damit zu rechnen brauchte.**[699] Unerheblich ist, dass nicht alle Einzelheiten des Geschehensablaufs prognostiziert werden können, wenn nur der Erfolg im Endergebnis voraussehbar war.[700] 432

Klausurhinweis: *Bei der Begründung der Fahrlässigkeit im konkreten Fall liegt regelmäßig ein* ***Schwerpunkt des strafrechtlichen Gutachtens****. Vermeiden Sie Allgemeinplätze oder pauschale Feststellungen. Beschreiben Sie stattdessen bei jeder Fahrlässigkeitsprüfung (auf Tatbestandsebene) genau, welche Sorgfaltspflicht bestand, worin objektiv ihre Verletzung lag und ob ein Taterfolg dieser Art generell vorhersehbar war; ferner (auf Schuldebene), ob auch der Täter den Sorgfaltsanforderungen entsprechen und den Taterfolg vorhersehen konnte.*

695 Laufs/Uhlenbruck, Handbuch des Arztrechts, 2. Aufl., § 99 Rn. 10.
696 Laufs/Uhlenbruck a.a.O. § 99 Rn. 12.
697 Vgl. BGHSt 40, 84.
698 BGH NJW 1986, 776.
699 RGSt 65, 135; BGHSt 12, 75, 78; Sch/Sch/Sternberg-Lieben/Schuster § 15 Rn. 180.
700 OLG Nürnberg NStZ-RR 2006, 248.

C. Pflichtwidrigkeits- und Zurechnungszusammenhang zwischen der fahrlässigen Handlung und dem Erfolg

433 Bei den fahrlässigen Erfolgsdelikten (Hauptfälle: §§ 222, 229) hebt schon der Gesetzeswortlaut in der Regel hervor, dass der Täter den Erfolg **„durch Fahrlässigkeit verursacht“** haben muss. Zusätzlich zur Kausalität muss der Erfolg also **gerade auf der Fahrlässigkeit beruhen**.

Dieser innere Zusammenhang – oder auch **Pflichtwidrigkeitszusammenhang** – ist dasselbe wie der von der objektiven Zurechnungslehre für die Erfolgsdelikte generell geforderte Risikozusammenhang. Damit wirkt sich der Streit über die Notwendigkeit der objektiven Zurechnung bei dieser Deliktsart praktisch nicht aus. Entweder gehen einzelne Fallgruppen bereits im Begriff der Fahrlässigkeit auf oder sie sind aus sich heraus als Tatbestandsausschluss anerkannt:

I. Nicht mehr gesondert zu prüfende Fallgruppen der objektiven Zurechnung

1. Schaffung rechtlich missbilligten Risikos, Sozialadäquanz

434 Die „Schaffung rechtlich missbilligten Risikos“ (s.o. Rn. 122) ist schon Voraussetzung der objektiven Pflichtwidrigkeit selbst und hat deshalb im Rahmen der objektiven Zurechnung keine Bedeutung mehr.

435 Auch die Frage der **„Sozialadäquanz“** (s.o. Rn. 123) kann sich nach Bejahung der objektiven Sorgfaltswidrigkeit nicht mehr stellen, denn die Überschreitung erlaubten Risikos ist deren Voraussetzung.

2. Inadäquanz

436 Die objektive Vorhersehbarkeit von Erfolg und Kausalverlauf als Element der Fahrlässigkeit ist deckungsgleich mit „Adäquanzzusammenhang“.[701] Wer die Vorhersehbarkeit und die objektive Fahrlässigkeit bejaht hat, kann die objektive Zurechnung nicht mehr aus Gründen der Inadäquanz (s.o. Rn. 125) verneinen. Auch diese Fallgruppe ist bei der objektiven Zurechnung innerhalb des Fahrlässigkeitsdelikts nicht mehr anzusprechen.

II. Verbleibende Tatbestandsausschlüsse

1. Risikoverringerung

437 Denkbar – aber bisher noch nicht in Klausuren thematisiert – sind Fälle, in denen der Täter fahrlässig eine Rechtsgutverletzung begeht, die gleichzeitig das von einem anderen geschaffene Risiko abschwächt.

Beispiel: Aus Unachtsamkeit stößt A den B an. Das bewirkt, dass ein herabfallender Dachziegel den B nicht erschlägt, sondern nur an der Schulter verletzt.

701 Vgl. BGH NStZ 1992, 335.

Die Vertreter der **Zurechnungslehre** verneinen hier bereits die Tatbestandsmäßigkeit.

Wer die Zurechnungslehre ablehnt, kommt zur Rechtfertigung aus § 34, aber nur wenn das fehlende subjektive Rechtfertigungselement nicht schadet (s.u. Rn. 449).

2. Erfolg außerhalb des Risikozusammenhangs der fahrlässigen Handlung; hypothetisches rechtmäßiges Alternativverhalten

a) Der **Pflichtwidrigkeitszusammenhang fehlt**, wenn der konkrete Erfolg gar nicht auf dem fahrlässigen Fehlverhalten beruht, sondern auf der Verwirklichung einer ganz anderen Gefahr, z.B. dem allgemeinen Lebensrisiko. **438**

Beispiel: Ein Koch bereitet ein Pilzgericht zu, für das er fahrlässig einen tödlichen Giftpilz mitverarbeitet. Der Gast verschluckt sich schon beim ersten Bissen und erstickt. – Keine fahrlässige Tötung gemäß § 222, weil sich die fahrlässige Handlung des Kochs gar nicht auf den Tod des Gastes ausgewirkt hat.

b) Ob zwischen der fehlerhaften Handlung und dem Erfolg der erforderliche innere Zusammenhang besteht, ergibt sich, wenn man fragt, ob derselbe tatbestandsmäßige Erfolg auch bei Einhaltung der gebotenen Sorgfalt eingetreten wäre, sog. **hypothetisches rechtmäßiges Alternativverhalten**.

aa) Hierfür sind folgende **Gedankenschritte** erforderlich: **439**

(1) Anzuknüpfen ist allein an die **konkrete kritische Lage, die unmittelbar zu dem schädlichen Erfolg geführt hat**.

(2) Hinwegzudenken und durch das mit der Pflichtwidrigkeit korrespondierende verkehrsgerechte Verhalten zu ersetzen ist nur der dem Täter vorgeworfene Fehler; darüber hinaus darf von der Situation nichts weggelassen, ihr nichts hinzugedacht und an ihr nichts verändert werden.

(3) Derselbe Erfolg müsste dann zur gleichen Zeit aufgrund eines Umstands eingetreten sein, der bereits unmittelbar in der Tatsituation angelegt war, wie etwa Fehlverhalten des Opfers oder andere nicht willentlich beherrschbare Umstände.

bb) Es gelten aber folgende **Besonderheiten:**

- Geht es um einen **Unfall bei einer Trunkenheitsfahrt**, der für einen nüchternen Fahrzeugführer mit derselben für ihn erlaubten Geschwindigkeit unvermeidbar gewesen wäre, ist umstritten, worin das rechtmäßige Vergleichsverhalten besteht. **440**

  Die Rspr. stellt auf den alkoholisierten Fahrer selbst ab. Auf der Grundlage des § 3 Abs. 1 S. 2 StVO wird gefragt, bei welcher **geringeren Geschwindigkeit der alkoholisierte Fahrer** – abgesehen davon, dass er als Fahruntüchtiger überhaupt nicht am Verkehr teilnehmen durfte – noch seiner durch den Alkoholeinfluss herabgesetzten Wahrnehmungs- und Reaktionsfähigkeit bei Eintritt der kritischen Verkehrslage hätte Rechnung tragen können, und ob es auch bei dieser Geschwindigkeit zu dem Unfall gekommen wäre.[702]

702 BGHSt 24, 31; BGH RÜ 2013, 231.

Diese Rspr. wird in der Lit. heftig kritisiert. Gegen den BGH wird angeführt, dass es überhaupt keine an die Trunkenheit angepasste Geschwindigkeit geben könne, da es dem Fahrer im fahruntüchtigen Zustand schlechterdings untersagt sei, am Straßenverkehr teilzunehmen. Auf diese Weise werde nicht mehr auf ein rechtmäßiges, sondern ein weniger rechtswidriges Alternativverhalten abgestellt. Dies sei jedoch unzulässig, da immer derjenige Gesichtspunkt hinwegzudenken sei, der die Gefahr unerlaubt gemacht hat. Dies sei jedoch die Trunkenheit und nicht die Geschwindigkeit, da die Zurechnung bei einem nüchternen Fahrer mit gleicher Geschwindigkeit ausgeschlossen gewesen wäre. Die Lit. stellt deshalb ausschließlich darauf ab, ob die Kollision für einen gedachten **nüchternen Fahrer** bei im Übrigen unverändertem Sachverhalt vermeidbar war oder nicht.[703]

Kritik: Die Prämisse der Lit. ist, dass die Pflichtwidrigkeit absoluter Fahruntüchtigkeit die Sorgfaltspflicht des § 3 Abs. 1 S. 2 StVO verdrängt. Das überzeugt aber nicht. Wer unterhalb der Schwelle absoluter oder relativer Fahruntüchtigkeit alkoholisiert fährt, darf auch nicht mit derselben Geschwindigkeit wie ein Nüchterner fahren. Nur weil seine Alkoholisierung noch weit höher war, wird er von der Pflicht zur Geschwindigkeitsanpassung nicht enthoben. Die Rspr. ist damit vorzugswürdig.

441 ■ Ist das hypothetische Verhalten eine **autonome Willensentscheidung** eines Dritten, ist es in der Regel in der Tatsituation **nicht angelegt** und findet deshalb schon gar keine gedankliche Berücksichtigung.

Beispiel: Der Chefarzt der geschlossenen Abteilung eines Landeskrankenhauses, der einem dort **untergebrachten Sexualtäter trotz entgegenstehender Warnhinweise Ausgang gewährt**, den dieser zu Morden ausnutzt, kann sich von dem Vorwurf fahrlässiger Tötung des Mordopfers nicht dadurch entlasten, dass der Untergebrachte ohne die Erlaubnis zum Ausgang ausgebrochen wäre. Der hypothetische Ausbruch ist als autonome Willensentscheidung nicht zu berücksichtigen.[704]

442 ■ Hätte der Dritte durch sein pflichtwidriges Verhalten **nur kurze Zeit später hypothetisch denselben Erfolg herbeigeführt**, ändert das nichts daran, dass sich das vom Täter fahrlässig geschaffene Risiko im Erfolg realisiert hat.

Beispiel: Kein Einwand rechtmäßigen Alternativverhaltens für den Auffahrenden bei einer **Massenkarambolage** mit dem Argument, dass, wenn er rechtzeitig gebremst hätte, der nachfolgende Fahrer trotzdem mit so hoher Geschwindigkeit aufgefahren wäre, dass er das vor ihm stehende Fahrzeug in den davor stehenden Wagen geschoben hätte.[705]

443 ■ Sogar dass der **andere für denselben Fahrlässigkeitserfolg verantwortlich ist,** entlastet nicht, weil dann jeder fahrlässig Handelnde den von ihm geschaffenen realen Risikozusammenhang unter Berufung auf die Strafbarkeit des jeweils anderen neutralisieren könnte. Die Folge wäre, dass beide straflos blieben. Um dieses absurde Ergebnis zu vermeiden, wird in solchen Fällen – ähnlich wie in den Fällen der alternativen Kausalität (s.o. Fall 2 Rn. 115) – die Berufung auf rechtmäßiges Alternativverhalten nur zugelassen, wenn derselbe Erfolg bei pflichtgemäßem Verhalten **aller** in derselben Weise eingetreten wäre.[706]

703 Lehmann NJW 1971, 1142; Knaubers NJW 1971, 627; Jäger JA 2013, 393, 395.

704 BGH RÜ 2004, 34.

705 Vgl. BGHSt 30, 228, 231; vgl. dazu auch Puppe Jura 1997, 513 ff.

706 Kindhäuser/Zimmermann § 33 Rn. 40 f.

Beispiel: Die Krankenschwestern A und B geben ihrem Patienten unabhängig voneinander sorgfaltswidrig eine Überdosis Schmerzmittel, von der jede für sich zum Tod geführt hätte. – A und B sind strafbar wegen fahrlässiger Tötung.

cc) Liegen die Voraussetzungen für ein rechtmäßiges Alternativverhalten vor, bejahen **444** sowohl die **objektive Zurechnungslehre** als auch die **Rspr.** – anders als beim vorsätzlichen Begehungsdelikt (s.o. Rn. 127) – bei den fahrlässigen Erfolgsdelikten einen Ausschluss der Tatbestandsmäßigkeit.

dd) Umstritten ist nur, ob der Strafbarkeitsausschluss auch gilt, wenn **nur möglich** ist, **445** dass derselbe Erfolg auch bei gedachtem rechtmäßigem Verhalten eingetreten wäre (ausführlich dazu unten Fall 21 Rn. 456).

3. Erfolg außerhalb des Schutzzweckzusammenhangs

Der Erfolg beruht nur dann auf der Fahrlässigkeit, wenn der Schutzzweck der verletzten **446** Sorgfaltsregel gerade darin besteht, auch Taterfolge wie den konkret verwirklichten zu verhindern.

Dies ist für die Zurechnungslehre ein Kriterium des **Risikozusammenhangs** und für die Rspr. ein Anwendungsfall der **teleologischen Gesetzesauslegung**.

Beispiel: So hat nach BGH eine Geschwindigkeitsbegrenzung zwar nicht den Schutzzweck, einen bestimmten Ort außerhalb ihres Geltungsbereichs früher oder später zu erreichen,[707] wohl aber kann der Sinn einer Geschwindigkeitsbegrenzung darin bestehen, anderen Verkehrsteilnehmern in ihrem Geltungsbereich das gefahrlose Überqueren der Straße zu ermöglichen.[708]

4. Anknüpfende Zweithandlungen

a) Anknüpfungshandlungen des Täters oder dritter Personen

Wird der tatbestandsmäßige Erfolg nach einer sorgfaltswidrigen Ersthandlung des Tä- **447** ters unmittelbar durch deliktisch handelnde Dritte oder Fehler von Rettern oder eine Zweithandlung des Täters selbst verursacht, ist die Gedankenführung sowohl der Vertreter als auch der Gegner der Zurechnungslehre gleich: Entscheidend für die Strafbarkeit des Erstverursachers ist, ob die Zweithandlung **vorhersehbar** und der konkrete Erfolg im **Schutzzweck** der durch die Ersthandlung **verletzten Sorgfaltsnorm** lag.

Beispiel: Wer eine Schusswaffe unter Verstoß gegen § 36 Abs. 1 WaffenG so aufbewahrt, dass andere sie unbefugt an sich nehmen können, ist wegen fahrlässiger Tötung gemäß § 222 strafbar, wenn sich jemand der Waffe bemächtigt und damit in einem Amoklauf Menschen erschießt.[709]

b) Eigenverantwortliche Selbstgefährdungen des Opfers

Beruht der Erfolg trotz eigener Sorgfaltswidrigkeit – also außerhalb des Anwen- 448 dungsbereichs des Vertrauensgrundsatzes – auf einer eigenverantwortlichen Selbstgefährdung des Opfers, ist nach der objektiven Zurechnungslehre und der Rspr.

707 BGH JR 1985, 333.

708 Ausführlich dazu Peters JR 1992, 50.

709 BGH RÜ 2012, 438, 440 (Fall Winnenden).

der Tatbestand eines fahrlässigen Erfolgsdelikts ausgeschlossen (dazu unten Fall 22 Rn. 457).

Beispiele:

Keine Strafbarkeit des Arztes, der einem drogenerfahrenen, opiatabhängigen Patienten Substitutionsmedikamente verschreibt, die dieser missbräuchlich in konzentrierter Dosis zu sich nimmt und daran stirbt.[710]

Die Strafbarkeit einer HIV-infizierten Person für den durch ungeschützten Geschlechtsverkehr verursachten (späteren) Tod des Sexualpartners ist ausgeschlossen, wenn Letzterer in Kenntnis der Infektion auf die Verwendung von Kondomen verzichtet hat.[711]

Der Tod eines Arbeiters, der durch dessen bewusste Missachtung von Arbeitsschutzvorschriften entstanden ist, kann nicht seinem Arbeitgeber zugerechnet werden, auch wenn dieser pflichtwidrig die Einhaltung der Arbeitsschutzvorschriften nicht kontrolliert hat.[712]

Klausurhinweis: *Sie sehen, dass auch bei der Prüfung der Fahrlässigkeitstat in einer Klausur eine „Grundsatzdebatte" über die Notwendigkeit der objektiven Zurechnungslehre überflüssig ist. Entscheidend ist, ob eine der vorgenannten Fallgruppen den Tatbestand ausschließt oder nicht.*

D. Rechtfertigung

449 Die Fahrlässigkeitstat ist, das folgt aus einem Erst-recht-Schluss zur Vorsatztat, rechtfertigungsfähig. Entgegen einer Mindermeinung im Schrifttum[713] entfällt durch einen Rechtfertigungsgrund nicht die Sorgfaltswidrigkeit des Handlungsvollzugs, sonst müsste man die Rechtfertigungsgründe schon im Tatbestand prüfen.

Probleme bereitet das **subjektive Rechtfertigungselement**, speziell bei **unbewusster Fahrlässigkeit**. Da der Handelnde in dieser Konstellation in der Regel gar nicht weiß, dass er eine Gefahr bekämpft, fehlt ihm das Bewusstsein, erlaubt zu handeln. Die h.L. verneint in solchen Fällen aber wegen der objektiven Übereinstimmung mit der Rechtsordnung das Erfolgsunrecht und lässt den Täter straflos.[714]

E. Schuld

I. Allgemeine Schuldelemente

450 Die bei der Vorsatztat geltenden Schuldelemente (**Schuldfähigkeit, Entschuldigungsgründe, potenzielles Unrechtsbewusstsein**) sind auch bei der Fahrlässigkeitstat zu beachten.

II. Fahrlässigkeitsschuld

451 Spezieller – und in jeder Falllösung anzusprechender – Prüfungspunkt ist nach dem herrschenden zweistufigen Fahrlässigkeitsaufbau die **individuelle Vorwerfbarkeit**

---

710 BGH RÜ 2014, 301.

711 Vgl. BayObLG JZ 1989, 1073.

712 OLG Rostock RÜ 2005, 31.

713 Otto NStZ 2001, 594, 595.

714 Vgl. AS-Skript StrafR AT 2 (2021), Rn. 371.

des Sorgfaltsverstoßes bei individueller Vorhersehbarkeit des Erfolgs. Der Täter muss **nach seinen persönlichen Fähigkeiten und Kenntnissen gemäß dem Grad seiner Bildung, seiner Intelligenz, seiner sozialen Stellung und seiner Lebenserfahrung imstande gewesen sein, die objektive Sorgfaltspflicht einzuhalten und den drohenden Schaden zu erkennen**.[715] Hat man es in einem Sachverhalt mit einem nicht näher beschriebenen „Durchschnittstäter" zu tun und geht es um Sorgfaltsanforderungen, die für jedermann gelten, ist mit dem objektiven Sorgfaltsverstoß regelmäßig auch die subjektive Sorgfaltswidrigkeit klar. Dort aber, wo besondere Fähigkeiten und Kenntnisse gefragt sind, kann die Fahrlässigkeitsschuld entfallen.

Beispiel: Ein Patient verliert nach einer Operation durch eine innere Wunde Blut. Die zur Nachtwache eingeteilte unerfahrene Krankenschwesterschülerin K erkennt die Komplikation nicht. Der Patient stirbt. – Keine fahrlässige Tötung der K. Zwar objektiver Sorgfaltsverstoß, weil von einer durchschnittlich ausgebildeten und erfahrenen Krankenschwester verlangt werden kann, dass ihr Symptome für Blutverlust auffallen. Das konnte aber die noch nicht ausreichend vorgebildete Schwesternschülerin nicht leisten. (Möglicherweise aber fahrlässige Tötung durch die für die Organisation zuständigen Verwaltungsleiter, die eine unerfahrene Schwesternschülerin zur Nachtwache eingeteilt haben.)

III. Unzumutbarkeit

Umstritten ist, ob es bei der Fahrlässigkeitstat den Entschuldigungsgrund der **Unzumutbarkeit** normgemäßen Verhaltens gibt. 452

Eine Meinung sieht die Unzumutbarkeit nicht erst als Grund für eine Entschuldigung, sondern schon als einen Tatbestandsausschluss wegen Fehlens eines rechtlich zu missbilligenden Risikos an.[716]

Andere bezweifeln die Prämisse, dass das Fahrlässigkeitsunrecht geringer wiege als das Vorsatzunrecht, und lehnen deswegen eine über § 35 hinausgehende Entschuldigung ab.[717]

Die h.M. erkennt die Unzumutbarkeit als über § 35 hinausgehenden Entschuldigungsgrund an, wenn dem Täter oder anderen durch Einhaltung der gebotenen und theoretisch individuell möglichen Sorgfalt Nachteile entstehen würden.[718] Ob dem Täter im Einzelfall normgerechtes Verhalten zugemutet werden kann, hängt nicht nur von der bei ihm gegebenen Interessenlage, sondern vorwiegend auch von der Schwere der drohenden Rechtsgutverletzung ab. Je schwerwiegender die Gefahr, desto mehr eigene Interessenpreisgaben sind dem Täter auch zuzumuten.

Klausurhinweis: *In Examensaufgaben kommt die Unzumutbarkeit als Entschuldigungsgrund praktisch nicht vor.*

---

715 BayObLG NJW 1998, 3580.

716 Vgl. Gropp § 12 Rn. 158 ff.

717 MünchKomm/Schlehofer Vor § 32 Rn. 330 ff.

718 RGSt 30, 25, sog. Leinenfänger-Fall; BGHSt 4, 20, 23; Baumann/Weber/Mitsch/Eisele § 12 Rn. 71; Jescheck/Weigend § 57 IV; Kühl § 17 Rn. 97; Sch/Sch/Sternberg-Lieben Vor §§ 32 ff. Rn. 126.

Aus dem Vorgenannten ergibt sich folgendes

Aufbauschema: Fahrlässiges Begehungs(-Erfolgs-)delikt

Nur strafbar, wenn ein entsprechender Fahrlässigkeitstatbestand existiert, **§ 15**!

I. Tatbestandsmäßigkeit (keine Trennung zwischen obj. und subj. Tatbestand!)

1. Täter, Taterfolg und weitere deliktsspezifische Unrechtsmerkmale

2. Tathandlung

3. Kausalität

4. Objektive Fahrlässigkeit:

a) Obj. Sorgfaltspflichtverletzung unter Berücksichtigung erlaubten Risikos

b) Obj. Vorhersehbarkeit des wesentlichen Kausalverlaufs und des Erfolgs

5. Nach Rspr.: Pflichtwidrigkeits- / nach Lit.: Zurechnungszusammenhang zwischen Handlung und Erfolg:

- Schutzzweckzusammenhang zur verletzten Sorgfaltsnorm
- Keine Unvermeidbarkeit des Erfolges bei hypothetisch rechtmäßigem Alternativverhalten
- Keine eigenverantwortliche Selbstgefährdung des Opfers

II. Rechtswidrigkeit

III. Schuld

1. Schuldfähigkeit

2. Fahrlässigkeitsschuld, d.h. subjektiver Sorgfaltsverstoß bei subjektiver Voraussehbarkeit des wesentlichen Kausalverlaufs und des Erfolgs

3. Fehlen von Entschuldigungsgründen; ausnahmsweise: Unzumutbarkeit normgemäßen Verhaltens

IV. Strafausschließungs- oder Strafaufhebungsgründe

V. Strafantrag; andere Strafverfolgungsvoraussetzungen oder -hindernisse

Aufbauhinweis: *Es ist auch vertretbar, die objektive Fahrlässigkeit bei der Tathandlung zu prüfen. Das hat aber den Nachteil, dass man zur Vorhersehbarkeit des wesentlichen Kausalverlaufs Stellung nehmen müsste, ohne den tatsächlichen Kausalzusammenhang vorher geklärt zu haben. Wir favorisieren daher die genannte Reihenfolge.*

Auf jeden Fall ist die ***Sorgfaltswidrigkeit vor der objektiven Zurechnung*** *zu prüfen, weil die häufig wichtige Frage des Schutzzwecks der Sorgfaltsnorm gar nicht beantwortet werden kann, wenn man nicht vorher ermittelt hat, welche Sorgfaltsnorm überhaupt verletzt wurde.*

2. Abschnitt: Spezielle Fahrlässigkeitsprobleme

A. Sonderwissen

Sofern es sich bei dem Täter nicht um einen Durchschnittsmenschen, sondern um einen solchen mit relevantem **Sonderwissen** handelt, gelten für ihn bereits objektiv verschärfte Sorgfaltspflichten. Das Kriterium der objektiven Pflichtwidrigkeit soll lediglich eine Überspannung der Handlungspflichten vermeiden, nicht aber zu einer Einschränkung des grundsätzlich jedermann treffenden Gebotes führen, das ihm mögliche Optimum zur Gefahrenverhütung zu leisten.[719] 453

Beispiel: Eine Ärztin, die vertretungsweise den Dienst einer Stationsschwester im Krankenhaus übernimmt, macht sich wegen fahrlässiger Tötung strafbar, wenn sie einem Patienten ein vom behandelnden Arzt in falscher Dosierung verordnetes, und damit tödlich wirkendes Medikament verabreicht, obwohl ihr aufgrund ihrer Ausbildung erkennbar war, dass die ungewohnt hohe Dosierung bei dem Patienten zu tödlichen Komplikationen führen würde.

B. Die Prüfung hypothetisch rechtmäßigen Alternativverhaltens im Einzelnen; Risikoerhöhungslehre

Fall 21: Radfahrer-Fall

A lenkte einen Lastzug auf einer geraden und übersichtlichen Straße, deren Fahrbahn etwa 6 m breit war. Auf dem rechten Seitenstreifen fuhr der Radler R in der gleichen Richtung. A überholte ihn mit einer Geschwindigkeit von ca. 26 km/h. Der Seitenabstand vom Kastenaufbau des Anhängers zum linken Ellbogen des Radfahrers betrug dabei 75 cm. Während des Überholvorgangs geriet der Radfahrer mit dem Kopf unter den rechten Hinterreifen des Anhängers, wurde überfahren und war auf der Stelle tot. Eine später der Leiche entnommene Blutprobe ergab einen Blutalkoholgehalt von 1,96 ‰ für den Unfallzeitpunkt.
Kann A für den Tod des Fahrradfahrers strafrechtlich zur Verantwortung gezogen werden? (Radfahrer-Fall nach BGHSt 11, 1)

I. Straßenverkehrsgefährdung nach **§ 315 c Abs. 1 Nr. 2 b i.V.m. Abs. 3** scheidet aus. Zwar hat A den R mit zu geringem Seitenabstand und damit falsch überholt. Unabhängig von der Frage, ob dieses Verhalten schon grob verkehrswidrig war, lässt sich jedoch Rücksichtslosigkeit, also eigensüchtige Motivation und Gleichgültigkeit in Bezug auf die Gefährlichkeit des eigenen Verhaltens,[720] nicht feststellen.

II. Infrage kommt **fährlässige Tötung** durch das Anfahren des R, **§ 222**.

1. R ist getötet worden.
2. Strafrechtlicher Anknüpfungspunkt ist, dass A mit dem Lkw an R vorbeigefahren ist. Dies ist aktives Tun. Das Unterlassungsmoment – die Nichteinhaltung des erforderlichen Seitenabstands – kennzeichnet nur eine Eigenschaft dieses Hand-

719 Vgl. im Ergebnis Jescheck/Weigend § 55 I 2 b; Roxin/Greco AT I § 24 Rn. 57.
720 Spöhr/Karst NJW 1993, 3308 m.w.N.

lungsvollzugs und führt nicht zu einer Umwertung des Gesamtgeschehens als Unterlassungstat (näher dazu unten Rn. 526).

454 3. Ob ein Ursachenzusammenhang im Sinne der Äquivalenztheorie vorliegt, könnte zweifelhaft sein. Denkt man den geringen Seitenabstand des A hinweg, wäre R möglicherweise ebenfalls unter den Lkw geraten, weil er aufgrund seiner hohen Alkoholisierung mit dem Fahrrad stark geschwankt haben muss. Wendet man die Äquivalenztheorie im Sinne der conditio-Formel an, ist jedoch bei der Kausalitätsfrage allein auf den konkreten Geschehensablauf abzustellen. **Es ist rechtlich nicht zulässig, bei einem Begehungsdelikt an die Stelle der weggedachten Handlung einen hypothetischen Kausalverlauf, eine Ersatzursache – hier das Schwanken des R – hinzuzudenken.**

Zu demselben Ergebnis kommt die Kausalitätsformel von der „gesetzmäßigen Bedingung", wonach eine Handlung für einen bestimmten Erfolg immer dann kausal ist, wenn dieser ihr zeitlich nachfolgt und mit ihr naturgesetzlich verbunden ist. Ist ein solcher Kausalzusammenhang gegeben, wird er durch einen hypothetischen Kausalverlauf nicht wieder beseitigt.[721]

Das Verhalten des A war damit ursächlich für den Tod.

4. Es müsste eine objektive Sorgfaltspflichtverletzung bei objektiver Voraussehbarkeit des Erfolgs feststellbar sein.

   a) Die Sorgfaltswidrigkeit liegt hier darin, dass A entgegen § 5 Abs. 4 S. 2 StVO den von der Rspr. als erforderlich angesehenen Mindestabstand von 1,5–2 m nicht eingehalten hat.[722]

   b) Es ist auch generell vorhersehbar, dass bei zu geringem Seitenabstand der überholte Radfahrer unter die Räder eines überholenden Kraftfahrzeugs geraten und getötet werden kann.

5. Der Tod des R muss „durch Fahrlässigkeit" herbeigeführt worden sein. Zwischen der Unterschreitung des Mindestabstandes und dem Tod muss deshalb Zurechnungs- bzw. Pflichtwidrigkeitszusammenhang bestehen.

   a) Die Verkehrsvorschrift des § 5 Abs. 4 S. 2 StVO dient gerade dem Schutz des überholten Verkehrsteilnehmers. Der Unfall mit R lag also im Schutzbereich der verletzten Sorgfaltsnorm.

455 b) Möglicherweise entfällt jedoch der Pflichtwidrigkeitszusammenhang wegen **rechtmäßigen Alternativverhaltens**.

   aa) Wäre im vorliegenden Fall sicher gewesen, dass R aufgrund seiner Alkoholisierung geschwankt hätte, hätte A den Tatbestand der fahrlässigen Tötung nach allg. Ansicht nicht erfüllt: Ersetzte man im Zeitpunkt der unfallkritischen Lage des Vorbeifahrens den zu geringen Seitenabstand durch den gebotenen Seitenabstand von 2 m, wäre R aufgrund seines unkontrollierten Ausscherens, also aufgrund seines in der Situation angelegten Fehlverhaltens – ebenfalls unter das Fahrzeug geraten und getötet worden.

721 Vgl. Kühl JR 1983, 32, 33.

722 Vgl. OLG Hamm NZV 1991, 466.

bb) Hier besteht diese Gewissheit – wie häufig – nicht. Vielmehr ist ein solcher Ablauf nur möglich. 456

(1) Die ganz h.M. in Schrifttum und Praxis lässt auch in einem solchen Fall einen Tatbestandsausschluss wegen rechtmäßigen Verhaltens zu. Der Grundsatz **in dubio pro reo** gebiete, von einem für den Täter günstigen Sachverhalt auszugehen, wenn sich die Möglichkeit eines solchen Ablaufs aufgrund bestimmter Tatsachen so verdichtet habe, dass man ihn nicht mit Sicherheit ausschließen könne.[723] Wäre nach diesem möglichen hypothetischen Ablauf derselbe Erfolg auch bei pflichtgemäßem Verhalten des Täters eingetreten, entfällt damit in dubio pro reo der Zurechnungszusammenhang und damit jeglicher Strafvorwurf.[724]

(2) Dieses Ergebnis hält die Risikoerhöhungslehre für verfehlt. Ist der Zurechnungszusammenhang nicht eindeutig, sondern nur möglicherweise durch hypothetisch rechtmäßiges Verhalten ausgeschlossen, bejaht diese Meinung die Strafbarkeit. Danach ist ein fahrlässig herbeigeführter Erfolg schon bei jeder **Risikoerhöhung** zurechenbar, also wenn feststeht, dass tatsächlich eine Gefahrerhöhung vorlag. Es sei dann nicht mehr entscheidend, ob eine Wahrscheinlichkeit für den Erfolgseintritt auch bei pflichtgemäßem Verhalten bestanden hätte oder nicht.

Innerhalb der Risikoerhöhungslehre sind die Fälle umstritten, bei denen es **zweifelhaft bleibt, ob überhaupt eine Risikoerhöhung eingetreten ist oder nicht**. Es wird zum Teil auch dann die haftungsbegründende Zurechnung bejaht, weil die Rechtsordnung selbst ein nur möglicherweise risikosteigerndes Verhalten nicht tolerieren könne.[725] Die Gegenansicht kommt hier nach dem Grundsatz „in dubio pro reo" zur Verneinung einer Gefahrerhöhung und damit in der Regel zur Straflosigkeit.[726]

Wendet man im vorliegenden Fall die Risikoerhöhungslehre an, ist entscheidend, ob feststeht, dass das zu enge Überholen das Risiko eines tödlichen Ausgangs vergrößert hat. Nach Roxin,[727] der sich – anders als die übrigen Vertreter der Risikoerhöhungslehre – schon mit der Möglichkeit der Gefahrerhöhung begnügt, ist dies im vorliegenden Fall nicht eindeutig zu klären. Bei betrunkenen Radfahrern bestehe die Eigentümlichkeit darin, dass sie beim Überholtwerden zu Spontanreaktionen neigten, das Rad nach links rissen und direkt in das überholende Kfz führen. Dabei könne es sehr wohl sein, dass 75 cm mehr oder weniger auf den Ausgang von Unfällen dieser Art keinen Einfluss hätten. Es ließe sich sogar denken, dass ein geringerer Abstand – der das Risiko im Regelfall bei einem nüchternen Verkehrsteilnehmer erhöhe – bei den hier vorliegenden Konstellationen gefahrvermindernd wirke, z.B. deshalb, weil die größere Nähe des überholenden Fahrzeugs den Betrunkenen eher hindere, den Lenker herumzureißen und unter das Kfz zu geraten. Die anderen Vertreter der Risikoerhöhungs-

723 Vgl. BGH RÜ 2010, 231 (Bad Reichenhaller Eislaufhalle).

724 BGHSt 11, 1, 7; 30, 228, 230; BGH RÜ 2004, 34; Dencker JuS 1980, 210, 212; Ebert Jura 1979, 561, 571 ff.; Gropp § 12 Rn. 79 f.

725 Roxin AT I bis zur 4. Aufl., § 11 Rn. 96.

726 Roxin/Greco AT I § 11 Rn. 96; SK-Jäger Vor § 1 Rn. 69.

727 ZStW 78, 214, 220 f.

lehre sind der Auffassung, dass bei der Frage, ob ein Erfolg zuzurechnen ist, die Feststellung, dass ein erhöhtes Risiko geschaffen wurde, nicht ausreichen könne.[728]

Kritik: Die Strafbefreiung durch einen nur möglichen hypothetischen Erfolg bei rechtmäßigem Alternativverhalten ist rechtspolitische Konsequenz der Tatsache, dass es keinen verhaltensneutralen Fahrlässigkeitstatbestand zum Schutz von Leib und Leben anderer gibt. Diesen Mangel durch die Risikoerhöhungslehre aufzufangen, ist nicht möglich: Diese Lehre überschreitet die Wortlautgrenze der fahrlässigen Erfolgsdelikte, speziell §§ 222, 229, indem sie das dort verwendete Tatbestandsmerkmal „durch Fahrlässigkeit" umdeutet in: „Verursachung plus Möglichkeit des inneren Zusammenhangs mit Fahrlässigkeit". Dadurch wird ferner der Grundsatz „in dubio pro reo" unzulässigerweise verkürzt. Insgesamt werden so die fahrlässigen Erfolgsdelikte umgewandelt in reine Gefährdungstatbestände, bei denen die Erfolgsverursachung nur noch die Funktion einer objektiven Strafbarkeitsbedingung hat (weil ohne Zusammenhang zum vorwerfbaren Handlungsunrecht). Die Risikoerhöhungslehre hat sich deshalb zu Recht in der Praxis nicht durchgesetzt. Ihr ist nicht zu folgen.

Ergebnis: A hat sich nicht strafbar gemacht.

C. Einverständliche Fremdgefährdung und rechtfertigende Einwilligung in sorgfaltswidriges Verhalten

Fall 22: Einverständliche Fremd- und eigenverantwortliche Selbstgefährdung; § 228 zur Begrenzung der rechtfertigenden Einwilligung in Körperverletzungen

Um ein Gerüst abzubauen, setzten sich A und sein Sohn in den Firmenlieferwagen. Dieses Auto, ein Pkw-Kombi, hatte nur zwei Vordersitze mit 3-Punkt-Gurten. Dahinter befand sich ohne Abtrennung und ohne weiteren Sitz die Ladefläche. Kurz vor der Abfahrt erschien auch O und wollte zur Baustelle mitgenommen werden. A lehnte das unter Hinweis auf die fehlende Transportmöglichkeit ab. Gleichwohl stieg O in den Fond des Kombi und setzte sich hinter den Beifahrer, mit dem Rücken angelehnt an den Beifahrersitz. A fand sich damit ab und fuhr los. Auf der stadtauswärts führenden Straße fuhr A mit den dort erlaubten 70 km/h, als von hinten eine Autofahrerin mit 200 km/h infolge einer Fehleinschätzung der Verkehrslage auffuhr. Das Auto des A wurde nach vorn katapultiert. Beide Fahrzeuge stießen danach an die Mittelleit-

728 Sch/Sch/Sternberg-Lieben/Schuster § 15 Rn. 179.

planke, wo sie stehenblieben. O war durch die hintere Tür, die bei dem Anstoß aufgegangen war, auf die Fahrbahn geschleudert worden und über die Fahrbahn gerutscht. Er stieß mit dem Kopf an die Mittelleitplanke und zog sich schwere Kopfverletzungen zu. A und sein Sohn blieben durch die Wirkung der Sicherheitsgurte unverletzt.
Strafbarkeit des A? (Fall abgewandelt nach OLG Zweibrücken JR 1994, 518)

A könnte dadurch, dass er den O in seinem Auto mitgenommen hat, wegen **fahrlässiger Körperverletzung** des O aus **§ 229** strafbar sein.

I. Tatbestand

1. Die Kopfverletzung ist eine Gesundheitsschädigung i.S.d. §§ 223 Abs. 1 Alt. 2, 229.

2. Anknüpfungspunkt für den Tatvorwurf ist die Mitnahme des ungesicherten O auf der Ladefläche des Kombi, also aktives Tun.

3. Die Personenbeförderung auf der Ladefläche ist nach § 21 Abs. 2 S. 1 StVO ausdrücklich verboten und damit objektiv sorgfaltswidrig. Dass es infolge der fehlenden Sitz- und Anschnallmöglichkeit zu dem konkreten Unfallhergang kommen konnte, war objektiv vorhersehbar.

4. Ohne die Mitnahme des O wäre es nicht zu dessen Verletzung gekommen. Das Verhalten des A war somit für den Erfolg kausal.

5. Zwischen der verbotswidrigen Beförderung und der Verletzung hat aber möglicherweise der erforderliche Pflichtwidrigkeitszusammenhang gefehlt. Da O in Kenntnis des Risikos ungesichert in dem Wagen mitfuhr, könnte eine **eigenverantwortliche Selbstgefährdung** vorgelegen haben. Als Akte der Autonomie unterfallen eigenverantwortlich verwirklichte Selbstverletzungen und sogar Selbsttötungen keinem Straftatbestand zum Schutz höchstpersönlicher Rechtsgüter. Straffrei ist ein solches Verhalten auch dann, wenn es nicht auf die Selbsttötung oder Selbstverletzung gerichtet war, sondern nur in der bewussten Eingehung eines entsprechenden Risikos bestand, und zwar auch dann, wenn sich dieses Risiko in dem Tod oder der Verletzung des Opfers realisiert hat. Folglich macht sich derjenige, der einen Suizid, eine Selbstverletzung oder eine Selbstgefährdung fahrlässig ermöglicht oder fördert, nicht wegen fahrlässiger Tötung gemäß § 222 oder fahrlässiger Körperverletzung gemäß § 229 strafbar.[729] 457

   Fraglich ist, ob das Verhalten des A tatsächlich als **Mitwirkung an einer eigenverantwortlichen Selbstgefährdung** oder einer sog. **einverständlichen Fremdgefährdung des O** anzusehen ist.

   a) Umstritten ist, wie Selbst- und Fremdgefährdung voneinander abgegrenzt werden können.

729 BGHSt 32, 262, 263 f.; BGH RÜ 2009, 164.

RÜ-Video 11/19

aa) Die h.M. greift auf die Kriterien zur Abgrenzung von Täterschaft und Teilnahme, also auf die **Tatherrschaft** zurück: So wie bei der Abgrenzung Selbst- und Fremdverletzung bzw. -tötung komme es auch bei der Gefährdung darauf an, **wer den zum Deliktserfolg führenden letzten Akt in Händen gehalten habe**. Liegt danach die Tatherrschaft über die Gefährdungshandlung nicht allein beim Gefährdeten, sondern zumindest auch bei dem sich daran Beteiligenden, so ist eine tatbestandsausschließende Selbstgefährdung zu verneinen.[730]

O hat das Fahrzeug selbst nicht gesteuert. Nach dem Kriterium der Tatherrschaft hat keine den Fahrlässigkeitstatbestand ausschließende Selbstgefährdung, sondern eine Fremdgefährdung vorgelegen.

bb) Roxin[731] – auf den die Rechtsfigur der einverständlichen Fremdgefährdung zurückgeht – hält den Rückgriff auf das Kriterium der Tatherrschaft für verfehlt. Es gehe nicht darum, wer die Tatherrschaft habe, sondern von wem die Gefährdung ausgehe, die unmittelbar in den Erfolg mündet. Gehe die Gefährdung vom Opfer aus, läge eine vorsätzliche Selbstgefährdung vor, an der Dritte straffrei mitwirken könnten. **Gehe die Gefährdung dagegen von einem anderen als dem Opfer aus, welches sich der Gefährdung lediglich in Kenntnis der Gefahr ausgesetzt hat, handele es sich um eine einverständliche Fremdgefährdung**. Die Gefahr soll dabei von demjenigen ausgehen, der die größere „Vermeidemacht" habe, also am ehesten für eine Vermeidung des Risikos bzw. des späteren Erfolges Sorge tragen könne. Auch hiernach liegt eine Fremdgefährdung vor: Die „Vermeidemacht" liegt ausschließlich beim Fahrer des Fahrzeugs, da dieser die Art und Weise der Fahrt bestimmt. O war von seiner Position keinerlei Einflussnahme auf die Fahrt möglich.

458 b) Welche Auswirkungen eine Fremdgefährdung haben soll, ist ebenfalls streitig.

aa) Nach der Lit. ist die einverständliche Fremdgefährdung wie die eigenverantwortliche Selbstgefährdung zu behandeln, **sofern sie dieser in allen Aspekten gleichsteht**. Dies sei der Fall, wenn der Gefährdende und der Gefährdete über dasselbe Risikowissen verfügten, der Gefährdete mit der Schaden verursachenden Risikohandlung einverstanden sei und der Gefährdete für das gemeinsame Tun dieselbe Verantwortung trage wie der Gefährdende.[732] In diesem Fall beseitige die einverständliche Fremdgefährdung die **objektive Zurechenbarkeit des Erfolges**.

Nach dieser Auffassung ist dem A die Verletzung des O nicht zurechenbar: Beide wussten, dass eine ungesicherte Mitfahrt in dem Transporter mit einer erheblichen Gefährdung für O einherging. Dass sich O damit abfand und mit der Gefährdung einverstanden war, folgt aus seinem Einsteigen.

---

730 BGH RÜ 2004, 138, 139; RÜ 2019, 707 mit RÜ-Video 11/19 unter t1p.de/57vm; OLG Zweibrücken JR 1994, 520; Walter NStZ 2013, 673.

731 GA 2012, 655, 659.

732 OLG Zweibrücken JR 1994, 520; Roxin GA 2012, 655, 664; ders. NStZ 1984, 411.

Die Verantwortung liegt letztlich auch genauso sehr bei O wie bei A, da O die Einwände des A ignorierte und sich der Gefahr gleichwohl aussetzte.

bb) Die Rspr. lehnt diese Gleichstellung ab. Die Annahme eines Tatbestandsausschlusses führe zur Umgehung der Zulässigkeitsgrenzen einer rechtfertigenden Einwilligung und damit zu einem Widerspruch zu den sich aus den §§ 216, 228 ergebenden Wertungen, sodass der Tatbestand trotz Fremdgefährdung erfüllt sei.[733]

cc) **Kritik:** Der Ansicht aus dem Schrifttum ist allenfalls dann zuzustimmen, wenn die Tatherrschaft zwischen Täter und Opfer tatsächlich geteilt ist und beide völlig gleichwertig das Risiko beherrschen.[734] Wären alle Fälle, in denen das Opfer in irgendeiner Weise am Gesamtgeschehen mitwirkt, als einverständliche Fremdgefährdung straflos, müssten auch die meisten Tötungen auf Verlangen wegen einverständlicher Fremdgefährdung straflos sein, weil hier das Opfer die Tat typischerweise durch duldende Mitwirkung zumindest mitbeherrscht. Dies widerspräche aber der Wertentscheidung des Gesetzgebers, auch solche Fälle im Gegensatz zur Suizidförderung nach § 216 unter Strafe zu stellen.

Für die Gleichstellung gibt es auch keinen rechtlichen Anknüpfungspunkt. § 25 Abs. 2 trägt hierfür nicht. Sinn dieser Vorschrift ist, strafbares Handeln in einer Person zu begründen, die nicht gehandelt hat. Ihr Sinn ist nicht, umgekehrt durch die Zurechnung von Handlungen zu einer Person, für die das Handeln nicht strafbar wäre (das Tatopfer), die an sich gegebene Strafbarkeit des Handelnden auszuschließen.

Mit der Rspr. ist damit der Tatbestand erfüllt.

II. Die Körperverletzung könnte aber gerechtfertigt sein, weil O selbst den Wunsch geäußert hat, auf der Ladefläche und ohne Sicherheitsgurt mitgenommen zu werden. Möglicherweise liegt hierin ein Rechtsschutzverzicht in Form der **rechtfertigenden Einwilligung**. 459

1. Dass das Rechtsgut der körperlichen Integrität der Disposition des Rechtsgutträgers unterliegt, ergibt sich im Umkehrschluss aus § 228. Eine Einwilligung des O war daher zulässig.

2. Hier hat O zwar seinen Willen kundgetan, ohne Sitz und Sicherheitsvorkehrungen im Auto mitgenommen zu werden. Fraglich ist, ob hierin eine Einwilligung in die Körperverletzung lag, denn O hat sicher darauf vertraut, dass es nicht zu einem Unfall kommen würde. **Nach h.M. genügt zur Rechtfertigung einer fahrlässigen Tat die Einwilligung in die sorgfaltswidrige Handlung als solche; der unwillentlich herbeigeführte Erfolg braucht vom Einwilligenden nicht gewollt zu sein.** Dies folgt schon aus dem Wesen der Einwilligung als „Dispens von der Be-

733 BGH NJW 2003, 2326; BGH RÜ 2009, 164; vgl. auch OLG Celle StV 2013, 27; OLG Stuttgart JR 2012, 163; zusammengefasst in RÜ 2013, 175; zustimmend Walter NStZ 2013, 673.

734 In dieser Richtung auch BGH RÜ 2009, 164 für zwei Fahrer bei einem riskanten Autorennen, das für einen von ihnen tödlich verläuft.

folgung des tatbestandlichen Verbots"; denn verboten ist bei den Fahrlässigkeitsdelikten nicht die Erfolgsherbeiführung, sondern vielmehr die Vornahme der den Erfolg verursachenden sorgfaltswidrigen Handlung.[735] Darüber hinaus ist eine Parallele zur Selbstgefährdung zu ziehen. Soweit diese dem Rechtsgutträger erlaubt ist, muss sie als Fremdgefährdung auch einwilligungsfähig sein. Der Wunsch des O, mitgenommen zu werden, deckt folglich das damit verwirklichte Unfallverletzungsrisiko mit ab.

3. Die Einwilligungsfähigkeit des O war nicht beeinträchtigt.

4. O wusste auch, zumal A vorher die Mitnahme verweigert hatte, welches Risiko sich für ihn ergab, als er ohne Gurt auf der Ladefläche Platz nahm. Ein Willensmangel lag nicht vor.

5. Bei Verletzung der Körperintegrität rechtfertigt die Einwilligung nicht, wenn die Tat trotz der Einwilligung **gegen die guten Sitten** verstößt, **§ 228**. Bei Sorgfaltswidrigkeiten, denen nur ein abstraktes Risiko einer Verletzung anhaftet, wird ein Sittenverstoß nicht angenommen.[736] Auch ist bei einer Teilnahme an Autofahrten mit geringfügigen Verkehrsverstößen das Unfallrisiko relativ gering. Die Einwilligung scheitert daher nicht an § 228.

6. Als **subjektives Rechtfertigungselement** fordert die h.M.,[737] dass der Täter **in Kenntnis der Einwilligung** gehandelt hat. Teilweise wird darüber hinaus auch ein Handeln **aufgrund der Einwilligung** verlangt.[738] Auch dieses Erfordernis ist hier erfüllt, weil A den O nur wegen seines Wunsches mitgenommen hat.

Die Tat ist durch die Einwilligung des O gerechtfertigt.

Ergebnis: A ist straflos.

Fall 23: Einwilligung in Lebensgefährdungen mit Todesfolge
(Abwandlung des Falles 22)

Ändert sich die Beurteilung, wenn O an den Folgen des Unfalls verstorben ist?

Infrage kommt **fahrlässige Tötung, § 222**, an O durch dessen Mitnahme.

460 I. Der Tatbestand ist nach der Rspr. durch den verkehrswidrigen Transport erfüllt. Gemäß der Theorie von der einverständlichen Fremdgefährdung ist hingegen die objektive Zurechnung ausgeschlossen (s.o. Rn. 458).

---

735 LK-Rönnau Vor §§ 32 ff. Rn. 82.

736 Vgl. BGH RÜ 2004, 138, 140.

737 Sch/Sch/Sternberg-Lieben Vor §§ 32 ff. Rn. 51.

738 Fischer Vor § 32 Rn. 3 c.

II. Für die Rspr. stellt sich das Problem, ob auch bei Fremdgefährdungen, die mit Zustimmung des später getöteten Opfers vorgenommen wurden, eine rechtfertigende **Einwilligung** möglich ist. 461

1. Früher hielt man bei § 222 die Einwilligung des später Getöteten rechtlich für unbeachtlich. Eine dem § 228 entsprechende Vorschrift sehe das Gesetz für solche Fälle nicht vor. § 216 sei vielmehr zu entnehmen, dass die Vernichtung des Menschenlebens zum Schutz der Allgemeinheit mit Strafe bedroht wird und dass deshalb bei den Straftaten gegen das Leben die Einwilligung des Verletzten grundsätzlich rechtlich bedeutungslos sei.[739]

2. Mittlerweile hat sich jedoch die Erkenntnis durchgesetzt, dass es bei der Einwilligung in eine gefährliche Handlung gar nicht um eine Einwilligung in den eigenen Tod geht, sondern nur in das bloße Risiko dessen. Insofern passt der Verweis auf § 216 nicht. Da es sogar eine Einwilligung in vorsätzliche Körperverletzungen gibt, muss erst recht eine Einwilligung in noch nicht einmal verletzende, sondern nur gefährliche Handlungen möglich sein, und zwar auch dann, wenn es später zum Tod des Einwilligenden gekommen ist. Anderenfalls wäre eine Einwilligung in eine Körperverletzung nicht möglich, auch wenn diese zum Wohl des Opfers geschehen würde, aber tödlich verläuft (z.B. § 227 bei einer medizinisch nicht kunstgerecht, weil unter Notfallbedingungen durchgeführten Operation mit Todesfolge). Zudem hinge die Beurteilung derselben Handlung dann von den vorher nicht berechenbaren zufälligen Folgen des Handelns ab: Dieselbe Handlung mit Körperverletzungserfolg wäre rechtfertigungsfähig, mit Todeserfolg dagegen nicht. Eine angemessene Lösung liegt daher nicht in der generellen Versagung der Einwilligungsmöglichkeit, sondern in der Bestimmung der **Grenzen einer Einwilligung**.[740] Folglich ist die Disposition auch über lebensgefährliche Handlungen zulässig. 462

Rechtliche Maßstäbe für die Grenzen einer Einwilligung in lebensgefährliche Handlungen sind **§ 228 und § 216**. Aus § 228 ergibt sich, dass eine Körperverletzung trotz der Einwilligung des Verletzten nicht mehr gerechtfertigt ist, wenn die Tat gegen die guten Sitten verstößt. Zur Inhaltsbestimmung des Blankettbegriffs der „guten Sitten" kann § 216 herangezogen werden. Grundgedanke dieser Vorschrift ist, dass das Allgemeininteresse am Erhalt des Rechtsguts Leben größer ist als der Wille des Rechtsgutträgers, von fremder Hand getötet zu werden. Eine vorsätzliche Körperverletzung also, die den Verletzten bei objektiver Betrachtung in konkrete Todesgefahr bringen kann, verstößt gegen die guten Sitten und überschreitet daher die Grenzen der Einwilligung. Entsprechend ist auch eine **Einwilligung in eine gefährliche Handlung ohne Körperverletzungsvorsatz nach dem Rechtgedanken des § 228 wegen Sittenverstoßes unwirksam, wenn das Opfer bei vorausschauender objektiver Betrachtung damit in eine konkrete Todesgefahr einwilligt** (sofern nicht zusätzlich rechtsethisch bedeutsame Umstände hinzutreten wie bei einer Notoperation).[741] 463

739 BGHSt 4, 88, 93.

740 OLG Zweibrücken JR 1994, 520; Kindhäuser/Zimmermann § 12 Rn. 71; Sch/Sch/Sternberg-Lieben Vor §§ 32 ff. Rn. 104; im Ergebnis auch BGH RÜ 2009, 164.

741 Vgl. BGHSt 49, 34, 42, 44 (zu § 227); BGH RÜ 2009, 164.

Umgekehrt wirkt eine Einwilligung in objektiv sorgfaltswidrige und gefährliche Handlungen so lange rechtfertigend, **wie noch kein naheliegendes oder konkretes Todesrisiko besteht, und zwar auch dann, wenn sich dieses Risiko später verwirklicht hat**.

Damit war die Einwilligung des O wegen des geringen Unfallrisikos im konkreten Fall möglich.

Ergebnis: A ist sowohl nach der Theorie der einverständlichen Fremdgefährdung als auch nach der Einwilligungslösung selbst dann straffrei, wenn O an den Verletzungen gestorben ist.

Das fahrlässige Begehungs(-Erfolgs-)delikt

Tatbestandsmäßigkeit (nach h.M. kein subjektiver Tatbestand!)

Täter – Tathandlung – Taterfolg – Kausalität
(ggf. weitere deliktsspezifische Merkmale)

Objektive Sorgfaltswidrigkeit (1. Fahrlässigkeitsstufe, h.M.)

Überschreitung erlaubten Risikos durch Außerachtlassen der verkehrsüblichen Verhaltensregeln	▪ Sorgfaltsmaßstab ergibt sich aus Rechtsnormen oder sonstigen anerkannten Verhaltensstandards; im Übrigen abgeleitet aus dem allgemeinen Schädigungsverbot unter Berücksichtigung von Gefahrengrad, Rang der potenziell betroffenen Rechtsgüter und Wahrscheinlichkeit sowie Schwere des möglichen Schadens. Sonderwissen des Täters erhöht den Sorgfaltsmaßstab. ▪ Daraus entstehen: ▪ Ausführungspflichten ▪ Übernahmepflichten ▪ Informationspflichten ▪ bei Delegation: Auswahlpflichten, Instruktionspflichten, Überwachungs- und Kontrollpflichten ▪ Organisationspflichten ▪ Begrenzung der Sorgfaltspflicht durch Vertrauensgrundsatz und erlaubtes Risiko
+	
Vorhersehbarkeit des wesentlichen Kausalverlaufs und Erfolgs	Adäquanzzusammenhang zwischen Fehlverhalten und Erfolg

Pflichtwidrigkeits-/ Zurechnungszusammenhang zwischen Fehlverhalten und Erfolg; kann insbes. fehlen:	▪ Wenn Erfolg außerhalb des **Schutzzwecks** der verletzten Sorgfaltsnorm liegt ▪ Bei **rechtmäßigem Alternativverhalten (Pflichtwidrigkeitszusammenhang)**; a.A. Risikoerhöhungslehre ▪ Bei Erfolgen, die auf **eigenverantwortlicher Selbstgefährdung** beruhen

Rechtswidrigkeit

Kann aus denselben Gründen entfallen wie bei der Vorsatztat;

möglich ist auch rechtfertigende **Einwilligung in Fremdgefährdung** innerhalb der Grenzen des § 228/§ 216

Schuld

Subjektive Sorgfaltswidrigkeit und Voraussehbarkeit (2. Fahrlässigkeitsstufe, h.M.): Der Täter muss nach seinen Fähigkeiten und seinem Können imstande gewesen sein, die objektive Sorgfaltspflicht einzuhalten und drohenden Schaden zu erkennen.

Spezieller Entschuldigungsgrund: **Unzumutbarkeit** normgemäßen Verhaltens

4. Teil: Das vorsätzliche unechte Unterlassungsdelikt

1. Abschnitt: Deliktsstruktur

A. Arten der Unterlassungsdelikte

464 Nach dem aktiven Tun bildet das Unterlassen einer gebotenen Handlung die zweite Grundform strafrechtlichen Verhaltens. Die Unterlassungstat tritt in zwei Formen auf (vgl. schon oben Rn. 62 f.):

- Als einfaches, sog. **echtes Unterlassen** (Omissivdelikt), bei dem sich die Straftat in dem Verstoß gegen eine Gebotsnorm und im **bloßen Unterlassen** einer vom Gesetz geforderten Tätigkeit erschöpft,

  Beispiele: Nichtanzeige geplanter Straftaten, § 138; unterlassene Hilfeleistung, § 323 c Abs. 1; Hausfriedensbruch, § 123 Abs. 1 Alt. 2.

- Als Erfolg verursachendes, sog. **unechtes Unterlassen**, bei dem die Untätigkeit eine Rechtsgutverletzung nach sich zieht, die dem Unterlassenden, wenn die **zusätzlichen Voraussetzungen des § 13** erfüllt sind, ebenso angelastet wird, als wenn er sie durch aktives Tun herbeigeführt hätte.

  Beispiele: Mord durch Unterlassen, §§ 211, 13 (Mutter lässt ihren Säugling verhungern); Strafvereitelung im Amt durch Unterlassen, §§ 258 a, 13 (der zuständige StA lässt eine Akte bewusst so lange liegen, bis die Tat verjährt ist).

B. Aktives Tun oder Unterlassen

465 **I.** Bevor man die besonderen Voraussetzungen eines unechten Unterlassungsdelikts untersucht, ist zu fragen, ob der Täter den Erfolg durch **aktives Tun** verursacht hat. Hier entstehen bei mehrdeutigen Handlungen immer Schwierigkeiten, insbesondere bei Fahrlässigkeitstaten (s. auch unten Rn. 526).

Beispiel: Ein Hochhaus ist abgebrannt, weil die Außenfassaden entgegen den Brandschutzvorschriften nicht feuerfest waren. Dadurch sind viele Bewohner des Gebäudes in den Flammen umgekommen. Es fragt sich, ob fahrlässige Tötungen durch Bau mit den gefährlichen Materialien als aktives Tun vorliegen (§§ 222, 52) oder fahrlässige Tötungen durch Unterlassen der Verwendung feuerfester Fassaden (§§ 222, 13, 52).

Für einige im Schrifttum ist dies nur eine Konkurrenzfrage. Sie bejahen beides und lassen das geringere Unrecht der Unterlassungstat als materiell subsidiär zurücktreten.[742]

Kritik: Diese Ansicht führt in mehrdeutigen Fällen zur Ausschaltung des unechten Unterlassungsdelikts. Ihr ist daher nicht zu folgen.

Mit der ganz h.M. ist in der Frage, ob aktives Tun oder Unterlassen vorliegt, **ein Abgrenzungsproblem auf Tatbestandsebene** zu sehen. Diese Abgrenzung ist auch von zentraler Bedeutung, weil es bei Annahme einer Aktivtat nicht mehr auf die Sondervoraussetzungen des § 13 ankommt. Selbst da, wo diese Voraussetzungen erfüllt wären, kann die Abgrenzung nicht offenbleiben, weil für das unechte Unterlassungsdelikt im Gegen-

---

742 Baumann/Weber/Mitsch/Eisele § 21 Rn. 28.

satz zur Begehungstat eine Strafmilderungsmöglichkeit nach § 13 Abs. 2 i.V.m. § 49 Abs. 1 besteht.[743]

Im Wesentlichen werden zur Kategorisierung von Verhaltensweisen als aktives Tun oder Unterlassen folgende **zwei Denkmodelle** vertreten:

Der im Schrifttum stark vertretene **naturalistische Ansatz** fragt, ob der Täter irgendeine Aktivität, d.h. positive Energie in Richtung auf das verletzte Rechtsgut entfaltet hat **(Energiekriterium)** und ob diese zu einer ununterbrochenen Kette realer Außenweltveränderungen geführt hat, die ohne Hinzudenken hypothetischer Faktoren mit dem Erfolg verknüpft ist **(Kausalitätskriterium)**. Ist dies der Fall, ist von aktivem Tun auszugehen.[744] 466

Die überwiegende Auffassung knüpft im ersten Denkschritt ebenfalls an Aktivität und Inaktivität des Täters in Bezug auf den konkreten Deliktserfolg an. Gelangt man danach zu einem aktiven Tun, das in einem realen Kausalzusammenhang zum konkreten Erfolg steht – wie es in der Regel der Fall ist – sind alle weiteren Deliktsmerkmale auf dieses aktive Tun zu beziehen. Erst bei mehrdeutigen Verhaltensweisen findet in einem zweiten Denkschritt eine abschließende **Wertung** statt. Die Frage, ob eine Begehungs- oder Unterlassungstat vorliegt, entscheidet sich dann nach dem sozialen Sinngehalt des Verhaltens oder dem **„Schwerpunkt der Vorwerfbarkeit"**.[745] 467

Meistens kommen die unterschiedlichen Ansätze zu den gleichen Ergebnissen, vor allem wenn auf ein **aktives, erfolgskausales Tun** Bezug genommen werden kann. In solchen Fällen liegt **eine Begehungstat** vor.

Im eingangs genannten **Beispiel** des abgebrannten Hochhauses ist nach all diesen Ansichten fahrlässige Tötung durch aktives Tun zu bejahen. Das Errichten des Gebäudes mit den konkret verwendeten Fassadenstoffen hat durch Energieentfaltung eine Änderung der Außenwelt bewirkt. Der Tod der Bewohner ist – ohne Notwendigkeit des Hinzudenkens anderer Umstände – durch die leichte Entflammbarkeit dieser Materialien im Zusammenwirken mit dem Feuer verursacht worden. Die Nichtverwendung brandschutzgerechter Materialien wertet das Geschehen auch nicht in ein Unterlassen um, sondern beschreibt die Fehlerhaftigkeit, die Sorgfaltswidrigkeit des Baus als aktives Tun.

Probleme ergeben sich, wenn der Täter eigene Rettungshandlungen aktiv abbricht oder wenn er Dritte zu deren Unterlassen veranlasst (dazu unten Fall 24 Rn. 513 ff.).

II. Ist **aktives Tun zu bejahen**, kann **in derselben Handlung und in Bezug auf denselben Deliktserfolg** kein Unterlassen mehr liegen. Insofern schließt das aktive Tun schon auf Tatbestandsebene ein Unterlassen aus.[746] 468

Beispiel: Wenn der Ehemann seine Frau vergiftet, liegt darin ein Mord aus Heimtücke, § 211. Dass der Gatte rechtlich verpflichtet ist, seine Frau vor Schaden zu beschützen, dass er also Garant ist (s.u. Rn. 477), macht aus dem Giftmord nicht auch noch Mord durch Unterlassen.

743 Vgl. BGH NStZ 1999, 607.

744 Vgl. LK-Weigend § 13 Rn. 7; Kindhäuser/Zimmermann § 35 Rn. 4; Roxin ZStW 74, 415.

745 BGH RÜ 2003, 268; Gropp § 11 Rn. 60 f.; Wessels/Beulke/Satzger Rn. 1159.

746 Kindhäuser/Zimmermann § 35 Rn. 4.

469 **III.** Liegt zwischen der aktiven Verursachung und dem Erfolgseintritt eine Zeitspanne, in welcher der Täter den Unrechtserfolg noch hätte abwenden können, ist dies ein **Zweitverhalten in Form des Unterlassens**. Hier ist zu unterscheiden:

470 **1.** War die **aktive Herbeiführung des Deliktserfolgs als Vorsatztat** strafbar und deckt diese Strafbarkeit den **Unrechts- und Schuldgehalt des anschließenden Unterlassens vollständig ab, besteht kein weiteres Strafbedürfnis**.

Klausurhinweis: *Die gesonderte Prüfung eines Unterlassungsdelikts wirkt dann überzogen und kann in der **gutachtlichen Prüfung** unterbleiben oder auf eine kurze Klarstellung reduziert werden.*

Beispiel: A sticht im offenen Kampf auf B mit Tötungsvorsatz ein. Er erkennt, dass B verbluten wird, wenn er keinen Arzt ruft. Trotzdem verlässt er den Tatort. – A ist strafbar aus Totschlag durch die Messerstiche, § 212 Abs.1. Ein Totschlag durch Unterlassen der Rettung hat keinerlei Bedeutung mehr.[747]

471 **2.** Häufig ist das **aktive Vorverhalten straflos oder mit einer im Verhältnis zum anschließenden Untätigbleiben relativ geringen Strafe** verknüpft. Hier muss das Zweitverhalten ausführlich unter dem Blickwinkel aller in Betracht kommenden unechten und echten Unterlassungsdelikte gewürdigt werden.

Klausurhinweis: *Typisch ist dies in allen Fällen, in denen der Täter erst **nach seinem aktiven Tun Vorsatz** bildet. Der aktiven Verursachung kann dieser nachträgliche Vorsatz, also dolus subsequens, wegen des in § 16 Abs. 1 S. 1 verankerten Simultaneitätsprinzips s (s.o. Rn. 84, 155) nicht zugeordnet werden. Möglich ist aber eine vorsätzliche unechte Unterlassungstat. Das wird in Klausuren häufig übersehen.*

Beispiel: A fährt fahrlässig den Fußgänger F an. Dann lässt er ihn liegen, ohne Hilfe herbeizurufen, weil er befürchtet, wegen seiner unachtsamen Fahrweise Schwierigkeiten mit der Polizei zu bekommen. F stirbt. – Gegeben sind fahrlässige Körperverletzung (§ 229) und fahrlässige Tötung (§ 222) durch das Anfahren. Die unterlassene Rettung macht die Tat zum **Mord durch Unterlassen** gemäß **§ 211**, und zwar mit dem Mordmerkmal der Verdeckungsabsicht! Dieser verdrängt die fahrlässige Tötung im Wege der Gesetzeskonkurrenz. Gegeben ist außerdem unerlaubtes Entfernen vom Unfallort (§ 142 Abs. 1 Nr. 2). A ist strafbar gemäß §§ 211, 13; 142; 52/229/53.

472 **IV.** Ein weiterer Mischfall von aktivem Tun und Unterlassen liegt in der sog. **omissio libera in causa**. Hierbei versetzt sich der Täter vorsätzlich oder fahrlässig in eine Lage, die es ihm im Zeitpunkt gebotener Pflichterfüllung unmöglich macht, zu handeln.

Beispiel: Der Kesselwärter, der schon zu Schichtbeginn Schlaftabletten nimmt, sodass er in dem Moment, als sich der Kesseldruck dem kritischen Bereich nähert, im Tiefschlaf liegt und deshalb nicht gegen die drohende Explosion einschreiten kann.

Trotz des vorherigen aktiven Tuns wird das Gesamtgeschehen als **Unterlassungstat** angesehen; lediglich die im Gebotszeitpunkt fehlende Handlungsmöglichkeit wird durch Einbeziehung des Vorverhaltens – ähnlich wie die Schuldfähigkeit bei der actio libera in causa (vgl. dazu oben Fall 14 Rn. 345 ff.) – überwunden.[748] Voraussetzung ist allerdings, dass bereits im Zeitpunkt der Vereitelung der späteren Handlungsmöglichkeit die **Pflicht bestand**, deren Erfüllung später nicht mehr möglich war.[749]

---

747 Zu Problemen bei nachträglicher Verdeckungsabsicht i.S.d. § 211 AS-Skript StrafR BT 2 (2020), Rn. 72 f.

748 OLG Koblenz NStZ-RR 2006, 77; Lackner/Kühl § 13 Rn. 3; Kühl § 18 Rn. 22.

749 Vgl. Baumann/Weber/Mitsch/Eisele § 21 Rn. 30.

C. Die besonderen Deliktsmerkmale des § 13

Kommt ein Unterlassen als strafrechtlicher Anknüpfungspunkt infrage, sind folgende zusätzliche Deliktsmerkmale bei der Tathandlung zu prüfen:

I. Tatsächliche Handlungsmöglichkeit

Der Täter muss **objektiv** die **tatsächliche Möglichkeit gehabt haben, die Handlung vorzunehmen, die zur Erfolgsabwendung notwendig war**. Wer nichts tun kann, kann schon begriffslogisch nichts unterlassen. Die Erfolgsabwendungsmöglichkeit ist damit ungeschriebenes Tatbestandsmerkmal jeder unechten Unterlassungstat. Wird dem Täter ein vorsätzliches unechtes Unterlassungsdelikt vorgeworfen, muss sich der **Vorsatz auch auf die Handlungsmöglichkeit** beziehen. 473

II. Garantenstellungen

Nach § 13 Abs. 1 ist der Unterlassende für die Nichtabwendung des Deliktserfolgs nur strafbar, wenn er **rechtlich dafür einzustehen** hat, **dass der Erfolg nicht eintritt** (= sog. **Garantenpflicht**). Welche Umstände diese Pflicht begründen, die sog. **Garantenstellung**, ist die zentrale Frage der unechten Unterlassungsdelikte. Hierfür unterscheidet man nach **Funktionen** der Handlungspflichten:[750] 474

Beschützergaranten	Überwachungsgaranten
sind solche, denen eine umfassende Obhutspflicht für ein bestimmtes Rechtsgut zukommt.	**sind solche, denen Sicherungs- oder Beherrschungspflichten in Bezug auf eine bestimmte Gefahrenquelle obliegen.**

1. Beschützergarantien

Umfassende Obhutspflichten können sich aus folgenden Umständen ergeben:

a) Rechtssatz

Beispiele: **§ 618 BGB** (Pflicht des Arbeitgebers zu Schutzmaßnahmen für seine Arbeitnehmer), **§ 666 BGB** (Auskunfts- und Rechenschaftspflicht des Beauftragten), **§ 60 SGB I** (Pflicht des Empfängers von Sozialleistungen zur Angabe aller leistungserheblichen Tatsachen und Änderungen),[751] **§ 70 StPO** (Pflicht zur Zeugenaussage ohne Schweigerecht mit der Folge der Strafbarkeit wegen Strafvereitelung durch Unterassen gemäß §§ 258 Abs. 1, 13 bei grundloser Zeugnisverweigerung).[752] 475

b) Rechtlich fundierte enge Lebensgemeinschaft

Mit Blick auf das Bestimmtheitsgebot ist bei rechtlich fundierten engen Lebensgemeinschaften eine enge Auslegung geboten. Erfasst werden deshalb nur **Familienangehörige untereinander**, und das auch nur **persönlich und sachlich beschränkt**.

750 Sch/Sch/Bosch § 13 Rn. 9 ff.; Wessels/Beulke/Satzger Rn. 1176 f.

751 Nach OLG Naumburg StV 2017, 117 aber nicht mehr für Hinterbliebene.

752 OLG Hamm RÜ 2018, 43, str.

476 So bestehen Schutzpflichten wohl zwischen **Verwandten gerader Linie, also vor allem zwischen Eltern und Kindern**. Wertmaßstab ist hier **§ 1618 a BGB**, wobei die strafrechtlich bewehrte Handlungspflicht unter Berücksichtigung der konkreten Beziehung zu bestimmen ist. Bedeutsam dafür ist, ob diese noch **intakt** ist, die innerhalb der Familie in freier Selbstbestimmung getroffene Rollenverteilung der Verantwortlichkeit, Alter, Gesundheitszustand und räumliche sowie persönliche Nähe der betroffenen Personen.[753]

477 Unter **Eheleuten** besteht die Garantenstellung aus enger Lebensgemeinschaft i.V.m. **§ 1353 Abs. 1 S. 2 BGB**, solange die Beteiligten in einem Vertrauensverhältnis zusammenleben. Sie **endet**, wenn sich ein Partner vom anderen getrennt hat und dabei die Absicht hatte, die Gemeinschaft nicht wiederherzustellen.[754]

478 Bei **Geschwistern** hat das LG Kiel entscheidend auf das **tatsächliche Obhutsverhältnis** abgestellt und weder das verwandtschaftliche Band noch das Leben in einer Wohngemeinschaft ausreichen lassen.[755]

c) Gemeinschaften mit Schutzfunktion

479 Voraussetzung hierfür ist, dass Täter und Opfer einer Gemeinschaft angehören, in der erkennbar eine Schutzfunktion gegenüber Hilfsbedürftigen aus der Gruppe besteht.

Allein sozialer Kontakt wie bei Zech- oder Drogenkonsumgemeinschaften, Wohngemeinschaften oder Nachbarschaftsverhältnissen genügt also nicht. Auch „Schicksalsgemeinschaften" mehrerer Personen, die sich zufällig in derselben Gefahr befinden, genügen nicht. Erforderlich ist zusätzlich, dass die Gruppe ausdrücklich oder schlüssig die **Gewähr für gegenseitige Hilfe und Fürsorge übernommen** hat, wobei diese Übernahme noch nicht darin liegt, dass jemand in Erfüllung seiner Hilfeleistungspflicht gemäß § 323 c Abs. 1 einem Hilfsbedürftigen beisteht.[756]

Erfasst werden damit **Gefahrengemeinschaften (Bergtour, Segeltörn), eheähnliche Verhältnisse, auch langjährige Vertragsbeziehungen**.[757]

d) Übernahme von Schutzpflichten

Die Garantenstellung aus der Übernahme von Schutzpflichten kann originär in der Person des Übernehmenden entstehen oder von einem anderen abgeleitet werden, der seinerseits Garant ist.

480 **aa)** Häufig geschieht die Übernahme **ohne vertragliche Grundlage durch faktisches Verhalten**. Zum Garanten wird man dann, wenn sich ein anderer im Vertrauen auf die übernommene Schutzposition einer bestimmten Gefahr aussetzt oder wenn durch die Übernahme andere Rettungsmöglichkeiten unterbleiben oder Gefahren vergrößert werden.[758]

---

753 BGH RÜ 2018, 26.
754 BGH RÜ 2003, 497.
755 LG Kiel RÜ 2004, 194; Fischer § 13 Rn. 26.
756 BGH RÜ 2020, 231, 232.
757 Vgl. Sch/Sch/Bosch § 13 Rn. 25.
758 Sch/Sch/Bosch § 13 Rn. 27 f.

Beispiel: Nach einem Unfall verspricht Taxifahrer T anderen rettungswilligen Verkehrsteilnehmern, den Schwerverletzten S ins Krankenhaus zu bringen. Im Vertrauen darauf verlassen die anderen die Unfallstelle. Plötzlich überlegt es sich T anders und verlässt ebenfalls den Ort des Geschehens. – Dass der Verletzte sterben kann, ist ihm egal. Das Unfallopfer stirbt tatsächlich, wäre aber bei rechtzeitiger Hilfe noch zu retten gewesen. – Totschlag durch Unterlassen, §§ 212, 13; dahinter treten die § 221 Abs. 1 Nr. 2 und § 323 c Abs. 1 als subsidiär zurück.

Dass jemand einem Verletzten nur erste Hilfe leistet und damit seiner Pflicht gemäß § 323 c Abs. 1 nachkommt, macht ihn noch nicht zum Garanten für die Abwendung der Gefahr, weil sonst derjenige, der wenigstens etwas unternimmt, strafrechtlich schlechter stünde als derjenige, der ganz untätig bleibt.[759]

bb) Soll sich die Garantenstellung aus einer **Vertragsbeziehung** ergeben, ist in zwei Schritten zu prüfen:

(1) Zunächst ist der **Inhalt des Vertrages** auszulegen. Damit hieraus eine Garantenstellung gegenüber Dritten abgeleitet werden kann, müssen besondere Umstände vorliegen, die über die bloße Verpflichtung zur Erbringung der vertraglich geschuldeten Leistung gegenüber dem Gläubiger hinausgehen und Schutzfunktionen mit Außenwirkung begründen. Solche Umstände können sich aus der Natur der übernommenen Aufgabe und der besonderen Fachkunde des Übernehmenden ergeben.

Beispiele: So hat der BGH aus der hoheitlichen Organisations- und Handlungsform einer Anstalt des öffentlichen Rechts und aus der Fachkunde des Angeklagten als „Tarifexperte" dessen Garantenstellung abgeleitet, als Leiter der Innenrevision betrügerische Abrechnungen gegenüber Dritten zu verhindern.[760]

Weiterhin muss sich aus dem Vertrag ermitteln lassen, bezüglich welcher Personen eine Garantenstellung übernommen werden soll.

(2) Hat der Vertrag nach seinem Inhalt eine Schutzfunktion gegenüber Dritten, muss er auch tatsächlich in Vollzug gesetzt worden sein. Der bloße Vertragsschluss genügt nicht.[761]

cc) Selbst wenn eine Person tatsächlich die Garantenpflichten eines anderen über- **481** nimmt, beseitigt diese Übertragung die einmal bestehende Garantenstellung des Übertragenden nicht vollständig. Vielmehr setzt der Pflichtige mit der Bestellung eines anderen nur ein Mittel ein, um seiner Pflicht nachzukommen. **Der Pflichtige haftet deshalb strafrechtlich weiter und bleibt für die fehlerhafte Anweisung, Auswahl oder Überwachung des Dritten verantwortlich.**[762]

dd) Die übernommene Garantenstellung kann auf den Übertragenden vollumfänglich **482** zurückfallen, wenn der Übernehmende zum Ausdruck bringt, dass er nicht weiter für den Schutz einstehen will. Die Garantenstellung des Übernehmenden **endet** hierdurch.[763]

e) Besondere berufliche Stellung, insbesondere Amtsträger

Der Sache nach ist dies eine Kombination aus tatsächlicher Gewährübernahme und Rechtssatz.[764]

---

759 BGHSt 26, 35, 39; BGH RÜ 2020, 231, 233.

760 BGH RÜ 2009, 636.

761 Sch/Sch/Bosch § 13 Rn. 28.

762 BGHSt 19, 286; OLG Stuttgart NStZ 2006, 450; LK-Weigend § 13 Rn. 60.

763 Vgl. Rudolphi NStZ 1984, 149, 152.

764 Vgl. BGH RÜ 2009, 636 zur Garantenpflicht eines Leiters der Innenrevision einer Anstalt des öffentlichen Rechts.

483 **aa)** Amtsträger sind primär dem Staat gegenüber verpflichtet. Deshalb besteht unstreitig eine Garantenstellung zum Schutz der **in ihren Zuständigkeitsbereich fallenden Güter des Staates**.

Beispiel: Ein **Polizeibeamter** begeht deshalb Strafvereitelung im Amt durch Unterlassen, §§ 258 a Abs. 1 i.V.m. § 258 Abs. 1, 13, wenn er wissentlich oder absichtlich eine begangene Straftat nicht verfolgt.

Gegenbeispiel: Strafvollzugsbeamte sind weder aus den für sie geltenden Bestimmungen noch aus den Zwecken des Strafvollzugs zur Anzeige von Straftaten verpflichtet, die Gefangene in der JVA verübt haben. Die Bediensteten begehen durch die Nichtanzeige damit keine Strafvereitelung durch Unterlassen gemäß §§ 258 Abs. 1, 13.[765]

484 **bb)** Fraglich ist, ob Amtsträger darüber hinaus Garantenpflichten für weitere Rechtsgüter haben.

Ein Teil des Schrifttums verneint strafrechtlich bewehrte Handlungspflichten von Amtswaltern in Bezug auf Rechtsgüter der Allgemeinheit oder einzelner Bürger.[766]

Die h.M. setzt im Grundsatz öffentliche Amtspflicht und strafbewehrte Garantenpflicht gleich. Es handele sich um eine aus dem allgemeinen Aufgabenbereich des Beamten definierte berufsbezogene Pflicht. Sie erstrecke sich **auf alle Rechtsgüter, die vom Schutzzweck der in den Zuständigkeitsbereich fallenden Aufgabe erfasst werden.**[767] Einschränkend wird im jeweiligen Fall aber zusätzlich eine Ermessensreduzierung auf Null verlangt.[768]

Beispiele:

Nach den Polizeigesetzen der Länder haben **Polizeibeamte** die Aufgabe, Gefahren für die öffentliche Sicherheit oder Ordnung abzuwehren. Sicherheit und Ordnung sind auch dann betroffen, wenn Individualrechtsgüter durch Straftaten bedroht sind. Damit dient die öffentlich-rechtliche Pflicht des Polizeibeamten, Straftaten zu verhindern, zumindest auch dem Zweck, das von dem jeweiligen Straftatbestand geschützte Rechtsgut vor konkret drohender Gefahr zu bewahren.[769] Bei Nichteinschreiten gegen Straftaten können Polizeibeamte damit Nebentäter oder Gehilfen der Straftaten durch Unterlassen werden.

Eine **Sozialarbeiterin** in der Jugendhilfe kann aus §§ 1 ff., 42 SGB VIII i.V.m. tatsächlicher Übernahme der Betreuung Garantin für das Leben eines Kindes sein, das dessen Mutter verhungern lässt[770] oder zu Tode misshandelt.[771]

485 **cc)** Sehr klausurrelevant ist die Frage, ob sich die vorgenannten Garantenpflichten von Amtsträgern auf ihre **Dienstzeit** beschränken.

Im Grundsatz bejaht das die h.M., um dem Beamten im Rahmen seines allgemeinen Persönlichkeitsrechts aus Art. 2 Abs. 1 i.V.m. Art. 1 Abs. 1 GG einen geschützten Bereich menschlicher Beziehungen zuzubilligen, der durch Berufspflichten nicht eingeschränkt werden soll.

---

765 BGHSt 43, 82 ff.

766 SK-Stein § 13 Rn. 76; Ranft JZ 1987, 908, 915.

767 Vgl. BGH NJW 1993, 544; Freund § 6 Rn. 92 f.

768 Otto/Brammsen Jura 1985, 592, 597; Pawlik ZStW 111 [1999], 335, 348; noch weiter geht Kühl § 18 Rn. 87, der zusätzlich eine Geltendmachung des Anspruchs auf Einschreiten verlangt, soweit dies tatsächlich möglich ist.

769 BGH NJW 1993, 544.

770 OLG Oldenburg NStZ 1997, 238.

771 OLG Stuttgart NJW 1998, 3131.

Ausnahmsweise besteht jedoch eine Pflicht zum Tätigwerden auch bei außerdienstlicher Kenntnisnahme, wenn es sich um Straftaten handelt, die als **Dauerdelikte oder auf ständige Wiederholung angelegte Serientaten auch während der Dienstausübung fortwirken**, und wenn aufgrund einer **Abwägung** im Einzelfall das öffentliche Interesse an der Verhinderung dieser Straftaten den privaten Belangen des Beamten vorgeht. Von entscheidender Bedeutung ist, ob durch die Straftat Rechtsgüter der Allgemeinheit oder besonders gewichtige Individualgüter betroffen sind. Maßstab für das Gewicht der Tat ist zunächst der Katalog des § 138; doch auch außerhalb dessen kann sich die Schwere der Straftat aus dem hohen wirtschaftlichen Schaden oder dem besonderen Unrechtsgehalt ergeben; z.B. schwere Körperverletzungen, erhebliche Umwelt- oder Wirtschaftsdelikte, schwerwiegende Verstöße gegen das Waffen- oder Betäubungsmittelgesetz, organisierte Kriminalität; nicht aber das Fahren ohne Fahrerlaubnis eines Bekannten des Polizeibeamten.[772]

2. Überwachungsgarantien

Pflichten zum Schutz vor Gefahrenquellen können entstehen aus:

a) Rechtssatz

Z.B. § 32 StVO, **niemals aber aus § 323 c Abs. 1**, weil dadurch die Sonderdelikte der un- **486**
echten Unterlassungsdelikte zu Allgemeindelikten umfunktioniert würden.

b) Beherrschung einer Gefahrenquelle

In vielen Lebensbereichen gibt es Risiken, die von Sachen oder Personen ausgehen, **487**
aber als **erlaubte Gefahren** rechtlich toleriert werden. Derjenige, in dessen Zuständigkeitsbereich solche Gefahren fallen, ist verpflichtet, diese zu kontrollieren und zu verhindern, dass es zu Schädigungen Dritter kommt.[773] Spezielle Anwendungsfälle sind die **Verkehrssicherungspflicht**, aber auch die **Beherrschung eines räumlich abgegrenzten Bereichs** (insbesondere einer Wohnung), ferner **Aufsichtspflichten über Personen**.

aa) Verkehrssicherungspflichten

Die Pflichten betreffen die Sachherrschaft über **gefährliche Anlagen und Tiere**. **488**

bb) Beherrschung eines räumlich abgegrenzten Bereichs, insbesondere einer Wohnung

Bei einem räumlich abgegrenzten Bereich, insbesondere einer Wohnung, genügt nicht **489**
schon die Beherrschung als Eigentümer oder Mieter. Daher begründet die Duldung von Straftaten durch den Wohnungsinhaber nicht ohne Weiteres den Vorwurf einer Unter-

772 BGH NJW 1993, 544; NStZ 2000, 147; bestätigt von BVerfG JZ 2004, 303.
773 BGH NStZ 2012, 319.

lassungstäterschaft oder -beihilfe.[774] Vielmehr müssen **besondere Umstände** hinzutreten.[775] Solche können sich ergeben,

- wenn **durch die Aufnahme eines Gastes in die Wohnung eine besondere Vertrauenslage** geschaffen worden ist und wenn die Gefahren für den Gast von einem anderen ausgehen, den der Wohnungsinhaber selbst mit in die Wohnung gebracht hat;[776]
- ferner, wenn die **Räumlichkeit (oder Grundstücksfläche) wegen besonderer Umstände eine Gefahrenquelle** darstellt, die so zu sichern und zu überwachen ist, dass sie nicht zum Mittel für die leichtere Ausführung von Straftaten gemacht werden kann.[777]

cc) Aufsichtspflichten

490 Auch die **Pflicht zur Beaufsichtigung anderer**, wie etwa bei **Erziehungsberechtigten, Lehrern, Vorgesetzten oder Betriebsinhabern gegenüber den ihrer Autorität unterstellten Personen**, kann Überwachungsgarantien begründen.[778]

Insbesondere bei Vorgesetzten bzw. Betriebsinhabern bleibt die Garantenstellung aber auf die Pflicht zur **Verhinderung betriebsbezogener Straftaten** beschränkt und umfasst nicht solche Taten, die der Mitarbeiter lediglich bei Gelegenheit seiner Tätigkeit im Betrieb begeht.[779] Betriebsbezogen ist die Tat dann, wenn sie einen inneren Zusammenhang mit der betrieblichen Tätigkeit des Begehungstäters oder mit der Art des Betriebes aufweist.

Beispiel: Deshalb verneinte der BGH die Garantenstellung eines Vorarbeiters, der nicht gegen körperliche Misshandlungen eingeschritten war, die von Arbeitern seiner Arbeitsgruppe während der Arbeitszeit an einem anderen, ihm nicht zugeteilten Mitarbeiter vorgenommen wurden.[780]

dd) Reichweite der Garantenpflicht

491 Umstritten ist, ob sich aus der Beherrschung der Gefahrenquelle die Verpflichtung ergibt, diese nur vor dem Umschlagen in eine Schädigung zu **sichern** oder ob darüber hinaus in den Fällen, in denen sich die Gefahr realisiert hat, eine besondere **Rettungspflicht** gegenüber dem Opfer besteht.

Nach dem Schrifttum macht die Beherrschung einer Gefahrenquelle ihren Träger nur zum **Adressaten erhöhter Sorgfaltsanforderungen**. Folglich entsteht keine Strafbarkeit für einen strafrechtlichen Erfolg allein infolge der Gefährlichkeit. Auch eine Strafbarkeit für Folgeschäden aus unechtem Unterlassungsdelikt wegen Nichtabwendung des Erfolgs scheidet aus, wenn der Erstschaden ohne Verletzung der Sorgfaltspflicht zustan-

---

774 BGH NStZ 1999, 451.
775 BGHSt 30, 391, 395 f.; BGH StV 1993, 25.
776 BGHSt 27, 10, 13.
777 BGHSt 30, 391, 396.
778 Vgl. LK-Weigend § 13 Rn. 55 f.
779 BGH NStZ 2012, 142, 143; Lackner/Kühl § 13 Rn. 14.
780 BGH NStZ 2012, 142.

de gekommen ist.[781] Hat der Verkehrssicherungspflichtige seine Sonderpflicht verletzt, wird er danach nur aus **Ingerenz** erfolgsabwendungspflichtig (s.u. Rn. 492 ff.).

Die Rspr. und mit ihr einige Literaten halten eine Rettungspflicht unmittelbar aus der Beherrschung der Gefahrenquelle für möglich: Es gehe hierbei um das Einstehen für die Konsequenzen der eigenen Organisation. Zudem hänge es oft vom Zufall ab, ob ein schädlicher Erfolg noch durch Sicherungsmaßnahmen oder erst durch spätere Rettungsmaßnahmen abgewendet werden kann. Eine aus der Zuständigkeit für eine Gefahrenquelle folgende Erfolgsabwendungspflicht gemäß § 13 besteht danach aber nur dann, wenn mit der Eröffnung der Gefahrenquelle die naheliegende Möglichkeit begründet wurde, dass Rechtsgüter anderer Personen verletzt werden können. Der Umfang der Erfolgsabwendungspflicht bestimme sich nach dem Grad der Gefahr. Die Anforderungen an den für die Gefahrenquelle Zuständigen seien umso höher, je größer bei erkennbarer Gefährlichkeit einer Handlung die Schadenswahrscheinlichkeit und Schadensintensität seien.[782]

Kritik: Im Ergebnis liegen beide Ansichten nahe beieinander. Hat der Beherrscher der Gefahrenquelle seine Sicherungspflichten erfüllt, entfällt nach dem Schrifttum bereits deswegen die Erfolgabwendungspflicht. Auch die Rspr. wird dann die Garantenpflicht wegen geringer Schadenswahrscheinlichkeit ablehnen. Wurden schon die gebotenen Sicherheitspflichten nicht erfüllt, ist die Garantenstellung nach allen Ansichten entweder aus Ingerenz oder unmittelbar aus Beherrschung der Gefahrenquelle gegeben.

c) Ingerenz

Eine der wichtigsten Garantenstellungen entsteht aus **pflichtwidrigem und schadensnahem Vorverhalten**, sog. **Ingerenz** (ingerere = lat. einmischen).

aa) Wer durch sein Verhalten oder Unterlassen die Gefahr für den Eintritt schädlicher Erfolge geschaffen hat, ist verpflichtet, die drohenden Schäden zu verhindern. Das Vorverhalten wirkt jedoch nur dann pflichtbegründend, 492

- **wenn es die nahe Gefahr des Eintritts des konkreten Erfolgs verursacht hat**
- **und wenn das Vorverhalten pflichtwidrig war, also schon als solches nicht zu den allgemein als sozial üblich anerkannten Verhaltensweisen gehört hat.**[783]

  Nach h.M. begründet deshalb eine durch Notwehr gerechtfertigte Handlung keine Garantenstellung aus Ingerenz (dazu ausführlich unten Fall 25 Rn. 517 f.).

bb) Ausnahmsweise soll es nach h.M. auf die Pflichtwidrigkeit in folgenden Fällen **nicht** ankommen: 493

- Schafft der Täter zunächst in gerechtfertigter Weise einen **Dauerzustand** und sind später die **rechtfertigenden Voraussetzungen für dessen Fortbestehen entfallen**, soll der ursprünglich rechtmäßig Handelnde trotz erlaubter Gefahrschaffung als Garant verpflichtet sein, den Dauerzustand zu beseitigen.

781 LK-Weigend § 13 Rn. 49; Rengier § 50 Rn. 51 f.; Sch/Sch/Bosch § 13 Rn. 44 ff.
782 NK-Wohlers/Gaede § 13 Rn. 49; BGH RÜ 2016, 167, 169; BGH RÜ 2020, 231, 234.
783 BGHSt 34, 82; BGH NStZ 2001, 616.

Häufiger Klausurfall: Einsperren eines Einbrechers in einem Kühlraum, wo dieser länger festgehalten wird, als es für eine Überstellung an die Polizei erforderlich wäre.[784]

- Wer eine nur aus **Aggressivnotstand** erlaubte Gefahr für einen an der Notstandslage Unbeteiligten schafft, soll trotz der Rechtfertigung verpflichtet sein, die aus seiner Notstandshandlung erwachsene Gefahr für den Betroffenen abzuwenden.

  Beispiel: Wer einen Hundebiss durch Niederschlagen des Tieres mit einer abgerissenen Zaunlatte abwehrt, ist verpflichtet, das Loch im Zaun zu verschließen, wenn die Gefahr besteht, dass Hühner und Gänse durch das Zaunloch in die Freiheit geraten.[785]

494 **cc) Schuldhaft vorwerfbar** braucht das Vorverhalten dagegen **nicht** zu sein. Die Garantenpflicht ist eine erhöhte Pflichtenstellung im Verhältnis zur allgemeinen Solidarpflicht des § 323 c Abs. 1. Mit ihr ist kein Schuld- oder Strafbarkeitsurteil verbunden. Es genügt deshalb die objektive rechtliche Missbilligung der Gefahrschaffung, um dem Unterlassenden die Erfolgsabwendungspflicht aufzuerlegen.[786]

495 **dd)** Umstritten ist, ob ein zwar **sorgfaltswidriges, aber nicht im Pflichtwidrigkeitszusammenhang mit einem aktiv bewirkten Deliktserfolg stehendes Vorverhalten** für einen Unterlassungsvorwurf aus Ingerenz ausreicht.

Beispiel: Der Autofahrer fährt zu schnell und kollidiert mit einem Radfahrer. Die Verletzung wäre aber auch bei Einhalten der gebotenen Geschwindigkeit unvermeidbar gewesen. Anschließend lässt der Autofahrer den Radfahrer liegen. – Zwar keine Fahrlässigkeitstat, fraglich aber, ob zwischen dem „an sich" pflichtwidrigen Vorverhalten und dem durch Unterlassen bewirkten Erfolg noch Zurechnungszusammenhang besteht.

Die Rspr. bejaht die Ingerenz, weil diese nur verlangt, dass die vorangegangene Pflichtwidrigkeit in der Verletzung eines Gebots bestanden hat, das gerade dem Schutz des gefährdeten Rechtsguts zu dienen bestimmt war und dessen Verletzung die Gefahr des späteren Schadens erhöht hat.[787]

Das Schrifttum lehnt teilweise Ingerenz ab. Erforderlich ist danach, dass sich gerade aus der Sorgfaltswidrigkeit selbst die Gefahr entwickelt hat, deren Abwendung der Täter später unterlassen hat. Ein pflichtwidriges Vorverhalten, das nur Begleitumstand, nicht aber spezifischer Grund für die Gefahrschaffung gewesen ist, soll nicht ausreichen.[788]

Kritik: Dieser Ansicht kann nicht gefolgt werden. Ähnlich wie bei der Frage, ob für die Vorhandlung schuldhaftes Verhalten erforderlich ist, geht es auch bei der Qualität der Pflichtwidrigkeit des Vorverhaltens nicht darum, dem Täter hieraus einen Vorwurf zu machen, sondern nur darum, ihn zum Adressaten von Sonderpflichten zu machen, die über die eines völlig Unbeteiligten hinausgehen. Insofern muss eine bloße Gefahrsteigerung i.S.e. Risikoerhöhung genügen.

496 **ee)** Die h.M. bejaht auch die Möglichkeit einer **„psychisch vermittelten Ingerenz"**, also eines Verhaltens, das erst den Entschluss für die Straftat eines Anderen hervorruft. Die

---

784 NK-Wohlers/Gaede § 13 Rn. 45; Baumann/Weber/Mitsch/Eisele § 21 Rn. 75.

785 Vgl. Kühl § 18 Rn. 101 f.; Rengier § 50 Rn. 93 ff.

786 BGHSt 37, 106 ff. (Lederspray-Fall).

787 BGHSt 34, 82; BGH NJW 1990, 2560, 2563; enger wiederum BGH StV 1998, 127, wonach der Mittäter eines Raubes nicht aus Ingerenz verpflichtet ist, die Vergewaltigung des Opfers durch einen anderen Mittäter zu verhindern.

788 MünchKomm/Freund § 13 Rn. 129.

Voraussetzungen für eine täterschaftliche Unterlassung aus Ingerenz sind dann aber durch die Regeln von Täterschaft und Teilnahme zu ergänzen:

Das vorausgegangene Verhalten muss entweder **eigenes Verhalten** oder nach den §§ 25 ff. den fraglichen Beteiligten **zurechenbares Fremdverhalten** gewesen sein. Der bloße Entschluss zu gemeinsamer Untätigkeit begründet damit keine Garantenstellung aus Ingerenz.[789] Auch nicht zurechenbare Exzesshandlungen anderer Tatbeteiligter genügen für den Ingerenzvorwurf nicht.[790] Dem vorausgegangenen Verhalten muss die **nahe Gefahr** dafür angehaftet haben, dass hieraus der weitere Entschluss zur Selbst- oder Fremdverletzung entstand.[791] Schließlich muss nach allg. Regeln abgegrenzt werden, ob das Geschehenlassen der fremden Aktivtat nicht nur bloße **Beihilfe durch Unterlassen** war.[792]

Beispiel: Führen zwei Beteiligte eine gemeinsame Körperverletzung ohne Waffen aus, und greift einer der Tatbeteiligten unversehens zum Messer, mit dem er dem Opfer schwere Verletzungen beifügt, ist der andere, für den der Griff zum Messer eine Exzesshandlung darstellt, nicht aus dem Gesichtspunkt der Ingerenz verpflichtet, die durch die Messerstiche ausgelöste Lebensgefahr von dem Opfer abzuwenden.[793]

ff) Ob eine Garantenstellung aus Ingerenz durch tatsächliche Gewährübernahme der Schadensabwendung auf eine andere Person **übertragen** werden kann, ist noch nicht geklärt. Die Rspr. bezweifelt das.[794]

III. Gleichwertigkeit des Unterlassens mit aktivem Tun

Des Weiteren muss das Unterlassen gemäß § 13 Abs. 1 a.E. der Verwirklichung des gesetzlichen Tatbestands durch ein Tun entsprechen (= sog. **Modalitätenäquivalenz oder Gleichstellungsklausel**). Bei der Prüfung eines verhaltensneutralen Erfolgsdelikts ist sie bedeutungslos. **497**

Bei **verhaltensgebundenen Delikten**, die sich nicht in der Herbeiführung eines bestimmten Erfolgs erschöpfen, sondern dafür eine bestimmte Modalität voraussetzen (s.o. Rn. 60), hat die Gleichstellungsklausel nach h.M. eine Hinweisfunktion. Sie stellt klar, dass in diesen Fällen das Unterlassen nur dann der im Begehungstatbestand beschriebenen positiven Handlung (z.B. Täuschen bei § 263; Nötigen bei § 240) tatbestandsmäßig gleichgesetzt werden kann, wenn sich der in den Handlungsmerkmalen des Begehungstatbestands vertypte Unwertgehalt auch in dem konkreten Unterlassen wiederfindet.[795]

Beispiel: Der Beschützergarant hindert einen anderen nicht daran, die seiner Obhutspflicht unterstellte Person durch einen hinterlistigen Überfall zu verletzen. – Zwar ist der Garant Unterlassungsbeteiligter an einer Körperverletzung. Da der hinterlistige Überfall sein besonderes Gepräge durch die Art und Weise der Begehung erhält, die sich im bloßen Unterlassen nicht wiederfindet, scheidet eine Beteiligung an einer gefährlichen Körperverletzung aber aus.[796]

---

789 Vgl. BGH NStZ 1998, 83.

790 Vgl. BGH RÜ 2019, 231, 233.

791 BGH NStZ-RR 1997, 292; BGH NStZ 2004, 294; BGH RÜ 2009, 302.

792 Vgl. dazu AS-Skript StrafR AT 2 (2021), Rn. 126.

793 Vgl. BGH NStZ 1998, 83; noch weiter gehend BGH NJW 1992, 1246.

794 BGH NStZ 2003, 259, m. Anm. Jasch NStZ 2005, 8; Wessels/Beulke/Satzger Rn. 1177.

795 Vgl. Lackner/Kühl § 13 Rn. 16; a.A. Satzger Jura 2011, 749, 753 ff., der bei der Gleichstellung einen ggf. vom jeweiligen Delikt vorausgesetzten Zwischenerfolg berücksichtigen will.

796 Sch/Sch/Stree/Bosch § 13 Rn. 4.

D. (Quasi-)Kausalität

498 Zwischen dem Unterlassen und dem Erfolg muss Kausalzusammenhang bestehen. Anders als beim Begehungsdelikt kann bei der Unterlassungstat aber kein naturgesetzlicher Ursache-Wirkungs-Zusammenhang festgestellt werden, denn das Phänomen der Unterlassung besteht gerade darin, dass der Täter auf eine in Gang befindliche Kausalkette keinen Einfluss genommen hat, obwohl die Rechtsordnung dies von ihm erwartet. Um den Zusammenhang zwischen der enttäuschten Handlungspflicht und dem tatsächlich eingetretenen Erfolg begründen zu können, muss daher ein hypothetischer Ursachenzusammenhang oder auch eine **„Quasi-Kausalität"** herstellbar sein. Begründet wird diese mit einer **abgewandelten conditio-Formel**:

„**Ursächlichkeit**" liegt nach dieser Formel bei den unechten Unterlassungsdelikten vor, **wenn die unterlassene Handlung nicht hinzugedacht werden kann, ohne dass der tatbestandsmäßige Erfolg entfiele, und zwar nur dann, wenn dies mit an Sicherheit grenzender Wahrscheinlichkeit anzunehmen ist.**[797]

Anders als beim vorsätzlichen Begehungsdelikt kann damit beim unechten Unterlassungsdelikt die Berufung auf einen ebenfalls erfolgsgeeigneten hypothetischen Kausalverlauf **bereits den Nachweis der Kausalität entfallen** lassen.

Das hat zur Folge, dass der Unterlassungstäter bei einer Vorsatztat nicht aus Vollendung bestraft werden kann, wenn zweifelhaft ist, ob der Erfolg bei Vornahme der gebotenen Handlung wirklich verhindert worden wäre. Denn dann muss nach dem Grundsatz **in dubio pro reo** unterstellt werden, dass der Erfolg auch bei pflichtgemäßem Handeln eingetreten wäre!

Beispiel: A hat durch Unachtsamkeit den B zu Fall gebracht, sodass dieser von einem Gerüst gestürzt ist. A lässt B liegen und rechnet damit, dass er stirbt. Später stellt sich heraus, dass B „vielleicht oder wahrscheinlich" bei rechtzeitiger Rettung überlebt hätte. – A ist strafbar wegen fahrlässiger Tötung durch Herbeiführung des Sturzes, § 222. Dahinter tritt § 229 zurück. Ein vollendeter Totschlag durch Unterlassen (mit Ingerenz als Garantenstellung) ist dagegen zu verneinen, weil nicht mit an Sicherheit grenzender Wahrscheinlichkeit feststeht, dass das Opfer überlebt hätte. Gegeben ist aber ein Totschlagsversuch durch Unterlassen, §§ 212, 22, 23 Abs. 1, tatmehrheitlich zur fahrlässigen Tötung.

499 Teile des Schrifttums lehnen diesen – in der Rechtswirklichkeit sehr häufigen – Strafbarkeitsausschluss ab. Spiegelbildlich zur Risikoerhöhungslehre (s.o. Rn. 456) wird anstelle der (Quasi-)Kausalität für ausreichend erachtet, dass der Täter durch seine Untätigkeit den das Rechtsgut bedrohenden Kausalverlauf nicht durch einen weniger gefährlichen ersetzt hat. Für die Tatvollendung des unechten Unterlassungsdelikts genügt damit die Nichtvornahme einer **Risikominderung.**[798]

Im **vorgenannten Beispiel** wäre A danach wegen vollendeten Totschlags durch Unterlassen strafbar, tatmehrheitlich mit fahrlässiger Körperverletzung. Die fahrlässige Tötung durch aktives Tun würde dahinter zurücktreten.

Kritik: Der Risikominderungsgedanke hat zu Recht in der Praxis keine Anhänger gefunden. Er verstößt gegen das strafrechtliche Analogieverbot und den Grundsatz in dubio pro reo. Wer durch seine Untätigkeit einen Menschen nur in Lebensgefahr gebracht hat, hat ihn dadurch nicht getötet.

797 BGH NJW 1990, 2560, 2565; BGH RÜ 2003, 71.

798 Otto Jura 2001, 275; Roxin AT II § 31 Rn. 54; Stratenwerth/Kuhlen § 13 Rn. 54 ff.

E. Gefahr-/Zurechnungszusammenhang zwischen garantenpflichtwidrigem Unterlassen und Erfolg

Auch beim unechten Unterlassungsdelikt werden viele Fallgruppen der objektiven Zurechnung bereits durch die speziellen Unterlassungsmerkmale „absorbiert“:

I. Nicht mehr gesondert zu prüfende Fallgruppen der objektiven Zurechnung

1. Schaffung rechtlich missbilligten Risikos, Sozialadäquanz, Risikoverringerung

Ob ein untätiger Garant überhaupt selbst eine Gefahr „schaffen“ kann, ist fraglich, weil **500**
er eine bereits vorhandene Gefahr nur nicht beseitigt. In sinngemäßer Übertragung des Gefahrbegriffs könnte man beim untätigen Garanten allenfalls von einer „Unterlassungsgefahr“ sprechen.[799] Die Feststellung rechtlicher Missbilligung oder der Sozialadäquanz erledigt sich aber nach den vorhergehenden Prüfungspunkten: Wer eine konkrete, sicher zur Erfolgsabwendung führende Handlung nicht vornimmt, obwohl er dazu verpflichtet ist, überschreitet immer das Maß erlaubten Risikos. Auch eine Risikoverringerung durch garantenpflichtwidrige Untätigkeit ist schwer vorstellbar.

2. Hypothetisches rechtmäßiges Alternativverhalten

Anders als beim vorsätzlichen Begehungsdelikt ist beim vorsätzlichen unechten Unter- **501**
lassungsdelikt ein hypothetisches rechtmäßiges Verhalten zu berücksichtigen, und zwar bereits bei der (Quasi-)Kausalität: Denn diese entfällt, wenn derselbe Erfolg bei Vornahme der gebotenen Handlung ebenfalls eingetreten wäre. Eigenständige Bedeutung für die Zurechnung hat dann nur noch der Fall, dass zwar nicht derselbe Erfolg, aber ein anderer, gleichwertiger Erfolg eingetreten wäre, wenn sich der Garant pflichtgemäß verhalten hätte (dazu unten Fall 26 Rn. 521).

3. Schutzzweckzusammenhang

Im Rahmen der auch von der Begehungstat her bekannten Fallgruppen erlangt die **502**
Schutzzweckprüfung beim unechten Unterlassungsdelikt besondere Bedeutung. Dahinter verbirgt sich nämlich die Frage, ob die dem Täter obliegende **Handlungspflicht** darauf abzielte, **gerade den konkret eingetretenen Erfolg zu vereiteln**. Diese Frage wird aber **schon im Zusammenhang mit der jeweiligen Garantenstellung** selbst beantwortet. Eine Trennung zwischen Handlungspflicht allgemein und Schutzzweckzusammenhang im konkreten Fall wäre gekünstelt.

Beispiel: Verhindert jemand die Straftat seines Ehepartners nicht, so wird er nach h.L. kein Beteiligter der Straftat durch Unterlassen, weil die in § 1353 BGB fundierte Garantenpflicht aus enger Familiengemeinschaft eine Beschützergarantie, aber keine Überwachungsgarantie zwischen nahestehenden Personen begründet.[800]

---

799 Vgl. Kölbel JuS 2006, 309.

800 Vgl. OLG Hamm MDR 1970, 172; OLG Stuttgart NJW 1986, 1767.

II. Verbleibende Fallgruppen

Somit verbleiben nur noch drei Fallgruppen, deren Lösung aber in aller Regel unabhängig davon ist, ob man der Zurechnungslehre folgt oder nicht.

1. Inadäquanz

503 Bleibt der Garant untätig, tritt dann aber der Erfolg aufgrund eines nicht vorhersehbaren neuen Ereignisses ein, so schließt dies die Tatvollendung aus.

Beispiel: Der Bergführer verlässt den in einer Felsspalte eingeklemmten Wanderer mit Tötungswillen. Dieser kommt durch die herabstürzenden Trümmerteile eines abstürzenden Flugzeugs zu Tode.

a) Hier kann man mit der Lehre von der objektiven Zurechnung mangels Verwirklichung des rechtlich missbilligten Risikos die Vollendung verneinen;

b) oder man verneint mit der Rspr. den Vorsatz wegen wesentlicher Kausalabweichung als Vorsatzausschluss.

Es bleibt dann nach einhelliger Meinung beim **Versuch**. Eine Stellungnahme zwischen den verschiedenen Ansichten erübrigt sich.

2. Risikoabbruch

504 Bei dieser Variante ist der Garant untätig geblieben, danach wird das Opfer von Dritten gerettet, doch tritt der Erfolg aufgrund allgemeinen Lebensrisikos ein.

Beispiel: Der Ehemann rettet seine ertrinkende Frau mit Tötungsvorsatz nicht, doch wird sie von anderen geborgen und ins Krankenhaus gebracht. Dort infiziert sie sich mit einem multiresistenten Krankenhauskeim und stirbt.

a) Nach der **Zurechnungslehre** entfällt bei einer Verwirklichung des Taterfolges aufgrund allgemeinen Lebensrisikos oder rechtlich nicht missbilligtem Verhalten Dritter ein vollendetes Vorsatzdelikt. Übrig bleibt dann für den Verursacher ein **Versuch**.[801]

b) Lehnt man die Zurechnungslehre ab, bleibt bei der Vorsatztat die Möglichkeit, eine vorsatzausschließende wesentliche Kausalabweichung anzunehmen, weil die Tat wegen der Verwirklichung des allgemeinen Lebensrisikos eine **andere Bewertung** verdient. Auch dann ist der Täter nur wegen Versuchs strafbar.

3. Anknüpfende Zweithandlungen

a) Anknüpfungshandlungen des Täters oder dritter Personen

505 Wird der tatbestandsmäßige Erfolg nach Beginn des vorsätzlichen Unterlassens des Täters unmittelbar durch deliktisch handelnde Dritte oder Fehler von Rettern oder eine Zweithandlung des Täters selbst verursacht, ist die Gedankenführung sowohl der Vertreter als auch der Gegner der Zurechnungslehre gleich: Entscheidend für die Strafbarkeit des Garanten ist, ob die Zweithandlung und der konkrete Erfolg im **Schutzbereich**

---

801 Kölbel JuS 2006, 309, 313 – auch zum vorgenannten Beispiel.

der durch die Ersthandlung **verletzten Handlungspflicht** und im **Adäquanzzusammenhang** lag.

b) Eigenverantwortliche Selbstgefährdung

Hier sind zwei Fallkonstellationen zu unterscheiden:

aa) Eigenverantwortliche Selbstgefährdung mit dem Zweck einer **Selbsttötung** 506

Beispiel: A will sich aus freiem Entschluss töten, bevor die bei ihm diagnostizierte Demenzerkrankung seine Persönlichkeit und seine Fähigkeit zu freiverantwortlichem Handeln zerstört. B reicht ihm tödliches Gift. A verliert das Bewusstsein. B lässt ihn sterben, obwohl er ihn noch retten könnte.

Einigkeit besteht darüber, dass die aktive Ermöglichung der Selbsttötungshandlung wegen der Tatherrschaft des Sterbewilligen keine Täterschaft aus Totschlag begründet. Mangels teilnahmefähiger Haupttat scheidet auch Beihilfe aus.

Mit dem Bewusstloswerden entfällt zwar die Tatherrschaft des Suizidenten. Inzwischen besteht jedoch im Schrifttum und in der Rspr. Einigkeit darüber, dass jemand, der sich straflos an einer eigenverantwortlichen Selbsttötung, -verletzung oder -gefährdung beteiligt, nach Verlust der Tatherrschaft des Opfers nicht Unterlassungstäter sein kann. Das liefe darauf hinaus, dass ein Garant dem Selbstmörder den Strick reichen dürfe, mit dem sich dieser erhängen wolle, diesen aber durchschneiden müsse, wenn der Sterbewillige bewusstlos geworden sei. Die Erfolgsabwendungspflicht wird danach durch eine eigenverantwortliche Selbstgefährdung suspendiert.[802]

RÜ-Video 11/19

bb) Eigenverantwortliche Selbstgefährdung **ohne Selbsttötungswillen** 507

Beispiel: A gibt dem drogenerfahrenen B auf dessen Wunsch ein opiathaltiges Medikament, das diesem ärztlich nicht verschrieben ist. Er weist den B auf die Lebensgefahr bei Überdosierung hin. Um seinen Suchtdruck abzubauen, nimmt B trotzdem mehrere Tabletten auf einmal ein. Kurz darauf verliert er das Bewusstsein. A lässt ihn sterben.

Die Rspr. bejaht hier eine fortbestehende Garantenstellung und bestraft die Nichthinderung des Todes je nach Reichweite des eingetretenen Erfolges und des Unterlassungsvorsatzes aus Totschlag durch Unterlassen, §§ 212, 13,[803] Körperverletzung durch Unterlassen mit Todesfolge, §§ 227, 13[804] oder gefährlicher Körperverletzung durch Unterlassen, §§ 223, 224 Abs. 1 Nr. 5.[805] Bei fehlendem Unterlassungsvorsatz kommt nur eine fahrlässige Tötung durch Unterlassen in Betracht, §§ 222, 13.

Kritik: Dem könnte man entgegenhalten, dass auch bei aktiver Förderung einer eigenverantwortlichen Selbstgefährdung der jeweilige Tatbestand unabhängig davon ausgeschlossen ist, ob sich das Opfer töten will oder nicht.[806] Soweit ein Strafbedürfnis wegen der Unterlassung besteht, könnte dies aus § 323 c Abs. 1 erfüllt werden. Dennoch ist hier der Rspr. zu folgen: Die Gleichstellung einer Selbsttötung mit einer Selbstgefährdung ist rechtlich unzulässig, wie der Vergleich mit der Einwilligung in eine Körperver-

802 Sch/Sch/Sternberg-Lieben/Schuster § 15 Rn. 166; ausführl. dazu BGH RÜ 2019, 706 mit RÜ-Video 11/19 unter t1p.de/57vm.

803 BGH RÜ 2016, 167.

804 BGH RÜ 2017, 167.

805 BGH RÜ 2017, 165.

806 Vgl. Baumann/Weber/Mitsch/Eisele § 21 Rn. 77 f.

letzung von fremder Hand (§ 228) und eine Tötung von fremder Hand (§ 216) zeigt. Wäre die Garantenstellung zudem allein aufgrund der Selbstgefährdung suspendiert, dürfte ein Garant sogar dann untätig bleiben, wenn der sich zuvor selbst Gefährdende bei Realisierung der Gefahr ausdrücklich die Rettung wünscht.

F. Vorsatz

508 Für den Vorsatzinhalt, den Zeitpunkt des Vorsatzes und die Vorsatzformen gelten dieselben Regeln wie für den Vorsatz beim Erfolgsdelikt durch aktives Tun (s.o. Rn. 149 ff.). Aus der Erweiterung der objektiven Tatbestandsvoraussetzungen durch § 13 und der (Quasi-)Kausalität beim unechten Unterlassungs-Erfolgsdelikt ergeben sich aber Besonderheiten.

I. Unterlassungsvorsatz

509 Der Unterlassungstäter muss neben dem Vorsatz der deliktsspezifischen Merkmale auch Vorsatz bzgl. aller Tatumstände besessen haben, die sein **Unterlassen**, die **tatsächliche Möglichkeit** der Erfolgsabwendung und auch die **Garantenstellung** ausmachen.

Das erst aus der Garantenstellung folgende Gebot zum Tätigwerden, die **Garantenpflicht**, gehört dagegen nicht mehr zum Tatbestand, sondern umschreibt das allgemeine Unrecht der Tat.[807]

Diese Unterscheidung hat die Konsequenz,

- dass bei **Unkenntnis der die Garantenstellung begründenden Umstände** ein **Tatbestandsirrtum** nach § 16 vorliegt,
- während bei **Unkenntnis der aus der Garantenstellung resultierenden Handlungspflicht** lediglich ein **Verbotsirrtum nach § 17** gegeben ist.

II. Vorsatz in Bezug auf die Quasi-Kausalität

510 Die Feststellung der Kausalität beim unechten Unterlassungsdelikt verlangt objektiv, dass der Taterfolg bei Vornahme der gebotenen Handlung mit an Sicherheit grenzender Wahrscheinlichkeit ausgeblieben wäre (s.o. Rn. 498).

Der 5. Strafsenat des BGH meint in seinem Urteil zum Göttinger Transplantationsskandal (s. schon oben Rn. 121), der Vorsatz des Unterlassenden (inhaltsgleich: Tatentschluss beim Versuch) müsse auch die **an Sicherheit grenzende Wahrscheinlichkeit** der Erfolgsabwendung umfassen. Gehe der Unterlassende davon aus, dass nur die Möglichkeit der Erfolgsabwendung bestehe, sei dies für den Vorsatz nicht ausreichend.[808]

Diese Verengung des Vorsatzes auf sicheres Wissen über den hypothetischen Kausalverlauf und den Erfolgseintritt steht im Widerspruch zur ganz h.M. und zur Rspr. Danach genügt bei Begehung eines Erfolgsdelikts sowohl durch aktives Tun als auch durch Unter-

---

807 Vgl. BGHSt 16, 155.

808 BGH RÜ 2017, 713, 717; so auch BGH JZ 1973, 173, 174 (unten Fall 26, Rn. 522).

lassen, **dass der Täter den Erfolgseintritt nur für möglich hält und billigend in Kauf nimmt.**[809]

Kritik: Gegen das Vorsatzverständnis des 5. Strafsenats spricht, dass es ein Element der Beweisbarkeit und prozessualen Überzeugungsbildung mit einer rechtlichen Voraussetzung gleichsetzt. Das würde dolus eventualis beim unechten Unterlassungsdelikt praktisch abschaffen. Der h.M. ist damit zu folgen.

G. Rechtswidrigkeit

Bei der Rechtswidrigkeit ist zu beachten, dass sich für die Unterlassungstat gewohnheitsrechtlich der Erlaubnissatz der **Pflichtenkollision** herausgebildet hat (dazu unten Fall 27 Rn. 523 f.). **511**

H. Unzumutbarkeit normgemäßen Verhaltens

Eine Mindermeinung in der Lit. verneint jegliche Eigenbedeutung der Unzumutbarkeit und berücksichtigt den individuellen Konflikt des Unterlassungstäters nur im Rahmen von § 35.[810] **512**

H.L. und Rspr. erlauben dagegen einen Strafbarkeitsausschluss wegen Unzumutbarkeit, der weiter reicht als die allgemeinen Rechtfertigungs- und Entschuldigungsgründe. Die Unzumutbarkeit soll nach einer starken Auffassung innerhalb dieser Gruppe sogar schon auf **Tatbestandsebene** als Begrenzung der aus der Garantenstellung entstehenden Handlungspflicht Bedeutung erlangen, weil auch bei § 323 c Abs. 1 die Zumutbarkeit Tatbestandsmerkmal sei.[811] Vereinzelt wird die Unzumutbarkeit auch als spezieller Rechtfertigungsgrund der Unterlassungstat eingestuft.[812] Andere ordnen die Unzumutbarkeit erst als **Entschuldigungsgrund** ein und ermöglichen damit auch bei Unzumutbarkeit eine teilnahmefähige Haupttat.[813]

Inhaltlich lassen sich für die Unzumutbarkeit keine starren Regeln aufstellen. Vielmehr bedarf es einer Abwägung:[814] **Die Pflichterfüllung ist nur dann unzumutbar, wenn durch sie billigenswerte Interessen des Garanten in einem gegenüber der drohenden Gefahr nicht angemessenen Umfang gefährdet würden. Je schwerer das drohende Übel ist und je höher die Erfolgsaussichten der Rettung sind, desto eher ist dem Garanten die Abwendung zumutbar.**

Beispiel: Der Beteiligte an einer gemeinschaftlichen Körperverletzung kann sich für die anschließende Tötungsbeihilfe durch Unterlassen nicht deshalb auf Unzumutbarkeit berufen, weil er durch das gebotene Eingreifen die Aufdeckung der von ihm vorher begangenen Straftat befürchten muss.[815]

---

809 Hoven NStZ 2017, 707 mit weiteren Einzelnachweisen; Rissing-van Saan/Verrel NStZ 2018, 59, 65; ausdrücklich gegen den 5. Strafsenat der 1. Strafsenat des BGH RÜ 2021, 95, 98.

810 Vgl. MünchKomm/Schlehofer Vor § 32 Rn. 335 f.; SK-Stein Vor § 13 Rn. 51.

811 Fischer § 13 Rn. 80 f.; Lackner/Kühl § 13 Rn. 5; Sch/Sch/Bosch Vor §§ 13 ff. Rn. 155; wohl auch BGH NStZ 1994, 29.

812 Gropp § 11 Rn. 113 ff., 201.

813 Stratenwerth/Kuhlen § 13 Rn. 82 ff.; für Schuldausschluss ausdrücklich auch BGHSt 6, 46, 57.

814 Vgl. BGH NStZ 1984, 164; 1994, 29.

815 BGH NStZ 1985, 24.

Der **Deliktsaufbau des vorsätzlichen Erfolgsdelikts als Unterlassungstat** ist lediglich um die vorgenannten Merkmale zu erweitern.

Daraus ergibt sich folgendes

Aufbauschema: *Vorsätzliche* unechte Unterlassungstat

I. Tatbestandsmäßigkeit

1. Objektiver Tatbestand

a) Täter, Taterfolg (und weitere deliktsspezifische äußere Merkmale)

b) Bei der Tathandlung: Unterlassen der zur Erfolgsabwendung objektiv notwendigen Handlung und zusätzlich

aa) Tatsächliche Möglichkeit zur Vornahme des notwendigen Handelns

bb) Garantenstellung = Umstände, aus denen sich die Rechtspflicht zur Vornahme der konkret notwendigen Handlung ergibt

cc) Gleichwertigkeit des Unterlassens bei verhaltensgebundenen Delikten

dd) Keine Unzumutbarkeit der notwendigen Handlung

c) „Quasi-Kausalität" des Unterlassens

d) Gefahr-/ Zurechnungszusammenhang zwischen Unterlassen und Erfolg

- Kein Risikoabbruch
- Keine Inadäquanz
- Keine eigenverantwortliche Selbstgefährdung

2. Subjektiver Tatbestand

a) Tatbestandsvorsatz (besonders bzgl. Garantenstellung)

b) Deliktsspezifische subjektive Tatbestandsmerkmale

[Vorsatzunabhängige objektive Bedingungen der Straftat]

II. Rechtswidrigkeit

Ggf. rechtfertigende Pflichtenkollision

III. Schuld

1. Schuldfähigkeit

2. Fehlen von speziellen Entschuldigungsgründen

3. Möglichkeit des Unrechtsbewusstseins

IV. Strafausschließungs- oder Strafaufhebungsgründe

V. Strafantrag; andere Strafverfolgungsvoraussetzungen oder -hindernisse

Aufbauhinweis: *Innerhalb der Tatbestandsmäßigkeit des unechten Unterlassungsdelikts braucht auf die Zumutbarkeit, die Gleichwertigkeit von aktivem Tun und Unterlassen oder auf die objektive Zurechnung nur eingegangen zu werden, wenn hierfür Anlass besteht. Außerdem kann es angebracht sein, mehrere Punkte zusammen zu erörtern oder die Reihenfolge umzustellen, etwa die Garantenstellung* ***bei zu erwartender Verneinung*** *an erster Stelle der Tatbestandsprüfung zu untersuchen.*

2. Abschnitt: Spezielle Probleme beim unechten Unterlassungsdelikt

A. Abgrenzung aktiven Tuns vom Unterlassen

Fall 24: Abbruch eigener Rettungshandlungen; Abhalten Rettungswilliger und Kausalität

A und sein Beifahrer B fahren bei hereinbrechender Dunkelheit auf einer einsamen Landstraße nach Hause, als sie im Straßengraben ein Auto liegen sehen, das kurz zuvor von der Fahrbahn abgekommen ist und sich mehrfach überschlagen hat. Im Wageninnern ist der leblose Körper des Fahrzeugführers hinter dem Lenkrad zu erkennen. A begibt sich sofort zu dem Verunglückten, um nachzusehen, ob man helfen kann. Beim Näherkommen erkennt er, dass der Verunglückte sein alter Feind F ist. A sieht, dass F bewusstlos ist und glaubt, dass F sicher noch gerettet werden könnte. Er beschließt, F aus Rache sterben zu lassen, und kehrt zum Auto zurück. B ist gerade im Begriff, per Handy bei der Notrufzentrale der Feuerwehr anzurufen. A sieht seinen Plan, F sterben zu lassen, gefährdet. Mit der Lüge, es sei nichts mehr zu machen, der Fahrer sei schon seit einiger Zeit tot, veranlasst er B, den Anruf abzubrechen. Beide fahren davon. F stirbt. Selbst wenn B den Notruf zu Ende geführt hätte, wäre das Leben des F wegen seiner inneren Verletzungen auch nicht mehr zu retten gewesen.

Strafbarkeit des A?

Klausurhinweis: *Merken Sie sich diesen Fall gut. Er kommt regelmäßig in Examensklausuren wieder!*

A. **Der Abbruch der zunächst geplanten Rettungsmaßnahmen** 513

I. Dadurch, dass A die Rettung des F nicht weiter betrieb und zu seinem Fahrzeug zurückkehrte, könnte er sich wegen **Totschlags** gemäß **§ 212 Abs. 1** strafbar gemacht haben.

Aufbauhinweis: *Prüfen Sie die Abgrenzung zwischen aktivem Tun und Unterlassen am besten* ***ausgehend vom Begehungsdelikt*** *und dort bei der* ***Tathandlung****.*

1. F ist gestorben.

2. Fraglich ist, ob das Verhalten des A positives Tun (Abbruch der eingeleiteten Rettung) oder Unterlassen (weiterer Rettungsmaßnahmen) darstellt.

   Beim **Abbruch eigener Rettungshandlungen** ist die Einordnung nicht eindeutig: Auf den ersten Blick scheint hier Unterlassen vorzuliegen, weil gerade keine Energie in Richtung auf das gefährdete Rechtsgut entfaltet wird und der Zusammenhang zum eingetretenen Erfolg nur durch Hinzudenken hypothetischen Weiterhandelns geschaffen werden kann.[816] Dennoch differenziert hier die naturalistische Lehre und kommt damit weitgehend zu denselben Ergebnissen wie die h.M., die zusätzlich auf den Schwerpunkt der Vorwerfbarkeit abstellt:

816 Vgl. Seelmann JuS 1987, L 34.

- Bricht der Täter seine Bemühungen ab, bevor er alles zur Rettung Erforderliche getan hat (Einstellen weiterer Mund-zu-Mund-Beatmung und Herzmassage) oder bevor sie das Opfer erreicht haben (der Täter rudert nicht weiter auf den Ertrinkenden zu), ist er nach h.M. lediglich **Unterlassungstäter**.
- **Zum Begehungstäter wird er, wenn der Abbruch zu einem Zeitpunkt erfolgt, in dem sich bereits eine gesicherte Rettungsmöglichkeit ergeben hat (Loslassen des Rettungsseils nach Ergreifen durch das über dem Abgrund hängende Opfer).**[817]

Als A sich von F entfernte, hatte er überhaupt noch keine Rettungsbemühungen getätigt, die den F erreicht hatten, geschweige denn, dass A bereits alles seinerseits Erforderliche zur Rettung getan hätte. Der Abbruch weiterer Rettungshandlungen kann damit nicht als aktives Tun angesehen werden.

II. **Totschlag durch Unterlassen, §§ 212, 13**, setzt voraus, dass A rechtlich zum Lebensschutz des F verpflichtet war (Garantenstellung).

1. **Garant kraft Rechtssatzes** war A nicht. Zwar bestand für ihn aus § 323 c Abs. 1 die Pflicht zur Hilfeleistung. Der Normappell eines solchen echten Unterlassungsdelikts richtet sich aber an jedermann und ist deshalb nicht geeignet, die Garantenstellung als Sonderpflicht eines begrenzten Personenkreises festzulegen.[818]
2. Fraglich ist, ob A durch den Beginn der Rettung zum Garanten wegen **tatsächlicher Gewährübernahme** wurde. Allein daraus, dass jemand einem Verunglückten beisteht, entsteht aber noch keine Pflicht zur Vollendung der begonnenen Hilfeleistung, sondern erst, wenn der Helfende durch seine Einflussnahme die Situation für den Hilfsbedürftigen wesentlich verändert, insbesondere andere Rettungsmöglichkeiten ausschließt oder neue Gefahren begründet.[819]

Totschlag durch Unterlassen ist zu verneinen.

III. **Aussetzung in der Modalität des Im-Stich-Lassens in hilfloser Lage, § 221 Abs. 1 Nr. 2**, ist schon objektiv nicht erfüllt, weil die dort vorgeschriebene Obhutspflicht, die inhaltsgleich mit der Garantenpflicht i.S.v. § 13 ist,[820] nach dem Vorgenannten für A nicht bestand.

IV. Gegeben ist **unterlassene Hilfeleistung** gemäß **§ 323 c Abs. 1**, weil A in der lebensbedrohlichen Lage für F jegliche Hilfe vermied, obwohl ihm dies möglich war. Hilfe war – zumindest in der Form eines Notrufs – auch zumutbar. Steht ein Menschenleben auf dem Spiel, muss persönliche Feindschaft zurücktreten. A kannte die Umstände. Er handelte rechtswidrig und schuldhaft.

B. **Die Einwirkung auf B**

817 Vgl. Baumann/Weber/Mitsch/Eisele § 21 Rn. 33; Wessels/Beulke/Satzger Rn. 1162; vgl. auch BGH RÜ 2019, 706, 708.
818 Vgl. Lackner/Kühl § 13 Rn. 7; Sch/Sch/Eisele § 13 Rn. 57; Kühl § 18 Rn. 41.
819 BGH NJW 1993, 2628.
820 Lackner/Kühl § 221 Rn. 4.

I. Würde man nur daran anknüpfen, dass A die ihm mögliche Rettung des F unterlassen hat, müsste eine Strafbarkeit wegen **Totschlags durch Unterlassen, §§ 212 Abs. 1, 13**, wiederum daran scheitern, dass er kein Garant zum Schutz des Lebens des F war.

II. Konstruktiv möglich ist eine Unterlassungstat in mittelbarer Täterschaft – hier **§§ 212, 13, 25 Abs. 1 Alt. 2** –, indem ein **das Tatgeschehen bereits beherrschender Hintermann ein seiner Weisung unterstehendes Tatwerkzeug zum Unterlassen motiviert.**[821] Dieser Ansatz führt im vorliegenden Fall aber ebenfalls nicht zur Täterschaft, weil A erst durch seine Einwirkung die Wissensherrschaft über B erlangte und die für die Erfolgsabwendung notwendige Garantenstellung nicht besaß.[822]

III. A könnte aber zum **unmittelbaren Begehungstäter eines Totschlags** geworden sein, als er den rettungswilligen B zum Abbruch des Notrufs veranlasste, **§ 212 Abs. 1**. **514**

1. Dann müsste seine psychische Einwirkung auf B als aktives Tun angesehen werden können, obwohl sie nur fremdes Unterlassen verursacht hat. Auch insoweit kommen der naturalistische und der normative Ansatz bei der Abgrenzung aktiven Tuns vom Unterlassen zu denselben Ergebnissen.

   - **Unmittelbarer Begehungstäter** ist,
     - wer auf einen rettenden Kausalverlauf einwirkt, indem er ein vorhandenes Rettungsmittel zerstört und dadurch die Tatherrschaft erlangt,
     - wer dadurch die Tatherrschaft erlangt, dass er einen **Rettungswilligen mit Mitteln der mittelbaren Täterschaft, also durch Täuschung oder Zwang, von weiteren Rettungshandlungen abhält.**[823]
   - **Unterlassungstäter** (unter den zusätzlichen Voraussetzungen des § 13) ist,
     - wer die Zurverfügungstellung seiner Rettungsmittel oder seine Hilfe verweigert
     - oder wer schon vorher kraft überlegenen Wissens/Willens oder kraft Organisationsherrschaft den Geschehensablauf beherrschte und entweder veranlasst, dass ein Tatmittler untätig bleibt oder dessen aktive Unrechtsverwirklichung nicht verhindert.[824]

   Hier hat A durch seine Täuschung die Willensherrschaft über B erlangt, auf diese Weise eine für F bestehende Rettungsmöglichkeit täterschaftlich beseitigt. Er ist damit als Aktivtäter anzusehen.

2. Fraglich ist, wie die **Kausalität** in diesen Fällen zu bestimmen ist. Da das Verhalten des A als aktives Tun eingestuft wurde, liegt es nahe, hierfür auch die conditio sine qua non-Formel heranzuziehen. Dabei würde aber außer Acht

---

821 Vgl. diese Konstellation in BGH NJW 1995, 204.

822 Vgl. Sch/Sch/Heine/Weißer § 25 Rn. 56 ff.

823 Vgl. OLG Düsseldorf JMBl. NRW 1983, 199, 200; MünchKomm/Joecks § 25 Rn. 287; Sch/Sch/Bosch Vor §§ 13 ff. Rn. 159; Jescheck/Weigend § 58 II 2; Otto § 9 Rn. 9; Wessels/Beulke/Satzger Rn. 1161; einschränkend BGH NStZ 2003, 312, wonach die durch Drohung erwirkte Unterlassung einer Lebensrettung nur Anstiftung zum Totschlag bzw. Mord sein soll.

824 Ausführlich – auch zur Frage der Unterlassungstat in mittelbarer Täterschaft – AS-Skript StrafR AT 2 (2021), Rn. 87.

gelassen, dass man das Abhalten eines Rettungswilligen nicht isoliert wegdenken kann, sondern zusätzlich noch die hypothetische Erfolgsabwendung hinzudenken muss, um ein abschließendes Kausalitätsurteil abzugeben. Auch wenn man also das Abhalten Rettungswilliger als aktives Tun einstuft, gilt für die Kausalität die abgewandelte conditio-sine-qua-non-Formel.[825] Da F aber auch bei einem rechtzeitigen Anruf nicht mehr zu retten gewesen wäre, ist die von A täterschaftlich veranlasste Unterlassung nicht (quasi-)kausal geworden.

Vollendeter Totschlag scheidet aus.

IV. Infrage kommt ein als Verbrechen strafbarer **versuchter Totschlag, §§ 212 Abs. 1, 22, 23 Abs. 1, 12 Abs. 1**.

1. A ging davon aus, dass F noch gerettet werden konnte. Er wollte F durch die Täuschung des B und den Abbruch seiner Rettungsaktivität zu Tode kommen lassen, hatte also Entschluss zur Tötung des F durch aktives Tun.

2. Zur Tatbestandsverwirklichung angesetzt hat er gemäß § 22 spätestens in dem Moment, als er F seinem Schicksal überließ und damit aus seiner Sicht die Lebensgefahr für F erhöhte. Darauf, dass F objektiv nicht mehr gerettet werden konnte, kommt es nicht an, da – wie sich aus §§ 22, 23 Abs. 3 ergibt – auch untaugliche Versuche unter Strafe stehen, und zwar unabhängig davon, ob es um den untauglichen Versuch einer Aktivtat oder eines unechten Unterlassungsdelikts geht.[826]

3. Rechtswidrigkeit und Schuld sind ebenfalls gegeben.

V. Da die Tötung von eigensüchtigen Rachemotiven beherrscht war, sind auch **niedrige Beweggründe** i.S.v. **§ 211** gegeben.

Konkurrenzen und Ergebnis: Der Unrechtsgehalt der unterlassenen Hilfeleistung wird von dem später verwirklichten Tötungsversuch vollständig erfasst. Diese tritt daher im Wege der Gesetzeskonkurrenz zurück. A ist strafbar wegen versuchten Mordes.

---

515 Umstritten ist, wie die **Abschaltung eines mechanischen Rettungsmittels** (Geräte zur Wiederbelebung oder zur Aufrechterhaltung von Kreislauf- und Atemtätigkeit), **sofern die Abschaltung durch den behandelnden Arzt erfolgt**, rechtlich einzuordnen ist. Die auf den Energieeinsatz abstellende Lit. sieht in dem Abschaltvorgang aktives Tun,[827] während die normative Betrachtung betont, dass die Maschine nur eine mechanisierte Form der Rettungshandlungen sei und dass wie beim Abbruch manueller Rettungshandlungen in aller Regel der Schwerpunkt der Vorwerfbarkeit im Unterlassen liege, sog. Unterlassen durch Tun.[828]

825 BGH RÜ 2017, 713, 716; zustimmend Hoven NStZ 2017, 701, 707; Rissing-van Sann/Verrel NStZ 2018, 57, 63.

826 BGH NStZ 1994, 295; näheres dazu im AS-Skript StrafR AT 2 (2021), Rn. 221, 243.

827 Z.B. Jescheck/Weigend § 58 II 2; ebenso Baumann/Weber/Mitsch/Eisele § 21 Rn. 35.

828 Vgl. Wessels/Beulke/Satzger Rn. 1164 ff.

Der BGH differenziert beim **gerechtfertigten Behandlungsabbruch** inzwischen nicht mehr danach, ob aktives Tun oder Unterlassen vorgelegen hat.[829] Das gilt aber nur, wenn auch die Voraussetzungen erlaubter Beendigung medizinischer Behandlung erfüllt sind; auf Tatbestandsebene muss deshalb auch weiterhin zwischen Tun und Unterlassen abgegrenzt werden. Für Lebensverkürzungen außerhalb dieses Rechtfertigungsgrundes gelten die vorgenannten Regeln fort.

Ganz überwiegend wird dagegen aktives Tun bejaht, wenn ein **Außenstehender das Reanimationsgerät abschaltet**.[830] **516**

Abgrenzung aktives Tun/Unterlassen

Energieentfaltung in Richtung auf das verletzte Rechtsgut + Bewirken von realen Außenweltveränderungen, die naturgesetzlich mit dem Erfolg verknüpft sind	Entweder kein aktiver Energieeinsatz in Richtung auf das verletzte Rechtsgut oder bei mehrdeutigem Verhalten, wenn Vorwurf der Begehungstat nicht zur Strafbarkeit führt oder geringer wiegt als unterbliebene Erfolgsabwendung
= Grds. aktives Tun	**= Grds. Unterlassen**

Sonderfälle nach h.M. (z.T. über „Schwerpunkt der Vorwerfbarkeit“)

▪ Abbruch eigener Rettungshandlungen nach Schaffung gesicherter Rettungschance ▪ Einwirkung auf Rettungswillige durch tatherrschaftsbegründende Täuschung oder Zwang/Einwirkung auf rettenden Kausalverlauf	▪ Abbruch automatisierter Rettungshandlungen durch behandelnden Arzt ▪ omissio libera in causa
= Aktives Tun	**= Unterlassen**

B. Ingerenz

Fall 25: Gerechtfertigtes Vorverhalten

Der E lauerte dem M mit einem Brotmesser vor dessen Stammlokal auf. Als M mit seinem Freund A das Lokal verlassen und sich gerade von ihm verabschiedet hatte, sprang E hervor und brachte M mit dem Messer eine lange Schnittverletzung bei. M schrie und rannte davon. E verfolgte ihn. A folgte den beiden, um seinem Freund zu helfen. E unterbrach die Verfolgung des M und wandte sich mit dem Messer in der

829 BGH RÜ 2010, 644; vgl. auch AS-Skript StrafR BT 2 (2020), Rn. 98 f.
830 Vgl. Herzberg JZ 1988, 182, 186.

Hand angriffsbereit dem A zu. A prallte in vollem Lauf auf E und riss ihn zu Boden, wodurch E das Messer aus der Hand fiel. Es kam zu einem Kampf am Boden. A schaffte es, in den Besitz des Messers zu kommen. In dieser Phase des Kampfes musste A damit rechnen, dass E die Absicht hatte, A das Messer wieder zu entwinden und es dann gegen ihn zu richten. Um dies zu verhindern, fügte A dem E drei tiefe Stichverletzungen an der Rückseite des rechten Oberschenkels zu. Er nahm dabei den Tod des E in Kauf. Erst nach den Stichen schwand die Angriffskraft des E. Obwohl A erkannte, dass er seinen Angreifer überwältigt hatte und von diesem keine Gefahr mehr ausging, schlug er noch mehrmals wuchtig mit der Faust auf E ein. Dabei wollte er E nicht mehr töten, sondern nur weitere Schmerzen zufügen, um sich dadurch für die Verletzung des M zu rächen. Als M zurückkam, erkannte A an der sich unter E bildenden Blutlache, dass er „etwas Schlimmes" getan hatte. Er verließ den Tatort in dem Bewusstsein, dass E verbluten würde, aber durch rechtzeitige Hilfe noch zu retten wäre. Er hielt sich wegen des Vorgeschehens nicht für verpflichtet, zu helfen. Zudem vermutete er, dass die Polizei ihm wegen seiner Vorstrafen sowieso nicht glauben würde. Als A den Tatort verließ, war der Tod des E infolge Durchtrennung einer Oberschenkelschlagader durch einen der Messerstiche auch bei sofortiger Bluttransfusion nicht mehr abzuwenden. E starb.
Strafbarkeit des A? (Fall vereinfacht nach BGH StV 2001, 616)

Aufbauhinweis: *Oft folgt ein Unterlassen einem aktiven Tun zeitlich nach. Weil die Beurteilung des Unterlassens in solchen Fällen von der strafrechtlichen Bewertung des Erstverhaltens abhängig ist (Ingerenz oder Verdeckungsabsicht als Mordmerkmal), sollte man entsprechend der historischen Reihenfolge Handlungskomplexe bilden.*

A. **Die Auseinandersetzung mit E**

I. Infrage kommt **Totschlag** nach **§ 212 Abs. 1** durch den Einsatz des Messers

1. Durch den Stich in den Oberschenkel, der zur Durchtrennung der Schlagader führte, hat A zurechenbar den Tod des E herbeigeführt. Beim Zustechen hatte A auch Eventualvorsatz für die Todesfolge.

2. Die Tathandlung ist jedoch aus Notwehr gemäß § 32 gerechtfertigt, weil E einen gegenwärtigen rechtswidrigen Angriff auf Leib und Leben des A ausführte, als er sich diesem mit dem Messer kampfbereit zuwendete. Zur sicheren Abwehr war der Einsatz der Stichwaffe eine erforderliche, gebotene und vom Rettungswillen getragene Verteidigungshandlung.

II. Aus Notwehr gerechtfertigt ist damit auch die durch den Stich verursachte **gefährliche Körperverletzung** nach **§§ 223, 224 Abs. 1 Nr. 2 Alt. 2, Nr. 5** in den Modalitäten der Verwendung eines gefährlichen Werkzeugs und der lebensgefährdenden Behandlung.

III. Die wuchtigen Faustschläge erfüllen für sich gesehen den Tatbestand der **einfachen Körperverletzung** gemäß **§ 223 Abs. 1** in der Form körperlicher Misshandlung (1. Alt.). Zu diesem Zeitpunkt war der Angriff des E gebrochen; mangels Notwehrlage scheidet daher eine Rechtfertigung aus. Der Entschuldigungsgrund

„Notwehrexzess" gemäß § 33 greift ebenfalls nicht ein. Die h.M. verneint schon die Anwendbarkeit bei Verletzungshandlungen außerhalb der zeitlichen Grenzen einer Notwehrlage; für die Gegenansicht, die zumindest den „nachzeitigen Notwehrexzess" anerkennt (s.u. Rn. 360), müsste A aus einem der in § 33 genannten Affekte gehandelt haben. Rache als Verletzungsmotiv genügt nicht.

Zwischenergebnis: A ist insoweit wegen Körperverletzung strafbar.

B. **Das Liegenlassen des E**

I. In Betracht kommt **Totschlag durch Unterlassen, §§ 212 Abs. 1, 13.**

E ist verblutet. (Quasi-)ursächlich hierfür war das Nichtherbeirufen notärztlicher Hilfe aber nur dann, wenn E noch zu retten gewesen wäre. Das war auch bei unverzüglicher Bluttransfusion nicht der Fall. Die (unterlassene) Handlung des A kann also nicht hinzugedacht werden mit der Folge, dass der Todeserfolg entfiele. Der objektive Tatbestand des § 212 Abs. 1 ist nicht erfüllt.

II. Infrage kommt ein als Verbrechen strafbarer **versuchter Totschlag durch Unterlassen, §§ 212 Abs. 1, 13, 22, 23 Abs. 1, 12 Abs. 1.**

1. A müsste Tatentschluss besessen haben.

a) A nahm in Kauf, dass E zu Tode kommen würde.

b) Er ging – wenn auch objektiv unzutreffend – davon aus, dass E durch Herbeiholen notärztlicher Versorgung zu retten war. A hatte also den Vorsatz, dass sein Unterlassen todesursächlich sein werde.

c) A müsste auch Vorsatz hinsichtlich seiner Garantenstellung besessen haben. Dafür kommt es nicht darauf an, dass er sich nicht für handlungspflichtig hielt. Das Handlungsgebot der Unterlassungsdelikte gehört – wie spiegelbildlich das Verbot der Begehungsdelikte – nicht zum Vorsatz. Ergeben also im vorliegenden Fall die dem A bekannten Tatsachen seine rechtliche Pflicht zur Erfolgsverhinderung, hatte er Tatentschluss.

Hier könnte A aufgrund seines Vorverhaltens – der Messerstiche und der anschließenden Faustschläge – zum Garanten aus **Ingerenz** geworden sein.

aa) Bedenken daran bestehen zunächst deshalb, weil diese Stiche **bereits mit Tötungsvorsatz** ausgeführt worden waren. 517

(1) Der 1. Strafsenat des BGH hat in einer Entscheidung zur Aussetzung die Ansicht vertreten, dass der Täter, der vorsätzlich oder bedingt vorsätzlich einen Erfolg anstrebe oder billigend in Kauf nehme, nicht zugleich verpflichtet sei, ihn abzuwenden.[831] Die Begehungstat schließt schon allein aus diesem Grund eine Garantenstellung wegen Ingerenz aus.

831 BGH NStZ-RR 1996, 131; zustimmend Otto Jura 2003, 621; offengelassen von BGH NStZ 2003, 312.

(2) Das überwiegende Schrifttum[832] und der 2. Strafsenat des BGH[833] halten auch dann eine Garantenstellung aus Ingerenz für möglich, wenn der Täter die Gefahr, die er vorsätzlich nicht abwendet, zuvor vorsätzlich herbeigeführt hat. Die Lösung sei auf Konkurrenzebene zu suchen. Bei Bejahung eines vorsätzlichen Unterlassungsdelikts trete dieses im Wege der Gesetzeskonkurrenz hinter dem vorherigen vorsätzlichen Begehungsdelikt zurück.

(3) **Kritik:** Dieser Ansicht ist zu folgen. Die Ingerenz begründet eine Sonderverantwortung für den drohenden Schaden aus Vorverhalten. Die Form der Vorwerfbarkeit und die Schuldhaftigkeit spielen dafür keine Rolle. Die erstgenannte Auffassung hätte nach dem „in dubio pro reo"- Grundsatz Straflosigkeit für das Anschluss-Unterlassen zur Folge, wenn hinsichtlich des Vorverhaltens dolus eventualis vorgelegen haben könnte; ein Ergebnis, das gegenüber der Unterlassungsstrafbarkeit aus Ingerenz bei nur fahrlässigem Vorverhalten wertungswidersprüchlich erscheint.

518 bb) Auch wenn man der letztgenannten Ansicht folgt, bleiben Bedenken, aus den lebensgefährlichen Stichen eine besondere Handlungspflicht abzuleiten, weil dieses **Vorverhalten durch Notwehr erlaubt** war. Damit stellt sich die seit jeher umstrittene Frage, welche Qualität ein Vorverhalten haben muss, um daraus spätere Handlungspflichten abzuleiten.

(1) Ein Teil der Lit. knüpft allein an die in dem Vorverhalten liegende Gefahrschaffung an. Gleichviel, ob dieses Vorverhalten sorgfaltsgemäß oder gerechtfertigt gewesen sei: In jedem Fall hafte ihm die Verpflichtung an, vermeidbare Rechtsgutbeeinträchtigungen zu verhindern, sog. Vermeideverantwortlichkeit, die auch bei der nachfolgenden Inaktivität weiter bestehe und sich dort zur Garantenstellung verdichte.[834] Von diesem Standpunkt aus hat sich A gemäß §§ 212 Abs. 1, 13 durch Unterlassen strafbar gemacht.

(2) Überwiegend wird dieses weite Verständnis der Ingerenz als untragbare Ausweitung der Strafbarkeit abgelehnt, weil dann die Straflosigkeit erlaubter Risikoschaffung umgangen werden könne durch die Konstruktion einer garantenpflichtigen Nichthinderung der Gefahrverwirklichung.[835] Speziell bei der Notwehr wird argumentiert, dass derjenige, der durch einen rechtswidrigen Angriff eine Verteidigungshandlung provoziere, nicht erwarten könne, dass die Rechtsordnung den Angegriffenen zu seinem Schutz verpflichte.[836]

832 SK-Stein § 13 Rn. 59; Sch/Sch Vor §§ 32 ff. Rn. 107; Schneider NStZ 2004, 91; Wilhelm NStZ 2005, 177.

833 BGH NStZ 2004, 89, 90.

834 Vgl. Herzberg JZ 1986, 986 ff.; Maurach/Gössel/Zipf, Strafrecht AT 2, 8. Aufl. 2014, Rn. 99 f.

835 Vgl. Rudolphi JZ 1987, 162, 164 f.

836 BGHSt 23, 327, 328.

Im vorliegenden Fall haben die Messerstiche zwar die Lebensgefahr für E begründet, waren aber wegen der Rechtfertigung aus Notwehr nicht pflichtwidrig. A ist nach h.M. kein Garant für das Leben des E geworden.

cc) Pflichtwidrig, weil nicht mehr von Notwehr gedeckt, waren zwar die späteren Faustschläge. Diese waren aber nicht gefahrerhöhend in Bezug auf den Tod des E, denn sie beschleunigten den Todeseintritt nicht.[837]

Aus dem von der Vorstellung des A umfassten Sachverhalt ergab sich somit keine Garantenstellung. A hatte schon keinen Tatentschluss zum Totschlag.

III. Mangels Obhutspflicht entfällt damit auch „Im-Stich-Lassen in hilfloser Lage" gemäß **§ 221 Abs. 1 Nr. 2**.

IV. Gegeben ist **unterlassene Hilfeleistung** gemäß **§ 323 c Abs. 1**, denn A hat bei einem Unglücksfall (der auch durch den Betroffenen selbst hervorgerufen sein kann[838]) dem Verletzten keinerlei Rettungshandlungen zuteil werden lassen. Die Hilfe war erforderlich, auch wenn E nicht mehr hätte gerettet werden können. Auf die Erfolgsaussichten kommt es für die Solidarpflicht des § 323 c Abs. 1nicht an.[839] Die Gefahr, dass die Polizei dem A nicht glauben würde, ist kein Gesichtspunkt, der die Hilfe gegenüber dem Sterbenden unzumutbar machte.

Ergebnis: A ist strafbar wegen Körperverletzung in Tatmehrheit mit unterlassener Hilfeleistung; §§ 223/323 c Abs. 1/ 53.

C. Hypothetisch rechtmäßiges Alternativverhalten; Unterlassungsvorsatz; Rechtfertigung der Unterlassungstat; Unzumutbarkeit

Fall 26: Fenstersturz-Fall

In der Dachgeschosswohnung des A war ein Brand ausgebrochen, wodurch dem A und seinem ein Jahr alten Kind der Fluchtweg über die Treppe abgeschnitten wurde. Das Fenster lag 6,30 Meter über der Straße. Auf der Straße unter dem Fenster standen drei Männer, die dem A, der mit seinem Kind auf dem Arm an das Fenster geeilt war und um Hilfe schrie, zuriefen, das Kind hinunter in ihre Arme zu werfen. Obwohl A erkannte, dass seinem Kind in der Wohnung der sichere Feuertod drohte, konnte er sich nicht überwinden, es aus dem Fenster fallen zu lassen. Er befürchtete, dass sein Kind beim Herabfallen möglicherweise verletzt oder sogar zu Tode kommen würde. Als die Flammen das Fenster erreichten, sprang A in Todesangst allein hinab. Er blieb verletzt und bewusstlos liegen. Das Kind kam in den Flammen um. Hätte A das Kind zu den drei unter dem Fenster mit erhobenen Armen wartenden Männern herabfallen lassen, wäre es mit Gewissheit am Leben geblieben.
Strafbarkeit des A? (Fall nach BGH JZ 1973, 173)

---

837 BGH NStZ 2001, 616.

838 BGHSt 6, 147, 152.

839 BGH NStZ 1985, 409, 410.

519 I. A könnte dadurch, dass er das Kind nicht herabfallen ließ, wegen **Totschlags durch Unterlassen** gemäß **§§ 212 Abs. 1, 13** strafbar sein.

1. Der Tod eines Menschen ist eingetreten.
2. A hat es unterlassen, das Kind in die Arme der unter dem Fenster stehenden Männer fallen zu lassen. Diese Maßnahme war zur Erfolgsabwendung objektiv geboten, denn sie war die einzig mögliche, wenn auch riskante Rettungschance. Dem A müsste diese Handlung auch möglich gewesen sein. Wäre bei ihm als Folge eines Schocks über den Brand eine derartige psychische Lähmung eingetreten, dass er schon unfähig war zu reagieren, würde es an der physisch realen Möglichkeit der Erfolgsabwendung fehlen und ein Unterlassen als strafrechtliche Verhaltensweise käme tatbestandlich nicht in Betracht. Eine solche Schocklähmung hat hier jedoch nicht vorgelegen.
3. Die Garantenstellung des A ergibt sich aus seiner Vaterschaft und damit gemäß § 1618 a BGB rechtlich fundierten persönlichen Verbundenheit zu dem Kind.
4. Im vorliegenden Fall wird man auch die **Zumutbarkeit** bejahen müssen. Für die Rettung eines Menschenlebens sind äußerste Anstrengungen zu fordern. Hinter dem Wert des auf dem Spiel stehenden Lebens des Kindes tritt die psychische Belastung des Entscheidungszwangs zurück.[840]

520 5. Zwischen dem notwendigen Verhalten und dem Todeserfolg müsste „Quasi-Kausalität" bestehen. Stellt man für die Kausalitätsbeurteilung allein darauf ab, ob der **konkret eingetretene Erfolg** ausgeblieben wäre, ist allein der Flammentod maßgeblich, der ganz sicher nicht eingetreten wäre, wenn A das Kind aus dem Fenster geworfen hätte.[841]

521 6. Der Zurechnungszusammenhang zwischen der Unterlassung des A und dem konkreten Erfolg, dem Verbrennungstod des Kindes, wäre allerdings ausgeschlossen, wenn sein Unterlassen letztlich **nicht das Todesrisiko für das Kind insgesamt abgewendet hätte**. Das wäre anzunehmen, wenn das Kind bei hypothetisch rechtmäßigem Alternativverhalten des A, dem Wurf aus dem Fenster, mit derselben Wahrscheinlichkeit gestorben wäre, und zwar statt an den Verbrennungen an den Folgen des Wurfs aus großer Höhe. Dann hätte A letztlich nur unterlassen, die konkrete Todesursache für das Kind auszutauschen, den Tod als solchen hätte das Unterlassen nicht verhindert. Hier ist aber sicher, dass das Kind von den unten stehenden Rettern aufgefangen worden und am Leben geblieben wäre. Die gebotene Handlung des A hätte also das Todesrisiko in der konkreten Situation sicher abgewendet. Damit besteht auch Zurechnungszusammenhang zwischen der Unterlassung und dem nicht abgewendeten Todeserfolg.

522 7. A müsste Tötungsvorsatz besessen haben. Die tatsächlichen Voraussetzungen seiner Garantenstellung kannte er. Er wusste auch, dass sein Unterlassen den sicheren Feuertod des Kindes zur Folge haben würde. Fraglich ist, ob seine Vorstel-

840 Anders Ulsenheimer JuS 1972, 252, 256; Spendel JZ 1973, 137, 143.
841 Vgl. Wessels/Beulke/Satzger Rn. 1173 zum vorliegenden Fall.

lung, auch beim Hinabfallenlassen aus dem Fenster würde das Kind möglicherweise sterben, seinen Tötungsvorsatz ausschließt. **Für den Vorsatz genügt es aber nach h.M., dass der Täter die Abwendung der drohenden Rechtsgutverletzung durch Vornahme der riskanten Rettungsmaßnahme für möglich hält.**[842] Die Möglichkeitsvorstellung, dass der Erfolg durch eine bestimmte Handlung eintreten kann, umfasst auch die Alternativvorstellung, dass der Erfolg hierdurch abgewendet werden kann. A hatte A damit Eventualvorsatz.

7. Fraglich ist, ob A gerechtfertigt ist. Infrage kommt rechtfertigender Notstand gemäß § 34, der bei Unterlassungstaten entweder direkt oder indirekt Bedeutung erlangen kann.

- Rettet der Täter ein bestimmtes Gut nicht, weil er **ein anderes vor Schaden bewahrt**, ist die (durch Unterlassen bewirkte) Rechtsgutverletzung direkt aus § 34 erlaubt, wenn das vom Täter gerettete Gut gegenüber dem preisgegebenen wesentlich höherwertig ist.

  Beispiel: Der gegenüber zwei Patienten garantenpflichtige Arzt behandelt zunächst den Schwerverletzten und erst danach den Leichtverletzten. Die Aufrechterhaltung des Schmerzzustands beim Leichtverletzten (§§ 223 Abs. 1, 13) ist durch § 34 erlaubt.

- Rettet der Täter ein bestimmtes Gut nicht, weil er **dafür aktiv eine andere Rechtsverletzung bewirken müsste**, erlangt § 34 mittelbare Bedeutung. Da Inhalt einer rechtlichen Handlungspflicht nur die Vornahme eines erlaubten Eingriffs in andere Rechtsgüter sein kann, muss das Unterlassen der Rettung schon dann gerechtfertigt sein, wenn die aktive Verletzungshandlung ihrerseits nicht aus § 34 erlaubt und damit verboten gewesen wäre. Rechtfertigender Notstand liegt aber nur vor, wenn das durch den aktiven Eingriff beeinträchtigte Rechtsgut wesentlich geringwertiger ist als das Gut, zu dessen Erhaltung der Täter verpflichtet ist.[843]

  Beispiel ist der abgewandelte Fall des quantitativen Lebensnotstands: Wenn oben in Fall 20 (Rn. 388 f.) der Kapitän im Gewissenskonflikt, die drei Matrosen zu opfern oder das Leben der gesamten Mannschaft aufs Spiel zu setzen, nichts unternommen hätte, wäre ihm trotz Garantenstellung kein Unterlassungsvorwurf zu machen: Da das Verschließen der Schotten im Vorschiff zur Tötung der drei Matrosen geführt hätte, deren Leben im Verhältnis zum Leben der übrigen Mannschaft nicht „weniger wert" war, also die Tötung der drei Matrosen nicht aus § 34 gerechtfertigt gewesen wäre, trifft den Kapitän auch nicht der Vorwurf, eine gebotene, d.h. rechtlich erlaubte Handlung zur Rettung der übrigen Besatzungsmitglieder und Passagiere unterlassen zu haben.

  Im vorliegenden Fall hätte also nur dann keine Handlungspflicht des A bestanden, wenn der Hinabwurf des Kindes seinerseits nicht aus § 34 gerechtfertigt gewesen wäre. Hier bestand die gegenwärtige Gefahr für das Kind, in den Flammen umzukommen. Einzige Abwendungsmöglichkeit für diese Gefahr war der Wurf aus dem Fenster. Dass sich dabei die Gefahrenlage und Abwehrhandlung auf dasselbe Rechtsgut und auf dieselbe Person bezogen, schließt die Interessenabwägung nach § 34 S. 1 nicht aus. Vielmehr tritt an die Stelle der

---

842 BGH NStZ-RR 2002, 303; BGH RÜ 2021, 95, 98; Hoven NStZ 2017, 707 mit weiteren Einzelnachweisen; Rissing-van Saan/Verrel NStZ 2018, 59, 65; a.A. BGH RÜ 2017, 713, 717(ausführlich oben Rn. 510).

843 Vgl. SK-Stein Vor § 13 Rn. 57.

Güterabwägung bei solchen Sachverhalten eine **Risikoabwägung** für das betroffene Rechtsgut.[844] Bei dieser Betrachtung wäre der Wurf aus dem Fenster interessengemäß gewesen, weil dadurch die Chance, das Leben des Kindes zu retten, im Verhältnis zur Ausgangssituation des sicheren Flammentodes erheblich verbessert worden wäre. Selbst wenn sich das in dem Wurf liegende geringe Risiko verwirklicht hätte, wenn also das Kind durch den Sturz zu Tode gekommen wäre, hätte A mit dem Hinabwerfen eine erlaubte Handlung begangen.[845] Da die gebotene Handlung damit aus § 34 erlaubt war, kann ihr Unterlassen nicht rechtmäßig gewesen sein. Wenn aber kein Recht zur Unterlassung bestand, blieb die Pflicht zur Wahrnehmung der einzigen Rettungschance bestehen, und A handelte rechtswidrig.[846]

8. A handelte damit auch schuldhaft.

II. Die mitverwirklichten Delikte der **§§ 221 Abs. 1 Nr. 2** (Im-Stich-Lassen in hilfloser Lage), **323 c Abs. 1** (Unterlassene Hilfeleistung) sowie **§ 171** (Verletzung der Fürsorgepflicht) **treten hinter §§ 212, 13** zurück.

Ergebnis: A ist strafbar wegen Totschlags durch Unterlassen.

Bei der Strafzumessung kann hier ein **minder schwerer Fall des Totschlags** nach **§ 213 Alts. 2** angenommen werden. Außerdem kommt Strafmilderung nach § 13 Abs. 2 infrage. Schließlich kann nach § 60 von Strafe abgesehen werden, wenn man wegen der Folge, die den Täter getroffen hat, nämlich der Tod seines eigenen Kindes, das Verhängen einer Strafe als verfehlt ansieht.

D. Rechtfertigende Pflichtenkollision

Fall 27: Kollision gleichrangiger Handlungspflichten

A war mit seiner Schwester S und mit seiner Verlobten V in einem Ruderboot etwa 2 km auf einen großen Binnensee hinausgefahren. Das Boot schlug aus nicht mehr feststellbaren Gründen plötzlich leck und sank mitsamt den darin befindlichen Schwimmwesten. Die beiden Mädchen waren – was A wusste – schlechte Schwimmerinnen und deshalb in höchster Lebensgefahr. Obwohl er gut schwimmen konnte, vermochte er nur eines der Mädchen zu retten. Er entschloss sich, seine Schwester an Land zu bringen. Wie vorausgesehen, ertrank V. Strafbarkeit des A?

I. **Fahrlässige Tötung** gemäß **§ 222** durch das Hinausfahren auf den See kommt nicht in Betracht. Zwar ist durch dieses aktive Tun eine Ursache für das spätere Ertrinken der V gesetzt worden. Es fehlt aber an einer objektiven Sorgfaltspflichtverletzung, weil mit dem plötzlichen Untergang des Bootes nicht zu rechnen war und weil A genügend Schwimmwesten an Bord hatte, also die für Unglücksfälle erforderlichen Sicherheitsvorkehrungen getroffen hatte.

II. Infrage kommt **Totschlag durch Unterlassen der Rettung der V, §§ 212 Abs. 1, 13.**

---

844 LK-Zieschang § 34 Rn. 111 f.

845 Zieschang a.a.O.; Sch/Sch/Perron § 34 Rn. 4.

846 Vgl. BGH JZ 1973, 173.

1. V ist ertrunken. A hat es unterlassen, seine Verlobte an Land zu bringen. Die Rettung der V wäre dem A auch objektiv möglich gewesen. (Dass dann wiederum S ertrunken wäre, ändert an der physisch-realen Rettungsmöglichkeit des A nichts.) Als Verlobter und als Bootsführer war A sowohl aus enger persönlicher Verbundenheit als auch aus tatsächlicher Gewährübernahme Garant für das Leben der V. Zwischen der unterlassenen Rettung und dem Tod der V besteht Kausal- und Zurechnungszusammenhang.

   A handelte auch vorsätzlich, denn er hat die Rettung in Kenntnis der seine Garantenstellung begründenden Umstände und der Möglichkeit der Rettung bewusst unterlassen.

2. Fraglich ist, ob die Tat **gerechtfertigt** war.

   a) § 34 greift nicht ein, weil sich zwei gleichrangige Rechtsgüter in gleichartigen Gefahren gegenüberstanden, also das von A gerettete Leben der S nicht höherwertig war als das preisgegebene Leben der V.

   b) Nach heute h.M. ist der Täter eines Unterlassungsdelikts außerhalb von § 34 **523**
   auch dann gerechtfertigt, wenn ihn zwei **gleichrangige Handlungspflichten** treffen, von denen er nur eine durch die Nichtbefolgung der anderen erfüllen kann. Da das Recht als Verhaltensordnung nichts Unmögliches verlangen könne, müsse der Verpflichtete eine Wahlmöglichkeit haben, mit der Folge, dass dann, wenn der Täter wenigstens eine Handlungspflicht erfülle, die Rechtswidrigkeit der Verletzung der anderen entfallen müsse.

   Ein Teil des Schrifttums ordnet diese sog. **Pflichtenkollision** als Entschuldigungsgrund ein.[847] Dagegen wird aber zutreffend eingewandt, dass dann in Bezug auf die verletzte Handlungspflicht ein durch Unterlassen begangener rechtswidriger Angriff vorliege, der zur Notwehr und Nothilfe berechtige und damit praktisch jede Rettung blockiere.[848]

   Aus der besonderen Struktur der rechtfertigenden Pflichtenkollision ergeben **524**
   sich auch ihre Voraussetzungen:

   aa) Erforderlich ist zunächst eine **Kollision zweier Handlungspflichten**. Kollidiert ein Handlungsgebot mit einem Verletzungsverbot, d.h. kann der Täter die Rettungshandlung nur durch aktiven Eingriff in ein anderes Rechtsgut vornehmen, ist eine Rechtfertigung nur unter den Voraussetzungen des § 34 möglich.[849]

   bb) Es muss immer um **rechtliche Handlungsgebote** gehen. Der Widerstreit nur sittlicher Handlungspflichten genügt nicht. Die Handlungsgebote müssen gleichwertig sein. Maßgeblich sind dafür der Wert der gefährdeten Güter, die rechtliche Stellung des Normadressaten, die Nähe der Ge-

847 NK-Paeffgen Vor §§ 32 ff. Rn. 174; Jescheck/Weigend § 33 V 2.
848 LK-Rönnau Vor §§ 32 ff. Rn. 115 ff.; Lackner/Kühl § 34 Rn. 15; Sch/Sch/Sternberg-Lieben Vor §§ 32 ff. Rn. 71 ff.; Rönnau JuS 2013, 113.
849 Vgl. NK-Neumann § 34 Rn. 124 ff.; Wessels/Beulke/Satzger Rn. 1212.

fahr und die Wahrscheinlichkeit des Schadenseintritts.[850] Auf ein Verschulden der Gefahrensituation durch einen der Betroffenen soll es nicht ankommen.[851]

cc) Der Täter muss **eine Handlungspflicht auf Kosten der anderen erfüllt haben**. Welche Wahl er getroffen hat, ist gleichgültig.

dd) Der Täter muss mit **Rettungswillen** gehandelt haben; eine besondere Prüfung des Konflikts braucht er nicht vorgenommen zu haben.[852]

ee) Ungeklärt ist, ob bei verschuldeter Kollisionslage die Rechtfertigung ausgeschlossen ist.[853]

A stand vor der Situation, entweder seine Schwester zu retten und die V ertrinken zu lassen oder umgekehrt. Für beide war A gleichermaßen aus persönlicher Verbundenheit Beschützergarant. Da sowohl V als auch S schlechte Schwimmerinnen waren, bestand auch für beide eine gleichrangige Lebensgefahr. Da A die V sterben ließ, um die S zu retten, liegen alle Voraussetzungen einer rechtfertigenden Pflichtenkollision vor. Auf die Frage des Rechtfertigungsausschlusses wegen Vorverschuldens kommt es nicht an, weil sich A durch das Hinausfahren auf den See nicht fehlerhaft verhalten hatte.

Ergebnis: A ist straflos.

Mit rechtfertigender Pflichtenkollision lassen sich auch die Fälle sog. **ex ante-Triage** rechtfertigen, bei denen der garantenpflichtige Arzt wegen begrenzter Intensiv-Behandlungsplätze (bei Corona-Pandemie oder anderen Naturkatastrophen und Massenunglücken) zwischen Patienten mit gleich hoher Überlebenschance auswählen muss und die abgewiesenen Patienten durch Unterlassen tötet.[854]

850 Wessels/Beulke/Satzger Rn. 1213; Rönnau JuS 2013, 113.
851 Sch/Sch/Sternberg-Lieben Vor §§ 32 ff. Rn. 74.
852 LK-Rönnau Vor §§ 32 ff. Rn. 127.
853 Dahin tendiert BGH NStZ 2006, 223.
854 Vgl. ausführlicher AS-Skript StrafR BT 2 (2020), Rn. 17 ff.

Besonderheiten des vorsätzlichen unechten Unterlassungsdelikts

Objektiver Tatbestand

- **Unterlassen** setzt begrifflich die **tatsächliche Möglichkeit** voraus, die zur Erfolgsabwendung objektiv gebotene Handlung vornehmen zu können.
- **Garantenstellung**, § 13 Abs. 1 Hs. 1.: tatsächliche Umstände, aus denen rechtliche Handlungspflicht erwächst
  - Beschützergarantie = Pflicht zum Schutz eines bestimmten Guts vor unbestimmt vielen Gefahren aus: Rechtssatz/rechtlich fundierter enger Lebensgemeinschaft/Gemeinschaften mit Schutzfunktion/Übernahme von Schutzpflichten/besonderer beruflicher Stellung
  - Überwachungsgarantie = Pflicht zum Schutz unbestimmt vieler Güter vor einer bestimmten Gefahr aus: Rechtssatz/Beherrschung eigener Gefahrenquelle/Ingerenz
- Gleichwertigkeit des Unterlassens gemäß § 13 Abs. 1 a.E. nur bei verhaltensgebundenen Quasi-Delikten zu prüfen
- **Unzumutbarkeit normgemäßen Verhaltens:** Liegt vor, wenn durch die Vornahme der gebotenen Handlung eigene billigenswerte Interessen des Täters in einem gegenüber der drohenden Gefahr unangemessenen Umfang gefährdet würden.
- **Quasi-Kausalität** ist gegeben, wenn die unterlassene Handlung nicht hinzugedacht werden kann, ohne dass der tatbestandsmäßige Erfolg (in dieser Weise und zum selben Zeitpunkt) mit an Sicherheit grenzender Wahrscheinlichkeit entfiele.
- **Gefahr-/ Zurechnungszusammenhang:**
  - Bei der **„Schutzzweckprüfung"** ist festzustellen, ob die den Täter treffende Garantenpflicht auch den Inhalt hatte, gerade den konkreten Erfolg zu verhindern.
  - Zurechnungszusammenhang entfällt darüber hinaus, wenn derselbe Erfolg (wenn auch in anderer Weise) bei **pflichtgemäßem Alternativverhalten** eingetreten wäre; a.A. Risikoverringerungslehre
  - Bei einer **eigenverantwortlichen Selbstgefährdung**, die nicht auf eine Selbsttötung gerichtet ist, bleibt der Garant handlungspflichtig.

Subjektiver Tatbestand

Tatbestandsvorsatz ist (Möglichkeits-)Bewusstsein und Billigung der Verwirklichung aller deliktsspezifischen Tatumstände einschließlich des Willens zur Untätigkeit bei Kenntnis der Handlungsmöglichkeit sowie der Umstände, die die Garantenstellung ausmachen.

Rechtswidrigkeit

Spezieller Rechtfertigungsgrund: rechtfertigende Pflichtenkollision

Kollision zweier rechtlich begründeter Handlungspflichten	Gleichrangigkeit der Handlungspflichten	Täter muss ein Gebot auf Kosten des anderen erfüllt haben	Rettungswille des Täters

Schuld

Gebotsirrtum = Verbotsirrtum i.S.v. § 17 ist der Irrtum über die Garantenpflicht, also trotz Kenntnis der Garantenstellung die irrige Annahme, zur Tätigkeit nicht verpflichtet zu sein.

5. Teil: Das fahrlässige unechte Unterlassungsdelikt

1. Abschnitt: Deliktsstruktur

525 Beim fahrlässigen Unterlassungsdelikt hat **der Täter trotz rechtlicher Verpflichtung einen tatbestandlichen Erfolg fahrlässig nicht abgewendet**.

In den meisten Fällen bezieht sich der Fahrlässigkeitsvorwurf darauf, dass der Täter den Eintritt des **Erfolgs** durch seine Untätigkeit nicht vorausgesehen hat, dies aber bei gebotener Sorgfalt hätte erkennen können.

Möglich ist auch, dass der Unterlassende den drohenden Erfolg vorausgesehen hat, aber die vorhandenen **Möglichkeiten zur Erfolgsabwendung** pflichtwidrig verkannt oder die Umstände sorgfaltswidrig übersehen hat, die ihn zum erfolgsabwendungspflichtigen **Garanten** gemacht haben.

Der **Aufbau** des fahrlässigen unechten Unterlassungsdelikts ergibt sich aus der Erweiterung des Schemas zur fahrlässigen Begehungstat um die Voraussetzungen des § 13.

2. Abschnitt: Abgrenzung Tun/Unterlassen

526 In der konkreten Fallanwendung bereitet die **Abgrenzung zur Begehungstat** – auch in der Praxis – Schwierigkeiten (ausführlich dazu schon oben Rn. 465 ff.). Grund dafür ist, dass der Fahrlässigkeit schon begrifflich ein Unterlassungsmoment anhaftet, nämlich die Nichteinhaltung des anerkannten Verhaltensstandards. Das darf aber nicht zu dem Fehlschluss verleiten, dass Fahrlässigkeitsdelikte immer Unterlassungsdelikte seien: Hat der Täter durch aktive Energieentfaltung eine reale Ursache-Wirkungs-Kette ausgelöst (naturalistischer Ansatz), ist in aller Regel auch eine Begehungstat anzunehmen. Das Unterlassen gebotener Sorgfalt beschreibt dann nur die Fehlerhaftigkeit dieser aktiven Handlung, ohne sie in ein Unterlassen umzuwandeln. So sieht es bei der Fahrlässigkeitstat im Regelfall auch die h.M. mit ihrem normativen Kriterium des „Schwerpunkts der Vorwerfbarkeit".

Beispiele:

„Ziegenhaar-Fall":[855] A hatte seinen Arbeitern chinesische Ziegenhaare ausgehändigt, ohne diese vorher desinfizieren zu lassen. Vier Arbeiterinnen infizierten sich mit Milzbrand und starben. – Nach heute ganz h.M. keine fahrlässige Tötung gemäß § 222 durch Unterlassen der Desinfektion, vielmehr fahrlässige **Tötung durch aktives Tun**, nämlich durch Weitergabe der Ziegenhaare. Das vorherige Unterlassungsmoment fehlender Desinfektion begründet nur die sorgfaltswidrige Art und Weise des Handlungsvollzugs.[856]

„Hepatitis-Fall":[857] Herzchirurg A war an Hepatitis B erkrankt. Um der Gefahr vorzubeugen, als Krankheitsträger Patienten durch chirurgische Eingriffe zu infizieren, gehört es zum Standard, dass sich die medizinischen Mitarbeiter regelmäßig auf Hepatitis untersuchen und impfen lassen. A wusste dies, ließ sich jedoch weder untersuchen noch impfen. Deshalb blieb ihm unbekannt, dass er an Hepatitis erkrankt war. Bei Operationen infizierte er 12 seiner Patienten. – Der BGH bejaht fahrlässige Körperverlet-

855 Nach RGSt 63, 211.

856 Vgl. Gropp § 11 Rn. 132; Sch/Sch/Bosch Vor §§ 13 ff. Rn. 158 mit weiteren Beispielsfällen.

857 BGH RÜ 2003, 268.

zung durch aktives Tun, nämlich durch Vornahme der Operationen trotz eigener Infektion. Das Unterlassen der Kontrolluntersuchungen und der Impfung begründet die Sorgfaltswidrigkeit dieses Verhaltens. Eine eigene Anknüpfung für fahrlässige Körperverletzung durch Unterlassen ist es nicht.[858]

Aufbauhinweis: *Beginnen Sie aus diesem Grund auch im Fahrlässigkeitsbereich* ***stets die Prüfung mit einem Begehungsdelikt*** *und grenzen Sie innerhalb dessen zum Unterlassungsdelikt ab.*

3. Abschnitt: Keine selbstständige Bedeutung des Zurechnungs- oder Gefahrzusammenhangs mehr

Wie beim vorsätzlichen unechten Unterlassungsdelikt sind schon die Fallgruppen **527** rechtlich missbilligten Risikos, der Sozialadäquanz, der Risikoverringerung und des Schutzzweckzusammenhangs mit Bejahung einer Garantenpflicht zur Abwendung des konkreten Erfolges erledigt (s.o. Rn. 500 ff.). Beim Schutzzweckzusammenhang sind auch etwaige Fälle eines Risikoabbruchs oder von Anknüpfungshandlungen Dritter bzw. des Täters zu erörtern.

Das hypothetische rechtmäßige Alternativverhalten geht in der Prüfung der (Quasi-)Kausalität des Unterlassens auf (s.o. Rn. 501).

Damit bleibt nur die **eigenverantwortliche Selbstgefährdung**, die indes keine Spezi- **528** alität der Zurechnungslehre ist, sondern generell als Tatbestandsausschluss infrage kommt. Dies aber nur, wenn man entgegen der Rspr. bei einer eigenverantwortlichen Selbstgefährdung die Garantenpflicht als suspendiert ansieht (s.o. Rn. 506 f.).

858 BGH a.a.O.

Aufbauschema: *Fahrlässiges* unechtes Unterlassungsdelikt

Nur strafbar, wenn ein entsprechender Fahrlässigkeitstatbestand existiert, § 15

I. Tatbestandsmäßigkeit (keine Trennung zwischen obj. und subj. Tatbestand!)

1. Täter, Taterfolg und weitere deliktsspezifische Unrechtsmerkmale

2. Bei der Tathandlung: Unterlassen (nach Abgrenzung zum positiven Tun) der zur Erfolgsabwendung objektiv notwendigen Handlung und

a) tatsächliche Handlungsmöglichkeit,

b) Garantenstellung sowie

c) Gleichstellungsklausel bei verhaltensgebundenen Delikten

d) Keine Unzumutbarkeit normgemäßen Verhaltens

3. (Quasi-) „Kausalität" des Unterlassens

4. Objektive Sorgfaltspflichtverletzung bei objektiver Voraussehbarkeit des wesentlichen Kausalverlaufs und Erfolgs

5. Keine eigenverantwortliche Selbstgefährdung des Opfers

II. Rechtswidrigkeit

III. Schuld

1. Schuldfähigkeit

2. Fahrlässigkeitsschuld, d.h. subjektiver Sorgfaltsverstoß bei subjektiver Voraussehbarkeit des wesentlichen Kausalverlaufs und Erfolgs

3. Fehlen von Entschuldigungsgründen

IV. Strafausschließungs- oder Strafaufhebungsgründe

V. Strafantrag; andere Strafverfolgungsvoraussetzungen oder -hindernisse

4. Abschnitt: Fallanwendung

Fall 28: Abgrenzung aktives Tun und Unterlassen bei der Fahrlässigkeitstat; sorgfaltswidriges Unterlassen

Kinderarzt Dr. K erhält kurz vor Praxisschluss einen Anruf der M, Mutter der 5-jährigen P, die bei Dr. K in Behandlung ist. M berichtet, P sei plötzlich schlecht geworden, dann habe sie einen Schwindelanfall und Schweißausbrüche gehabt. M habe P ins Bett gelegt, sie sei jetzt nicht ansprechbar, schlafe wahrscheinlich fest. Dr. K erkundigt sich, ob P etwas Falsches gegessen hätte, was M nicht beantworten kann. Ohne weiter nachzufragen, rät Dr. K der M, dem Kind kalte Umschläge zu machen. Wahrscheinlich handele es sich nur um einen Magen-Darm-Virus. Zwei Stunden später ist P tot. Sie hatte bunte Tabletten aus der Handtasche der M genommen, die sie für Bonbons hielt und sich eine Medikamentenvergiftung zugezogen. Im Zeitpunkt des Telefonats war sie bereits bewusstlos. Wäre die Vergiftung von Dr. K erkannt und P noch eine halbe Stunde nach dem Anruf ins Krankenhaus gebracht worden, wäre sie mit Sicherheit noch gerettet worden. Strafbarkeit des Dr. K?

I. Dr. K könnte sich wegen **fahrlässiger Tötung** gemäß **§ 222** strafbar gemacht haben, indem er der M riet, der P nur kalte Umschläge zu machen.

1. P ist verstorben.

2. Fraglich ist, ob der Tatvorwurf in der Raterteilung als aktives Tun oder im Unterlassen weiterer Befundung zur Abklärung der Krankheitsursache liegt. Bei naturalistischer Betrachtung hat Dr. K zwar mit der Äußerung Energie entfaltet. Dadurch hat er aber die Situation der P nicht verändert. Vielmehr ist zwischen ihm und dem Tod der P ein Zusammenhang nur durch Hinzudenken weiterer medizinischer Aufklärung herstellbar. Das ist typisch für ein Unterlassen. Hier liegt auch der Schwerpunkt der Vorwerfbarkeit: P ist nicht daran gestorben, dass Dr. K der M riet, kalte Umschläge zu machen, sondern daran, dass er der Medikamentenvergiftung nicht auf die Spur kam. Fahrlässige Tötung durch aktives Tun ist zu verneinen. **529**

II. Dr. K könnte wegen **fahrlässiger Tötung durch Unterlassen** einer richtigen Diagnose strafbar sein, **§§ 222, 13**.

1. Dann müsste er eine zur Abwendung der Lebensgefahr notwendige Handlung unterlassen haben. Dr. K hätte die M zumindest weiter über mögliche Ursachen des Zustandes der P befragen müssen. Er hatte hierzu noch genügend Zeit und er war als behandelnder Arzt, also aus tatsächlicher Gewährübernahme, verpflichtet, alles zu tun, um Leib und Leben seiner Patientin P zu schützen.

2. Hätte Dr. K die M auch in Bezug auf Arzneimittel befragt, an die P hätte herankommen können, wäre zumindest der Verdacht einer Medikamentenvergiftung entstanden und P unverzüglich ins Krankenhaus eingeliefert worden. Ihr Leben wäre dann mit Sicherheit gerettet worden. Die nicht vertiefte Befragung der M war damit (quasi-)kausal für den Tod der P.

3. Fraglich ist, ob dieses Unterlassen objektiv fahrlässig war. Nach den von M geschilderten Symptomen lag eine lebensgefährliche Gesundheitsstörung nicht fern. Ferner sind bei Kleinkindern Vergiftungen mit Stoffen, die im Haushalt greifbar sind, häufig. Angesichts dessen hätte sich ein umsichtiger Arzt nicht mit einer vorschnellen Ferndiagnose begnügt, sondern einen Rat erst erteilt, nachdem Lebensgefahr sicher ausgeschlossen werden konnte. Dass ein Mensch als Folge solcher Nachlässigkeit sterben könnte, war objektiv vorhersehbar.
4. Ein Ausschluss des Pflichtwidrigkeitszusammenhangs oder eine Begrenzung der Garantenpflicht durch eine eigenverantwortliche Selbstgefährdung der P ist wegen deren kindlichen Alters und mangelnder Verstandesreife von vornherein ausgeschlossen.
5. Dr. K handelte rechtswidrig.
6. Als Facharzt für Kinderheilkunde war Dr. K von Berufs wegen über die besonderen Gefahren von Vergiftungen bei Kindern informiert. Er handelte daher auch individuell sorgfaltswidrig und konnte die Todesfolge seiner Nachlässigkeit erkennen.

Ergebnis: Dr. K ist strafbar wegen fahrlässiger Tötung durch Unterlassen.

Fall 29: Quasi-Kausalität und Risikoverminderung

Ein Sachverständiger stellt später fest, dass im Zeitpunkt des Telefonanrufs der M noch eine hohe Wahrscheinlichkeit dafür bestanden habe, das Leben der P zu retten. Es könne aber nicht ausgeschlossen werden, dass das Gift das Kind auch bei unverzüglicher Einweisung in ein Krankenhaus getötet hätte.

Strafbarkeit des Dr. K? (Abwandlung des vorhergehenden Falles)

Infrage kommt **fahrlässige Tötung durch Unterlassen** einer sorgfältigen Diagnose gemäß **§§ 222, 13**.

I. Dr. K hat objektiv fahrlässig unterlassen, die für das Erkennen der lebensgefährlichen Vergiftung objektiv gebotenen Befunde zu erheben.

II. Fraglich ist, ob sein Unterlassen nachweisbar für den Erfolg ursächlich war, weil nicht sicher, sondern nur hoch wahrscheinlich war, dass K bei sorgfaltsgemäßer Diagnose hätte gerettet werden können.

1. Lässt man dafür mit Teilen des Schrifttums ausreichen, dass der Garant das Risiko durch sein Unterlassen nicht gemindert hat, ist das zu bejahen: In dem Maß, in dem Dr. K die Zeit zur Aufklärung der Symptome nicht nutzte, hat er zugleich versäumt, die sich mit jeder Minute steigende Lebensgefahr nicht abzuwenden (s.o. Rn. 499).
2. Die h.M. muss in dubio pro reo die (Quasi-)Kausalität ablehnen: Da nur eine hohe, aber keine an Sicherheit grenzende Wahrscheinlichkeit für eine Lebensrettung

bestand, muss von dem für Dr. K günstigeren Sachverhalt ausgegangen werden, dass P auch bei hypothetisch sorgfältiger Diagnose und sofortiger Krankenhauseinweisung gestorben wäre.[859]

Kritik: Dieser Auffassung ist zu folgen. Bei allen Erfolgsdelikten muss dem Täter die Erfolgsverursachung nachgewiesen werden. Das gilt auch bei Unterlassungen. Wer die Wahrscheinlichkeit ausreichen lässt, ersetzt die Kausalität durch den bloßen Verdacht.

Ergebnis: Dr. K ist straflos.

Besonderheiten des fahrlässigen unechten Unterlassungsdelikts

Tatbestand

- Eintritt des tatbestandlichen Erfolgs
- Unterlassen der tatsächlich möglichen Erfolgsabwendung (in Abrenzung zum positiven Tun)
- Garantenstellung
- Quasi-Kausalität ist gegeben, wenn die unterlassene Handlung nicht hinzugedacht werden kann, ohne dass der tatbestandsmäßige Erfolg entfiele (hypothetisches rechtmäßiges Alternativverhalten)
- Objektive Sorgfaltswidrigkeit in Bezug auf ein oder mehrere Tatbestandsmerkmale

und objektive Voraussehbarkeit des wesentlichen Kausalverlaufs und Erfolgs

Schuld

Subjektiver Sorgfaltsverstoß bei individueller Voraussehbarkeit

859 BGH RÜ 2010, 231 (Bad Reichenhaller Eislaufhalle); Wessels/Beulke/Satzger Rn. 1172 ff.

6. Teil: Vorsatz-Fahrlässigkeits-Kombinationen, speziell: das erfolgsqualifizierte Delikt

1. Abschnitt: Deliktsstruktur

Zwischen den reinen Vorsatz- und Fahrlässigkeitsdelikten existiert eine dritte Gruppe von Erfolgsdelikten, bei denen nur für die Handlung Vorsatz verlangt wird, hinsichtlich des Erfolges aber Fahrlässigkeit ausreicht. Es gibt zwei Formen solcher **Vorsatz-Fahrlässigkeits-Kombinationen**.

A. Strafbegründende Vorsatz-Fahrlässigkeits-Kombinationen

530 Diese sind dadurch gekennzeichnet, dass der Vorsatzteil für sich gesehen nicht mit Strafe bedroht ist. Es handelt sich regelmäßig um **Deliktsvarianten konkreter Gefährdungsdelikte**, die in ihrer schwersten Grundform Vorsatz bezüglich der Tathandlung und auch Vorsatz bezüglich der konkreten Gefährdung verlangen. Da **§ 15** gilt, ist Fahrlässigkeit nur strafbar, wenn dies ausdrücklich im Gesetz angeordnet ist.

Modellhaft dazu die Verkehrsdelikte der **§§ 315 b, 315 c**: Hier ist jeweils in **Abs. 1** strafbegründend eine bestimmte verkehrswidrige Handlung mit einer konkreten Gefahr für Leib/Leben oder Sachen von bedeutendem Wert verbunden. Bezüglich beider Komponenten verlangt das Gesetz Vorsatz (§ 15). In einem der Folgeabsätze wird dann die Vorsatz-Fahrlässigkeits-Kombination ausdrücklich unter Strafe gestellt: **§ 315 b Abs. 4**, **§ 315 c Abs. 3 Nr. 1**.

Wie häufig gibt es als noch schwächere Variante diejenige, bei der sowohl hinsichtlich der Tathandlung als auch der konkreten Gefährdung Fahrlässigkeit genügt: **§ 315 b Abs. 5**, **§ 315 c Abs. 3 Nr. 2**.

B. Strafschärfende Vorsatz-Fahrlässigkeits-Kombinationen

531 Das sind **Delikte, die ein selbstständig als Vorsatztat strafbares Grunddelikt durch einen weitergehenden Erfolg** – meist schwere Körperverletzung oder Tod (nicht aber nur konkrete Gefährdungen!) – **auf Tatbestandsebene qualifizieren**. Deshalb heißt dieser Deliktstyp **Erfolgsqualifikation**. Gleichgültig ist, ob das Grunddelikt durch aktives Tun oder Unterlassen verwirklicht wurde. Nur fahrlässige Verwirklichung des Grunddelikts reicht nicht aus. Dann ist die Herbeiführung einer Todesfolge nur gemäß § 222 strafbar.

Für Erfolgsqualifikationen enthält **§ 18** eine **Sonderregel**. Diese besagt, dass jeder, der sich an dem Grunddelikt vorsätzlich beteiligt hat, aus der Erfolgsqualifikation strafbar ist, wenn ihm hinsichtlich der Erfolgsqualifikation **wenigstens Fahrlässigkeit** zur Last fällt.

532 **I.** § 18 sagt zunächst aus, dass **in Abweichung von § 15 bei Erfolgsqualifikationen kein Vorsatz erforderlich ist**. Auch ohne gesetzliche Anordnung im jeweiligen Tatbestand ist die Erfolgsqualifikation schon dann erfüllt, wenn diesbezüglich **Fahrlässigkeit** vorgelegen hat.

Beispiel: Sähe man § 226 Abs. 1 im Regelungszusammenhang mit § 15, müsste man hinsichtlich der im Gesetz umschriebenen Folgewirkungen (Verlust des Sehvermögens, eines wichtigen Gliedes usw.) verlangen, dass der Täter zumindest mit Eventualvorsatz gehandelt hat, weil die fahrlässige Herbeiführung in § 226 Abs. 1 nicht unter Strafe gestellt ist. Hier gilt § 18: Eben weil es sich bei § 226 Abs. 1 um eine Erfolgsqualifikation handelt, genügt Fahrlässigkeit.

II. Andererseits folgt aus dem Wort „wenigstens fahrlässig" in § 18, dass die **Erfolgsqualifikation erst recht ausgelöst** ist, wenn der Täter bezüglich der schweren Folge **vorsätzlich** gehandelt hat. 533

Beispiel: Deshalb ist gemäß § 226 Abs. 1 auch strafbar, wer die Erblindung oder eine andere schwere Folge mit dolus eventualis wollte. (Für dolus directus I oder II gilt § 226 Abs. 2.)

Viele neuere Erfolgsqualifikationen sprechen von **„wenigstens leichtfertig"**, z.B. §§ 251, 306 c. Dann genügt als Untergrenze der Vorwerfbarkeit nur gesteigerte Sorgfaltswidrigkeit. Bei Vorsatz ist die Erfolgsqualifikation aber auch erfüllt und tritt in der Regel in Tateinheit zum Mord. 534

2. Abschnitt: Tatbestandsspezifischer Gefahrzusammenhang zwischen Grunddelikt und schwerer Folge

Bei allen Delikten, in denen das Gesetz verlangt, dass der tatbestandliche Erfolg **„durch"** eine ganz bestimmte Handlung herbeigeführt sein muss, sind sich Lit. und Rspr. darin einig, dass zwischen der Tathandlung und dem Erfolg ein **Gefahrzusammenhang** bestehen muss. Das sind alle **konkreten Gefährdungsdelikte** und die hier in Rede stehenden **Vorsatz-Fahrlässigkeits-Kombinationen**. 535

Besonders bedeutsam ist der Gefahrzusammenhang bei **Erfolgsqualifikationen**. Diese haben im Vergleich zum vorsätzlichen Grunddelikt und auch einer etwaigen fahrlässigen Tötung gemäß § 222 einen exorbitant erhöhten Strafrahmen, sodass eine restriktive Anwendung geboten ist, um unverhältnismäßige Strafen zu vermeiden. Diese kann nur durch den tatbestandsspezifischen Gefahrzusammenhang erreicht werden. 536

Beispiel: Die Brandstiftung mit Todesfolge gemäß § 306 c bestraft die leichtfertige – aber immer noch fahrlässige – Tötung mit einer Mindeststrafe von zehn Jahren Freiheitsstrafe. Dagegen ist die fahrlässige Tötung gemäß § 222 nur mit einer Höchststrafe von fünf Jahren Freiheitsstrafe bedroht.

Der spezifische Gefahrzusammenhang ist enger als der von der Zurechnungslehre für alle Erfolgsdelikte postulierte allgemeine Risikozusammenhang. Letzterer verlangt nur, dass sich irgendein vom Täter bei der Tat geschaffenes Risiko im Erfolg verwirklicht hat. **Beim tatspezifischen Gefahrzusammenhang muss es gerade das Risiko des Grunddelikts sein.** 537

- Dafür ist in einem ersten Schritt durch Auslegung der jeweils einschlägigen Erfolgsqualifikation zu ermitteln, welche **Gefahren dem Grunddelikt anhaften**, die typischerweise die Erfolgsqualifikation auslösen.
- Sodann ist zu subsumieren, **ob das vorsätzliche Verhalten des Täters das tatbestandsspezifische Risiko geschaffen und ob sich diese Gefahr in dem konkreten Erfolg niedergeschlagen hat.**

Beispiel: A nimmt dem Diabetiker D dessen Insulin mit Gewalt weg. Weil D keinen Ersatz hat, stirbt der Zuckerkranke, ohne dass A das wollte. – A hat einen Raub gemäß § 249 begangen. Auch hat er eine fahrlässige Tötung gemäß § 222 durch die Wegnahme des lebenswichtigen Insulins verwirklicht. Ist die Tat aber auch ein Raub mit Todesfolge gemäß § 251? Das ist umstritten. Dagegen spricht, dass es – da ein

Diebstahl mit Todesfolge nicht als Erfolgsqualifikation unter Strafe steht – die Raubmittel sein müssen, die den Tod bewirkt haben und nicht die Wegnahme.[860]

538 Wurde das **Grunddelikt durch garantenpflichtwidriges Unterlassen** verwirklicht, ist der gefahrspezifische Zusammenhang nur gegeben, wenn das vorsätzliche Unterbleiben der Handlung gerade die Gefahr geschaffen hat, die auch später die qualifizierende Folge ausgelöst hat.[861]

3. Abschnitt: Keine darüber hinausgehende Bedeutung des Zurechnungs- oder Gefahrzusammenhangs mehr

539 Die Fallgruppen der Zurechnungslehre zur Schaffung rechtlich missbilligten Risikos einschließlich der Inadäquanz und der eigenverantwortlichen Selbstgefährdung werden bereits in der vorhergehenden Prüfung der Fahrlässigkeit bezüglich der schweren Folge behandelt. Der tatbestandsspezifische Gefahrzusammenhang geht als weitergehende Spezialvoraussetzung der Erfolgsqualifikation dem allgemeinen Gefahrzusammenhang vor: Ist ersterer gegeben, ist notwendigerweise auch der allgemeine Gefahrzusammenhang zu bejahen; ist ersterer zu verneinen, kommt es auf die allgemeine Zurechnung im Rahmen der Erfolgsqualifikation nicht mehr an.

4. Abschnitt: Aufbau

540 **Strafbegründende Vorsatz-Fahrlässigkeitskombinationen** bekommt man dadurch gut in den Griff, dass man auf Tatbestandsebene in einem ersten Unterabschnitt die objektive Tathandlung und danach den Vorsatz diesbezüglich prüft. In einem zweiten Unterabschnitt wird anschließend festgestellt, ob der Täter die konkrete Gefährdung objektiv fahrlässig herbeigeführt hat. Als drittes Element der Tatbestandsprüfung darf der tatbestandsspezifische Gefahrzusammenhang nicht vergessen werden. Auf Schuldebene ist nur noch zu fragen, ob der Täter auch individuell fahrlässig gehandelt hat.

541 Auch bei den **Erfolgsqualifikationen** empfiehlt sich ein **Tatbestandsaufbau in drei Unterabschnitten**: Zuerst der objektive und subjektive Tatbestand des Grunddelikts und als zweiter Teil die Voraussetzungen der schweren Folge mit den Unterpunkten, wie sie aus dem Aufbauschema zum fahrlässigen Erfolgsdelikt bekannt sind. Der dritte Abschnitt ist dann dem tatspezifischen Gefahrzusammenhang vorbehalten. In der Schuld muss die individuelle Vorwerfbarkeit hinsichtlich der schweren Folge geprüft werden.

860 Wessels/Hillenkamp, BT 2, 43. Aufl., Rn 388; für Einbeziehung der Wegnahmefolgen in § 251 Lackner/Kühl § 251 Rn. 1.
861 BGH RÜ 2017, 167.

Aus dem Vorgenannten ergibt sich folgendes

Aufbauschema: Erfolgsqualifikation

I. Tatbestandsmäßigkeit

1. Verwirklichung des Grunddelikts als Begehungs- oder Unterlassungstat, also

a) objektiver und

b) subjektiver Unrechtstatbestand der jeweiligen Vorsatztat (z.B. Körperverletzung gemäß § 223 oder §§ 223, 13)

2. Schwere Folge

a) Eintritt des qualifizierenden Erfolgs

b) Verursachung durch das Grunddelikt

c) Objektive Fahrlässigkeit oder – wenn gesetzlich vorgeschrieben – wenigstens Leichtfertigkeit in Bezug auf die schwere Folge

3. Tatbestandsspezifischer Gefahrzusammenhang

II. Rechtswidrigkeit

III. Schuld

1. Schuldfähigkeit

2. Vorsatzschuld in Bezug auf das Grunddelikt

3. Fahrlässigkeitsschuld (ggf. subjektive Leichtfertigkeit) hinsichtlich der schweren Folge

4. Fehlen von Entschuldigungsgründen

5. Unrechtsbewusstsein

IV. Strafausschließungs- oder Strafaufhebungsgründe

V. Strafantrag; andere Strafverfolgungsvoraussetzungen oder -hindernisse

Aufbauhinweis: *Ob man im Gutachten mit dem Grunddelikt beginnt und dann zur Erfolgsqualifikation kommt, ist fallabhängig. Sind zu viele Rechts- und Tatsachenfragen beim Grunddelikt vorzuerörtern, prüfen Sie dies zuerst isoliert und dann die Erfolgsqualifikation. Sonst sollten Sie sogleich mit der Erfolgsqualifikation beginnen.*

Nie vergessen: *Als Qualifikation teilt auch die Erfolgsqualifikation „das Schicksal des Grunddelikts." Ist das Grunddelikt gerechtfertigt, ist auch die Erfolgsqualifikation nicht mehr rechtswidrig. Ist das Grunddelikt nicht vollendet, kann auch die Erfolgsqualifikation nur noch als Versuch strafbar sein.*[862]

862 Zu den Sonderfragen des Aufbaus bei Versuch und Rücktritt im Zusammenhang mit Erfolgsqualifikationen s. AS-Skript StrafR AT 2 (2021), Rn. 249 ff.

Fall 30: Gefahrspezifischer Zusammenhang bei der Körperverletzung mit Todesfolge

A saß auf dem Bahnhofsplatz in einem Wartehäuschen und trank Bier. Als der etwa gleichaltrige G erschien, sprang A auf und schlug grundlos mit den Fäusten auf ihn ein, bis er zu Boden ging. Das Geschehen beobachtete Taxifahrer T von seinem Fahrzeug aus. T war 56 Jahre alt und litt an einer häufiger in seiner Altersgruppe vorkommenden Minderfunktion der linken Herzklappe. Er eilte hinzu, um dem am Boden liegenden G zu helfen. Es kam zu einem Handgemenge mit A, der herumschrie und dreimal leicht mit der Faust gegen den Kopf des T schlug, ohne dadurch allerdings äußere oder innere Verletzungen herbeizuführen. T gelang es, A zu überwältigen und bis zum Eintreffen der Polizei festzuhalten. Wegen der mit dem gesamten Vorfall verbundenen Stresssituation kam es zu Herzrasen bei T, das wegen des Herzklappenfehlers eine Rückstauung von Blut in den Organen und einen Schlaganfall verursachte. T fiel ins Koma, erlitt infolge seiner Bettlägerigkeit eine Lungenentzündung und verstarb zwei Wochen nach dem Vorfall.
Strafbarkeit des A? Die Staatsanwaltschaft bejaht das besondere öffentliche Verfolgungsinteresse. (Fall nach LG Kleve NStZ-RR 2003, 235)

I. Durch das Niederschlagen des **G** hat A eine **Körperverletzung** durch eine körperliche Misshandlung vorsätzlich, rechtswidrig und schuldhaft verwirklicht, **§ 223 Abs. 1 Alt. 1**. Gemäß § 230 Abs. 1 S. 1 a.E. ist die Tat bei Bejahung des besonderen Verfolgungsinteresses auch ohne Strafantrag des Verletzten verfolgbar.

II. In Betracht kommt auch eine **Körperverletzung** gemäß **§ 223 Abs. 1 Alt. 1** zum Nachteil des **T** durch die drei Faustschläge.

1. Eine körperliche Misshandlung liegt in jeder üblen und unangemessenen Behandlung, die entweder das körperliche Wohlbefinden oder die körperliche Unversehrtheit mehr als unerheblich beeinträchtigt.[863] Auch leichte Faustschläge gegen den Kopf verursachen eine Beeinträchtigung des Wohlbefindens. Auf Schmerzen oder Verletzungen kommt es hierbei nicht an.

3. Fraglich ist, ob der Tatbestand durch eine eigenverantwortliche Selbstgefährdung des T ausgeschlossen ist. Auch wenn dieser sich in Kenntnis der Gewalttätigkeit des A in das Geschehen einmischte, lag aber die Tatherrschaft über die Herbeiführung der Verletzungen bei A. Von einer Selbstgefährdung kann daher keine Rede sein.

4. Die Faustschläge hat A willentlich ausgeführt. Er war sich dabei auch der Misshandlungswirkung bewusst.

5. Rechtswidrigkeit und Schuld sind gegeben.

A ist damit wegen der Faustschläge einer einfachen Körperverletzung schuldig. Auch diese Tat ist nach § 230 Abs. 1 S. 1 a.E. verfolgbar.

863 Fischer § 223 Rn. 4.

III. Fraglich ist, ob A auch wegen **Körperverletzung** des T **mit Todesfolge** gemäß **§ 227** strafbar ist. 542

1. Eine vorsätzliche Körperverletzung durch die Faustschläge liegt vor.

2. Es müssten auch die strafschärfenden Voraussetzungen der Todesfolge erfüllt sein.

   a) Der Tod des T ist eingetreten.

   b) T ist zumindest auch wegen der bei der Auseinandersetzung beigebrachten Faustschläge in ein stressbedingtes Koma verfallen, ins Krankenhaus eingeliefert worden und dort an den Folgen einer Lungenentzündung verstorben. Die Faustschläge waren also mitursächlich im Sinne der Äquivalenztheorie für den eingetretenen Tod.

   c) § 18 verlangt, dass bei Erfolgsqualifikationen hinsichtlich der schweren Folge (wenigstens) **Fahrlässigkeit** vorgelegen haben muss.

      aa) Hierfür begnügt sich eine verbreitete Auffassung mit der Feststellung der **objektiven Vorhersehbarkeit des Erfolgs**. Die objektive Pflichtwidrigkeit ergebe sich bereits aus der vorsätzlichen Verwirklichung des Grundtatbestands.[864] 543

      bb) Nach einer anderer Ansicht ersetzt die vorsätzliche Risikoschaffung bzgl. des Grunddelikts nicht die Feststellung der Pflichtwidrigkeit hinsichtlich des Qualifikationserfolgs. Auch die **objektive Sorgfaltswidrigkeit diesbezüglich müsse – wie auch sonst bei den einfachen Fahrlässigkeitsdelikten – positiv festgestellt werden.**[865] Faustschlägen in den Kopfbereich haftet ein – wenn auch nur geringes – Risiko einer Krankenhausbehandlung und dort eintretender tödlicher Komplikationen an. Jedenfalls wenn – wie im vorliegenden Fall – diese Komplikationen auf der vom Täter verursachten Bettlägerigkeit beruhen, besteht auch noch Pflichtwidrigkeitszusammenhang zwischen der Handlung und dem Erfolg. Damit ist der Tod auch keine Folge des allgemeinen Lebensrisikos. Der konkrete Ablauf ist bei einem vorgeschädigten Opfer generell vorhersehbar und die Vorschädigung ihrerseits ist in der Altersgruppe des T nichts völlig Außergewöhnliches. Die Herbeiführung der Todesfolge war auch nach dieser Ansicht objektiv fahrlässig.

3. Angesichts der hohen Strafdrohung des § 227 ist jedoch eine über die bloße Kausalität hinausgehende besondere Verknüpfung bzw. engere Beziehung zwischen Körperverletzung und Tod des Opfers erforderlich. In dem Todeseintritt muss sich vielmehr die **spezifische, dem Grunddelikt innewohnende Gefährlichkeit niedergeschlagen haben**, sog. **tatbestandsspezifischer Gefahrzusammenhang**.[866] 544

---

864 BGH NStZ 1982, 27.

865 Sch/Sch/Sternberg-Lieben § 227 Rn. 7; Wolter JuS 1981, 168, 171.

866 BGHSt 31, 96; BGHSt 48, 34 „Gubener-Hetzjagd-Fall"; Sch/Sch/Sternberg-Lieben/Schuster § 18 Rn. 4.

Dieser Zusammenhang ist für jede Erfolgsqualifikation nach dem jeweils zugrunde liegenden Gesetzeszweck zu ermitteln. Bei § 227 ist die Begriffsbestimmung umstritten:

a) Die im Schrifttum vertretene „Letalitätstheorie" schließt daraus, dass § 227 den Tod der „verletzten Person" verlangt, dass die Todesfolge an die Gefährlichkeit der Verletzungsfolgen anknüpfen muss.[867] Danach beruhte die Todesfolge des T gerade nicht auf der typischen Verletzungsgefährlichkeit der Faustschläge (z.B. durch Hirnblutungen als Verletzungsfolgen).

b) Die herrschende Gegenansicht im Schrifttum und in der Rspr. versteht den Begriff der Körperverletzung weiter und lässt es ausreichen, dass der Tod entweder spezifische Folge der Körperverletzungshandlung oder des Körperverletzungserfolgs ist.[868] Danach genügt es zwar, dass entweder der Körperverletzungshandlung oder dem Körperverletzungserfolg das Risiko eines tödlichen Ausgangs anhaftet (z.B. Todesfolge durch Flucht vor weiteren Verletzungen). Erforderlich ist aber immer, dass das **Todesrisiko in der physischen Komponente des Körperverletzungsgeschehens angelegt** war. Daran fehlt es, wenn der Tod – wie hier – „psychogen" ausgelöst wurde, also durch Aufregung und Vorschädigung des Opfers. Ein solcher Ablauf kann vielmehr auch im Zusammenhang mit jeder anderen Konfrontation entstehen.

Damit ist der Tod des T keine typische Folge der Faustschläge als Körperverletzung.

A hat sich nicht wegen Körperverletzung mit Todesfolge gemäß § 227 strafbar gemacht.

IV. Infrage kommt **fahrlässige Tötung** gemäß **§ 222**.

1. A hat durch die Schläge den psychischen Stress, den Schlaganfall und dadurch den Tod des T verursacht. Die Faustschläge haben sorgfaltswidrig eine Gefahr für das Leben des T geschaffen; der Tod stand im Pflichtwidrigkeits- bzw. Zurechnungszusammenhang zu den Faustschlägen. Die Todesfolge war auch objektiv vorhersehbar (s.o. III. 2. c) bb)).

2. A handelte rechtswidrig.

3. Da bei A durchschnittliche Intelligenz und Lebenserfahrung angenommen werden dürfen, hätte auch er bedenken müssen und können, dass schon leichte Schläge sein Opfer töten könnten.

V. **Konkurrenzen:** Die Körperverletzung des G und die Verletzung des T beruhen auf zwei selbstständigen Handlungen und stehen zueinander in Tatmehrheit. Die Körperverletzung und fahrlässige Tötung des T beruhen dagegen auf derselben Handlung und stehen zueinander im Verhältnis der Tateinheit.

Ergebnis: A ist strafbar wegen Körperverletzung in zwei tatmehrheitlichen Fällen, in einem Fall in Tateinheit mit fahrlässiger Tötung, §§ 223, 222; 52/ 223/ 53.

---

867 Lackner/Kühl § 227 Rn. 2.

868 BGH StV 1998, 203; BGH StraFo 2003, 23.

Besonderheiten der Vorsatz-Fahrlässigkeits-Kombinationen

Tatbestand

Vorsätzliches Grunddelikt	**Fahrlässige Folge**	**Tatbestands-spezifischer Gefahr-zusammenhang**
▪ Objektiver Tatbestand ▪ Vorsatz	▪ Bei strafbegründenden Kombinationen konkrete Gefährdung ▪ Bei Erfolgsqualifikationen schwere Folge Objektive Sorgfaltswidrigkeit str., da nur noch objektive Voraussehbarkeit	▪ Spezifische Gefahren des Grunddelikts ▪ Gefahrrealisierung in der konkreten Gefährdung oder schweren Folge

Schuld

Subjektiver Sorgfaltsverstoß: str., ob nur noch subjektive Voraussehbarkeit

Stichwortverzeichnis

Die Zahlen verweisen auf die Randnummern.